国家级一流本科课程配套教材
国家级教学团队编写教材
科学版精品课程立体化教材

技术经济学

TECHNOLOGICAL ECONOMICS（第四版）

刘晓君　王萌萌　主编

科学出版社
北　京

内 容 简 介

本书是西安建筑科技大学国家级精品课程“技术经济学”教学团队在长期从事“技术经济学”课程的教学实践、教材建设、教研教改，以及政产学研协同育人以解决社会需求过程中形成的主要教学成果。本书系统全面地介绍技术经济学的基本原理、基本方法及其在工程技术项目中的应用，主要内容包括现金流量及其等值计算、经济评价方法、技术方案财务分析、风险与不确定性分析、费用效益分析、费用效果分析、设备更新分析、价值工程等。本次修订贯彻“创新、协调、绿色、开放、共享”的新发展理念，融合当前最新的前沿科技成果，响应发展新质生产力的战略部署。在引例中注重彰显中国特色，旨在拓展学生工程技术视野的同时，增强其民族自豪感和责任感。

本书可作为高等院校经济管理专业及理工类专业的本、专科“技术经济学”课程教材，也可作为高等院校理工类专业通识课程“技术经济学”教材，同时还可作为工程技术人员、技术管理人员和经济管理人员的参考书。

图书在版编目(CIP)数据

技术经济学/刘晓君，王萌萌主编. --4版. --北京：科学出版社，2025. 8.
(国家级一流本科课程配套教材)（国家级教学团队编写教材）（科学版精品课程立体化教材）. -- ISBN 978-7-03-081835-5

Ⅰ. F062.4

中国国家版本馆CIP数据核字第2025FL7051号

责任编辑：方小丽 / 责任校对：姜丽策
责任印制：张 伟 / 封面设计：楠竹文化

科学出版社 出版
北京东黄城根北街16号
邮政编码：100717
http://www.sciencep.com
三河市骏杰印刷有限公司印刷
科学出版社发行 各地新华书店经销
*
2008年2月第一版 开本：787×1092 1/16
2013年2月第二版 印张：18
2017年6月第三版 字数：427 000
2025年8月第四版 2025年8月第二十五次印刷

定价：48.00元

(如有印装质量问题，我社负责调换)

前　言

党的二十大报告指出："我们要坚持教育优先发展、科技自立自强、人才引领驱动，加快建设教育强国、科技强国、人才强国，坚持为党育人、为国育才，全面提高人才自主培养质量，着力造就拔尖创新人才，聚天下英才而用之。"[①]教材是教学内容的主要载体，是教学的重要依据、培养人才的重要保障。在优秀教材的编写道路上，我们一直在努力。

西安建筑科技大学"技术经济学"教学团队，是长期从事"技术经济学"课程的教学实践、教材建设、教学改革、科学研究、工程咨询、成果转化等活动的教学研究团体。国家级精品课程、国家级精品资源共享课程、国家级一流本科课程"技术经济学"是团队成员长期扎根祖国西部，在三十余年的课程建设中，通过深入研究、积极探索、不断总结所形成的标志性教研成果。自第一版出版以来，本着与时俱进、持续改进的理念，本书已修订三次，得到众多高校一线老师的高度认可与好评。

《技术经济学（第四版）》是在《技术经济学（第三版）》基础上的进一步完善和改进。第四版立足本科教育，以树立理工科学生"经济、环境、社会可持续发展"观念为目标，本着"精简理论、突出技术前沿"的修订思路，优化了理论体系、更新了章节内容和实践案例。第四版的理论章节由十一章精简为九章，更好地满足本科生打牢基础的学习需求；每章理论体系融合了最新的前沿科技成果，拓展了学生的工程技术视野；每章以中国高质量发展的引例激发学生学习兴趣和爱国热情，以案例分析强化知识在实践中的融会贯通，为教学、学习、应用提供了便捷。

第四版对各章修正内容如下。

第一章为绪论：①新增针对技术价值的分析，阐明技术进步是发展新质生产力的核心要素；②聚焦于技术所展现的经济价值，专门介绍了当前人工智能技术的经济潜力。

第二章为现金流量及其等值计算：①第二节补充解释了项目现金流量何以反映技术的经济价值；②将经济增长速度纳入影响利率高低的因素；③本章例题题干和利率更新

---

① 《习近平：高举中国特色社会主义伟大旗帜 为全面建设社会主义现代化国家而团结奋斗——在中国共产党第二十次全国代表大会上的报告》，https://www.gov.cn/xinwen/2022-10/25/content_5721685.htm，2022 年 10 月 25 日。

贴合现实情况及央行政策；④新增名义利率、实际利率与通货膨胀率关系介绍。

第三章为经济评价方法：①总结了总投资收益率指标的优缺点及适用范围；②分别给出了现金流量有无明确发生时点的净现值公式；③说明利息备付率和偿债备付率按总额计算的规则；④基准收益率的影响因素新增环境影响程度。

第四章为技术方案财务分析：①进一步明确基本预备费的估算规则；②补充流动资金的概念并优化流动资金的估算方法；③对经营成本计算公式中各费用的概念进行说明；④更新构成固定资产的工程建设其他费用的分摊原则；⑤详细解释了折旧的本质内涵；⑥新增技术研发项目成本构成的内容；⑦根据国家税务总局的最新规定更新各行业增值税税率，并明确小规模纳税人的应税简易计算方法；⑧税金及附加项中，按最新税制，重新明确了消费税、资源税、城镇土地使用税、地方教育费的征收范围、税率和计税办法；⑨针对高新技术企业的所得税征收进行说明；⑩更新更正新设法人项目财务分析案例中的数据和计算结果。

第五章为风险与不确定性分析：①适应营业税改增值税的要求，明确盈亏平衡分析中税金及附加应根据售价中是否含增值税而定；②说明敏感性分析可按融资前后分别进行；③修正了敏感度系数的计算公式；④动态风险中添加了科技发展对项目造成的风险；⑤第四节新增案例详细说明了风险识别、评估和应对的流程。

第六章为费用效益分析：①强调了我国社会主义高标准市场体系建设行动的实施，使得大部分外部效果可以通过要素市场化实现“内部化”；②用当前最新的外汇牌价对例题和案例进行了修正。

第七章为费用效果分析：①更正了费用的度量公式；②更新了课后习题。

第八章为设备更新分析：①细化了不同类别设备磨损的介绍；②补充了磨损、补偿与更新的关系；③新增设备寿命周期成本的介绍和设备经济寿命内涵的解释；④调整了章节结构，将设备大修理经济分析、设备更换经济分析独立成节详细介绍，并新增了设备租赁经济分析内容；⑤增加所得税后更新分析内容；⑥本章新增多个例题对理论应用加以阐释。

第九章为价值工程：①强调了价值工程与现金流量法的区别；②新增图例动态解释了提高产品价值的途径；③更新了价值工程的特征；④优化章节结构，将价值工程工作程序、对象选择、功能分析与评价、功能改进目标的确定、方案创新与评价整合为价值工程的实施步骤和方法一节；⑤新增价值工程在方案评选中的应用介绍。

此外，各章的引例与案例都重新进行了更新和修订，以适配章节内容并响应新时代发展方向；同时，结合《工业和信息化部等七部门关于推动未来产业创新发展的实施意见》（工信部联科〔2024〕12 号），将书中部分例题和习题的背景更新为高新技术产业背景，以拓宽学生的技术视野。

本书由西安建筑科技大学刘晓君、王萌萌主编。书中第一章、第六章、第七章由西安建筑科技大学刘晓君撰写；第二章、第三章由西安建筑科技大学王萌萌撰写；第四章由西安建筑科技大学付汉良撰写；第五章由西安建筑科技大学王旭嘉、郭晓彤撰写；第八章由西安建筑科技大学李玲燕撰写；第九章由西安建筑科技大学张炜撰写。各章引例与案例由刘晓君、王萌萌、郭晓彤撰写。全书由刘晓君、王萌萌统稿。

西安建筑科技大学管理学院研究生石怡敏、蔡俊华、赵贺洋、陈清艳、刘锦升、郝昱萱、贾晓露、范琳婕、王千皓等同学为本书的出版做了诸多有益的辅助性工作，在此一并表示谢意。

本书虽几经修改，但由于作者水平有限，疏漏之处在所难免，敬请读者予以指正。

刘晓君　王萌萌

2025年6月

目　录

第一章

绪　论

➢引例

新质生产力引领企业新发展

科技是第一生产力，是经济社会发展的重要引擎。2024 年，新质生产力成为热词。新质生产力是以科技创新为主的生产力，是摆脱了传统增长路径、符合高质量发展要求的生产力，是数字时代更具融合性、更体现新内涵的生产力。

汽车产业一直以来都是国民经济的支柱产业，在创新发展中，新能源汽车逐渐成为形成新质生产力、推动经济高质量发展的重要载体。伴随着国家新能源政策的推广普及，各种用途的新能源车型逐渐走入大众视野，成为市场的新选择。

宇通环卫企业，早在 2014 年便研发出行业首台新能源环卫车，开启了国内纯电动环卫车的先河。十年长跑，该企业在新能源环卫的道路上步伐坚定，从容不迫。其间多次创新，在新能源领域多个细分市场积极布局，开发纯电动、氢燃料、自动驾驶等系列新能源环卫产品，不断完善新能源产品矩阵。如今，该企业的新能源车辆已覆盖全品类、全系列，形成了多套完备的新能源环卫解决方案，充分满足了城乡环卫多场景下的作业需求。

市场和口碑是检验产品的试金石。十年市场发展，该企业在国内新能源环卫市场取得了令人瞩目的成绩。新能源环卫车畅销全国，市场保有量持续攀升，具备强大的市场影响力和号召力。2023 年 12 月，该企业完成了第 6000 台新能源环卫车的下线，成为行业内首家达成这一里程碑的车企。新能源产品保有量连续四年稳居行业第一。这些成绩的取得，不仅证明了企业在新能源环卫领域的头部地位，也彰显了该企业强大的研发实力和市场竞争力。

资料来源：新质生产力引领新发展，宇通环卫踏上了哪些“新”路？[EB/OL]. https://t.m.china.com.cn/convert/c_rxCP5IpT.html[2024-03-08]

评价：这个案例有三点启示。第一，技术创新是经济发展的重要条件和手段，也是推动经济增长的根本动力。第二，旧技术将会随着新技术的出现而衰竭，这会给赶超者提供更好的机会，因为面对新的问题，大家得一起从头学，很有可能后来者率先实现突破。第三，市场竞争是服务消费者的竞争，不管是传统技术、中间技术还是先进技术，在商业运作条件下都要接受市场的考验，都要通过消费者的投票才能占领市场。在大浪淘沙的市场运行机制中，只有那些符合新的价值取向、满足消费者的需求、最具竞争力的技术才会脱颖而出。

➢本章知识结构图

人类社会的进步和发展与人类有目的、有组织的技术经济活动分不开。技术与经济的相结合，旨在实现技术创新和经济效益的提升，促进新质生产力的发展。本章主要介绍技术及其经济价值、技术经济活动及其要素、技术经济学的研究对象与基本原理等内容。

本章知识结构如下图所示。

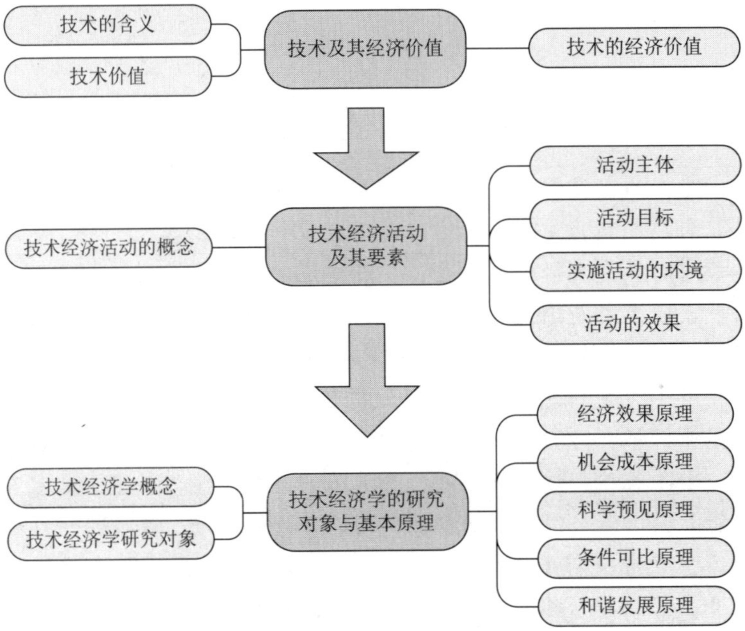

第一节 技术及其经济价值

一、技术的含义

广义的技术，是指把科学知识、技术能力和物质手段等要素结合起来所形成的工具、设备，以及工艺过程或作业程序、方法。技术是为解决实际问题而研发出来的方法及方法原理，如在建造工程中，基本上所有的技术都是工程师为了解决一定的工程问题而研发出来的。技术既不是知识、能力或物质手段三者中任何一个孤立的部分，也不是三者简单的机械组合，而是在特定条件下解决特定问题的过程体现的有机整体。狭义的技术，根据功能不同，可以分为生产技术和非生产技术；根据性质不同，可以分为机器、设备、基础设施等生产条件和工作条件的物质技术(或称硬技术)，与体现为工艺、方法、程序、信息、经验、技巧和管理能力的非物质技术（或称软技术）。

现实中人们通常将科学（science）、工程（engineering）与技术（technology）联系在一起。其实，它们既有本质区别，也有密切联系。科学研究是以发现大自然的规律为核心的活动，其目的是发现真相。科学发现没有“好与不好”，只有“对与不对”，活动的成果是普遍适用的科学规律，是人类的共同财富。广义工程指每一个有目标的行动，如“希望工程”“扶贫工程”；狭义工程指建造工程，如建筑工程、水利工程。工程活动成果的主要形式是物资产品和设施等物质财富，这些财富更直接地具有产权属性。工程与科学研究的工作方法完全不同，工程的产品是服务于人的，所以每一项工程都有很明确的目标，工程必须达到这些目标，否则就是失败。技术是实现工程的工具，工程师为了解决一定的工程问题而进行技术研发，没有技术，工程不可能保质保量按期完成，没有工程，技术也就没有用武之地。可见，工程、技术与非功利性的科学研究相比具有更强的目的性、计划性和预见性，因此技术活动成果的主要形式是发明、专利和技术诀窍，是一种受保护的“产权”。

在人类社会发展历史的相当长时间里，科学、工程与技术并没有什么联系，各自按照自己的逻辑并行发展。19 世纪后，科学、工程与技术逐渐密切结合，科学为现代工程的技术创新奠定坚实的理论基础，现代技术则成为科学的副产品或衍生物，是科学发现使用价值的体现。技术组合和技术创新是实现现代工程预定目标的手段，现代工程是技术进步的导引和技术应用的载体。

二、技术价值

价值泛指客体对于主体所表现出来的积极意义和效用、效益、效应等有用性。经济是价值创造、转化与实现的结果。人类经济活动就是创造、转化、实现价值，满足人类物质文化生活需要。在经济活动中，价值是商品的一个重要性质，它代表该商品在交换中能够交换到其他商品的数量。

广义的技术价值是技术活动及其成果对于技术实践主体生存和发展的意义与作用。狭义的技术价值指对实现工程目标所作贡献的大小，是技术应用于工程建造时对系统实现功能所产生的影响。根据工程领域及技术本身所具有的属性，可以把技术价值分为自然价值和社会价值两种。技术的自然价值包括思想价值、认识价值、知识价值、审美价值等。技术的社会价值包括政治价值、经济价值、环境价值、军事价值、文化价值等。

20 世纪下半叶第三次科技革命席卷而来，涌现出一批对世界政治、经济、军事和社会等领域具有重大影响的高新技术（high and new technology），包括信息科学技术、生命科学技术、新能源与可再生能源科学技术、新材料科学技术、先进制造技术、空间科学技术、环境科学技术和管理科学技术等。这些高新技术的出现伴随着新的产业革命，形成高新技术产业和战略性新兴产业，引发世界范围内产业结构的调整和升级，促进了生产力和社会的巨大进步。高新技术的价值主要体现在以下方面。

第一，高质量。发展高新技术，可以发展新质生产力，使经济结构调整迈出新步伐，使经济动能培育取得新突破，使经济形势回升取得新成效，给投资者提供无限可能的市场机遇和无比广阔的发展前景。

第二，高效益。高效益来自首创利润，高新技术具有创新性和独特性，是创造性思维和劳动的结果，其所生产的东西前所未有，所以能获得高利润。

第三，高势能。高新技术对国家的政治、经济、军事、文化和整个社会发展有很大的影响，具有很强的渗透性和扩散性，有着很高的态势和潜在的能量。

第四，高集成。在高新技术领域，科学、技术、生产三者已密不可分，体现了基础研究、应用研究、开发研究和商品化生产的融合，使得科学研究成果能够迅速转化为生产力，实现产品化、市场化和国际化。例如，超导研究一开始就被认为是科学的探索、理论的研究和材料本身的应用以及工艺方面研究的紧密结合。

第五，高竞争。高新技术覆盖面之广、所需投入之多、风险之大是任何国家都不能全“包”得了的。彼此需要合作，在合作过程中，大家都要抢占高新技术的优势，又势必会出现激烈的竞争，自然会形成强劲的创新氛围，进而形成竞争与合作并存、交流和限制相伴的格局。

三、技术的经济价值

技术的经济价值就是该技术应用于生产、流通、分配、消费等一切满足人类物质文化生活需要的活动时对实现目标所作贡献的大小。技术的经济价值主要表现在以下四个方面。

(1)提供给经济主体积极意义和有用性而获得货币价值或非货币价值。例如，技术可以通过技术成果转让、产品或工程设计出售、软件开发与许可、技术查询、技术指导、技术培训和技术服务等技术市场交易实现其价值。

(2)提供了能够以更少的消耗(资源、原材料、人力、时间等)生产和创造出相同数量与质量的产品或者劳务的手段或方法。例如，机器学习技术可以帮助企业优化生产流程、降低成本，从而提高生产效率。

(3)提供了能够创造出原有技术所不能创造的产品和劳务的手段及方法。例如，人机对话智能交互技术能够生产出理解用户问题并给出精准答案的 AI(artificial intelligence，人工智能)问答机器人。

(4)提供了利用和产生新能源、新材料以替代日益稀少的自然资源的新方法。例如，核能技术、光伏技术、天然气掺氢技术使人们减少了对煤、石油等化学能源的消耗；各种合成材料取代了木材、兽皮等天然材料等。

人类进入 21 世纪后，迎来了第四次科技革命浪潮，其中对经济增长和可持续发展具有重大影响的人工智能技术迅猛发展，包括大数据技术、人工智能技术、清洁能源技术、量子信息技术、无人控制技术、虚拟现实以及生物技术等。人工智能技术的经济价值主要体现在以下方面。

第一，人工智能可以通过大数据分析和机器学习技术，从海量数据中挖掘有价值的信息，还可运用可视化技术，将复杂的数据转化为清晰的决策图表，为提高决策效率提供依据。

第二，机器人、人工智能和物联网等关键技术的突破，包括算法和计算能力的提高，将使没有国籍的机器人的成本不断降低，当其劳动成本低于其他国家的劳动力时，为节省劳动力成本的国际贸易和跨境投资会大大减少。

第三，人工智能技术的发展为企业创造了新的商业机会和模式，如基于数据驱动的服务和产品模式、人工智能驱动的定制化解决方案等，这些都成了新的商业发展方向。

第四，人工智能技术是数字经济的重要组成部分，其发展可以促进数字经济的增长和贡献率的提升。例如，通过优化企业组织结构，提高生产和管理效率，人工智能加速了企业的数字化转型和创新。

第二节 技术经济活动及其要素

一、技术经济活动的概念

技术经济活动就是把科学研究成果和生产实践、经验积累中所形成的有形技术和无形技术，有选择、创造性、经济性地应用在最有效的利用自然资源、人力资源和其他资源的人类工程中，以满足经济社会发展的过程。正是因为技术经济活动是有目标的行动，一个技术经济活动也可以说成是一项工程。技术经济活动不断提高生产效率和服务水平，优化产业结构、经济结构和社会结构，从而推动经济社会发展。

从上述定义中可以看出技术经济活动更侧重实践和创新。科学家的作用是发现宇宙间各种自然现象的规律，丰富人类的知识宝库。而对于从事技术经济活动的工程师来说，掌握知识本身固然重要，但知识只是构建各类运行系统时所需各种要素中的一种。因此工程师的责任之一是运用知识来选择对该项工程最适当的技术；工程师的责任之二是要在解决特定问题时把知识创造性地用于特定的系统形成技术发明。基本上所有的技术都是工程师为了解决一定的工程问题而研发出来的。

人类的存在已有几百万年，但真正自觉地通过技术进步促进经济发展，还只是1800年以后的事情。蒸汽机、发电机、计算机、生命科学和人工智能的兴起与普及，带来了人类社会的数次经济繁荣。所有这些都说明，技术一旦与经济相结合就将产生推动社会进步的巨大力量。而技术与经济相结合的载体正是技术经济活动。

当今社会，社会经济的发展和人类文明的进步都是技术经济活动直接或间接的成果。反过来，人类物质文化生活水平的改善、社会经济和生态环境可持续发展的要求又对技术经济活动提出了更为明确的目标。

二、技术经济活动的要素

技术经济活动一般涉及四大要素：活动主体、活动目标、实施活动的环境以及活动的效果。

活动主体是指垫付活动投入、承担活动风险、享受活动收益的个人或组织。现代社会人类技术经济活动的主体可大致分为四大类：居民、企业、政府，以及包括学校、福利基金会等单位(机构)在内的非营利组织。

人类一切技术实践活动都有明确的目标，都是为了直接或间接地满足人类全面持续发展的需要。但不同活动主体的目标性质和数量存在着明显的差异，如政府的目标一般具有多元性，包括国民教育、国防安全、经济发展、环境保护、就业充分、法制健全、社会和谐、文化繁荣、币值稳定、经济结构(调整)的改善、收入分配的公平(共同富裕)、疫病防控、减灾防灾等。企业的目标以利润为主，包括利润最大化、市场占有率、应变能力和品牌效应的提高等。

技术经济活动常常面临两个彼此相关且至关重要的双重环境，一个是自然环境，另一个更为重要的是社会经济环境。自然环境提供技术实践活动的客观物质基础，社会经济环境影响技术经济活动成果的价值。利用资源改造自然的活动固然必须掌握自然环境中的各种规律，只有这样才能赋予物品使用价值。但是，物品的价值取决于它带给人们的有用性，有用性的大小往往要用人们愿意为此付出的市场价格——货币来衡量。无论技术系统的设计多么精良，如果生产出的产品和服务不符合社会发展的主流价值观，不能形成社会需求，或者成本太高，消费者难以承受，这样的技术经济活动就不能算成功。

技术经济活动实施的效果是指活动实施后对目标产生的影响。根据活动对目标的不同影响，效果可分为正面效果和负面效果、有用效果和无用效果等。例如，在一个经济欠发达地区进行资源开发，有用效果是提高当地人民收入水平，负面效果是可能造成严重的生态系统破坏和环境污染。

因此，人类社会的一个基本任务就是要对自身的活动进行有效的规划、组织、协调和控制，以最大限度地提高技术经济活动的有效成果，降低或消除负面后果，而这也正是技术经济学的主要任务。

第三节　技术经济学及其研究对象

一、技术经济学

技术经济学(technical economics)是一门研究技术经济活动中的资源有效配置规律的科学。技术经济活动中的资源有效配置规律是研究如何根据既定的项目目标，分析技术活动的代价(费用)及其对项目目标实现的贡献，并在此基础上设计、评价、优化、选择以最低的代价(费用)可靠地实现项目目标的最佳或满意技术方案。

二、研究对象

技术经济学的研究对象分为四个层面：国家层面、产业层面、企业层面、项目层面。国家层面的技术经济学主要关注国家技术创新战略和技术创新体制、机制的建设问题；产业层面的技术经济学主要关注技术预测与选择、共性关键技术、产业技术创新与技术扩散、产业技术标准制定、产业技术升级的路径与战略；企业层面的技术经济学主要关注企业技术创新管理、知识产权管理和技术使用管理；项目层面的技术经济学主要解决关键技术创新、技术方案经济评价及系统优化和项目管理问题。

技术经济学是介于自然科学和社会科学之间的边缘科学，是现代科学技术和社会经济在发展过程中，渗透融合、互相促进，逐渐形成和发展起来的。在这门学科中，经济处于支配地位，因此，技术经济学的性质属于应用经济学的一个分支。

本书内容主要针对项目层面技术经济活动的资源有效配置规律展开，主要阐述支撑工程项目的技术方案评价、优化、选择和创新的理论与方法。

第四节 技术经济学的基本原理

一、经济效果原理

经济效果（economic effects）就是人们通过技术经济活动取得的效果与为之投入的费用之比。对于取得一定有效成果和所支付的资源代价及损失的对比分析，就是经济效果评价。

当效果、费用及损失为不同度量单位时，经济效果可表示为式（1-1）：

$$\text{经济效果} = \frac{\text{效果}}{\text{费用} + \text{损失}} \tag{1-1}$$

当效果、费用及损失为相同度量单位时，经济效果可表示为式（1-2）：

$$\text{经济效果} = \text{效果} - (\text{费用} + \text{损失}) \tag{1-2}$$

由于各种技术经济活动的性质不同，因而会取得不同性质的效果，如国防效果、环境效果、艺术效果、军事效果、教学效果、医疗效果等。但无论哪种效果，都要涉及资源的消耗，都有浪费或节约问题。另外，因为在特定的时期和一定的地域范围内，人们能够支配的经济资源总是稀缺的，所以需要在有限的资源约束条件下对所采用的技术进行选择和创新，故而需要对活动本身进行有效的计划、组织、协调和控制，以最大限度地提高技术经济活动的正面效果，降低损失或消除负面效果，最终提高技术实践活动的经济效果。

劳动与资本作为技术经济活动中两种主要的投入物，同一时期内其价格比在世界各国和地区中并不相同，因而劳动与资本的组合方式也就千差万别，采用的技术类别及水平也明显不同。对于科技发达的国家，其劳动力成本较高，但资本比较充裕，因此倾向于在生产中多用便宜的资本要素，少用较贵的劳动要素，表现为机器代替人的劳动，生产过程中使用更多的先进技术和装备。对于发展中国家，其劳动力资源丰富，因而最优的要素组合方式不同于发达国家，故而必须根据国情确定技术选择的原则。我国是一个正在向现代化强国目标奋进的大国，各地区、城乡之间资源条件和经济发展水平差异较大，这就决定了我国现阶段的技术体系应该同时包容人工智能技术、高新技术、中间技术和传统技术，以适应不同地域的经济条件。

二、机会成本原理

机会成本（opportunity cost）是指将一种具有多种用途的有限（或稀缺）资源置于特定用途时所放弃的收益。当一种稀缺资源具有多种用途时，可能有许多个投入这种资源获取相应收益的机会。如果将这种资源置于某种特定用途，必然要放弃其他的资源投入机会，同时也放弃了相应的收益，在所放弃的机会中最佳的机会可能带来的效益，就是将这种资源置于特定用途的机会成本。机会成本是技术经济分析中确定评价指标判据的重要依据。只有充分考虑投资用于其他用途时的潜在收益，才能对技术实践活动是否值得投资做出正确的决策。

例如，某企业欲投入 50 万元购置一台新型全自动机械设备用于生产活动，当然这 50 万元也可用于购买债券、股票或存入银行生息。假定投资期限相同，购买债券的年收益率为 12%，高于购买股票、存款生息，则这 50 万元用于购置新型设备的年机会成本就是 $50\times12\%=6$（万元）。如果该企业投入 50 万元购置的这台设备每年能产生大于 6 万元机会成本的收益，则说明这项投资是值得的。

三、科学预见原理

人类对客观世界运动变化规律的认识使得人们可以对自身活动的结果做出一定的科学预见（scientific prediction），根据对活动结果的预见，人们可以判断一项活动目的的实现程度，并相应地进行修正或采取更好的从事该项活动的方法。如果人缺乏这种预见性就不可能了解一项活动是否能实现既定的目标、是否值得去做，因而也就不可能做到有目的地从事各种技术实践活动。以三峡工程为例，如果我们不了解三峡工程建成后可以获得多少电力，能在多大程度上改进长江航运和提高防洪能力等效果的话，那么建设三峡工程就成为一种盲目的活动。因此，为了有目的地开展各种技术实践活动，就必须对活动的效果进行慎重的估计和评价。

技术经济分析正是对技术经济方案付诸实施之前或实施之中的各种结果进行估计和评价，属于事前或事中主动的控制，即信息搜集→资料分析→制定对策→防止偏差。只有提高预测的准确性，客观地把握未来的不确定性，才能提高决策的科学性。例如，工程建设项目前期可行性研究工作的重要前提就是要进行周密的市场调查工作，准确地估计项目的效果和费用及损失，通过技术分析、财务分析和费用效益分析，对各种方案的技术可行性和经济合理性进行综合评价，为决策提供准确的依据。

当然，由于人的理性有限性，不可能对所有活动后果的估计都准确无误，总会产生一定的偏差，特别是对具有创新性的项目而言。正因为如此，人们才会运用大数据分析方法，不断地在风险分析和不确定性分析中进行大量的、旨在拓展人类知识范围、提高预见能力的研究工作。

四、条件可比原理

对各项技术活动的方案进行评价和选优时，需要通过比较辨别其优劣，因此技术经济学应遵循可比性(comparability)原理，使各方案的条件等同化。由于各个方案涉及的因素极其复杂，加上难以定量表达的因素，所以不可能做到绝对的可比。在实际工作中一般只能做到对方案经济效果影响较大的主要方面达到可比性要求，包括：①产出成果使用价值的可比性；②投入相关成本的可比性；③时间因素的可比性；④价格的可比性；⑤定额标准的可比性；⑥评价参数的可比性。其中时间因素的可比性是经济效果计算中通常要考虑的一个重要因素，因为在现代社会中时间是有价值的，而且它会让技术经济活动的投入和产出发生变化。例如，有两个建厂方案，产品种类、产量、投资、成本完全相同，但其中一个投产早，另一个投产晚，这时很难直接对两个方案的经济效果的大小下结论，必须将它们的效果和成本都换算到一个时点后，才能进行经济效果的评价和比较。

五、和谐发展原理

人类社会发展至今，由于分工的细化和合作的加强，各个利益主体(如政府、社团、企业、家庭)在国民经济中的职能、作用、权利和追求的目标存在着一定的差异，而且同一利益主体的目标在时间上也存在可变性。一个国家的政府作为社会公众的代言人，需要站在宏观的层面上考虑国民经济长期、稳定和可持续的和谐发展(harmonious development)，其基本目标是提供公共物品、消除外部不经济、保护生态环境、改善收入的不平等、支持新兴战略产业发展等。而从事商品生产和销售的企业，一般是站在微观层面上考虑生存和发展，其基本目标是实现利润或企业价值最大化，相应地考虑企业信誉、产品和服务质量、技术创新等方面。

正因为不同利益主体追求的目标存在差异，因此，对同一技术经济活动进行评价的立场不同，出发点不同，评价指标不同，因而评价的结论就有可能不同。例如，很多生态保护区的矿产资源开发，从企业自身和地区利益出发经济效果显著，但却严重破坏了生态环境。因此，为了防止一项技术经济活动在对一个利益主体产生积极效果的同时可能损害到其他利益主体的目标，技术经济分析必须体现和谐发展原理：①每个工程项目都应站在局部与整体的立场上分别进行财务评价、社会评价和环境评价；②当财务评价结果与社会评价结果、环境评价结果不一致时，财务评价应服从社会评价及环境评价结果。

第五节 案例分析

“实验室经济”为石膏产业精准助力

“实验室经济”模式是一种以企业为主导、以实验室为载体，面向市场的技术创新模式。在这种模式下，企业依靠自建或与科研机构共建的实验室进行技术研发，然后将研发成果迅速应用于生产线并转化为现实生产力，从而使企业获得可持续发展的动力与活力。

“实验室经济”模式拥有三个优点：市场导向性强、成果转化快、经济效益高，是助力技术创新向新质生产力转化的重要帮手。这一模式由国内某科技公司率先提出，该公司主要从事工业副产石膏（又称合成硫酸钙）循环利用基础理论及产业化系统装备研究、开发、设计、销售及相关技术服务，其拥有国家“建筑材料行业工业副产石膏资源化综合利用技术重点实验室”，并被中国建筑材料联合会授予“中国石膏研发应用领军企业”，被工业和信息化部授予“工业副产石膏综合利用研究与示范基地”等荣誉称号。

“三磷”（磷矿、磷化工企业、磷石膏库）是造成长江水体污染的主要原因，要保护好长江水质，对磷石膏的综合利用刻不容缓。磷肥又是我国保障粮食安全的重要手段之一。磷石膏是磷复肥企业伴生的大宗工业固废，长期以来，磷石膏综合利用仅限于纸面石膏板、石膏砂浆、砌块、条板和石膏模具等建材产品，市场容量有限、同质化竞争激烈。为破解磷石膏高值化利用难题，该公司把多年来通过基础研究、应用研究、小试、中试积累的科技创新成果精准应用于位于湖北宜昌的项目试验基地，并在生产实践中推动相关技术迭代升级。

在公司研发和运营团队努力下，公司在全国多地建成示范生产线，解决了困扰行业多年的难题，延伸和拓宽了生产链条，促进了产业间的共生耦合，创造了很好的环境效益和经济效益。多个项目被国家发展和改革委员会、科学技术部、工业和信息化部等部门认定为重点项目，填补了国内空白。目前，该科技公司拥有相关专利 100 余项，5 项通过科技成果鉴定（评价），2 项达国际先进水平，3 项达国内领先水平。公司还牵头主编或参编石膏类国家标准、行业标准和团体标准 40 余项。此外，还搭建了“产学研用”交流平台，优化产业生态，以促进科技创新和科技成果转化应用为宗旨，为石膏行业高质量发展出谋划策，为石膏产业赋能。

创新是引领发展的原动力，也是发展新质生产力的核心要素。该公司从科技成果转化平台建设入手，联合清华大学、东南大学、南京工业大学、江苏大学、常州大学、武汉理工大学等高校、科研院所，以及科技服务公司等研发型企业共同打造科创产业孵化平台，提升落地项目的创新能力。由于在该领域的突出贡献，该科技公司被生态环境部等九部委联合授予“中华环境奖”荣誉奖项。

资料来源：庄道秋，金艳峰.“实验室经济”为石膏产业精准助力[N]. 中华工商时报，2024-07-10（004）

➢思考题

1. 科学、工程、技术的含义及相互之间的关系？
2. 技术创新的动力是什么？
3. 技术选择的目的是什么？
4. 技术公开的好处是什么？
5. 查找资料，简述如何通过技术创新提升新质生产力。

第二章

现金流量及其等值计算

➢引例

发展的国际比较

1900 年中国的人均 GDP(gross domestic product，国内生产总值)相当于美国的 13%，到了 1950 年新中国成立之初这一数据下降为 5%，中国一度沦为全球最贫穷的国家之一，当时全世界只有 10 个国家的 GDP 低于中国。自 1950 年以来，中国实现了远高于全球和发展中国家平均水平的经济增长，是近 70 年全球年均经济增速最高的经济体。在这 70 年当中，中国从一个贫困的低收入国家跃升为中等收入国家，按经济总量计算已成为世界第二大经济体，在 2010 年超过美国成为全球第一制造业大国家，并且实现了全人类有史以来最大规模的减贫。

表 2-1 是根据宾夕法尼亚大学世界表 9.0 计算出来的第二次世界大战以来 14 个典型国家经济增长的概况。

表 2-1　典型国家经济增长的概况

时期	国家	人均 GDP 年增速	GDP 年增速
1950～2014 年	澳大利亚	2.05%	3.71%
1950～2014 年	爱尔兰	3.74%	4.48%
1950～2014 年	葡萄牙	3.69%	4.09%
1950～2014 年	德国	3.67%	3.93%
1950～2014 年	西班牙	3.58%	4.39%
1950～2014 年	巴西	3.55%	5.75%
1950～2014 年	意大利	3.42%	3.81%
1950～2014 年	挪威	3.42%	4.16%
1950～2014 年	荷兰	2.89%	3.73%
1950～2014 年	法国	2.73%	3.44%
1950～2014 年	英国	2.23%	2.63%
1950～2014 年	美国	2.00%	3.15%

续表

时期	国家	人均 GDP 年增速	GDP 年增速
1950～2014 年	瑞典	2.41%	2.93%
1952～2014 年	中国	4.34%	5.83%

资料来源：侯永志，张永生，刘培林，等. 国际比较视角下的中国发展经验与理论研究[M]. 北京：中国发展出版社，2018

评价：资金的价值会随着时间的流逝实现增值，而资金增值的原动力来自经济增长。也就是说资金增值是有条件的。第一，只有经济呈现大于零的增长速度，且资金参与经济循环，才能实现资金增值；第二，资金具有逐利性，资金总是趋向于在经济增长速度更快的国家和地区实现其时间价值。

➢本章知识结构图

技术经济活动的目的，是通过投入资本、劳务、技术等生产要素建造工程系统，向社会提供有用物品或服务。用市场价格量化技术经济活动产出的价值或有用性，用资本量化技术经济活动的投入，并使之在不同的方案之间具有时间上的可比性，是技术经济分析最重要的基础工作，也是正确计算经济效果评价指标的前提。

本章的知识结构如下图所示。

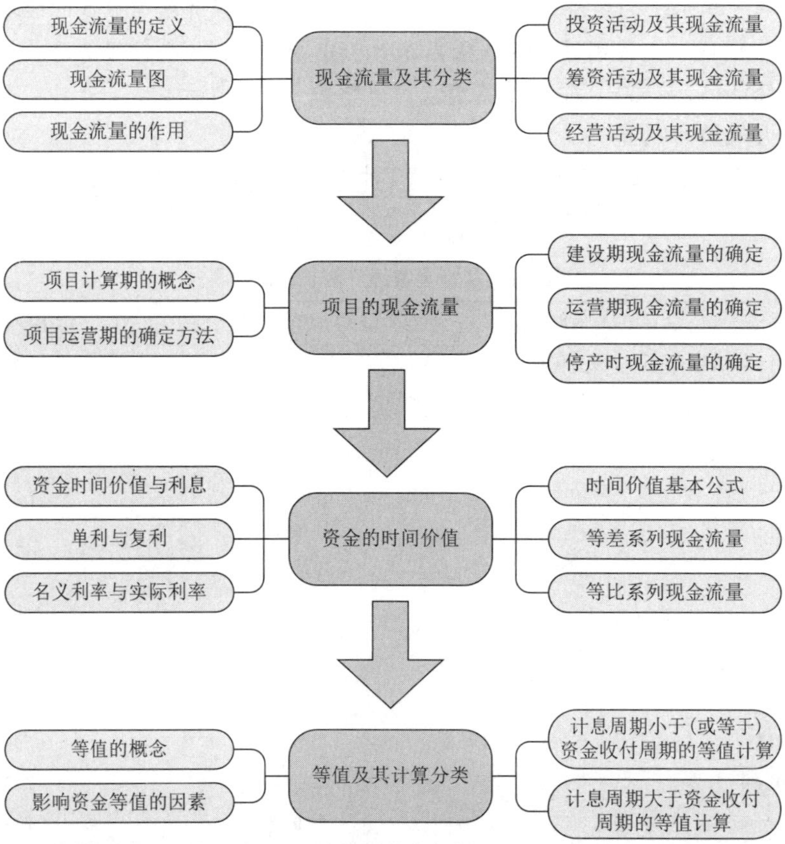

第一节　现金流量及其分类

一、现金流量的概念

（一）现金流量的定义

现金流量(cash flow)是特定技术经济系统(可以是一个技术创新项目、一个工程建造项目，也可以是一个企业、一个营利或非营利机构)在未来某一时点发生了使用权或所有权转移的现金或其等价物(如短期国库券、商业本票、可转让定期存单、银行承兑汇票等)的数量。

流入系统的现金称为现金流入(cash inflows)，通常用 CI 表示。例如，政府的财政收入、高校的学费收入、企业销售商品或提供劳务、出售设备取得的收入、从金融机构获得的借款等，都是现金流入。流出系统的现金称为现金流出(cash outflows)，通常用 CO 表示。例如，政府为创新竞赛支付奖金、高校为教学科研活动支付的经费、企业购买货物、购置固定资产、偿还债务等而支付的资金，都是现金流出。同一时点上现金流入与现金流出之差称为净现金流量，通常用 CI−CO 表示。

（二）确定现金流量需注意的问题

(1)现金流量发生必须是资金及其等价物的使用权或所有权实际发生变化的时刻。例如，不能将应收账款、应付账款、暂时不能兑现的有价证券、不能立即出让的固定资产账面价值、未使用的固定资产折旧、已发生的支出或费用等沉入成本等作为现金流量。

(2)确定同一项活动的现金流量，因所站的立场和看问题的出发点不同而会产生不同的结果。例如，国家对企业征收的城镇土地使用税，从企业角度看是现金流出，从当地政府而言是现金流入，而从整个国民经济的角度看，由于税金对国家来说所有权并未改变，而是在国家范围内资金的一种再分配，所以它既不是现金流入也不是现金流出。

(3)每一笔现金流入和现金流出都应有明确的未来发生时点。也就是说现金流量度量的是未来经济系统内投入产出随时间推移产生的变化量或边际量，因此必须了解现金流量发生的确切时点。

（三）现金流量图

现金流量图(cash flow diagram)是能反映经济系统现金流量随时间变化的图式，即把经济系统的现金流量绘入一个时间坐标图中，表示出各现金流入、流出与相应时点的对应关系，如图 2-1 所示。

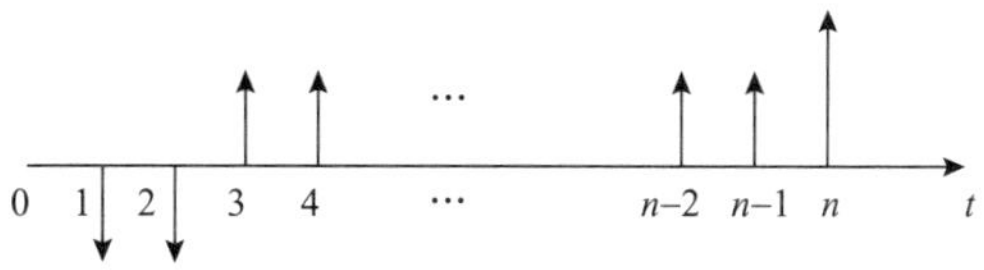

图 2-1　现金流量图

对于一个经济系统，其不同时点各种现金流量的流向、数额和发生时点都不尽相同。现金流量图有助于人们精准确定现金流量的大小、方向和时点，方便技术经济分析。

现以图 2-1 说明现金流量图的作图方法。

(1)以横轴为时间轴，向右延伸表示时间的延续，轴上每一刻度表示一个时间单位，可取年、半年、季或月等为时间单位。0 表示时间序列的起点；n 表示时间序列的终点。

(2)垂直于时间坐标的箭线表示不同时点现金流量的大小和方向。一般规定横轴上方箭线为现金流入；横轴下方箭线为现金流出；有时为解决问题方便也可以做相反的约定。

(3)在现金流量图中，箭线长短与现金流量数值大小本应成比例。但由于经济系统中各时点现金流量的数额常常相差悬殊，很难成比例绘出，故在现金流量图绘制中，箭线长短只要能适当体现各时点现金流量数值的差异，并在各箭线上方(或下方)标注其现金流量的数值即可。

(4)箭线与时间轴的交点即为现金流量发生的时点。

(5)时间序列中某一期的期末正好是下一期的期初。

(6)现金流入和现金流出总是针对特定的系统而言的。例如，企业从银行贷款，对企业来说是现金流入，对银行来则是现金流出。

总之，要正确绘制现金流量图，应该把握好现金流量的三要素，即现金流量的大小、方向和时点。

在经济系统运行时，资金并不只是发生在期初或期末。例如，图 2-2 说明某一年的投资按月支付，每月支付 100 万元，如果以年为单位，就需要按照一定的规则对期间发生的现金流量进行简化处理。此时，绘制现金流量图时可选择以下几个规则。

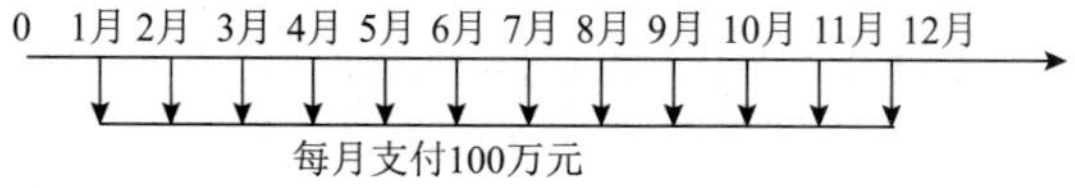

图 2-2　期间发生的现金流量图

(1)年初法。绘制现金流量图时一般假定资金的收支都集中在每期的期初。此时，图 2-2 可以简化成图 2-3。

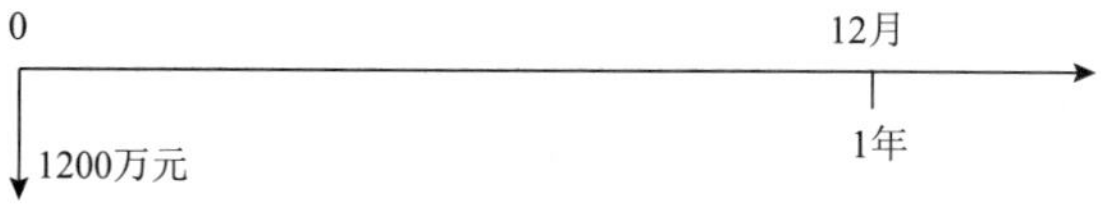

图 2-3　年初法现金流量图

(2)年末法。绘制现金流量图时一般假定资金的收支都集中在每期的期末。此时，图 2-2 可以简化成图 2-4。

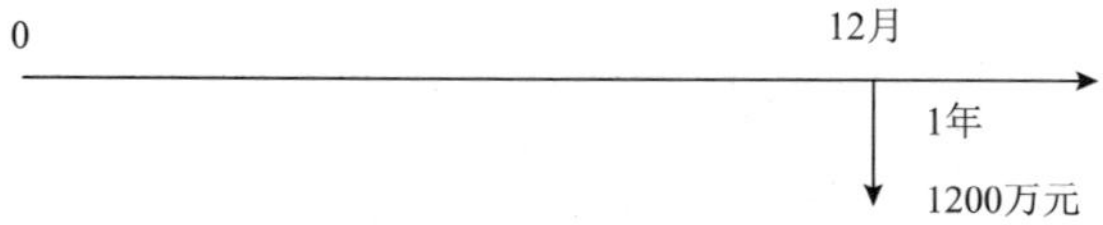

图 2-4　年末法现金流量图

(3) 年中法。绘制现金流量图时一般假定资金的收支都集中在每期的期中。此时，图 2-2 可简化成图 2-5。对于期间发生的均匀分布的现金流量采用年中法较为合理。

图 2-5　年中法现金流量图

(四) 现金流量的作用

在现代市场经济环境下，经济系统的股权人和债权人最关心的莫过于系统未来现金流量的情况。在技术经济分析中现金流量的作用主要体现在以下方面。

(1) 现金流量可以为正确计算和评价活动方案的经济效果提供统一的信息基础。从物质形态来看，经济主体通过提供其他经济主体所需要的产品或劳务，获得自己需要的厂房、设备、原材料、能源、动力等。从货币形态来看，经济主体通过垫付资本，在未来生产经营中花费成本，获得销售收入。在现代市场经济条件下，活动方案的物质形态由于缺乏可比性和灵活性而受到限制。现金流量可以将技术方案的物质形态转化为货币形态，而货币形态由于具有一般等价物的特点而得到广泛使用。

(2) 现金流量能反映人们预先设计的各种技术方案在寿命周期内经济效果的全貌。在技术经济活动的前期决策阶段，研究人员提出的各种备选方案，以及每个备选方案中的产品方案、工艺方案、筹资方案、建设方案和经营方案等，都可以通过预测或估计其未来现金流量来展示其经济效果。

(3) 现金流量能够揭示经济系统的真实盈利能力。判断经济系统好坏，不能只看净资产收益率或每股收益水平，如果资产收益率为 15%，但净现金流量是负值，说明系统存在严重的问题：第一，库存量大；第二，有大量的应收账款。所以，现金流量是衡量建设项目投资收益的最重要的指标。技术经济分析的目的，就是要在决策阶段根据方案的现金流出与现金流入，计算经济效果评价指标，选择合适的技术方案，最大程度降低投资失误风险。

二、各类经济活动的主要现金流量

为了清晰地展示各类经济活动现金流量的情况，可将影响现金流量的活动分为三大类：投资活动、筹资活动和经营活动。

(一) 投资活动及其现金流量

投资活动是指经济主体购建或处置固定资产、认购或出让无形资产和其他资产等长期资产、开展科学研究和技术研发或转让知识产权的活动。经济主体从事投资活动，一般会在期初伴随大量的现金流出，在期中、期末伴随持续的流金流入。例如，购置机器设备、认购有价证券、变卖固定资产回收投资、转让有价证券获取收益等。

投资活动现金流入的主要项目如下。

(1) 收回投资所得到的资金。

(2)分得股利或利润所得到的资金。

(3)取得债券利息收入所得到的资金。

(4)处置固定资产、无形资产和其他长期投资而得到的现金净额。

投资活动现金流出的主要项目如下。

(1)购建固定资产、无形资产和其他长期资产而支付的资金或偿还应付款项而支付的资金。

(2)权益性投资支付的资金。

(3)债券性投资支付的资金。

(二)筹资活动及其现金流量

筹资活动是指经济主体从股权人那里获得自有资金和向他们分配投资利润，以及从债权人那里借得货币、其他资源和偿还借款等活动。

筹资活动现金流入项目如下。

(1)吸收权益性投资所得到的现金。

(2)发行债券所得到的现金。

(3)借款所得到的现金。

筹资活动现金流出项目如下。

(1)偿还债务所支付的现金。

(2)分配股利或利润所支付的现金。

(3)融资租赁所支付的现金。

(4)减少注册资本所支付的现金。

(三)经营活动及其现金流量

一般而言，经营活动是经济主体为获取收入和盈利而必须进行的经济活动，如销售商品、提供劳务、购买货物、支付工资、缴纳税金、制造产品等。

经营活动产生的现金流入项目包括以下方面。

(1)销售商品或提供服务所取得的现金收入。

(2)收到的租金。

(3)其他现金收入。

经营活动产生的现金流出项目包括以下方面。

(1)购买原材料或劳务支付的现金。

(2)经营性租赁所支付的现金。

(3)支付给职工以及为职工支付的现金。

(4)支付的各种税费。

第二节 项目的现金流量

现代工程是技术进步的导引和技术应用的载体。技术优选、技术组合和技术创新是实现现代工程预定目标的手段。从管理决策的角度分析评价工程投入产出的效益，必须将工程作为一次性、具有全寿命周期的独立系统与其他系统区分开来以便考察其未来的现金流量，这就形成了项目的概念。项目是人们以工程建设为载体，通过运用各种方法，将人力、物力和财力等资源组织起来，按照一定的程序、在一定的时间内完成一项独立的、一次性的工作任务，以期达到设定目标。为方便起见以下将工程项目简称为项目。

一、项目计算期

（一）项目计算期的概念

项目计算期是指经济评价中为进行动态分析所设定的期限，包括建设期和运营期。建设期一般是指从拟建项目永久性工程开工之日，到项目全面建成投产或交付使用所需的全部时间，可按合理工期或预计的建设进度确定。建设期是经济主体为了获得未来的经济效益而筹措资金、垫付资金或其他资源的过程，在此期间，一般只有投入，没有产出，因此要求项目建设期尽可能的短。运营期分为投产期和达产期两个阶段，投产期是指项目投入生产运营，但生产或服务能力尚未达到设计能力时的过渡阶段，达产期是指生产运营达到设计预期水平后的时间，投资者一般希望达产期尽可能的长。

（二）项目运营期的确定方法

(1)按产品或服务的寿命周期确定。随着科学技术的迅猛发展，产品更新换代的速度越来越快。对于特定性较强的建设项目，由于其厂房和设备的专用性，当产品已无销路时，必须终止生产，同时又很难转产，不得不重建或改建项目，因此，这类项目的运营期宜按产品或服务的寿命周期确定。此外，人工智能、电子信息等高新技术产业项目、新陈代谢较快的项目也更适合按产品的寿命周期确定项目运营期。

(2)按主要工艺设备经济寿命确定。这种方法适用于通用性较强的制造企业，或者产品有稳定的销路，生产产品的技术比较成熟的建设项目。

(3)综合分析确定。一般大型复杂的综合项目宜采用综合分析法确定其运营期。如钢铁联合企业规模大，涉及综合因素多，我国规定其项目寿命周期为20年左右；而机械制造业项目寿命周期一般为10年左右。

（三）确定项目计算期时应注意的问题

(1)项目计算期不宜定得太长。一方面是因为按照现金流量折现的方法，把计算期很长的远期现金流量折为现值的数值相对较小，很难对财务分析结论产生决定性的影响；另一方面由于时间较长，预测数据的精度会下降。

(2)计算期较长的项目多以年为时间单位。对于计算期较短的行业项目，如油田钻井开发项目、高科技产业项目等，由于在较短的时间间隔内现金流量水平会有较大变化，这类项目不宜用“年”做计算现金流量的时间单位，可根据项目的具体情况选择合适的计算现金流量的时间单位。

因为建设项目计算期内要历经资金的筹集、资金的投入、生产运营和资金的回收等若干阶段才能达到预期的目标，所以项目的现金流量也就兼有了投资活动、筹资活动和经营活动的特点。

二、项目现金流量的基本构成要素

（一）建设期现金流量的确定

$$(CI-CO)_t=-\text{建设投资}-\text{流动资金投入}$$

（二）运营期现金流量的确定

$$\begin{aligned}(CI-CO)_t&=\text{营业收入}-\text{经营成本}-\text{税金及附加}-\text{企业所得税}\\&=\text{营业收入}-\text{经营成本}-\text{折旧}-\text{税金及附加}-\text{企业所得税}+\text{折旧}\\&=\text{营业收入}-\text{总成本费用}-\text{税金及附加}-\text{企业所得税}+\text{折旧}\\&=\text{利润总额}-\text{企业所得税}+\text{折旧}\\&=\text{税后利润}+\text{折旧}\end{aligned}$$

（三）停产时现金流量的确定

$$\begin{aligned}(CI-CO)_n=&\text{营业收入}+\text{回收固定资产余值}+\text{回收流动资金}-\text{经营成本}\\&-\text{税金及附加}-\text{企业所得税}\end{aligned}$$

第三节　资金的时间价值

一、资金时间价值的概念

（一）资金时间价值与利息

时光不能停止，也不能倒流。因此，对寿命有限的技术经济活动而言，时间是一种最宝贵也是最有限的“资源”。因为经济效益是在一定时间内创造的，创造同样的收入，所花费的时间越少，效益越好。

根据经济学原理，资金的时间价值（time value of money）可以被看成使用稀缺资源——资金的一种机会成本，是使用货币应付的利息，使用土地应付的租金，聘请企业家应付的报酬；或者是让渡资金使用权所得的报偿，是放弃近期消费所得的补偿。

资金时间价值的实质是资金作为生产要素，在生产、交换、流通和分配的过程中，随时间的变化而产生的增值。资金的增值过程可由图 2-6 表示。

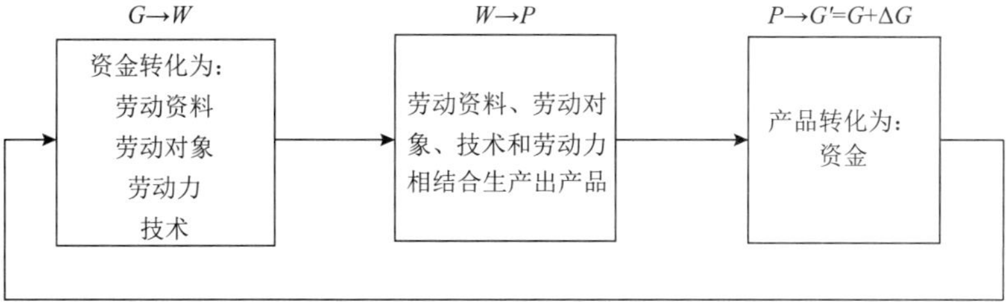

图 2-6　(G—W—G′)资金增值过程示意图

在产品生产前，首先需用一笔资金(G)，建造厂房、购置设备、研发专有技术、聘请企业家，同时还需垫支流动资金采购生产所需的原材料、辅助材料、燃料、动力等劳动对象和招聘工人所需支出的工资；然后在生产过程中，资金以物化形式出现(W)，劳动者运用劳动资料对劳动对象进行加工，生产制作的新产品(P)比原先投入的资金(G)具有更高的价值(G′)；最后这些新产品(P)必须在生产后的流通领域(商品市场)里作为商品出售给用户，才能转化为具有新增价值的资金(G′)，使物化的资金(P)转化为货币形式的资金(G′)，这时的 $G'=G+\Delta G$，从而使生产过程中劳动者创造的资金增值部分 ΔG 得以实现。这样就完成了“G—W—G′”形式表示的、完整的资金增值过程。资金增值部分 ΔG 按生产要素的贡献进行分配，股东得到净利润、借贷资金得到利息、土地得到地租、专有技术持有人得到回报、企业家得到奖励等。资金在生产过程和流通领域之间如此不断地周转循环，这种循环过程不仅在时间上是连续的，在价值上也是不断增值的。因此整个社会生产不仅是价值创造过程，也是资金增值过程。

由此可见，利息是借贷资本时间价值的绝对衡量，是借贷过程中，债务人支付给债权人的超过原借款本金的部分，即

$$I = F - P \tag{2-1}$$

式中，I 为利息；F 为还本付息总额；P 为本金。

资金时间价值的存在，使不同时点上发生的现金流量无法直接加以比较。近期的资金由于具有增值能力而比远期同样数额的资金更有价值。因此，要通过一系列的换算，让资金在同一时点上进行对比，才具有资金时间价值的可比性。

(二)利率

利率(interest rate)也叫利息率，是一定时期利息与本金的比率。一定时期称为计息周期，可以指一年、半年、季或月。常用的计息周期是一年，一年的利息与本金的比值为年利率；半年或一个月的利息与本金的比值则为半年利率或月利率。其计算公式为

$$i = \frac{I_t}{P} \times 100\% \tag{2-2}$$

式中，i 为利率；I_t 为单位时间内的利息；P 为借款本金。

【例 2-1】　某人 2024 年 1 月 12 日在中国建设银行定期三年存款 10 万元，2027 年 1 月 12 日到期获得利息 5850 元，试求这笔定期存款的年利率。

解 由于定期储蓄存款是单利计息，该笔存款年利息为 5850/3 = 1950(元)。根据式(2-2)计算年利率为

$$(1950/100\ 000)\times100\%=1.95\%$$

中国建设银行 2020～2024 年的存款利率变化情况如表 2-2 所示。

表 2-2 中国建设银行三年期存款利率

年份	存款利率(整存整取)
2020	2.75%
2021	2.75%
2022	2.60%
2023	2.45%
2024	1.95%

利率是各国发展国民经济的杠杆之一，利率的高低由如下因素决定。

(1)经济增长速度。在通常情况下，经济增长速度与利率成正比。经济增长速度高或行业平均利润率高，利率也相应地提高，这样一方面可使投资人共享发展成果，另一方面可以防止经济过热；当经济遭遇寒冬，利率也相应地降低，这样一方面拉动消费促进经济复苏，另一方面扩大贷款规模刺激实体经济发展。社会平均利润率是利率的最高界限。因为如果利率高于社会平均利润率，借款人投资后无利可图，也就不会去借款了。

(2)金融市场上借贷资本的供求情况。在社会平均利润率不变的情况下，借贷资本供过于求，利率便下降；反之，利率便上升。

(3)银行所承担的贷款风险。借出资本要承担一定的风险，而风险的大小也影响利率的波动。风险越大，利率也就越高。

(4)通货膨胀率。通货膨胀对利率的波动有直接影响，在实际利率一定时，通货膨胀率越高，名义利率越高。

(5)借出资本的期限长短。借款期限长，不可预见因素多，风险大，利率也就高；反之，利率就低。

(三)单利

利息计算有单利和复利之分。当计息周期在一个以上时，就需要考虑“单利”“复利”的区别。单利(simple interest)是指在计算利息时，只有本金生息，利息不再生息，即通常所说的“利不生利”的计息方法。其计算式如下：

$$I_t=P\times i_d \tag{2-3}$$

式中，I_t 为第 t 计息期的利息额；P 为本金；i_d 为计息期单利利率。

设 I_n 代表 n 个计息期所付或所收的单利总额，则有

$$I_n = \sum_{t=1}^{n} I_t = \sum_{t=1}^{n} P \times i_d = P \times i_d \times n \tag{2-4}$$

由式(2-4)可知，在单利计息的情况下，总利息与本金、利率以及计息周期数成正比，而 n 期末单利本利和 F 等于本金加上利息：

$$F = P + I_n = P\left(1 + n \times i_d\right) \tag{2-5}$$

在利用式(2-5)计算本利和 F 时，要注意式中 n 和 i_d 的周期匹配。若 i_d 为年利率，则 n 应为计息的年数；若 i_d 为月利率，n 即应为计息的月数。

【例 2-2】 假如某人 2024 年 5 月 28 日以五年期定期存款方式存入中国工商银行 1 万元，年利率为 2.0%，试计算 2029 年 5 月 28 日到期本利和。

解 由于我国商业银行在定期存款的单个存期内是单利计息，根据式(2-5)可得本金 5 年到期日的本利和为

$$10\ 000+10\ 000\times5\times2.0\%=11\ 000\text{(元)}$$

计算过程和计算结果列于表 2-3。

表 2-3　单利方式利息计算表　　单位：元

年末	存款本金	利息	本利和
第 0 年	10 000		
第 1 年		10 000×2.0%=200	10 200
第 2 年		10 000×2.0%=200	10 400
第 3 年		10 000×2.0%=200	10 600
第 4 年		10 000×2.0%=200	10 800
第 5 年		10 000×2.0%=200	11 000

实际上，单利计息不符合资金运动的规律，在技术经济分析中较少使用，通常只适用于短期投资及不超过一个计算周期的短期贷款。

(四)复利

复利(compound interest)是在计算利息时，不仅本金生息，而且利息也生息，即“利生利”“利滚利”的计息方式。其表达式如下：

$$I_t=i\times F_{t-1} \tag{2-6}$$

式中，i 为计息期利率；F_{t-1} 为第$(t-1)$年年末复利本利和。

第 t 年年末复利本利和的表达式如下：

$$F_t=F_{t-1}\times(1+i) \tag{2-7}$$

【例 2-3】 数据同例 2-2，如果按复利计算 1 万元存款 5 年到期日的本利和，小数

点后保留 2 位数，则得表 2-4。

表 2-4　复利方式利息计算表　　单位：元

年末	存款本金	利息	本利和
第 0 年	10 000		
第 1 年		10 000×2.0%=200.00	10 200.00
第 2 年		10 200×2.0%=204.00	10 404.00
第 3 年		10 404×2.0%=208.08	10 612.08
第 4 年		10 612.08×2.0%=212.24	10 824.32
第 5 年		10 824.32×2.0%=216.49	11 040.81

注：结果四舍五入

从表 2-3 和表 2-4 可以看出，由于复利效应，同样的 1 万元本金，在 2.0%的利率下，五年末的复利比单利多 40.81 元(11 040.81−11 000)。

复利计息有间断复利和连续复利之分。按期(年、半年、季、月、周、日)计算复利的方法称为间断复利(即普通复利)；按瞬时计算复利的方法称为连续复利。

式(2-7)计算复利很不方便，因为它要逐期地计算，如果周期数很多，计算将十分烦琐，而且在式(2-7)中没有直接反映出本金 P、年金 A、本利和 F、利率 i、计息周期数 n 等要素的关系，所以有必要对式(2-7)进一步简化。

二、资金时间价值的计算公式分类

(一)一次支付的情形

一次支付又称整付，是指所分析系统的现金流量，无论是流入或是流出，均在一个时点上一次发生，如图 2-7 所示。

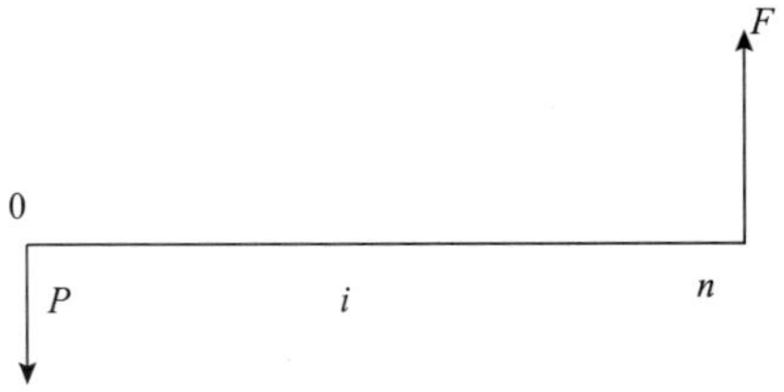

图 2-7　一次支付现金流量图

在图 2-7 中，i 为利息期利率；n 为计息期数；P 为现值（即现在的资本或本金，present value），或资金发生在（或折算为）某一特定时间序列起点时的价值；F 为终值（n 期末的资金值或本利和，future value），或资金发生在（或折算为）某一特定时间序列终点的价值

(二)多次支付的情形

在技术经济分析中，多次支付是最常见的支付情形。多次支付是指现金流量在多个时点发生，而不是集中在某一个时点上。如果用 A_t 表示第 t 期末发生的现金流量大小，可正可负，用逐个折现的方法，可将多次现金流量换算成现值，即

$$P = A_1(1+i)^{-1} + A_2(1+i)^{-2} + \cdots + A_n(1+i)^{-n} = \sum_{t=1}^{n} A_t(1+i)^{-t} \tag{2-8}$$

$$P = \sum_{t=1}^{n} A_t(P/F,i,t) \tag{2-9}$$

同理，也可将多次现金流量换算成终值：

$$F = \sum_{t=1}^{n} A_t(1+i)^{n-t} \quad 或 \quad F = \sum_{t=1}^{n} A_t(F/P,i,n-t) \tag{2-10}$$

虽然式(2-8)～式(2-10)中的那些复利系数都可以计算得到，但如果 n 较大，A_t 较多时，计算也是比较麻烦的。如果多次现金流量 A_t 有如下特征，则可大大简化上述计算公式。

(1)等额系列现金流量。现金流量序列是连续的，且数额相等，即

$$A_t=A=常数，\ t=1,2,3,\cdots,n \tag{2-11}$$

(2)等差系列现金流量。现金流量序列是连续的，且相邻现金流量相差同一个常数 G，且现金流量序列是连续递增或连续递减，即

$$A_t=A_1\pm(t-1)G，\ t=1,2,3,\cdots,n \tag{2-12}$$

(3)等比系列现金流量。现金流量序列是连续，紧后现金流量较紧前现金流量按同一比率 j 连续递增，即

$$A_t=A_1(1+j)^{t-1}，\ t=1,2,3,\cdots,n \tag{2-13}$$

三、资金时间价值的计算公式

(一)计算资金时间价值的基本公式

1. 一次支付终值公式(已知 P 求 F)

现投入一笔资金 P，按年利率 i 复利计息，n 年以后的本利和为多少？

根据复利的定义即可求得本利和 F 的计算公式。其计算过程如表 2-5 所示。

表 2-5　终值计算过程表

计息期	期初金额(1)	本期利息额(2)	期末本利和 F_t=(1)+(2)
1	P	$P \cdot i$	$F_1=P+P\cdot i=P(1+i)$
2	$P(1+i)$	$P(1+i)\cdot i$	$F_2=P(1+i)+P(1+i)\cdot i=P(1+i)^2$
3	$P(1+i)^2$	$P(1+i)^2\cdot i$	$F_3=P(1+i)^2+P(1+i)^2\cdot i=P(1+i)^3$
⋮	⋮	⋮	⋮
n	$P(1+i)^{n-1}$	$P(1+i)^{n-1}\cdot i$	$F=F_n=P(1+i)^{n-1}+P(1+i)^{n-1}\cdot i=P(1+i)^n$

由表 2-5 可以看出，n 年末的本利和 F 与本金 P 的关系为

$$F=P(1+i)^{n} \tag{2-14}$$

式中，$(1+i)^n$ 为复利终值系数。

在复利计算中，常用一种规格化代号来代表各种计算系数，其一般形式为 $(y/x, i, n)$。括号中的第一个字母 y 代表所求之未知现金流量，第二个字母 x 为已知现金流量，i 为年利率，n 为计算的期数。故复利终值系数 $(1+i)^n$ 的代号应为 $(F/P, i, n)$，因此，式(2-14)的另一表达式为

$$F=P(F/P, i, n) \tag{2-15}$$

【例 2-4】 某人购置首套房借款 10 万元，贷款年利率 i=3.35%，复利计息，试问借款人 10 年末连本带利一次偿还的金额是多少？

解 由式(2-14)得

$$F=P(1+i)^{n}=10\times(1+0.0335)^{10}=13.90\text{(万元)}$$

2. 一次支付现值公式(已知 F 求 P)

由式(2-14)即可求出现值 P

$$P=F(1+i)^{-n} \tag{2-16}$$

式中，$(1+i)^{-n}$ 为复利现值系数，其代号为 $(P/F, i, n)$。在技术经济分析中，一般是将未来值折现到零期，故计算现值 P 的过程叫折现或贴现。$(1+i)^{-n}$ 也可叫折现系数或贴现系数。式(2-16)也可写成：

$$P=F(P/F, i, n) \tag{2-17}$$

【例 2-5】 某人欲购买 5 年期贴现债券 1000 张，每张债券票面值为 100 元。同期附息债券票面利率为 4.42%。试问如果市场供求平衡，复利计息，现在他必须一次性投入多少元才能成功购买到 5 年期的贴现债券？

解 由式(2-16)得

$$P=F(1+i)^{-n}=1000\times100\times(1+0.0442)^{-5}=80\,552.97\text{(元)}$$

从上面计算可知，现值系数与终值系数互为倒数。

在项目多方案比较中，由于现值评价常常是选择现在为时点，把项目方案预计的不同时期的现金流量折算成现值，并按现值之代数和大小做出决策。因此，在技术经济分析时应当注意以下两点。

(1)正确选取折现率。折现率(discount rate)是决定现值大小的一个重要因素，其小幅变动都有可能造成现值结果的巨大差异，因此必须根据实际情况采用正确的方法科学确定。

(2)注意现金流量的分布情况。从收益方面来看，获得的时间越早、数额越大，其现值也越大。因此，应使建设项目早日投产，早日达到设计生产能力，早获收益，多获

收益，才能达到最佳经济效益。从投资方面看，投资支出的时间越晚、数额越小，其现值也越小。因此，应合理分配各年投资额，在不影响项目正常实施的前提下，应尽量减少建设初期投资，加大建设后期投资比重。

3. 等额系列终值公式(已知 A 求 F)

其现金流量如图 2-8 所示。A 为发生在(或折算为)某一特定时间序列各计息期末(不包括零期)的等额资金序列的价值。

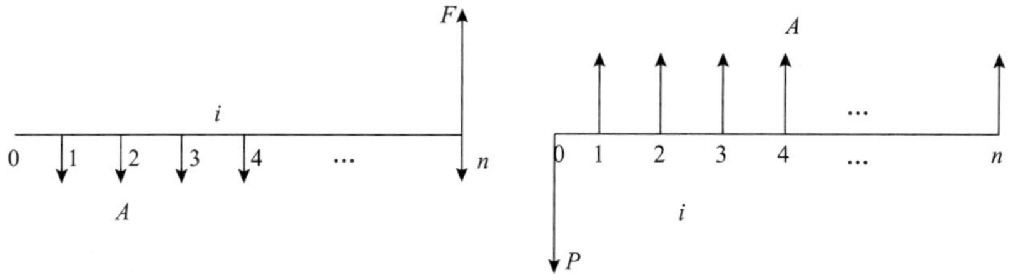

图 2-8　等额系列现金流量示意图

$$F=\sum_{t=1}^{n}A_t(1+i)^{n-t}=A\left[(1+i)^{n-1}+(1+i)^{n-2}+\cdots+(1+i)+1\right]$$

$$F=A\frac{(1+i)^n-1}{i} \tag{2-18}$$

式中，$\frac{(1+i)^n-1}{i}$ 为等额系列终值系数或年金终值系数，其代号为 $(F/A,i,n)$，式(2-18)也可写成：

$$F=A(F/A,i,n) \tag{2-19}$$

【例 2-6】　若某人 10 年内，每年年末存入银行 1000 元，年利率为 1.65%，复利计息，问 10 年末他可从银行连本带利取出多少钱?

解　由式(2-18)得

$$F=A\times\frac{(1+i)^n-1}{i}=1000\times\frac{(1+0.0165)^{10}-1}{0.0165}=1000\times 10.7761=10\,776.13(\text{元})$$

4. 偿债基金计算(已知 F 求 A)

偿债基金计算是等额系列终值计算的逆运算，故用式(2-18)可得

$$A=F\frac{i}{(1+i)^n-1} \tag{2-20}$$

式中，$\frac{i}{(1+i)^n-1}$ 为等额系列偿债基金系数，其代号为 $(A/F,i,n)$。

【例 2-7】 某人欲在第 5 年年末获得 10 000 元，若每年存款金额相等，年利率为 1.65%，复利计息，则每年年末需存款多少元？

解 由式(2-20)得

$$A = 10\,000 \times \frac{1.65\%}{(1+1.65\%)^5 - 1} = 10\,000 \times 0.1935 = 1935(\text{元})$$

5. 等额系列现值公式(已知 A 求 P)

由式(2-16)和式(2-18)得

$$P = F\left(1+i\right)^{-n} = A\frac{\left(1+i\right)^n - 1}{i\left(1+i\right)^n} \tag{2-21}$$

式中，$\frac{\left(1+i\right)^n - 1}{i\left(1+i\right)^n}$为等额系列现值系数或年金现值系数，其代号为$(P/A, i, n)$。

【例 2-8】 如果某人期望今后 5 年内每年年末可从银行取回 1000 元，年利率为 1.65%，复利计息，问他必须现在存入银行多少钱？

解 由式(2-21)得

$$P = 1000 \times \frac{(1+1.65\%)^5 - 1}{1.65\% \times (1+1.65\%)^5} = 1000 \times 4.7617 = 4761.70(\text{元})$$

6. 资金回收公式(已知 P 求 A)

由式(2-21)可知，等额系列资金回收计算是等额系列现值计算的逆运算，故由式(2-21)即可得

$$A = P\frac{i\left(1+i\right)^n}{\left(1+i\right)^n - 1} \tag{2-22}$$

式中，$\frac{i\left(1+i\right)^n}{\left(1+i\right)^n - 1}$为等额系列资金回收系数，其代号为$(A/P, i, n)$。

【例 2-9】 若某人现在投资 10 000 元，年回报率为 6%，每年年末等额获得收益，10 年内收回全部本利，则每年应收回多少元？

解 由式(2-22)得

$$A = 10\,000 \times \frac{6\% \times (1+6\%)^{10}}{(1+6\%)^{10} - 1} = 10\,000 \times 0.1359 = 1359(\text{元})$$

(二)等差系列现金流量

在许多技术经济问题中，现金流量每年均有一定数量的增加或减少，如技术设备随

其使用期的延伸，维修费将逐年有所增加；连续耕种的土地产出将逐年降低。如果逐年的递增或递减是等额的，则称为等差系列现金流量。其现金流量如图 2-9 所示。

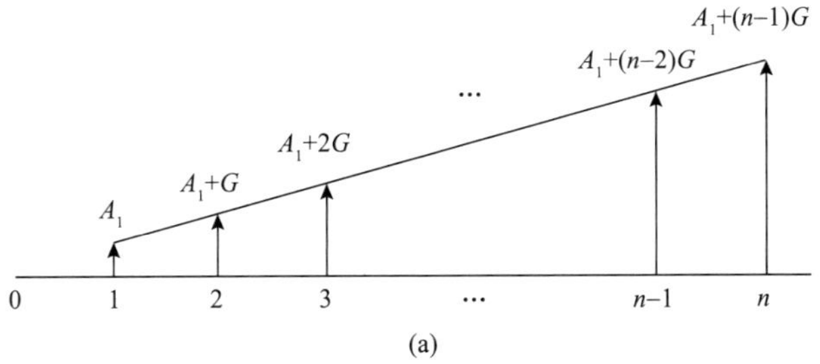

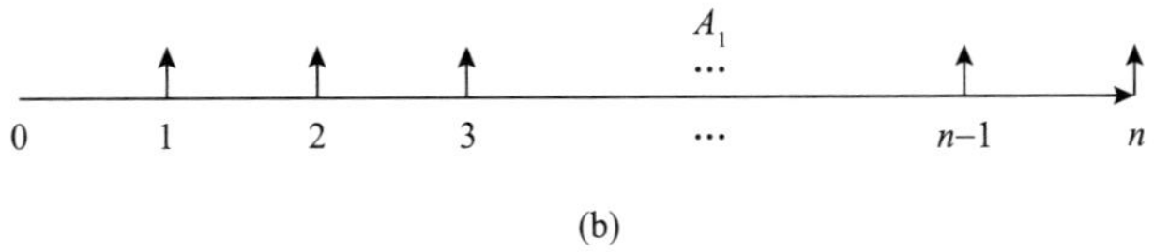

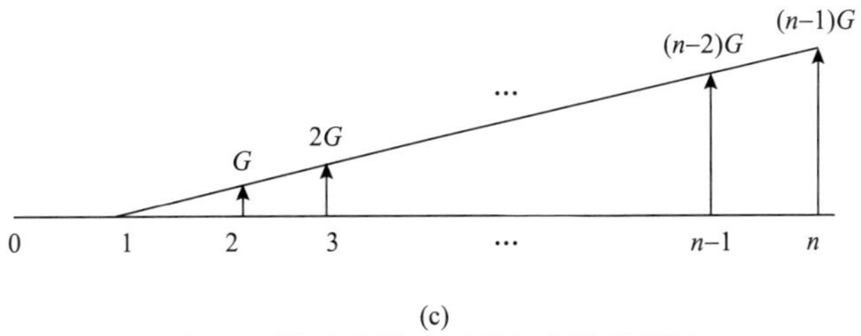

图 2-9　等差递增系列现金流量示意图

图 2-9(a)为一等差递增系列现金流量，可化简为两个支付系列。一个是等额系列现金流量，即图 2-9(b)，年金是 A_1；另一个是由 G 组成的等额递增系列现金流量，即图 2-9(c)。图 2-9(b)支付系列与等额系列现金流量的有关公式计算，问题的关键是图 2-9(c)支付系列如何计算。这就是等差系列现金流量计算公式需要解决的问题。

1. 等差终值计算(已知 G 求 F)

根据图 2-9(c)，可列出 F 与 G 的计算式如下：

$$\begin{aligned}F_G &= G(1+i)^{n-2} + 2G(1+i)^{n-3} + \cdots + (n-2)G(1+i) + (n-1)G \\ &= \sum_{t=2}^{n}(t-1)G(1+i)^{n-t}\end{aligned} \tag{2-23}$$

式(2-23)两边同乘以(1+i)得

$$F_G(1+i) = G(1+i)^{n-1} + 2G(1+i)^{n-2} + \cdots + (n-2)G(1+i)^2 + (n-1)G(1+i) \tag{2-24}$$

由式(2-24)减式(2-23)得

$$\begin{aligned}F_G \times i &= G[(1+i)^{n-1} + (1+i)^{n-2} + \cdots + (1+i)^2 + (1+i) + 1] - nG \\ &= G\frac{(1+i)^n - 1}{i} - nG\end{aligned}$$

整理得

$$F_G = G\left[\frac{(1+i)^n - 1}{i^2} - \frac{n}{i}\right] \tag{2-25}$$

式中，$\left[\frac{(1+i)^n - 1}{i^2} - \frac{n}{i}\right]$为等差系列终值系数，其代号为$(F/G, i, n)$。

2. 等差现值计算(已知 G 求 P)

由 P 与 F 的关系得

$$P_G = F_G(1+i)^{-n} = G\left[\frac{(1+i)^n - 1}{i^2(1+i)^n} - \frac{n}{i(1+i)^n}\right] \tag{2-26}$$

式中，$\left[\frac{(1+i)^n - 1}{i^2(1+i)^n} - \frac{n}{i(1+i)^n}\right]$为等差系列现值系数，代号为$(P/G, i, n)$。

3. 等差年金计算(已知 G 求 A)

由 A 与 F 的关系得

$$A_G = F_G(A/F, i, n) = G\left[\frac{(1+i)^n - 1}{i^2} - \frac{n}{i}\right]\left[\frac{i}{(1+i)^n - 1}\right]$$

整理得

$$A_G = G\left[\frac{1}{i} - \frac{n}{(1+i)^n - 1}\right] \tag{2-27}$$

式中，$\left[\frac{1}{i} - \frac{n}{(1+i)^n - 1}\right]$为等差年金换算系数，代号为$(A/G, i, n)$。

根据式(2-27)，即可方便地得出图 2-9 等差系列现金流量的年金为

$$A = A_1 \pm A_G \tag{2-28}$$

“减号”为等差递减系列现金流量，如图 2-10 所示。

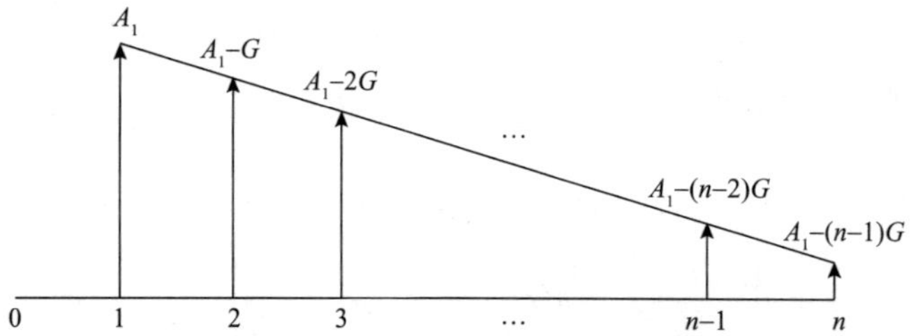

图 2-10 等差递减系列现金流量示意图

若计算原等差系列现金流量的现值 P 和终值 F，则按式(2-26)和式(2-25)进行。

$$P = P_{A_1} \pm P_G \tag{2-29}$$

$$F = F_{A_1} \pm F_G \tag{2-30}$$

【例 2-10】　某人工智能大模型科技展销会最后 6 周的现金流量见图 2-11，单位为万元。设周利率 i=0.1%，复利计息，试计算其现值、终值、年金。

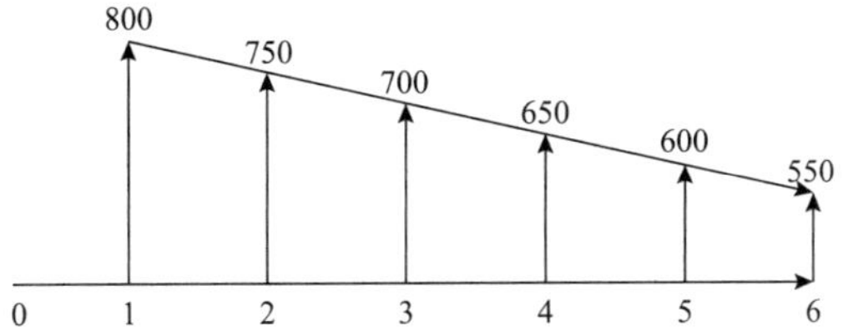

图 2-11　例 2-10 现金流量图

解　$A=A_1-A_G$，根据式(2-27)得 $A_G = 50\left[\dfrac{1}{0.001} - \dfrac{6}{(1+0.001)^6 - 1}\right] = 124.86$(万元)，代入 $A=A_1-A_G$ 得

$$A=800-124.86=675.14\text{(万元)}$$

根据式(2-21)，$P = A\dfrac{(1+i)^n - 1}{i(1+i)^n} = 675.14 \times \dfrac{(1+0.001)^6 - 1}{0.001 \times (1+0.001)^6} = 4036.73$(万元)。

根据式(2-18)，

$$F = A\frac{(1+i)^n - 1}{i} = 675.14 \times \frac{(1+0.001)^6 - 1}{0.001} = 797.50 \times 6.015 = 4060.97\text{(万元)}$$

(三)等比系列现金流量

等比系列现金流量如图 2-12 所示。

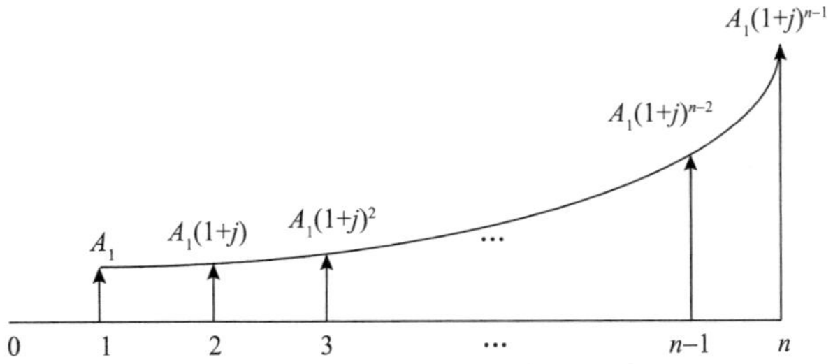

图 2-12　等比系列现金流量示意图

将等比系列通式 $A_t=A_1(1+j)^{t-1}$ 分别代入式(2-8)和式(2-10)，化简，即可求得等比系列现值和终值。

1. 等比系列现值计算

$$P=\sum_{t=1}^{n}A_t(1+i)^{-t}=\sum_{t=1}^{n}A_1(1+j)^{t-1}(1+i)^{-t}=\frac{A_1}{1+j}\sum_{t=1}^{n}\frac{(1+j)^t}{(1+i)^t}$$

化简得

$$P=\begin{cases}\dfrac{nA_1}{1+j}, & i=j\\ A_1\dfrac{[(1+j)^n(1+i)^{-n}-1]}{j-i}, & i\neq j\end{cases} \tag{2-31}$$

或

$$P=A_1(P/A,i,j,n) \tag{2-32}$$

式中，$(P/A,i,j,n)$为等比系列现值系数。

2. 等比系列终值计算

由 $F=P(1+i)^n$ 得

$$F=\begin{cases}nA_1(1+j)^{n-1}, & i=j\\ A_1\dfrac{[(1+j)^n-(1+i)^n]}{j-i}, & i\neq j\end{cases} \tag{2-33}$$

或

$$F=A_1(F/A,i,j,n) \tag{2-34}$$

式中，$(F/A,i,j,n)$为等比系列终值系数。

四、复利计算小结

（一）复利系数之间的关系

1. 倒数关系

（1）$(F/P,i,n)=1/(P/F,i,n)$。

（2）$(A/P,i,n)=1/(P/A,i,n)$。

（3）$(A/F,i,n)=1/(F/A,i,n)$。

2. 乘积关系

（1）$(F/A,i,n)=(P/A,i,n)(F/P,i,n)$。

（2）$(F/P,i,n)=(A/P,i,n)(F/A,i,n)$。

3. 其他关系

（1）$(A/P,i,n)=(A/F,i,n)+i$。

(2) $(F/G, i, n)=[(F/A, i, n)-n]/i$。

(3) $(P/G, i, n)=[(P/A, i, n)-n(P/F, i, n)]/i$。

(4) $(A/G, i, n)=[1-n(A/F, i, n)]/i$。

(二)复利计算公式使用注意事项

(1)本期末即等于下期初。零点就是第一期期初；第一期期末即等于第二期期初；其余类推。

(2) P 是在第一计息期开始时(零期)发生。

(3) F 在计算期期末发生，即 n 期末。

(4)各期的等额支付 A 在各期期末发生。

(5)当问题包括 P 与 A 时，系列的第一个 A 与 P 隔一期，即 P 发生在系列 A 的前一个时点。

(6)当问题包括 A 与 F 时，系列的最后一个 A 是与 F 共同发生在同一个时点。

(7) P_G 发生在第一个 G 的前两期；A_1 发生在第一个 G 的前一期。

五、名义利率与实际利率

在复利计算中，利率周期通常以年为单位，它可以与计息周期相同，也可以不同。当利率周期与计息周期不一致时，就出现了名义利率和实际利率的概念。

(一)名义利率

名义利率(nominal interest rate) r 是指当计息周期小于利率周期时，计息周期利率 i 乘以一个利率周期内的计息次数 m 所得的利率周期利率。

$$r=i\times m \tag{2-35}$$

若月利率 1%为计算周期利率，1 年内计算次数为 12 次，则年名义利率为 1%×12=12%。很显然，计算名义利率时忽略了各期利息再生的因素，这与单利的计算相同。

(二)实际利率

若用计息周期利率来计算利率周期利率，并将利率周期内的利息再生因素考虑进去，计算所得为利率周期实际利率(actual interest rate) i_{eff}(又称有效利率)。

根据利率的概念即可推导出实际利率的计算式。

已知名义利率 r，一个利率周期内计息 m 次，则计息周期利率为 $i=r/m$，在某个利率周期初有资金 P。根据一次支付终值公式可得该利率周期的 F，即

$$F=P\left(1+\frac{r}{m}\right)^m$$

根据利息的定义可得该利率周期的利息 I 为

$$I = F - P = P\left(1+\frac{r}{m}\right)^m - P = P\left[\left(1+\frac{r}{m}\right)^m - 1\right]$$

再根据利率的定义可得该利率周期的实际利率 i_{eff} 为

$$i_{\text{eff}} = \frac{I}{P} = \left(1+\frac{r}{m}\right)^m - 1 \tag{2-36}$$

现设年名义利率 r=10%，则年、半年、季、月、日的年实际利率如表 2-6 所示。

表 2-6 实际利率与名义利率的关系

年名义利率(r)	计息期	年计息次数(m)	计息期利率($i=r/m$)	年实际利率(i_{eff})
10%	年	1	10.0000%	10.00%
	半年	2	5.0000%	10.25%
	季	4	2.5000%	10.38%
	月	12	0.8330%	10.47%
	日	365	0.0274%	10.52%

从表 2-6 可以看出，一年内计息期 m 越多，i_{eff} 与 r 相差越大。所以，在技术经济分析中，必须将名义利率换算成实际利率进行评价，否则会得出不正确的结论。

(三)连续复利

前面介绍了间断计息的情形。当每期利率周期内的计息时间趋于无限小，则一年(利率周期常为一年)内计息次数趋于无限大，即 $m\to\infty$，此时可视为计息没有时间间隔而成为连续复利(continuous compounding)。年有效利率为

$$i_{\text{eff}} = i_\infty = \lim_{m\to\infty}\left[\left(1+\frac{r}{m}\right)^m - 1\right] = \mathrm{e}^r - 1$$

式中，e 为自然对数的底，其值为 2.718 28。

将连续复利引入普通的利息公式可得以下公式。

1. 一次支付

连续复利终值公式：

$$F=P\times \mathrm{e}^{r\times n} \tag{2-37}$$

连续复利现值公式：

$$P=F\times \mathrm{e}^{-r\times n} \tag{2-38}$$

2. 等额支付

连续复利终值公式：

$$F = A\frac{e^{rn}-1}{e^{r}-1} \tag{2-39}$$

连续复利现值公式：

$$P = A\frac{1-e^{-rn}}{e^{r}-1} \tag{2-40}$$

连续复利资金回收公式：

$$A = P\frac{e^{r}-1}{1-e^{-rn}} \tag{2-41}$$

连续复利偿债基金公式：

$$A = F\frac{e^{r}-1}{e^{rn}-1} \tag{2-42}$$

尽管在实际技术经济分析中都采用间断复利法，但从理论上讲，整个社会的资金是在不停地运动，每时每刻都通过生产和流通在增值。因此，用连续复利计算资金时间价值可以提醒决策者注意投资和融资风险。

六、名义利率、实际利率与通货膨胀率

在实践中，物价是经常变动的，这就导致了通货膨胀的存在。在考虑通货膨胀的情况下，实际利率是标志真实购买力水平的利率，名义利率是货币的票面利率，实际利率与名义利率的差距随着通货膨胀水平的提高而增大。如果没有通货膨胀，则名义利率和实际利率是相等的。在考虑通货膨胀时，银行存贷利率都是名义利率，以保证实际利率不受通货膨胀的影响。实际利率低于名义利率的幅度取决于通货膨胀率(inflation rate)。通货膨胀率又叫物价上涨率，是指本期物价指数比上期提高的幅度，通货膨胀率越高，则实际利率低于名义利率的幅度越大。因此名义利率、实际利率、通货膨胀率三者之间的关系如下：

$$\begin{aligned} d &= (1+i)(1+f)-1 \\ &= i+f+if \end{aligned}$$

$$i = \frac{d-f}{1+f} = \frac{1+d}{1+f}-1$$

式中，d 为名义利率；i 为实际利率；f 为通货膨胀率。

【例 2-11】 假若 2024 年 5 月五年期以上贷款名义利率为 3.45%，那么在同期通货膨胀率为 2.2%的情况下，实际利率是多少？

解 $i=\dfrac{1+d}{1+f}-1=\dfrac{1+3.45\%}{1+2.2\%}-1=1.22\%$。

从例 2-11 可以看出，在通货膨胀的影响下，名义利率高于实际利率。因此，企业在进行投资时，为了保证投资资金能够得到全部补偿，并获得一定的收益，必须按变化的通货膨胀调整名义利率，并以调整后的名义利率来计算时间价值，以此为依据进行决策才是稳健的。

【例 2-12】 某物联网智能家居投资项目，占地 550 亩（1 亩≈666.67 平方米），投资 1.2 亿元，2024 年 5 月建成，运营期 10 年间每年可获得直接收益 1050 万元。贷款年利率为 3.45%，通货膨胀率为 2.2%，则这项投资是否可行？

解 根据式(2-21)得

$$P=A\frac{(1+d)^n-1}{d(1+d)^n}$$

因为

$$d=(1+i)(1+f)-1=(1+3.45\%)(1+2.2\%)-1=5.73\%$$

故

$$P=1050\times\frac{(1+5.73\%)^{10}-1}{5.73\%\times(1+5.73\%)^{10}}=1050\times7.4552=7827.96（万元）$$

从上述计算结果可以看出，考虑通货膨胀的因素，则这项投资直接收益的现值为小于投资额 1.2 亿元，方案似乎不可取。但如果考虑项目带来的美化环境、增加群众休闲娱乐的空间，项目方案还可以进一步优化。

第四节 等值

一、等值的概念

前述已知，资金有时间价值，即使金额相同，因其发生在不同时点，其价值就不相同；反之，不同时点数额不等的资金在时间价值的作用下却可能具有相等的价值。这些不同时期、不同数额但其“价值等效”的资金关系称为等值(equivalence)。在技术经济分析中，等值是一个十分重要的概念，它为技术方案比较提供了现金流量系统资金时间价值可比的条件。资金等值计算借助的是资金时间价值的概念，故复利计算公式和等值计算公式的形式是相同的，两者不同之处在于，资金时间价值计算表现为资金投入与产出之间的关系，而等值计算表现为某时点投入或产出与另一时点投入或产出之间的当量关系。等值基本公式相互关系如图 2-13 所示。

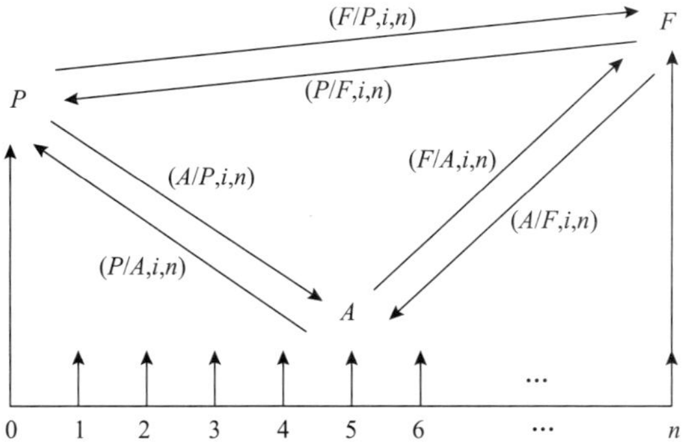

图 2-13　等值基本公式相互关系示意图

【例 2-13】　2024 年初张磊欲入股与朋友创办一家小型生物技术公司，急需 50 万元现金。目前他手里有 4 笔一年期的定期存单，本金分别为 20 万元、15 万元、5 万元和 10 万元，其中 20 万元的存单是 1 个月后到期，15 万元的存单是 2 个月后到期，5 万元的存单是 3 个月后到期，10 万元的存单是 5 个月后到期。设月利率 i=0.15%，复利计息。为避免提前支取损失利息，张磊将 50 万元的定期存款抵押给典当行。试计算张磊期望从典当行得到多少现金。

解　这个问题实际是计算 4 笔未来现金流入在目前时点的等值。现金流量图如图 2-14 所示，4 笔未来值贴现后的现值 P 为

$$P=(1+0.15\%)^{12}\times[20\times(1+0.15\%)^{-1}+15\times(1+0.15\%)^{-2}+5\times(1+0.15\%)^{-3}+10\times(1+0.15\%)^{-5}]$$
$$=1.0181\times[20\times0.9985+15\times0.997+5\times0.9955+10\times0.9925]=50.73(\text{万元})$$

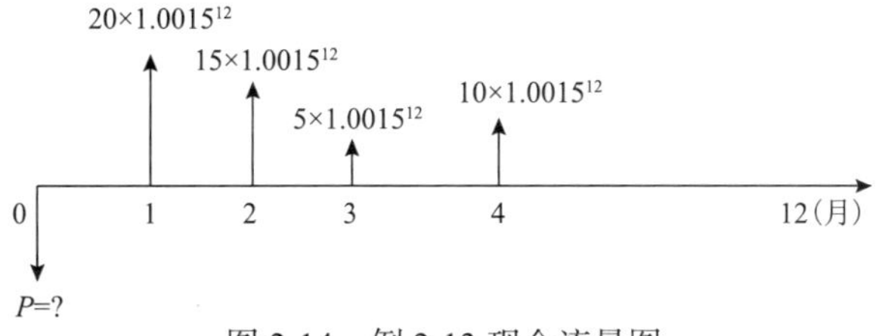

图 2-14　例 2-13 现金流量图

等值计算表明，张磊应期望从典当行得到现金 50.73 万元，但实际能得到多少，还需考虑其他因素。

影响资金等值的因素有三个：金额的多少，资金发生的时间，利率(或折现率)的大小。其中利率是一个关键因素。

技术经济分析中，在考虑资金时间价值的情况下，其不同时点发生的收入或支出是不能直接相加减的。而利用等值的概念，则可以把不同时点发生的资金换算成同一时点的等值资金，然后再进行比较。所以，在技术经济分析中，方案比较都采用等值概念来进行分析、评价和选定。

【例 2-14】　《中华人民共和国国民经济和社会发展第十四个五年规划和 2035 年远景目标纲要》中指出，我国 2020 年 GDP 达到了 100 万亿元。有研究机构预测，按 2020 年价格计算，到 2025 年我国 GDP 可能达到 155 万亿元，到 2035 年 GDP 有可能达到 320

万亿元。问"十四五"期间我国 GDP 的年增长率为多少？2025 年到 2035 年的年增长率又为多少？

解 据题意绘出现金流量图如图 2-15 所示。

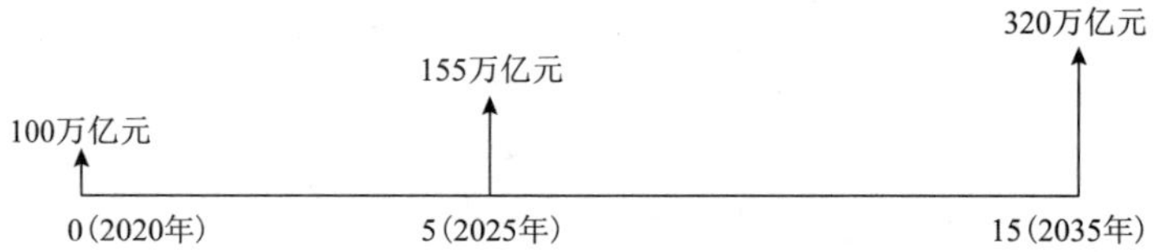

图 2-15 例 2-14 现金流量图

由 $F=P(1+i)^n$ 两边取对数即可解得 i。本例采用复利表计算。

由公式 $F=P(F/P, i, n)$ 得 $(F/P, i, n)=F/P$。

(1)"十四五"年增长率 i_1：

$$(F/P, i_1, 5)=155/100=1.55$$

查复利表得 $(F/P, 8\%, 5)=1.4693$，$(F/P, 10\%, 5)=1.6105$。显然，所求 i_1 在 8%和 10%之间，利用线性内插法即可解得

$$i_1 = 8\% + \frac{1.55-1.4693}{1.6105-1.4693} \times (10\% - 8\%) = 9.14\%$$

(2) 2025 年到 2035 年年增长率 i_2：

$$(F/P, i_2, 10)=320/155=2.0645$$

查表得 $(F/P, 6\%, 10)=1.7908$，$(F/P, 8\%, 10)=2.1589$。

线性内插得 $i_2 = 6\% + \dfrac{2.0645-1.7908}{2.1589-1.7908} \times (8\% - 6\%) = 7.49\%$。

因此，该机构预测"十四五"期间我国 GDP 的年增长率为 9.14%，2025 年到 2035 年的年增长率为 7.49%。

当然，采用线性内插法是有误差的，因为因子的数值与时间呈指数关系。但由于线性内插是在极小的范围内进行的(一般不超过 2 个百分点)，这种误差对方案评价来说影响甚微，不影响方案评价的结论。

【例 2-15】 某企业贷款 200 万元建设碳纤维复合材料工厂，第二年底建成投产，投产后每年收益 40 万元，生产期现金流量采用年末习惯法。若年利率为 10%，问在投产后多少年能归还 200 万元的本息？

解 (1) 现金流量图如图 2-16 所示。

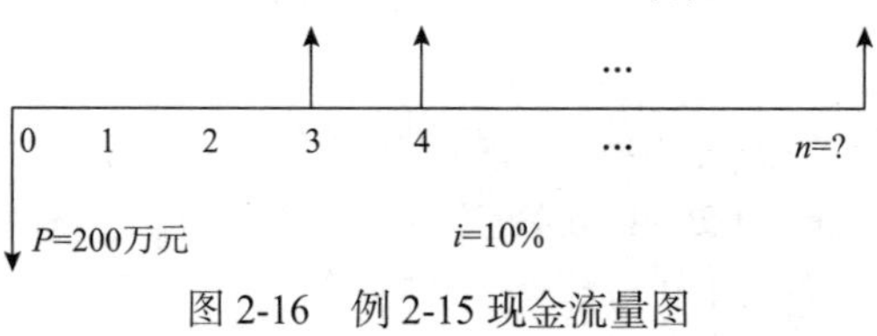

图 2-16 例 2-15 现金流量图

(2)以投产之日第二年底(即第三年年初)为基准期，计算 F_P。

$$F_P=200(F/P, 10\%, 2)=200\times1.210=242(万元)$$

(3)计算返本期。

由 $P=A(P/A, i, n)$ 得

$$(P/A, i, n-2)=P/A=242/40=6.05$$

查复利表得 $(P/A, 10\%, 9)=5.7590$，$(P/A, 10\%, 10)=6.1446$。

由线性内插法求得 $(n-2)=9+\dfrac{6.05-5.759}{6.1446-5.759}\times1=9.75$(年)，则 $n=11.75$ 年。

因此，在投产后 11.75 年才能返还投资。

二、计息周期小于(或等于)资金收付周期的等值计算

计息周期小于(或等于)资金收付周期的等值计算方法有两种。

(1)按收付周期实际利率计算。

(2)按计息实际周期利率计算。

$$F=P(F/P, r/m, mn) \tag{2-43}$$

$$P=F(P/F, r/m, mn) \tag{2-44}$$

$$F=A(F/A, r/m, mn) \tag{2-45}$$

$$P=A(P/A, r/m, mn) \tag{2-46}$$

$$A=F(A/F, r/m, mn) \tag{2-47}$$

$$A=P(A/P, r/m, mn) \tag{2-48}$$

式中，r 为利率周期名义利率；m 为收付周期中的计息次数。

【例 2-16】 某人现在存款 1000 元，年利率为 1.8%，计息周期为半年，复利计息。问五年末存款金额为多少?

解 现金流量如图 2-17 所示。

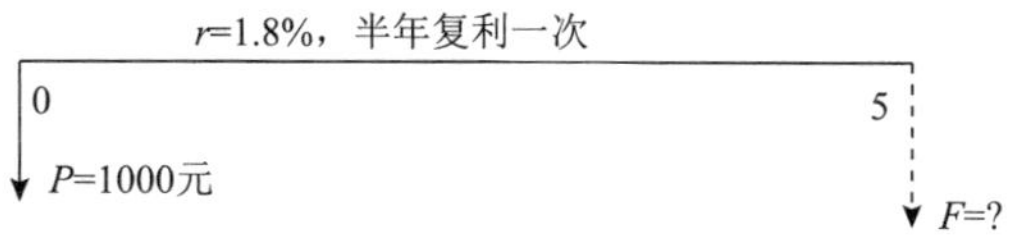

图 2-17 例 2-16 现金流量图

(1)按年实际利率计算。

$$i_{\text{eff}}=(1+1.8\%/2)^2-1=1.8081\%$$

则 $F=1000(F/P, 1.8081\%, 5)=1000\times1.0937=1093.7$(元)。

(2)按计息周期实际利率计算。

$$F=1000(F/P,\ 1.8\%/2,\ 2\times5)=1000(F/P,\ 0.9\%,\ 10)=1000\times1.0937=1093.7(\text{元})$$

【例 2-17】 每半年存款 1000 元，年利率为 2%，每季计息一次，复利计息。问五年末存款金额为多少？

解 现金流量如图 2-18 所示。

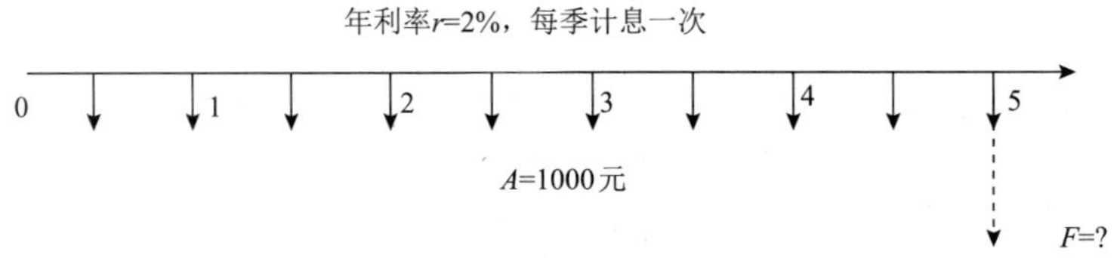

图 2-18 例 2-17 现金流量图

由于本例计息周期小于收付周期，不能直接采用年利率计算，故只能用实际利率来计算。

计息期季利率 $i=r/m=2\%/4=0.5\%$。

半年期实际利率 $i_{\text{eff}}=(1+0.5\%)^2-1=1.0025\%$。

则

$$F=1000(F/A,1.0025\%,2\times5)=1000\times\frac{(1+1.0025\%)^{10}-1}{1.0025\%}=1000\times10.4634$$
$$=10\ 463.4(\text{元})$$

三、计息周期大于资金收付周期的等值计算

由于计息周期大于资金收付周期，计息周期间的收付常采用下列三种方法之一进行处理。

1. 不计息

在技术经济分析中，当计息期内收付不计息时，现金收付按年初、年末、年中三种规则之一处理。

【例 2-18】 承租人李明与出租人马丽签订了一份生态环保材料生产设备租赁合同，合同约定了一年期的租赁期限，年利率为 6.5%，半年计息一次，采用复利计息。根据合同，设备租金为每月 2500 元，承租人李明每半年支付一次，在半年内租金不计息，即李明分别于每年年初和年中各支付 15 000 元给马丽。在年初支付前半年的租金时，李明提出一次支付一年租金 29 500 元，如果在办理半年支付手续时双方各需要发生交通、误工等手续费 100 元，试问马丽能否答应李明的请求？

解 马丽出租房屋的现金流量如图 2-19 所示。

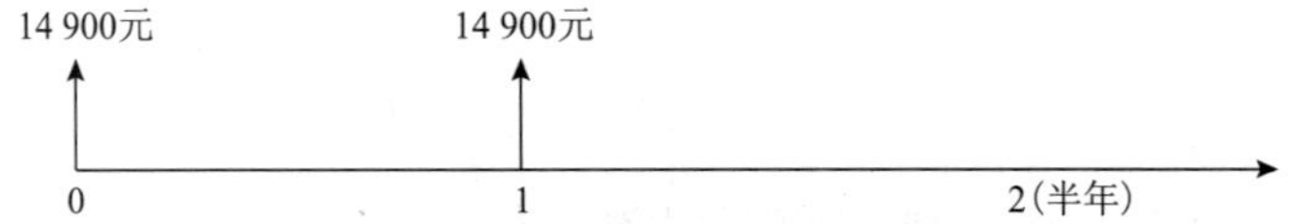

图 2-19 例 2-18 现金流量图

年利率 r=6.5%，半年计息一次，计息期内的收付款不计利息。

计息期半年利率 i=6.5%/2=3.25%，由式(2-44)得

$$P=14\,900\times[1+(1+0.0325)^{-1}]=29\,330.99(\text{元})$$

因此，由于李明提出的租金数 29 500 元大于马丽应获取的租金等值。故马丽原则上应答应李明的请求。

2. 单利计息

在计息期内的收付均按单利计息。计算公式如下：

$$A_t=\sum A_k'[1+(m_k/N)\times i] \tag{2-49}$$

式中，A_t 为第 t 计息期末净现金流量；N 为一个计息期内收付周期数；A_k' 为第 t 计息期内第 k 期收付金额；m_k 为第 t 计息期内第 k 期收付金额到达第 t 计息期末所包含的收付周期数；i 为计息期利率。

【例 2-19】 付款情况如图 2-20 所示，年利率为 8%，半年计息一次，复利计息。计息期内的收付款利息按单利计算。问年末金额为多少元？

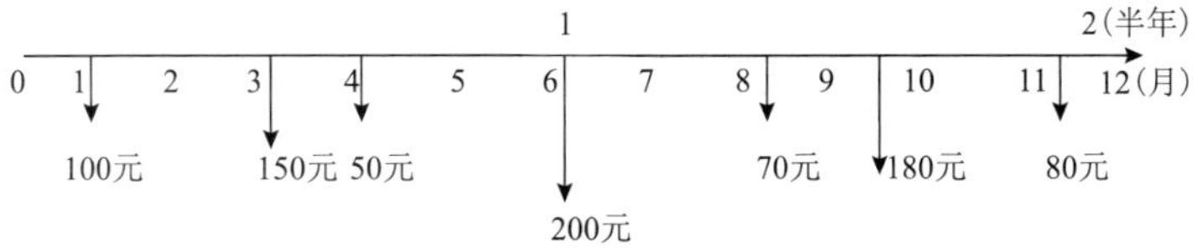

图 2-20　例 2-19 现金流量图

解　计息期利率 i=8%/2=4%，年利率 r=8%，半年计息一次，计息期内的收付款利息按单利计算，由式(2-49)得

$$A_1=100[1+(5/6)\times4\%]+150[1+(3/6)\times4\%]+50[1+(2/6)\times4\%]+200=507(\text{元})$$

$$A_2=70[1+(4/6)\times4\%]+180[1+(3/6)\times4\%]+80[1+(1/6)\times4\%]=336(\text{元})$$

然后利用普通复利公式即可求出年末金额 F 为

$$F=507(F/P,4\%,1)+336=507\times1.0400+336=863.28(\text{元})$$

3. 复利计息

在计息周期内的收付按复利计算。此时，计息期利率相当于“实际利率 i_{eff}”，收付周期利率相当于“计息期利率 i”。收付周期利率的计算正好与已知名义利率去求解实际利率的情况相反。收付周期利率计算出来后即可按普通复利公式进行计算。

【例 2-20】 某人每月存款 100 元，期限一年，年利率为 8%，每季计息一次，复利计息。计息期内收付利息按复利计算。问年末他的存款金额有多少？

解　据题意绘制现金流量如图 2-21 所示。

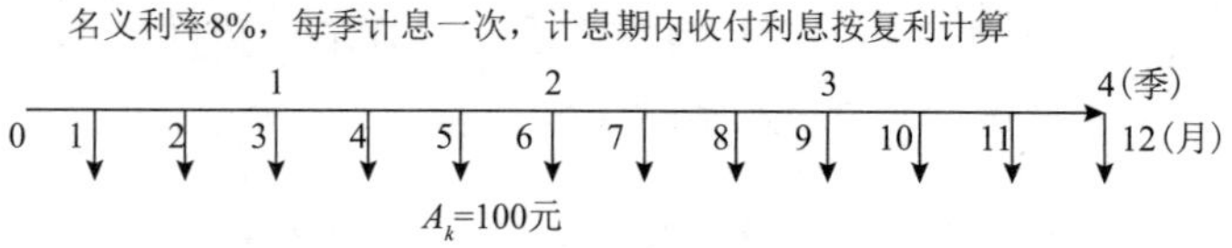

图 2-21 例 2-20 现金流量图

计息期利率(即季度实际利率) $i_{季}$=8%/4=2%。

运用实际利率公式计算收付期利率如下：

$$i_{\text{eff}}=(1+r/m)^{m}-1$$

$$i_{季}=(1+r_{季}/3)^{3}-1=2\%$$

解得 $r_{季}$=1.9868%，则每月利率 $i_{月}$=0.6623%。利用普通复利公式即可求出年末金额 F 为

$$F=100(F/A, 0.6623\%, 12)=100\times 12.4469=1244.69(元)$$

注意：计息周期内的收付按复利计算时，收付周期利率不能直接使用每月利率，即(8%/12)=0.6667%。因为复利是季度一次而非每月一次。

第五节 案例分析

农业投资项目的综合效益评价

某猕猴桃种植示范园是现代农业产业园的典型代表，由陕西武功县发展和改革委员会负责招商，引进专业企业和种植大户集中管理流转土地，龙头企业与阿里巴巴联合开展订单式生产、质量监控，县农业农村局和乡镇配合建设地下供水管网、田间道路设施等，园区合作社负责选择优质品种、园区管理、供应链品质控制、整合订单、销售渠道、土地、劳务等资源。土地流转后的村民腾出精力，可以外出打工，也可以在园区务工，致富效果非常好，带动了周边的 2 个镇 7 个村猕猴桃特色种植业的发展，实现了供应商、村民的双赢和一二三产联动。

园区内基础设施完备，标准化程度较高，实现了大田棚架建设全覆盖，配备了完善的喷灌设施，主要道路实施了水泥硬化，并对道路进行了绿化，园区四周建造了绿化隔离带，合理设置了太阳能杀虫灯。园区建有 12 个日光大棚，占地二十多亩，用于新品种繁育及猕猴桃雄树栽培。2016 年该猕猴桃种植园区被评为咸阳市现代农业示范园区、省级科普示范基地，目前是国家级全国科普示范基地。

园区总面积 1800 亩，该公司前期投资 6000 万元。项目建设期 1 年。项目运行后每亩地收入 8000 元/年，为农户支付土地租金每亩 1000 元/年，每年为周边村民提供 600 多个就业岗位，平均每年务工收入 8200 元/人。

假设利率为 5%，项目计算期 10 年，试计算该项目的投资是否值得。

$$项目每年净现金流量\ A=8000\times 1800-1000\times 1800-600\times 8200=7\,680\,000(元)$$

$$P=7\ 680\ 000\times(P/A,5\%,10)=7\ 680\ 000\times7.7217=59\ 302\ 656(\text{元})$$

项目在第 0 年的总收益等值为 5930.2656 万元，虽略低于 6000 万元的投资，但园区开展猕猴桃种植技术培训 30 多场，参加人员 3000 人，带动周边群众发展猕猴桃种植 2000 亩；项目还可开展农业观光旅游业务；政府还会给园区一定的奖补资金。因此项目的综合效益是可以接受的。

➢思考题

1. 在技术经济分析中是如何对时间因素进行研究的？试举例说明。
2. 什么是资金的时间价值？如何理解资金的时间价值？
3. 单利与复利的区别是什么？试举例说明。
4. 什么是名义利率、实际利率？

➢习题

1. 现有一疫苗开发项目，其现金流量为：第一年年末支付 1000 万元，第二年年末支付 1500 万元，第三年收益 200 万元，第四年收益 300 万元，第五年收益 400 万元，第六年到第十年每年收益 500 万元，第十一年收益 450 万元，第十二年收益 400 万元，第十三年收益 350 万元，第十四年收益 450 万元。设年利率为 6%，求：①现值；②终值；③第二年年末项目的等值。

2. 利用复利公式和复利系统表确定下列系数值：

(1) $(F/A, 11.5\%, 10)$　　(2) $(A/P, 10\%, 8.6)$

(3) $(P/A, 8.8\%, 7.8)$　　(4) $(A/F, 9.5\%, 4.5)$

3. 某物联网设备价格为 55 万元，合同签订时付了 10 万元，然后采用分期付款方式。第一年年末付款 14 万元，从第二年年初起每半年付款 4 万元。设年利率为 5%，每半年复利一次。问多少年能付清设备价款？

4. 某人每月末存款 100 元，期限 5 年，年利率为 2.75%，每半年复利一次。计息周期内存款试分别按单利和复利计算，问第五年年末可得本利和多少？

5. 博士马龙收到国内某知名大学的聘用通知，聘书上的主要条件如下：

(1) 每年的聘金为 20 万元。

(2) 提供住房一套，价值 100 万元。

(3) 在学校至少工作 6 年。

马龙决定应聘这个岗位，但出于自身的考虑，马龙不想接受提供住房这一款项，因为他在这个城市已有一套父母留下的住房。因此，马龙向学校提出，能否将提供住房这一款项改为发放住房补贴。学校研究了马龙的请求，决定可以在今后 6 年里每年年初支付马龙 25 万元的住房补贴。面对这样的情况，马龙应该如何选择，试计算说明。马龙出售住宅要扣除售价 5%的契税和手续费。假设当时每年的存款利率为 3%。

第二章习题答案（部分）

第三章

经济评价方法

➢引例

某品牌智能互联生态链变革

我国中产阶级为代表的消费人群曾一度热衷于海淘和海外代购，可见消费能力与产品供应之间出现了错配问题。一方面，我国具有强大的消费品生产能力和消费市场潜力；另一方面，消费品生产技术含量较低，创新不够，附加值不高，对适应城市居民需求变化的新产品开发不力，使高端产品需求得不到满足。

国内某品牌通过产品实践发现，消费升级的关键是高品质、高颜值和高性价比类型产品的有效供应。为此，该品牌构建了“硬件+新零件+互联网”的铁人三项商业模式，生产高品质、高颜值、高性价比的硬件产品，并通过自有渠道高效供给消费者，消费者不仅能够使用硬件产品功能，同时也能体验互联网产品和服务，从而实现了企业可持续发展。

此后该品牌通过手机行业的实践和观察发现，当手机有电脑属性，移动互联网将迎来爆发式发展，IoT（internet of things，物联网）时代也将来临。在这个时刻，所有设备都将是联网的、智能化的，联网设备的数量可以做到几何数级地增加。为抓住 IoT 发展的机遇，该品牌又加紧研发，仅用 3 年半的时间，就将品牌智联产品做到中国第一、世界第三。

资料来源：马骏，张永伟，袁东明，等. 万物互联和智能化趋势下的企业变革、产业变革及制度供给[M]. 北京：中国发展出版社，2018

评价：本案例说明，只有满足消费者需求或引导消费升级的技术方案才能促进经济社会发展并带来可观的现金流量，而每个促进产业变革的技术创新需要工程系统的强有力支撑，包括时代发展的机遇、产品创新、供应链的升级、商业模式的创新等。就拿该品牌的“硬件+新零件+互联网”铁人三项商业模式来说，其成功得益于以下优势资源的支撑：①一支强有力的创业队伍；②拥有粉丝、极具话题性和热度的品牌；③包括粉丝在内的数亿用户群；④“前店后厂”模式的高效电商渠道以保证产品货真价实；⑤作为创业企业必备的融资能力；⑥具有高精尖特点的产品积累的供应链资源和商业信誉；⑦基于“互联网+制造”的产品方法论及成功的经验和失败的教训。

➢本章知识结构图

在技术经济分析中，经济评价方法是判定项目的技术方案对社会贡献大小或资源节约程度的重要手段，是技术经济分析的核心内容。本章介绍项目经济评价指标及评价方法，目的是保证项目决策的正确性和科学性，避免或减少项目实施后的风险，明晰项目技术方案的盈利水平，最大限度地提高项目的综合经济效益。本章知识结构图如下图所示。

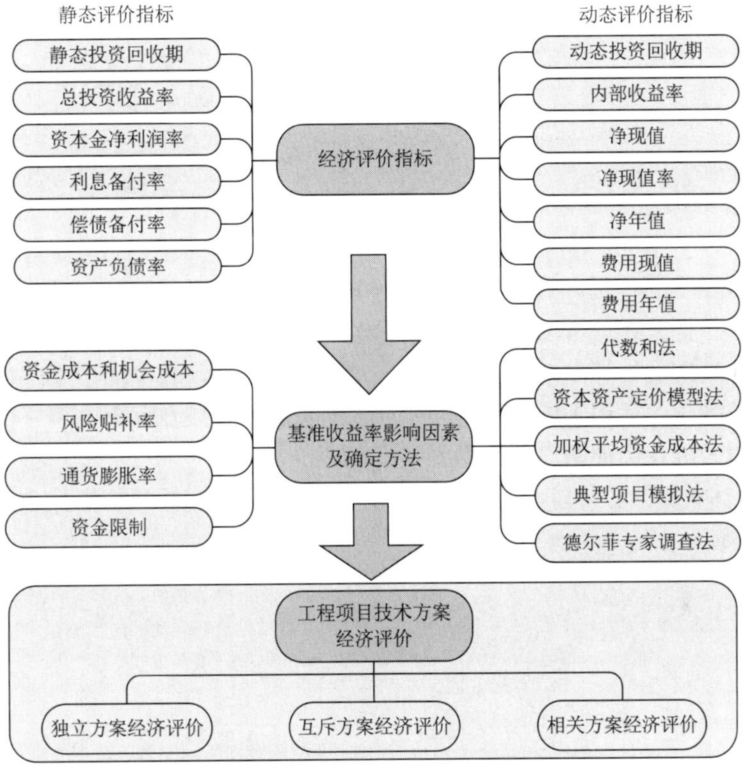

第一节　经济评价指标

一、经济评价指标体系

能否客观有效地评价项目技术方案经济效果，一方面取决于基础数据的完整性和可靠性，另一方面则取决于选取的评价指标的合理性，只有选取正确的评价指标，经济评价的结果才能与客观情况相吻合，才具有实际意义。在技术经济分析中，经济评价指标多种多样，它们各自从不同角度反映项目的经济性。若按计算时是否考虑资金的时间价值，评价指标可分为静态评价指标和动态评价指标，如图 3-1 所示。

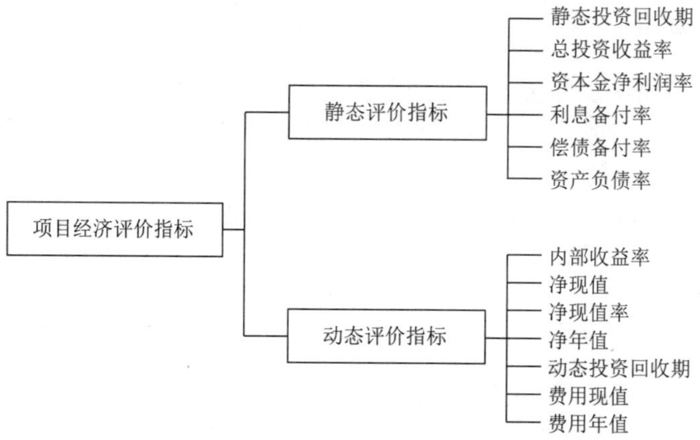

图 3-1 项目经济评价指标体系(一)

静态评价指标是在不考虑时间因素对货币价值影响的情况下直接通过现金流量计算出来的经济评价指标。静态评价指标的最大特点是计算简便，它适于评价短期项目和逐年收益大致相等的项目，另外对方案进行概略评价时也常采用。

动态评价指标是在分析项目技术方案的经济效益时，要对发生在不同时点的现金流量进行等值化处理后计算出来的评价指标。动态评价指标能较全面地反映技术方案整个计算期的经济效果，适用于详细可行性研究、对项目整体效益评价的融资前分析，或对计算期较长以及处在终评阶段的技术方案进行评价。

按评价指标的量纲，可将其分成价值性评价指标、时间性评价指标和比率性评价指标，如图 3-2 所示。

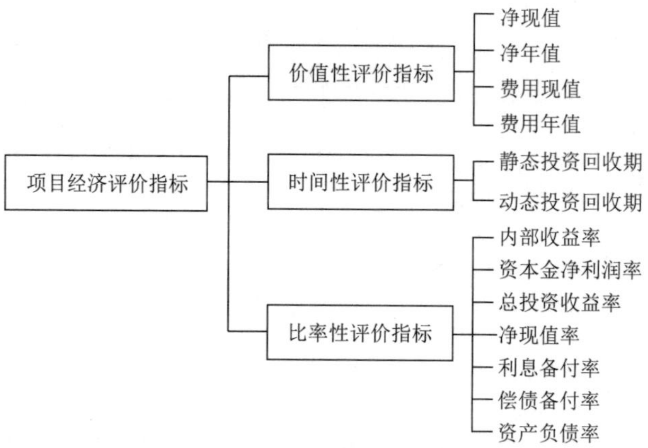

图 3-2 项目经济评价指标体系(二)

价值性评价指标是以货币为量纲的指标；时间性评价指标是以时间为量纲的指标；比率性评价指标是无量纲的指标。

按评价指标的性质，可将其分为盈利能力指标、清偿能力指标和财务生存能力指标，如图 3-3 所示。

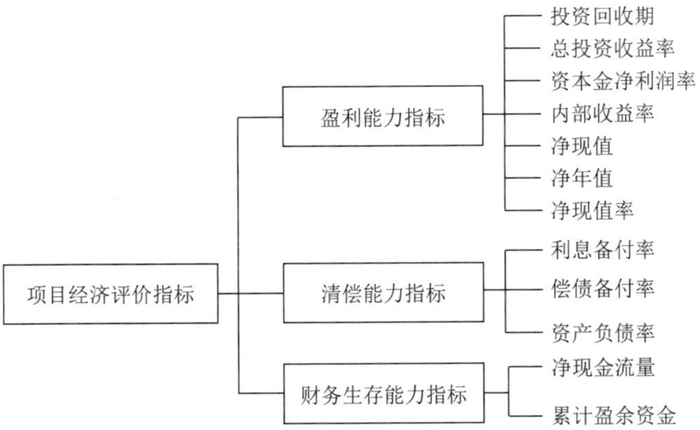

图 3-3　项目经济评价指标体系(三)

在进行项目技术方案经济评价时，应根据评价深度要求、可获得资料的多少以及项目技术方案本身具有的条件，选用多个指标，从不同侧面反映项目的经济效果。

二、盈利能力指标

(一)静态投资回收期(P_t)

投资回收期也称返本期，是反映项目技术方案盈利能力的静态指标。

静态投资回收期(static payback period)是指在不考虑资金时间价值的条件下，以项目技术方案的净收益回收项目全部投资所需的时间。静态投资回收期可以自项目建设开始年算起，也可以自项目投产年开始算起，但应予注明。自建设开始年算起，静态投资回收期 P_t(以年表示)的计算公式如下：

$$\sum_{t=0}^{P_t}(\mathrm{CI}-\mathrm{CO})_t=0 \tag{3-1}$$

式中，P_t 为静态投资回收期；CI 为现金流入；CO 为现金流出；$(\mathrm{CI}-\mathrm{CO})_t$ 为第 t 年净现金流量。

静态投资回收期可根据项目投资现金流量表计算。其具体计算又分以下两种情况。

(1)项目建成后各年的净现金流量均相同，则静态投资回收期的计算公式如下：

$$P_t=\frac{I}{A} \tag{3-2}$$

式中，I 为项目投入的全部资金；A 为每年的净现金流量，即 $A=(\mathrm{CI}-\mathrm{CO})_t$。

(2)项目建成后各年的净收益不相同，则静态投资回收期可根据累计净现金流量求得，如图 3-4 所示，也就是在现金流量表中累计净现金流量由负值转向正值的临界年份。根据插入法，其计算公式为

$$P_t=(\text{累计净现金流量出现正值的年份数}-1)+\frac{\text{上一年累计净现金流量的绝对值}}{\text{出现正值年份的净现金流量}} \tag{3-3}$$

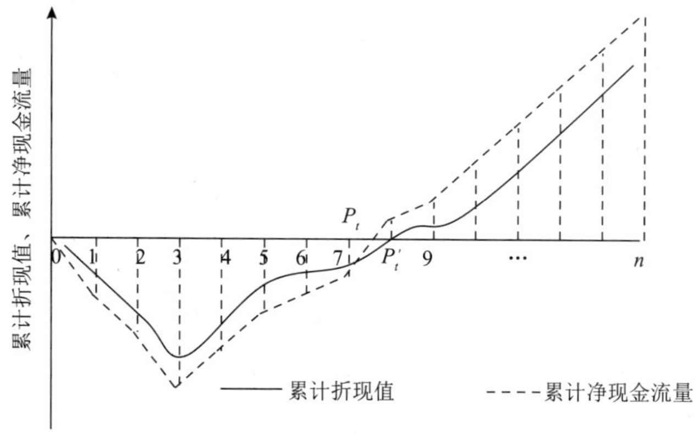

图 3-4 投资回收期示意图

将计算出的静态投资回收期 P_t 与所确定的基准投资回收期 P_c 进行比较。若 $P_t \leqslant P_c$，表明项目投资能在规定的时间内收回，则方案可行；若 $P_t > P_c$，则表明不能在规定的时间内收回，方案需要改进或不可行。

（二）动态投资回收期（P_t'）

动态投资回收期（dynamic payback period）是指在计算时考虑了资金时间价值的投资回收期指标。其表达式为

$$\sum_{t=0}^{P_t'}(\mathrm{CI}-\mathrm{CO})_t(1+i_c)^{-t}=0 \tag{3-4}$$

式中，P_t' 为动态投资回收期（年）；i_c 为基准收益率。

判别准则：设基准动态投资回收期为 P_c'，若 $P_t'<P_c'$，则项目可行，否则方案应改进或应予拒绝。

根据图 3-4，采用插入法，动态投资回收期更为实用的计算公式为

$$P_t'=(\text{累计折现值出现正值的年份数}-1)+\frac{\text{上一年累计折现值的绝对值}}{\text{出现正值年份的折现值}} \tag{3-5}$$

【例 3-1】 对于表 3-1 中的净现金流量系列求静态和动态投资回收期，假设各年现金流量发生在年末，i_c=5%，P_c=10 年。

解 各年累计净现金流量和累计折现值列于表 3-1 中，根据式（3-3）和式（3-5）计算得

$$P_t=8-1+84\div150=7.56\text{（年）}$$

$$P_t'=9-1+50.80\div96.69=8.53\text{（年）}$$

表 3-1 例 3-1 净现金流量表

年份	净现金流量/万元	累计净现金流量/万元	折现系数	折现值/万元	累计折现值/万元
1	−180	−180	0.9524	−171.43	−171.43
2	−250	−430	0.9070	−226.75	−398.18
3	−150	−580	0.8636	−129.54	−527.72
4	84	−496	0.8227	69.11	−458.61
5	112	−384	0.7835	87.75	−370.86
6	150	−234	0.7462	111.93	−258.93
7	150	−84	0.7107	106.61	−152.32
8	150	66	0.6768	101.52	−50.80
9	150	216	0.6446	96.69	45.89
10	150	366	0.6139	92.09	137.98
11	150	516	0.5847	87.71	225.69
12～20	150	1866	7.1078×0.5847=4.1559	623.39	849.08

由于静态投资回收期和动态投资回收期均小于 10 年，故方案可行。

容易推断一般项目技术方案的动态投资回收期大于静态投资回收期，如图 3-4 所示。

静态投资回收期和动态投资回收期适用于项目融资前的盈利能力分析。

（三）总投资收益率

总投资收益率（return on investment，ROI）是指项目达到设计生产能力时的一个正常年份的年息税前利润或运营期内年平均息税前利润（earnings before interest and tax，EBIT）与项目总投资（total investment，TI）的比率。ROI 属静态评价指标，EBIT 和 TI 都不是现金流量，需分别计算获得。总投资收益率的计算公式如下：

$$\mathrm{ROI}=\frac{\mathrm{EBIT}}{\mathrm{TI}}\times 100\% \tag{3-6}$$

$$\text{EBIT=年营业收入−年税金及附加−年总成本费用+利息} \tag{3-7}$$

当营业收入计算采用含增值税价格时：年税金及附加=年增值税+年消费税+年资源税+年城市维护建设税+教育费附加+地方教育附加。

$$\text{TI=建设投资+建设期利息+流动资金} \tag{3-8}$$

当计算出的总投资收益率高于行业收益率参考值时，认为该项目盈利能力满足要求。

ROI 指标的优点是经济意义明确、直观、计算简便，在一定程度上反映了投资效果的优劣。不足之处是没有考虑投资收益的时间因素；正常生产年份的选择比较困难，指标计算结果受人为因素影响较大。

ROI 指标适用于项目技术方案制订的早期阶段，且计算期较短、不具备综合分析所需详细数据的技术方案；因年息税前利润计算时涉及利息，故 ROI 指标适用于融资后的盈利能力分析。

（四）资本金净利润率

资本金净利润率(return on equity，ROE)，表示项目资本金(equity capital，EC)的盈利水平，系项目达到设计能力后正常年份的年净利润或运营期内年平均净利润(net profit，NP)与项目资本金的比率。ROE 属静态评价指标，NP 不是现金流量，需要另外计算；当项目注册资本与实收资本不一致时，EC 是指实收资本。ROE 的计算公式如下：

$$\mathrm{ROE}=\frac{\mathrm{NP}}{\mathrm{EC}}\times 100\% \tag{3-9}$$

式中，

NP=年营业收入−年税金及附加−年总成本费用−企业所得税=年净现金流量−折旧 (3-10)

EC=原有股东增资扩股+吸收新股东投资+发行股票+政府投资+股东直接投资 (3-11)

当计算出的资本金净利润率高于同期市场贷款利率时，表明用资本金净利润率表示的盈利能力满足要求。

资本金净利润率反映了投资者投入企业资本金的获利能力，直接衡量了企业运用自有资本创造净利润的效率，是评估投资者权益回报的核心指标，也是投资者最为关切的盈利能力指标之一。

资本金净利润率指标常用于项目融资后的盈利能力分析。

（五）净现值

净现值(net present value，NPV)是反映项目技术方案在计算期内获利能力的动态评价指标。项目技术方案的净现值是指用一个预定的基准收益率 i_c，分别把整个计算期内各年所发生的净现金流量都折现到建设期初的现值之和。

当各年现金流量有明确的年初或年末发生时点时，NPV 计算公式为

$$\mathrm{NPV}=\sum_{t=0}^{n}(\mathrm{CI}-\mathrm{CO})_t(1+i_c)^{-t} \tag{3-12a}$$

当各年现金流量没有明确的发生时点时，可采用年末习惯法，假设各年现金流量均发生在年末，则 NPV 计算公式为

$$\mathrm{NPV}=\sum_{t=1}^{n}(\mathrm{CI}-\mathrm{CO})_t(1+i_c)^{-t} \tag{3-12b}$$

式中，$(\mathrm{CI}-\mathrm{CO})_t$ 为第 t 年或时点的净现金流量(应注意现金流量的“+”“−”号)；i_c 为基准收益率；n 为方案计算期。

净现值是评价项目盈利能力的绝对经济效果评价指标。当 $\mathrm{NPV}>0$ 时，说明该方案除了满足基准收益率要求的盈利之外，还能得到超额收益，故该方案可行；当 NPV=0

时，说明该方案基本能满足基准收益率要求的盈利水平，方案勉强可行或有待改进；当 NPV < 0 时，说明该方案不能满足基准收益率要求的盈利水平，该方案不可行。

净现值指标的优点是，考虑了资金的时间价值，并全面考虑了项目在整个计算期内的经济状况；经济意义明确，能够直接以货币额表示项目的盈利水平；评价标准容易确定，判断直观。

净现值指标的不足之处是，必须首先确定一个符合经济形势的基准收益率，而基准收益率的确定往往比较复杂；在进行互斥方案评价时，净现值必须慎重考虑互斥方案的寿命，如果互斥方案寿命不等，必须构造一个相同的研究期，才能进行各方案之间的比选；净现值不能反映项目投资中单位投资的使用效率；净现值不能直接说明在项目运营期间各年的经营成果。

净现值指标适用于项目融资前的整体盈利能力分析，特别适合反映投资项目的规模效益。

【例 3-2】 新能源汽车领域某企业现有 X5、X7、X9 三款车型，该企业最早于 2021 年投入 7.2 亿元形成 X5 生产线，年销售 5000 辆汽车，售价 22 万元。2022 年投入 5.4 亿元形成 X7 生产线，年销售 3000 辆汽车，售价 30 万元。此后 2023 年投入 4.5 亿元形成 X9 生产线，预计年销售 2000 辆汽车，售价 50 万元。假设年净现金流量是销售收入的 40%，每条生产线寿命期内的年息税前利润(EBIT)等于年净现金流量的 85%，具体见表 3-2～表 3-4。基准折现率为 8%，采用年末习惯法。试计算三条生产线的净现值和总收资收益率。

表 3-2　例 3-2 X5 生产线方案净现金流量表　　单位：万元

项目	2021 年	2022 年	2023 年	2024 年	2025 年	2026 年	NPV	ROI
净现金流量	−72 000	44 000	44 000	44 000	44 000	44 000	90 661	51.9%

表 3-3　例 3-2 X7 生产线方案净现金流量表　　单位：万元

项目	2022 年	2023 年	2024 年	2025 年	2026 年	2027 年	NPV	ROI
净现金流量	−54 000	36 000	36 000	36 000	36 000	36 000	79 086.3	56.7%

表 3-4　例 3-2 X9 生产线方案净现金流量表　　单位：万元

项目	2023 年	2024 年	2025 年	2026 年	2027 年	2028 年	NPV	ROI
净现金流量	−45 000	40 000	40 000	40 000	40 000	40 000	102 873.6	75.6%

解 三条生产线的净现金流量、净现值和总投资收益率如表 3-2～表 3-4 所示。

从例 3-2 的结论来看，X9 生产线的净现值和总投资收益率最高。

对具有常规现金流量(即在计算期内，开始时有支出而后才有收益，且方案的净现金流量序列 A 的符号只改变一次)的项目技术方案，其净现值的大小与基准收益率的高低有直接的关系。若已知某投资方案各年的净现金流量，则该方案的净现值就完全取决于所选用的基准收益率，即净现值是基准收益率的函数，其表达式如下：

$$\mathrm{NPV}(i)=\sum_{t=0}^{n}(\mathrm{CI}-\mathrm{CO})_t(1+i_c)^{-t} \tag{3-13a}$$

$$\mathrm{NPV}(i)=\sum_{t=1}^{n}(\mathrm{CI}-\mathrm{CO})_t(1+i_c)^{-t} \tag{3-13b}$$

技术经济分析中常规投资项目的净现值函数曲线在$-1<i_c<\infty$内（对大多数技术经济实际问题来说是 $0\leqslant i_c<\infty$）。设 A_t 表示第 t 年的净现金流量，考虑常规项目的简单情形为：$A_0<0$，而其他 $A_t>0$，则当 $0<i_c<\infty$时，有

$$\mathrm{NPV}(i)=A_0+\frac{A_1}{(1+i_c)}+\frac{A_2}{(1+i_c)^2}+\cdots+\frac{A_n}{(1+i_c)^n}$$

若 i_c 在区间 $0<i_c<\infty$内是连续的，则 $\mathrm{NPV}(i_c)$ 是 i_c 的连续函数，可以求导。$\mathrm{NPV}(i_c)$ 的一阶导数与二阶导数分别为

$$\frac{\mathrm{dNPV}(i_c)}{\mathrm{d}i_c}=-\left[\frac{A_1}{(1+i_c)^2}+\frac{2A_2}{(1+i_c)^3}+\cdots+\frac{nA_n}{(1+i_c)^{n+1}}\right]\leqslant 0$$

$$\frac{\mathrm{d}^2\mathrm{NPV}(i_c)}{\mathrm{d}i_c^{\ 2}}=\left[\frac{2A_1}{(1+i_c)^3}+\frac{2\times 3A_2}{(1+i_c)^4}+\cdots+\frac{n(n+1)A_n}{(1+i_c)^{n+2}}\right]\geqslant 0$$

由此可知，这个简单的常规投资项目的净现值函数曲线是单调下降的，且递减率逐渐减小。随着基准收益率的逐渐增大，净现值将由大变小，由正变负。NPV 与 i_c 之间的关系一般如图 3-5 所示。

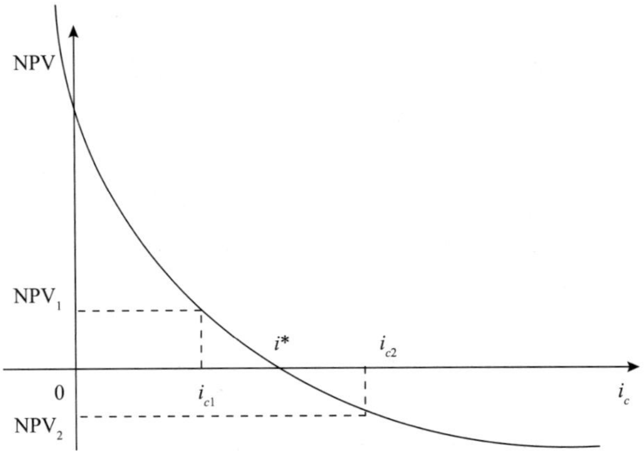

图 3-5 净现值函数曲线

图 3-5 所示的 $\mathrm{NPV}(i_c)$ 曲线是在 $A_0<0$ 且其他 $A_t>0$ 的条件下得出的，是净现值函数的典型图形。实际上，$\mathrm{NPV}(i_c)$ 并不总是 i_c 的单调递减函数，而是要根据 A_t 的大小和符号及项目寿命 n 来定。不过，对常规投资项目而言，$\mathrm{NPV}(i_c)$ 的总趋势是随着 i_c 的增大而减小。

按照净现值的评价准则，只要 $NPV(i_c) \geqslant 0$，技术方案或项目就可接受。但由于 $NPV(i_c)$ 是 i_c 的递减函数，故基准收益率定得越高，方案被接受的可能性越小。很明显，i_c 可以大到使 $NPV(i_c)=0$。这时 $NPV(i_c)$ 曲线与横轴相交，i_c 达到了其临界值 i^*。可以说 i^* 是净现值评价准则的一个分水岭，将 i^* 称为内部收益率。由此可见，基准收益率确定得合理与否，对投资方案经济效果的评价结论有直接的影响，定得过高或过低都会导致投资决策的失误。

（六）内部收益率

常规投资项目指计算期内净现金流量的正负号只变化一次，即所有负现金流量都出现在正现金流量之前，且现金流量 $\{A_t|t=0, 1, 2,\cdots, n\}$ 满足条件式(3-14a)和式(3-14b)的投资项目。

$$A_t(i_c^*) < 0, t = 0,1,2,\cdots,k \tag{3-14a}$$

$$A_t(i_c^*) > 0, t = k+1, k+2,\cdots,n \tag{3-14b}$$

非常规投资项目指在计算期内带负号的净现金流量不仅发生在建设期(或生产初期)，而且分散在带正号的净现金流量之中，即在计算期内净现金流量 A_t 多次变更正负号的投资项目。

对于常规投资项目，内部收益率(internal rate of return，IRR)就是净现值为零时的折现率。其数学表达式为

$$\text{NPV(IRR)} = \sum_{t=0}^{n}(\text{CI}-\text{CO})_t(1+\text{IRR})^{-t} = 0 \tag{3-15}$$

内部收益率是一个未知的折现率，由式(3-15)可知，求方程式中的折现率需解高次方程，不易求解。在实际工作中，一般是用试算法确定内部收益率(也可通过计算机直接计算)。试算法的基本原理如下。

先试用 i_1 计算 NPV_1(实际工作中 i_1 的确定，往往是根据给出的基准收益率 i_c，作为第一步试算依据)。若得 $NPV_1>0$，再试用 $i_2\,(i_2>i_1)$ 计算 NPV_2。如果 $NPV_2>0$，再用 $i_3\,(i_3>i_2)$ 来计算 NPV_3，直到 $NPV<0$ 时为止；若 $NPV_2<0$，则 NPV=0 时的 IRR 一定在 i_2 至 i_1 之间，如图 3-6 所示。此时，即可用线性内插式(3-16)求出 IRR 的近似值。

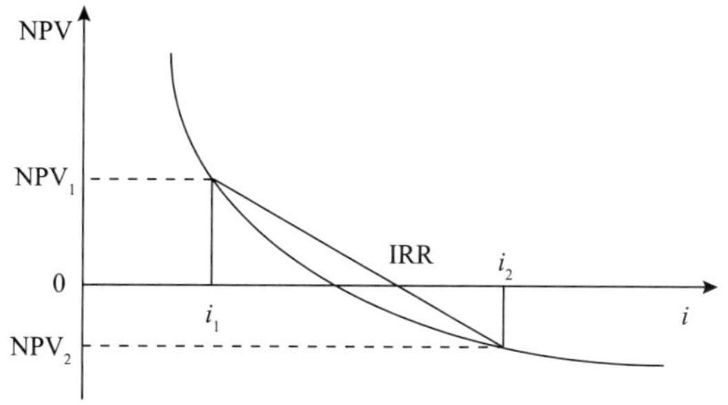

图 3-6　内部收益率线性内插法示意图

$$\mathrm{IRR}=i_1+\frac{\mathrm{NPV}_1}{\mathrm{NPV}_1+|\mathrm{NPV}_2|}(i_2-i_1) \tag{3-16}$$

式中，NPV_1为折现率i_1时的财务净现值(正)；NPV_2为折现率i_2时的财务净现值(负)。

采用线性内插法计算 IRR 时，其计算精度与(i_2-i_1)的差值大小有关，因为折现率与净现值不是线性关系，如图 3-6 所示，i_2与i_1之间的差距越小，则计算结果就越精确；反之，结果误差就越大。故为保证 IRR 的精度，i_2与i_1之间的差距一般以不超过 2%为宜，最大不宜超过 5%。

对常规投资项目而言，内部收益率的判别准则为：设基准收益率为i_c，若$\mathrm{IRR}>i_c$，则项目或方案在经济上可以接受；若$\mathrm{IRR}=i_c$，项目或方案在经济上勉强可行；若$\mathrm{IRR}<i_c$，则项目或方案在经济上应予拒绝。

【例 3-3】 某高新技术产业化项目净现金流量如表 3-5 所示。当基准收益率为 8%时，试用内部收益率指标判断该项目的经济性。

表 3-5 例 3-3 的净现金流量表 单位：万元

项目	第 0 年	第 1 年	第 2 年	第 3 年	第 4 年	第 5 年
净现金流量	−200	40	60	40	80	80

解 第一步，令i_1=12%，计算NPV_1的值：

$$\mathrm{NPV}_1=-200+40\times1.12^{-1}+60\times1.12^{-2}+40\times1.12^{-3}+80\times1.12^{-4}+80\times1.12^{-5}=8.25(\text{万元})$$

第二步，令i_1=14%，计算NPV_2的值：

$$\mathrm{NPV}_2=-200+40\times1.14^{-1}+60\times1.14^{-2}+40\times1.14^{-3}+80\times1.14^{-4}+80\times1.14^{-5}=-2.83(\text{万元})$$

第三步，用线性内插法算出内部收益率 IRR：

$$\mathrm{IRR}=12\%+(14\%-12\%)\times\frac{8.25}{8.25+|-2.83|}=13.49\%$$

由于 IRR=13.49%大于基准折现率 8%，故该项目在经济上可以接受。

(七)净现值率

净现值率(net present value rate, NPVR)是在 NPV 的基础上发展起来的，可作为 NPV 的一种补充。净现值率是项目净现值与项目全部投资现值之比。其经济含义是单位投资现值所能带来的净现值，是一个考察项目单位投资盈利能力的指标。由于净现值不直接考察项目投资额的大小，所以当多个方案的 NPV 均大于零，但投资规模相差较大时，可用净现值率指标作为净现值的辅助评价指标。净现值率(NPVR)计算式如下：

$$\mathrm{NPVR}=\frac{\mathrm{NPV}}{I_p} \tag{3-17}$$

$$I_p = \sum_{t=0}^{m} I_t (1+i_c)^{-t} \tag{3-18}$$

式中，I_p为投入资金现值；I_t为第t年投资额；m为建设期年数。

应用NPVR评价方案时，对于单一方案而言，净现值与净现值率的判别准则一样，应使NPVR≥0，方案才能接受。对于多方案评价，净现值率越大越好。采用净现值率评价项目时应注意两点。

(1)投资现值与净现值的计算期应一致，即净现值的计算期是n期，则投资现值的计算期也为n期。

(2)计算投资现值与净现值的折现率应一致。

【例3-4】 某智能睡眠检测仪生产项目各年的净现金流量如表3-6所示，试计算该项目的净现值率指标。基准收益率为10%。

表3-6　例3-4的净现金流量表　　单位：万元

项目	第0年	第1年	第2年	第3年	第4年	第5年	第6年	第7年	第8年	第9年
净现金流量	0	−200	−200	140	140	140	140	140	140	140

解

$$\begin{aligned}\mathrm{NPV}(i_c=10\%) &= -200\times(P/A,i_c,2)+140\times(P/A,i_c,7)(P/F,i_c,2)\\ &= -200\times\frac{1.1^2-1}{0.1\times1.1^2}+140\times\frac{1.1^7-1}{0.1\times1.1^7}\times1.1^{-2}=216.19(\text{万元})\end{aligned}$$

$$I_P=-200\times\frac{1.1^2-1}{0.1\times1.1^2}=-347.1(\text{万元})$$

$$\mathrm{NPVR}=\frac{216.19}{347.1}=0.623$$

(八)净年值

净年值(net annual value，NAV)，又叫等额年值或等额年金，是以基准收益率将项目计算期内净现金流量等值换算而成的等额年值。它与净现值(NPV)的相同之处是，两者都要在给出的基准收益率的基础上进行计算。不同之处是，净现值把投资过程的现金流量折算为基准期的现值，而净年值则是把该现金流量折算为等额年值。净年值的计算公式为

$$\mathrm{NAV}=\left[\sum_{t=0}^{n}(\mathrm{CI}-\mathrm{CO})_t(1+i_c)^{-t}\right]\frac{i_c(1+i_c)^n}{(1+i_c)^n-1} \tag{3-19a}$$

或

$$\mathrm{NAV}=\mathrm{NPV}\times\frac{i_c(1+i_c)^n}{(1+i_c)^n-1} \tag{3-19b}$$

式中，$\frac{i_c(1+i_c)^n}{(1+i_c)^n-1}=(A/P,i_c,n)$为资本回收系数。

由于净现值是项目在计算期内获得的超过基准收益率水平的收益现值，而净年值则是项目在计算期内每期的等额超额收益；净年值与净现值仅差一个资本回收系数，而且$(A/P, i_c, n)>0$，依式(3-19b)，NAV与NPV总是同为正或负，故NAV与NPV在评价同一个项目时的结论总是一致的。其评价判据是：若NAV≥0，则项目在经济上可以接受；若NAV<0，则项目在经济上应予拒绝。

（九）费用现值

在对多个方案进行比较时，如果各方案的收入皆相同，或收入难以用货币量化且大致相同，这时计算净现值指标可以省略现金流量中的收入，只计算支出，这样计算的结果称为费用现值(present cost，PC)。为方便起见，在计算费用现值时一般支出取正号。

费用现值的表达式为

$$\mathrm{PC}=\sum_{t=0}^{n}\mathrm{CO}_t(1+i_c)^{-t} \tag{3-20}$$

【例 3-5】 试用费用现值法对表3-7中的两个型号不同但功能相同的智能机床进行比选。基准收益率为10%。

表 3-7 例 3-5 的现金流量 单位：元

设备型号	一次性投资(第0年)	年经营费(1~6年年末)	回收残值(第6年年末)
A型	26 500	1 050	2 150
B型	36 500	850	3 650

解 两个方案的费用现值$\mathrm{PC_A}$和$\mathrm{PC_B}$计算如下：

$$\mathrm{PC_A}=26\,500+1050\times\frac{1.1^6-1}{0.1\times1.1^6}-2150\times1.1^{-6}=29\,859.40\ (元)$$

$$\mathrm{PC_B}=36\,500+850\times\frac{1.1^6-1}{0.1\times1.1^6}-3650\times1.1^{-6}=38\,141.64\ (元)$$

因为$\mathrm{PC_A}<\mathrm{PC_B}$，故建议选择A型设备。

（十）费用年值

与费用现值相同，费用年值(annual cost，AC)也适用于多方案比较时各方案收入均相等的情况，其表达式为

$$AC=\left[\sum_{t=0}^{n}CO_t(1+i_c)^{-t}\right]\times\frac{i_c(1+i_c)^n}{(1+i_c)^n-1} \tag{3-21}$$

费用现值和费用年值只能用于多方案的比选，其评价判据是：费用现值或费用年值最小的方案为优。

【例 3-6】 某新型智能设备生产项目有 A、B、C 三种技术设计方案，这三种方案未来收益相当，现知其费用数据如表 3-8 所示。试用费用年值法选择较优方案。基准收益率为 10%。

表 3-8　例 3-6 的现金流量　　单位：万元

设备型号	一次性投资(第 0 年)	年运营费(1～10 年年末)	回收残值(第 10 年年末)
A 方案	300	70	10
B 方案	340	60	10
C 方案	400	45	10

解　各方案的费用年值计算如下：

$$\begin{aligned}AC_A&=300\times(A/P,10\%,10)+70-10\times(A/F,10\%,10)\\&=300\times\frac{0.1\times1.1^{10}}{1.1^{10}-1}+70-10\times\frac{0.1}{1.1^{10}-1}=118.20(万元)\end{aligned}$$

$$AC_B=340\times\frac{0.1\times1.1^{10}}{1.1^{10}-1}+60-10\times\frac{0.1}{1.1^{10}-1}=114.71(万元)$$

$$AC_C=400\times\frac{0.1\times1.1^{10}}{1.1^{10}-1}+45-10\times\frac{0.1}{1.1^{10}-1}=109.47(万元)$$

显然，C 方案优于其他两个方案。

三、清偿能力指标

项目清偿能力分析是项目融资后分析的重要内容，是项目融资主体和债权人共同关心的指标。

(一)利息备付率

利息备付率(interest coverage ratio，ICR)也称已获利息倍数，指项目在借款偿还期内各年可用于支付利息的息税前利润与当期应付利息费用的比值。其表达式为

$$ICR=\frac{EBIT}{PI} \tag{3-22}$$

式中，EBIT 为息税前利润；PI 为计入总成本费用的全部应付利息。

$$息税前利润=利润总额+计入总成本费用的利息费用 \tag{3-23}$$

利息备付率在借款还清之前分年计算。若利息备付率在借款偿还期内按总额计算，应付利息是指借款期内各期应付利息总和。利息备付率越高，表明利息偿付的保障程度越高。

利息备付率表示使用项目利润偿付利息的保证倍率。参考国际经验和国内行业的具体情况，根据我国企业历史数据统计分析，一般情况下，利息备付率不宜低于 1，并应满足债权人的要求。

（二）偿债备付率

偿债备付率（debt service coverage ratio，DSCR）指项目在借款偿还期内，各年可用于还本付息的资金与当期应还本付息金额的比值。其计算公式为

$$\text{DSCR}=\frac{\text{EBITDA}-T_{\text{AX}}}{\text{FD}} \tag{3-24}$$

式中，EBITDA 为息税前利润加折旧和摊销；T_{AX} 为企业所得税；FD 为应还本付息金额。

可用于还本付息的资金包括：可用于还款的所得税后利润；可用于还款的折旧和摊销；成本中列支的利息费用等。

当期应还本付息金额包括当期应还贷款本金额及计入成本的全部利息。融资租赁的本息和运营期内的短期借款本息也应纳入还本付息金额。

偿债备付率在借款还清之前分年计算，也可在借款偿还期内按总额计算。偿债备付率越高，表明可用于还本付息的资金保障程度越高。

偿债备付率表示可用于还本付息的资金偿还借款本息的保证倍率。偿债备付率正常情况下应大于 1，并满足债权人的要求。

（三）资产负债率

资产负债率（liability on asset ratio，LOAR）指各期末负债总额同资产总额的比率。其计算公式为

$$\text{LOAR}=\frac{\text{TL}}{\text{TA}}\times 100\% \tag{3-25}$$

式中，TL 为期末负债总额；TA 为期末资产总额。

适度的资产负债率，表明企业经营安全、稳健，具有较强的筹资能力，也表明企业和债权人的风险较小。对该指标的分析，应结合国家宏观经济状况、行业发展趋势、企业所处竞争环境等具体条件。项目财务分析中，在长期债务还清后，可不再计算资产负债率。

四、财务生存能力指标

财务生存能力分析是指通过考察项目计算期内的投资、融资和经营活动所产生的各

项现金流入及流出，计算净现金流量和累计盈余资金，分析项目是否有足够的净现金流量维持正常运营，以实现财务状况持续良好。

$$\text{年净现金流量}=\text{年经营活动净现金流量}+\text{年投资活动净现金流量}+\text{年筹资活动净现金流量} \tag{3-26}$$

$$\text{累计盈余资金}=\sum_{t=1}^{n}\text{各年净现金流量} \tag{3-27}$$

【例 3-7】　某项目各年净现金流量如表 3-9 所示，试计算第 8 年和第 10 年的累计盈余资金。

表 3-9　例 3-7 某项目各年净现金流量　　单位：万元

资金	建设期		投产期		达产期					
	第 1 年	第 2 年	第 3 年	第 4 年	第 5 年	第 6 年	第 7 年	第 8 年	第 9 年	第 10 年
净现金流量	0	0	−57.9	5 714.3	4 528.9	4 454.6	4 454.6	3 408.5	4 135.8	4 135.8
累计盈余资金	0	0	−57.9	5 656.4	10 185.3	14 639.9	19 094.5	22 503.0	26 638.8	30 774.6

计算结果如表 3-9 所示，第 8 年和第 10 年的累计盈余资金分别为 22 503.0 万元与 30 774.6 万元。从第 4 年起净现金流量和累计盈余资金均为正，且累计盈余资金逐年增加，说明项目财务状况良好。

第二节　基准收益率的确定方法

一、基准收益率的影响因素

基准收益率（minimum attractive rate of return，MARR）是企业或行业或投资者以动态的观点所确定投资方案的最低标准收益水平，是评价和判断方案经济可行性的重要依据。对于国家投资项目，进行经济评价时使用的基准收益率是由国家组织测定并发布的社会基准收益率；对于竞争性项目，基准收益率的确定一般以行业的平均收益率为基础，同时应综合考虑资金成本、投资风险、通货膨胀、资金限制以及环境影响程度等因素，由投资者自行确定。

（一）资金成本和机会成本（i_1）

资金成本（capital cost）是为取得资金使用权所支付的费用。项目投资后所获利润额必须能够补偿资金成本，才能有利可言。因此，基准收益率最低限度不应小于资金成本。投资的机会成本是指投资者将有限的资金用于除拟建项目以外的其他投资机会所能获得的最好收益。换言之，由于资金有限，当把资金投入拟建项目时，将失去从其他更好的投资机会中获得收益的机会。显然，基准收益率应不低于单位资金成本和单位机会成本两者的最高值，这样才能使资金得到最有效的利用。这一要求可用式(3-28)表示：

$$i_c \geqslant i_1=\max\{单位资金成本，单位机会成本\} \tag{3-28}$$

如项目完全由投资人自有资金投资建设，可参考行业基准收益率确定项目基准收益率，这时可将机会成本等同于行业基准收益率；假如投资项目资金来源包括自有资金和贷款，最低收益率不应低于行业基准收益率与贷款利率的加权平均收益率。如果有好几种贷款，贷款利率应为加权平均贷款利率。

(二)风险贴补率(i_2)

在整个项目计算期内，存在着发生不利于项目的环境变化的可能性，这种变化难以预料，即投资者要冒着一定风险作决策。所以在确定基准收益率时，仅考虑资金成本、机会成本因素是不够的，还应考虑风险因素。通常，以一个适当的风险贴补率 i_2 来提高 i_c 值。就是说，以一个收益水平增量补偿投资者所承担的风险，风险越大，贴补率越高。为此，投资者自然就要求获得较高的利润，否则他是不愿去冒风险的。为了限制对风险大、盈利低的项目进行投资，可以采取提高基准收益率的办法来进行项目经济评价。

一般说来，从客观上看，资金密集项目的风险高于劳动密集的项目，如股票、期货投资风险一般大于劳务公司投资的风险；资产专用性强的项目风险高于资产通用性强的项目，如投资无人机租赁公司的风险高于投资普通家用轿车租赁公司的风险；降低生产成本的投资风险低于扩大产量、扩大市场份额的投资风险。从主观上看，资金雄厚的投资主体的风险低于资金拮据者。

(三)通货膨胀率(i_3)

在通货膨胀影响下，各种材料、设备、房屋、土地的价格以及人工费都会上升。为反映和评价拟建项目在未来用真实价格所表示的经济效果，应在确定基准收益率时，考虑通货膨胀因素的影响。

通货膨胀率主要表现为物价指数的变化，即通货膨胀率约等于物价指数变化率。与投资风险相似，通常也以一个适当的通货膨胀率 i_3 来提高 i_c 值。由于通货膨胀年年存在，因此，通货膨胀的影响具有复利性质。一般每年的通货膨胀率是不同的，但为了便于研究，常取一段时间的平均通货膨胀率，即在所研究的计算期内，通货膨胀率可视为一个固定值。

(四)资金限制

资金越少，越需要精打细算，使之利用得更加有效。为此，在资金短缺时，应通过提高基准收益率的办法进行项目经济评价，以便筛选掉盈利能力较低的项目。

(五)环境影响程度

项目对生态环境破坏程度越大，越应该提高基准收益率，提高项目准入门槛。

二、基准收益率测定方法

基准收益率的测定可采用代数和法、资本资产定价模型法、加权平均资金成本法、典型项目模拟法、德尔菲专家调查法等方法，也可同时采用多种方法进行测算，用不同方法测算的结果互相验证，经协调后确定。

(一)代数和法

若项目现金流量是按当年价格预测估算的，则应以年通货膨胀率 i_3 修正 i_c 值。这时，基准收益率可近似地用单位机会成本、风险贴补率、通货膨胀率的代数和表示，即

$$i_c=(1+i_1)(1+i_2)(1+i_3)-1\approx i_1+i_2+i_3 \tag{3-29}$$

若项目的现金流量是按基年不变价格预测估算的，预测结果已排除通货膨胀因素的影响，就不再考虑通货膨胀的影响，即

$$i_c=(1+i_1)(1+i_2)-1\approx i_1+i_2 \tag{3-30}$$

上述近似计算的前提条件是 i_2、i_3 都较小。

(二)资本资产定价模型法

采用资本资产定价模型(capital asset pricing model，CAPM)法测算行业财务基准收益率的公式为

$$k=K_f+\beta\times(K_m-K_f) \tag{3-31}$$

式中，k 为权益资金成本；K_f 为市场无风险收益率；β 为风险系数；K_m 为市场平均风险投资收益率。

式(3-31)中的市场无风险收益率一般可采用政府发行的相应期限的国债利率；市场平均风险投资收益率可依据国家有关统计数据测定。

式(3-31)中的风险系数，是反映行业特点与风险的重要数值，也是测算工作的重点和基础，应在行业内抽取有代表性的企业样本，以若干年企业财务报表数据为基础，进行行业风险系数测算。

由式(3-31)测算出的权益资金成本，可作为确定财务基准收益率的下限，再综合考虑采用其他方法测算得出的行业财务基准收益率并进行协调后，确定基准收益率的取值。

(三)加权平均资金成本法

采用加权平均资金成本(weighted average cost of capital，WACC)法测算基准收益率的公式为

$$\text{WACC}=K_e\frac{E}{E+D}+K_d\frac{D}{E+D} \tag{3-32}$$

式中，K_e 为权益资金成本；K_d 为债务资金成本；E 为股东权益；D 为企业负债。

权益资金与负债的比例可采用行业统计平均值，或者由投资者进行合理设定。债务资金成本为公司所得税后债务资金成本。权益资金成本可采用式(3-31)确定。

根据式(3-32)测算出的行业加权平均资金成本，可作为全部投资行业财务基准收益率的下限，再综合考虑其他方法得出的基准收益率进行调整后，确定全部投资行业财务基准收益率的取值。

(四)典型项目模拟法

采用典型项目模拟法测算基准收益率，应在合理时间区段内，选择一定数量的具有行业代表性的已进入正常生产运营状态的典型项目，采集实际数据，计算项目的财务内部收益率，并对结果进行必要的分析后确定基准收益率。

(五)德尔菲专家调查法

采用德尔菲(Delphi)专家调查法测算行业财务基准收益率，应统一设计调查问卷，征求一定数量的熟悉本行业情况的专家的意见，依据系统的程序，采用匿名发表意见的方式，通过多轮次调查专家对本行业建设项目财务基准收益率取值的意见，逐步形成专家的集中意见，并对调查结果进行必要的分析，综合各种因素后确定基准收益率。

通过上述讨论，可进一步认识到，合理地确定基准收益率，对于决策的正确性是极为重要的。要正确确定基准收益率，其基础是资金成本、机会成本，而投资风险、通货膨胀和资金限制也是必须考虑的因素。

第三节 项目技术方案经济评价

一、评价方案类型

前面我们介绍了经济评价指标，但是，要想正确评价项目技术方案的经济性，仅凭对评价指标的计算及判别是不够的，还必须了解项目方案所属的类型，从而按照方案的类型确定适合的评价指标，最终为做出正确的投资决策提供科学依据。

项目方案类型是指一组备选(option)方案之间所具有的相互关系。这种关系类型一般可分为独立方案、互斥方案、相关方案三种类型，如图 3-7 所示。

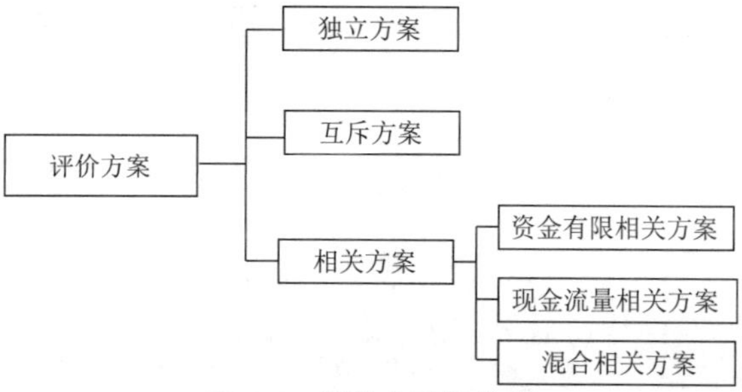

图 3-7 评价方案的分类

（一）独立方案

独立方案是指比较时互不干扰、经济上互不相关的备选方案组，即选择或放弃其中某个方案，仅取决于该方案自身的经济性，即只需看它是否能够通过净现值、净年值或内部收益率指标的评价标准，选择或放弃该方案，并不影响对其他方案的选择。显然，单一方案是独立方案的特例。

（二）互斥方案

互斥方案是指在若干备选方案中，各个方案彼此是相互代替关系，具有排他性，选择其中任何一个方案，则其他方案必然被排斥。例如，有四种污水处理技术方案，但污水处理厂的建设原则上只能选择一种方案。互斥方案还可按以下因素进行分类。

(1) 按服务寿命长短不同，投资方案可分为：①相同寿命的方案，即参与对比或评价方案的寿命期均相同；②不同寿命的方案，即参与对比或评价方案的寿命期均不相同；③无限寿命的方案，即大型基础设施和市政工程可视为无限寿命的工程，如大型水坝、运河工程等。

(2) 按规模不同，投资方案可分为：①相同规模的方案，即参与对比或评价的方案具有相同的产出量或容量，在满足相同功能方面具有一致性和可比性；②不同规模的方案，参与评价的方案具有不同的产出量或容量，在满足相同功能方面不具有一致性和可比性。

项目互斥方案比较是技术经济评价工作的重要组成部分，也是寻求合理决策的必要手段。

（三）相关方案

(1) 现金流量相关方案。现金流量相关方案是指各方案的现金流量之间相互影响，即方案间不完全互斥，也不完全互补，但如果若干方案中任一方案的取舍会导致其他方案现金流量的变化，这些方案之间也具有相关性。例如过江交通项目，可考虑两个方案，一个是建桥方案 A，另一个是轮渡方案 B，两个方案都是收费的，由于客流量的影响，任一方案的实施或放弃都会影响另一个方案的现金流量，因此，最佳方案应在 A、B、A+B 中产生。

(2) 资金有限相关方案。在若干可采用的独立方案中，如果有资源约束条件，比如受资金、劳动、材料、设备及其他资源拥有量限制，则只能从中选择一部分方案实施。例如，现有独立方案 A、B、C、D，它们所需的投资分别为 20 000 元、12 000 元、8000 元、6000 元。现若资金总额限量为 20 000 元，除 A 方案具有完全的排他性，其他方案由于所需金额不大，可以互相组合。这样，可能选择的方案共有：A、B、C、D、B+C、B+D、C+D 等七个组合方案。因此，当受某种资源约束时，独立方案可以组成多种组合方案，这些组合方案之间是互斥的。

(3) 混合相关方案。混合相关方案是指在一组备选方案中，既有互补方案，又有替代方案，既有互斥方案又有独立方案。对于这种类型的项目决策，需要认真研究各方案的相互关系，最终选择的不是单个方案，而是最佳的方案组合。

在进行经济效果评价前，分清项目方案属于何种类型是非常重要的，因为方案类型不同，其评价方法、选择和判断的准则也会不同。

二、独立方案经济评价

独立方案评价的实质是看方案自身是否达到或超过了预定的评价标准或水平。欲知这一点，只需通过计算方案的经济效果指标，并按照指标的判别准则加以检验即可。这种对方案自身经济性的检验叫作“绝对经济效果检验”。独立方案通过了绝对经济效果检验，就认为方案在经济上是可行的，否则应予拒绝。

（一）静态评价

对单一方案进行经济效果静态评价，主要是对项目技术方案的总投资收益率或静态投资回收期 P_t 指标进行计算，并与确定的行业平均投资收益率或基准投资回收期 P_c 进行比较，以此判断方案经济效果的优劣。若方案的总投资收益率大于行业平均投资收益率，则方案是可行的；若投资方案的静态投资回收期 $P_t \leqslant P_c$，表明方案投资能在规定的时间内收回，方案是可以考虑的。

（二）动态评价

对独立方案进行动态经济评价，主要应用净现值 NPV 和内部收益率 IRR 指标。

应用净现值 NPV 评价时，首先依据现金流量表和确定的基准收益率计算方案的净现值 NPV。根据净现值 NPV 的评价准则，当 NPV≥0 时，方案在经济上是可行的。

应用内部收益率 IRR 时，首先依据现金流量求出 IRR，其次与基准收益率 i_c 进行比较，即当 IRR≥i_c 时，方案可行。项目的内部收益率越大，表明项目技术方案的经济效果越好。

【例 3-8】 某市为创建国家卫生城市，需在三个不同地点增建生物质气化发电站。现针对这三个地点的发电站建设，有三种规划设计方案 A、B、C，其现金流量如表 3-10 所示，试判断其经济可行性。项目的基准收益率为 8%。

表 3-10 例 3-8 中方案 A、B、C 的现金流量

方案	初始投资（0 年）/万元	年收入/万元	年支出/万元	寿命/年
A	5 000	2 400	1 000	10
B	8 000	3 100	1 200	10
C	10 000	4 000	1 500	10

解 （1）采用 NPV 指标评价三个方案的经济性：

$$\mathrm{NPV_A} = -5000 + (2400 - 1000) \times \frac{1.08^{10} - 1}{0.08 \times 1.08^{10}} = 4394 \text{（万元）}$$

$$\mathrm{NPV_B} = -8000 + (3100 - 1200) \times \frac{1.08^{10} - 1}{0.08 \times 1.08^{10}} = 4749 \text{（万元）}$$

$$NPV_C = -10\,000 + (4000 - 1500) \times \frac{1.08^{10} - 1}{0.08 \times 1.08^{10}} = 6775 \text{ (万元)}$$

由于三个方案的净现值均大于零，故 A、B、C 三个方案均可被采用。

(2) 采用 IRR 指标评价三个方案的经济性：

$$-5000 + (2400 - 1000) \times \frac{(1 + IRR_A)^{10} - 1}{IRR_A \times (1 + IRR_A)^{10}} = 0$$

得 IRR_A=25%。

同理，可得 IRR_B=20%，IRR_C=22%。由于三个方案的内部收益率均大于基准收益率 8%，可同时被采用。

由例 3-8 可见，对于独立方案，不论采用净现值还是内部收益率，评价结论是等效的。

三、互斥方案经济评价

对互斥方案的评价，一般包括两个步骤：第一步是考察各方案自身的经济性，即根据评价标准进行绝对经济效果检验；第二步是在符合基本要求的方案中考察哪个方案相对较优，即进行相对经济效果检验，特别在使用比率性评价指标评价互斥方案时，两个步骤缺一不可。在使用价值性评价指标评价互斥方案时，仅进行绝对经济效果检验就能选择最佳方案，但在下列两种情况下可以只进行价值性评价指标相对经济效果检验，就能选择最佳方案：一是在众多可行的互斥方案中必须选择其中之一；二是各方案仅有且仅需计算费用现金流量。需要注意的是：在进行相对经济效果评价时，不论使用哪种指标，都必须满足方案可比条件。

常用的互斥方案经济效果评价指标有净现值 NPV、净年值 NAV、内部收益率 IRR 等。

（一）计算期相同的互斥方案经济评价

1. 净现值（NPV）法

首先分别计算各个方案的净现值，剔除 NPV < 0 的方案，即进行方案的绝对经济效果检验；其次进行相对经济效果检验，即比较所有 NPV≥0 的方案的净现值，选择净现值最大的方案为最佳方案。此为净现值评价互斥方案的判断准则，即净现值大于或等于零且为最大的方案是最优可行方案。

【例 3-9】 某生物制药公司有三个可替代新产品生产方案 A、B、C，如表 3-11 所示，但由于生产场所限制，暂时只能选择一个新产品投入生产，试用 NPV 指标选择最佳方案。基准收益率为 15%。

表 3-11 例 3-9 中三个方案的现金流量

方案	初始投资/万元	年净收益/万元	寿命/年
A	100	28	10
B	160	38	10
C	200	50	10

解 计算各方案的NPV:

$$\text{NPV}_A = -100 + 28 \times \frac{1.15^{10} - 1}{0.15 \times 1.15^{10}} = -100 + 28 \times 5.019 = 40.53 \text{ (万元)}$$

$$\text{NPV}_B = -160 + 38 \times 5.019 = 30.72 \text{ (万元)}$$

$$\text{NPV}_C = -200 + 50 \times 5.019 = 50.95 \text{ (万元)}$$

由于C方案的NPV大于零且数额最大，故经绝对经济效果检验和相对经济效果检验后，应选择C方案投入实施。

在技术经济分析中，对所产生的效益相同(或基本相同)，但效益无法或很难用货币直接计量的互斥方案进行比较时，常用费用现值(PC)替代净现值(NPV)进行评价。采用费用现值只能进行相对经济效果评价，故当在若干方案中必须选择其一且若干方案都是可行方案时，才能以费用现值较低的方案作为最佳方案。费用现值的表达式为

$$\text{PC} = \sum_{t=0}^{n} \text{CO}_t (1 + i_c)^{-t} \tag{3-33}$$

2. 净年值(NAV)法

净年值评价与净现值评价是等价的(或等效的)。因此，在进行互斥方案评价时，只需按方案净年值的大小直接进行比较即可得出最优可行方案。

【例3-10】 试采用NAV指标对例3-9的三个可替代新产品生产方案A、B、C进行选优。基准收益率为15%。

解 计算各方案的NAV:

$$\text{NAV}_A = -100 \times \frac{0.15 \times 1.15^{10}}{1.15^{10} - 1} + 28 = -100 \times 0.1993 + 28 = 8.07 \text{ (万元)}$$

$$\text{NAV}_B = -160 \times 0.1993 + 38 = 6.11 \text{ (万元)}$$

$$\text{NAV}_C = -200 \times 0.1993 + 50 = 10.14 \text{ (万元)}$$

由于C方案的NAV大于零且数额最大，故应选择C方案投入实施。

在技术经济分析中，当各方案所产生的效益相同，或者当各方案所产生的效益无法或很难用货币直接计量时，可以用费用年值(AC)替代净年值(NAV)进行评价，以费用年值(AC)较低的方案为最佳。其表达式为

$$\text{AC} = \left[\sum_{t=0}^{n} \text{CO}_t (1 + i_c)^{-t} \right] \times \frac{i_c \times (1 + i_c)^t}{(1 + i_c)^t - 1} \tag{3-34}$$

3. 增量内部收益率(ΔIRR)法

当遇到规模不同或现金流量分布差异较大的互斥方案时，由于内部收益率无法做出正确的选择，这时可采用增量内部收益率法进行评价。

【例 3-11】 试采用 IRR 指标对例 3-9 的三个可替代新产品生产方案 A、B、C 进行选优。基准收益率为 15%。

解 (1)先采用 IRR 对三个方案进行绝对经济效果检验：

$$NPV_A = -100 + 28 \times \frac{(1+IRR)^{10}-1}{IRR \times (1+IRR)^{10}} = 0，IRR_A = 25\%$$

$$NPV_B = -160 + 38 \times \frac{(1+IRR)^{10}-1}{IRR \times (1+IRR)^{10}} = 0，IRR_B = 20\%$$

$$NPV_C = -200 + 50 \times \frac{(1+IRR)^{10}-1}{IRR \times (1+IRR)^{10}} = 0，IRR_C = 21.55\%$$

用 IRR 进行绝对经济效果检验的结论是 A 方案最优，与 NPV、NAV 绝对经济效果检验的结论 C 方案最优不一致，说明用 IRR 不能只进行绝对经济效果检验，还须进行相对经济效果检验。

(2)采用 IRR 对三个方案进行相对经济效果检验。

用任何指标评价时，B 方案都没有优势，故应被淘汰。只需对 A 方案和 C 方案进行相对经济效果检验。

$$-(200-100)+(50-28)\times \frac{(1+\Delta IRR)^{10}-1}{\Delta IRR \times (1+\Delta IRR)^{10}} = 0，\Delta IRR_{C-A} = 17.13\%$$

这说明 C 方案比 A 方案多投的 100 万元增量投资能产生 17.13%的回报，高于基准收益率 15%，故投资大的 C 方案优于 A 方案。

增量内部收益率ΔIRR 是两个方案各年净现金流量的差额的现值之和等于零时的折现率，其表达式为

$$\Delta NPV(\Delta IRR) = \sum_{t=0}^{n}(A_{1t} - A_{2t})(1+\Delta IRR)^{-t} = 0 \tag{3-35}$$

式中，$A_{1t} = (CI - CO)_{1t}$ 为初始投资大的方案年净现金流量；$A_{2t} = (CI - CO)_{2t}$ 为初始投资小的方案年净现金流量。

增量内部收益率法也可用于仅有费用的现金流量的互斥方案比选。在这种情况下，实际上是把增量投资所导致的对其他费用的节约看成增量收益。

应用内部收益率这一指标评价互斥方案经济效果的基本步骤如下：①将各方案按初始投资额由小到大依次排列。②计算各备选方案的 IRR_j，分别与基准收益率 i_c 比较，IRR_j 小于 i_c 的方案，即予淘汰。③将 $IRR_j \geqslant i_c$ 的方案依次用初始投资大的方案的现金流量减去初始投资小的方案的现金流量，形成增量投资方案。④按初始投资额由小到大依次计算相邻两个方案的增量内部收益率 ΔIRR，若 $\Delta IRR > i_c$，则说明初始投资大的方案优于初始投资小的方案，保留投资大的方案；反之，则保留投资小的方案。直至全部方案比较完毕，保留的方案就是最优方案。

【例 3-12】 某公司面临新能源汽车生产线的布局问题，有四个可能的布局方案可供选择(表 3-12)。基准收益率 i_c 为 10%，试用内部收益率法选择最佳方案。

表 3-12 例 3-12 中四个方案的现金流量图

项目	方案			
	A	B	C	D
初始投资/万元	−300	−412.5	−285	−525
年净收益/万元	33	52.5	29.25	63
寿命/年	30	30	30	30

解 按照内部收益率法评价互斥方案的步骤，评价结果见表 3-13。

表 3-13 增量内部收益率评价结果表

检验	方案	C	A	B	D
绝对经济效果	初始投资/万元	−285	−300	−412.5	−525
	年净收益/万元	29.25	33	52.5	63
	寿命/年	30	30	30	30
	内部收益率	9.63%	10.49%	12.40%	11.59%
可行与否		否	可	可	可
相对经济效果	对比方案			B−A	D−B
	增量投资/万元			−112.5	−112.5
	增量收益/万元			19.5	10.5
	增量内部收益率			17.28%	8.55%
选定方案				B	B

由于 D 方案与 B 方案形成的增量内部收益率为 8.55%，小于基准收益率 10%，故最终应选定方案 B。

(二)计算期不同的互斥方案经济评价

以上所讨论的都是对比方案的计算期相同的情形。然而，现实中很多方案的计算期往往是不同的。这时必须对计算期做出某种假定，使计算期不等的互斥方案能在一个共同的计算期基础上进行比较，以保证得到合理的结论。

1. 净年值(NAV)法

用净年值进行寿命不等的互斥方案经济效果评价，实际上隐含着这样一种假定：各备选方案在其寿命结束时均可按原方案重复实施或以与原方案经济效果水平相同的方案接续。净年值是以“年”为时间单位比较各方案的经济效果，一个方案无论重复实施多少次，其净年值是不变的，从而使寿命不等的互斥方案间具有可比性。故净年值更适用于评价具有不同计算期的互斥方案的经济效果。

对各备选方案净现金流量的净年值(NAV)进行比较，以 NAV≥0 且 NAV 最大者为最优方案。

在对寿命不等的互斥方案进行比选时，净年值是最为简便的方法，它比内部收益率 IRR 更为简便。同时，用等值年金，可不考虑计算期的不同，故它也较净现值 NPV 简便，当参加比选的方案数目众多时，效果更甚。

2. 净现值(NPV)法

由前述已知，净现值(NPV)是价值性评价指标，其用于互斥方案评价时必须考虑时间的可比性，即在相同的计算期下比较净现值(NPV)的大小。常用方法有最小公倍数法和研究期法。

1)最小公倍数法(又称方案重复法)

最小公倍数法是以各备选方案计算期的最小公倍数作为方案比选的共同计算期，并假设各个方案均在这样一个共同的计算期内重复进行，即各备选方案在其计算期结束后，均可按与其原方案计算期内完全相同的现金流量系列周而复始地循环下去直到共同的计算期。在此基础上计算出各个方案的净现值，以净现值最大的方案为最佳方案。

利用最小公倍数法有效地解决了寿命不等的方案之间净现值的可比性问题。但这种方法所依赖的方案可重复实施的假定不是在任何情况下都适用的。对于某些不可再生资源开发型项目，在进行计算期不等的互斥方案比选时，方案可重复实施的假定不再成立，这种情况下就不能用最小公倍数法确定计算期。有的时候最小公倍数法求得的计算期过长，甚至远远超过所需的项目寿命期或计算期的上限，这就降低了所计算方案经济效果指标的可靠性和真实性，故也不宜用最小公倍数法。

2)研究期法

针对上述最小公倍数法的不足，对计算期不相等的互斥方案，可采用另一种确定共同计算期的方法——研究期法。这种方法是根据对市场前景的预测，直接选取一个适当的分析期作为各个方案共同的计算期。这样不同期限的方案就转化为相同期限的方案了。

研究期的确定一般以互斥方案中年限最短或最长方案的计算期作为互斥方案评价的共同研究期。当然也可取所期望的计算期为共同研究期。通过比较各个方案在该研究期内的净现值来对方案进行比选，以净现值最大的方案为最佳方案。

对于计算期短于共同研究期的方案，仍可假定其计算期完全相同地重复延续，也可按新的不同的现金流量序列延续。需要注意的是：对于计算期比共同研究期长的方案，要对其在研究期以后的现金流量余值进行估算，并回收余值。该项余值估算的合理性及准确性，对方案比选结论有重要影响。

【例 3-13】 已知表 3-14 中数据，试用 NPV、NPVR 指标进行方案比较。设 i_c 为 10%。

表 3-14　例 3-13 数据表

项目	A	B
投资/万元	3500	5000
年收益值/万元	1900	2500
年支出值/万元	645	1383
估计寿命/年	4	8

解 绘制现金流量图如图 3-8 所示。

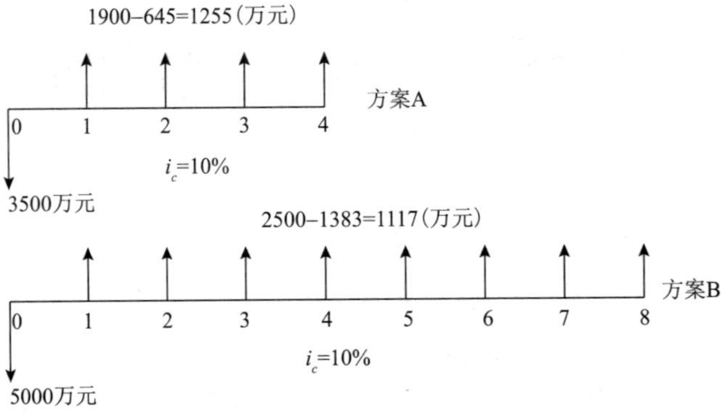

图 3-8 例 3-13 现金流量图

(1)采用 NPV 指标评价。

利用各方案研究期的最小公倍数计算。例 3-13 为 8 年的研究期。对方案 A 来说，其现金流量如图 3-9 所示。据此可得

$$\begin{aligned}NPV(A)&=-3500[1+(P/F, 10\%, 4)]+1255(P/A, 10\%, 8)\\&=-3500(1+0.6830)+1255\times5.3349=804.80(\text{万元})\end{aligned}$$

$$NPV(B)=-5000+1117(P/A, 10\%, 8)=-5000+1117\times5.3349=959.08(\text{万元})$$

故选择方案 B。

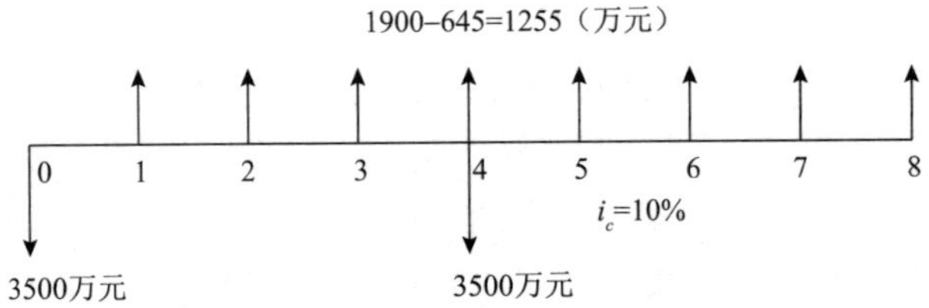

图 3-9 例 3-13 方案 A 的 NPV 最小公倍数法现金流量图

取年限短的方案计算期作为共同的研究期，例 3-13 为 4 年，设第 4 年年末和第 8 年年末初期投入所形成的固定资产余值均为零。

$$NPV(A)=-3500+1255(P/A, 10\%, 4)=-3500+1255\times3.1699=478.22(\text{万元})$$

$$\begin{aligned}NPV(B)&=[-5000(A/P, 10\%, 8)+1117](P/A, 10\%, 4)\\&=(-5000\times0.1874+1117)\times3.1699=570.58(\text{万元})\end{aligned}$$

故选择方案 B。

(2)采用 NPVR 指标评价。

$$NPVR(A)=478.22/3500=0.1366$$

或

$$\text{NPVR(A)}=804.80/\{3500[1+(P/F, 10\%, 4)]\}=804.80/5890.5=0.1366$$

$$\text{NPVR(B)}=959.08/5000=0.1918$$

或

$$\text{NPVR(B)}=570.58/[5000(A/P, 10\%, 8)(P/A, 10\%, 4)]=570.58/2970.92=0.1921$$

故应选方案 B。

(三) 无限计算期的互斥方案经济评价

在实践中，经常会遇到具有很长服务期的项目，如跨江大桥、城市地铁、民航机场等。评价这类项目技术方案的经济性，我们可以把它们近似地当作具有无限计算期的方案，采用净现值、净年值指标来处理。

1. 净现值(NPV)法

将等额年金按无限期折算为现值的计算式为

$$P = A(P/A, i_c, n) = A\left[\frac{(1+i)^n - 1}{i(1+i)^n}\right]$$

$$\text{当 } n\to\infty\text{，有 } P = \frac{A}{i} \tag{3-36}$$

式(3-36)被称为“资本化成本”公式。

对于无限期互斥方案采用净现值法比较的判别准则为：净现值大于等于零且净现值最大的方案是最优方案。

对于仅有或仅需计算费用现金流量且对比方案的产出基本相同时，可以采用费用现值法进行比选。其评价判据是：费用现值最小的方案为优。

【例 3-14】　某河上建大型水坝，有 A、B 两处选址方案如表 3-15 所示，若社会折现率为 8%，试比较何者为优。

表 3-15　例 3-14 方案的费用现金流量　　单位：万元

项目	A	B
一次投资(0 年)	3080	2230
年维护费	1.5	0.8
再投资	5(每 10 年一次)	4.5(每 5 年一次)

解　两个方案的费用现值计算如下：

$$\text{PC}_\text{A} = 3080 + \frac{1.5 + 5(A/F, 8\%, 10)}{8\%} = 3103.06\ (\text{万元})$$

$$PC_B = 2230 + \frac{0.8 + 4.5(A/F,8\%,5)}{8\%} = 2249.59\ (万元)$$

由计算结果可知，方案 B 为优。

2. 净年值(NAV)法

由式(3-36)可推出无限期的等额年金计算公式为

$$A=P\times i \tag{3-37}$$

对于无限期互斥方案采用净年值法比较的判别准则为：净年值大于等于零且净年值最大的方案是最优方案。

对于仅有或仅需计算费用现金流量且对比方案的产出基本相同时，可以采用费用年值法进行比选。其评价判据是：费用年值最小的方案为优。

【例 3-15】 两种疏浚灌溉渠道的技术方案，一种是用挖泥机清除渠底淤泥，另一种是在渠底铺设永久性混凝土板，两种方案的费用流量如表 3-16 所示，试比较两种方案的优劣。社会折现率为 8%。

表 3-16 例 3-15 的费用现金流量 单位：万元

方案 A	费用	方案 B	费用
购买挖泥设备(寿命 10 年)	65	河底混凝土板(无限寿命)	650
挖泥设备残值	7	年维护费	1
年运营费	34	混凝土板维修(5 年一次)	10

解 计算两个方案的费用年值：

$$\begin{aligned} AC_A &= 65(A/P,8\%,10) - 7(A/F,8\%,10) + 34 \\ &= 65\times 0.1490 - 7\times 0.0690 + 34 = 43.202(万元) \end{aligned}$$

$$\begin{aligned} AC_B &= 650\times 8\% + 10(A/F,8\%,5) + 1 \\ &= 650\times 8\% + 10\times 0.1705 + 1 = 54.705(万元) \end{aligned}$$

根据计算结果，方案 A 优于方案 B。

四、相关方案经济评价

(一)现金流量相关方案经济评价

对现金流量相关方案，不能简单地按照独立方案或互斥方案的评价方法来分析，而应首先确定方案之间的相关性，对其现金流量之间的相互影响做出准确的估计，其次根据方案之间的关系，把方案组合成互斥方案。如跨江收费项目的建桥方案 A 或轮渡方案 B，可以考虑的方案组合是方案 A、方案 B 和 AB 混合方案。在 AB 混合方案中，方案 A 的收入将因另一方案 B 的存在而受到影响。最后按照互斥方案的评价方法对组合方案进行比选。

【例 3-16】 甲、乙两城市之间可建一条公路和一条铁路。仅建一条公路或仅建一条铁路的净现金流量如表 3-17 所示。若两个项目都上，由于客货运分流的影响，两个项目都将减少净收入，其净现金流量如表 3-18 所示。试用净现值指标进行决策，基准收益率为 10%。

表 3-17 公路、铁路独立建设的净现金流量 单位：万元

方案	第 0 年	第 1 年	第 2 年	第 3～32 年
铁路 A	−30 000	−30 000	−30 000	15 000
公路 B	−15 000	−15 000	−15 000	9 000

表 3-18 公路、铁路同时建设的净现金流量 单位：万元

方案	第 0 年	第 1 年	第 2 年	第 3～32 年
铁路 A	−30 000	−30 000	−30 000	12 000
公路 B	−15 000	−15 000	−15 000	5 250
A+B	−45 000	−45 000	−45 000	17 250

解 先将两个相关方案组合成三个互斥方案，然后分别计算其净现值：

$$\begin{aligned}\mathrm{NPV_A} &= -30\,000\left[1+(P/F,10\%,1)+(P/F,10\%,2)\right]+15\,000(P/A,10\%,30)(P/F,10\%,2)\\ &= -30\,000\times 2.7355+15\,000\times 7.79=34\,785(\text{万元})\end{aligned}$$

$$\mathrm{NPV_B}=-15\,000\times 2.7355+9000\times 7.79=29\,078(\text{万元})$$

$$\mathrm{NPV_{A+B}}=-45\,000\times 2.7355+17\,250\times 7.79=11\,280(\text{万元})$$

可见，在三个互斥方案中，方案 A 净现值最大，故方案 A 为最优可行方案。

若用净年值法和内部收益率对表 3-17、表 3-18 中的互斥方案进行评价选优，也可得到相同的结论。

（二）资金有限相关方案评价

在若干独立方案比较和选优过程中，最常见的约束是资金的约束。对于独立方案的比选，如果没有资金的限制，只要方案本身的 NPV≥0 或 IRR≥i_c，方案就可行。但在有明确的资金限制时，受资金总拥有量的约束，不可能采用所有经济上合理的方案，只能从中选择一部分方案实施，这就出现了资金合理分配问题，此时独立方案在约束条件下成为相关的方案。有资金约束条件下的独立方案选择，其根本原则在于使有限的资金获得最大的经济利益。具体评价方法有互斥方案组合法和净现值率排序法。

1. 互斥方案组合法

在有资金约束条件下独立方案的比选，由于每个独立方案都有两种可能——选择或者拒绝，故 N 个独立方案可以构成 2^N-1 个组合方案。每个方案组合可以看成一个满足

约束条件的互斥方案，这样按互斥方案的经济评价方法可以选择一个符合评价准则的可行方案组合。因此，有约束条件的独立方案的选择可以通过方案组合转化为互斥方案的比选。

【例 3-17】 某云计算科技公司某年度有四个相互独立技术攻关方案，各方案的有关数据列于表 3-19 中，该公司本年度可用于技术开发的资金计划为 400 万元，试用净现值指标选择可实施的方案组合。基准收益率为 10%。

表 3-19 方案相关数据

独立方案	初始投资/万元	NPV/万元	NPVR
A	200	180	0.9
B	240	192	0.8
C	160	112	0.7
D	200	130	0.65

解 首先，列出互斥的组合方案 $2^4-1=15$ 个，见表 3-20。

表 3-20 组合方案 NPV 计算表

组合号	ABCD 组合方案	投资/万元	可行与否	NPV/万元
1	1000	200	√	180
2	0100	240	√	192
3	0010	160	√	112
4	0001	200	√	130
5	1100	440	×	372
6	1010	360	√	292
7	1001*	400	√	310*
8	0110	400	√	304
9	0101	440	×	322
10	0011	360	√	242
11	1110	600	×	484
12	1101	640	×	502
13	1011	560	×	422
14	0111	600	×	434
15	1111	800	×	614

注：第二列中“1”表示方案入选，“0”表示方案不入选

*表示最佳方案组合

其次，保留投资额不超过投资 400 万元且净现值大于等零的组合方案，淘汰其余组合方案，保留的组合方案中净现值最大的即为最优可行方案组合。例 3-17 中第 7 组方案(A+D)的净现值最大(310 万元)，是最优组合方案。

在有资金约束条件下运用互斥方案组合法进行比选，其优点是在各种情况下均能保证获得最佳组合方案，但缺点是在方案数目较多时，其计算比较烦琐。

2. 净现值率排序法

净现值率大小说明该方案单位投资所获得的净效益大小。应用 NPVR 评价方案时，将净现值率大于或等于零的各个方案按净现值率的大小依次排序,并依此次序选取方案，直至所选取的方案组合的投资总额最大限度地接近或等于投资限额为止。

按净现值率排序原则选择项目方案，其基本思想是单位投资的净现值越大，在一定投资限额内所能获得的净现值总额就越大。

净现值率排序法的优点是计算简便。但是，由于投资项目的不可分性，净现值率排序法在许多情况下不能保证现有资金的充分利用，不能达到净现值最大的目标。只有在各方案投资预算的比例很小时，它才能达到或者接近于净现值最大的目标。

【例 3-18】　某创新孵化中心预计年投资 2000 万元用于新技术方案的孵化，各备选技术方案的数据如表 3-21 所示。试按净现值率做出技术方案选择。基准收益率为 12%。

表 3-21　例 3-18 备选方案数选优过程表

方案	第 0 年投资/万元	1～10 各年净收入/万元	NPV/万元	NPVR	排序
A	−160	38	54.7	0.340	1
B	−160	34	32.1	0.200	2
C	−240	50	42.5	0.177	3
D	−240	48	31.2	0.130	4
E	−200	40	26.0	0.130	4
F	−220	44	28.6	0.130	4
G	−300	56	16.4	0.055	5
H	−240	44	8.6	0.036	6
I	−200	36	3.4	0.017	7
J	−280	50	2.5	0.009	8

按净现值率从大到小顺序选择方案，并且满足资金约束条件的方案为 A、B、C、D、E、F、G、H、I，所用资金总额为 1960 万元。

(三)混合相关方案评价

对混合相关方案进行评价，不管项目间是独立的、互斥的还是有约束的，它们的解法都一样，即把所有的投资方案的组合排列出来，计算评价指标，然后进行排序和取舍。

【例 3-19】　某纳米材料生产厂有 5 个投资方案 A_1、A_2、B_1、B_2及 C，它们各自的现金流量及净现值如表 3-22 所示。5 个投资方案之间的关系是：A_1及 A_2互斥，B_1及 B_2互斥，B_1及 B_2都从属于 A_2，C 从属于 B_1。设定资金限额为 220 万元，试选择出最优的投资组合方案，基准收益率为 10%。

表 3-22 例 3-19 中各方案现金流量及净现值 单位：万元

投资方案	第 0 年	第 1 年	第 2 年	第 3 年	第 4 年	NPV
A_1	−200	80	80	80	80	53.6
A_2	−120	48	48	48	48	32.0
B_1	−56	18	18	18	18	1.06
B_2	−60	20	20	20	20	3.6
C	−40	24	24	24	24	36

解 5 项投资建议共可组成 5 个互斥的投资方案，如表 3-23 所示。显然这些方案都未超过投资限额 220 万元。采用净现值指标分析，方案 5 的净现值最高，应优先采纳。

表 3-23 组合互斥方案 NPV 计算表

组合号	$A_1A_2B_1B_2C$ 组合方案	投资/万元	NPV/万元
1	10000	−200	53.6
2	01000	−120	32
3	01100	−176	33.06
4	01010	−180	35.6
5	01101	−216	71.6*

*表示最优方案

第四节 案例分析

某面业集团是一二三产融合发展的民营企业，主要从事玉米、小麦等农业种植和农产品精加工，除此之外还涉及工业旅游和农业旅游等产业。集团始终坚持“为员工创造福利、为客户创造价值、为大众创造健康、为社会创造和谐”的理念和使命，不断提高员工的福利待遇，持续改善员工生活条件。同时奉行“公平公正、公开透明”的管理理念，为所有员工提供广阔的晋升空间，真正做到机会面前人人平等。该集团始终坚持“德行胜于能力，肯干胜于能干”的用人理念，所有人员无论什么学历都要从车间基层做起。集团营造了感恩奉献的企业文化，每月召开两次员工大会，交流孝老、感恩、利他、奉献的体会，每年还要召开员工家长会，企业以人为本的文化氛围浓厚。

该集团大型粮食综合加工基地项目位于陕西省农产品加工贸易园武功园区。2019 年 8 月 26 日，集团与武功县政府签订合作协议，2019 年 11 月 18 日举行奠基仪式。基地占地 700 亩，总投资 20 亿元，分两期建设，建设周期 4 年。建成后年处理小麦 200 万吨、生产挂面 40 万吨、生产玉米粉 35 万吨、小麦仓储 30 万吨、使用饮用水 60 万吨。项目建成投产后，预计年产值 50 亿元，年利税 3200 万元，可提供直接就业岗位 2000 个，间接就业岗位 4000 个。

假设 20 亿元投资在 4 年建设期中平均投入，运营期 20 年，期间现金流量采用年末习惯法，行业基准收益率为 6%，运营期内融资前所得税前年净现金流量为年利税的 6.5

倍。试计算该集团陕西武功基地项目在 2019 年 11 月 18 日的净现值并判断项目的盈利能力，现金流量单位为万元。

$$\begin{aligned}NPV&=-50\ 000-50\ 000(P/A,6\%,3)+6.5\times3200(P/A,6\%,20)(P/F,6\%,4)\\&=-50\ 000-50\ 000\times2.6730+20\ 800\times11.4699\times0.7921\\&=-183\ 650+188\ 974\\&=5324(\text{万元})\end{aligned}$$

在假设条件下，该集团陕西武功基地项目的净现值为 5324 万元，说明项目达到行业基准收益率 6%，尚有盈余，项目具有一定的盈利能力。

➢思考题

1. 影响基准收益率的因素主要有哪些？
2. 内部收益率的经济含义是什么？
3. 项目方案有哪几种类型？试举例说明。

➢习题

1. 某方案的现金流量如表 3-24 所示，基准收益率为 10%，试计算：①投资回收期；②净现值；③内部收益率。

表 3-24 现金流量表 单位：万元

项目	第 0 年	第 1 年	第 2 年	第 3 年	第 4 年	第 5 年
现金流量	−2000	450	550	650	700	800

2. 某城市拟建设智慧云服务平台，分三期建成，开始投资 60 000 元，5 年后再投资 50 000 元，10 年后再投资 40 000 元。每年的运维费：前 5 年每年 1500 元，次 5 年每年 2500 元，最后 5 年每年 3500 年，15 年年末残值为 8000 元，试用 8%的基准收益率计算该平台的费用现值和费用年值。

3. 某碳纤维投资项目的初始投资为 120 万元，年营业收入为 100 万元，寿命为 6 年，残值为 10 万元，年经营费用为 50 万元。试求该项目投资的内部收益率。

4. 建一个临时设备存储仓库需 8000 元，一旦拆除即毫无价值，假定仓库每年净收益为 1360 元。

(1) 使用 8 年时，其内部收益率为多少？

(2) 若希望得到 10%的收益率，则该仓库至少使用多少年才值得投资？

5. 现有三种风能储备技术方案，分别是 A 电池储能(如锂离子电池、铅酸电池等)、B 储氢技术、C 压缩空气储能。已知方案 A、B、C 的有关资料如表 3-25 所示，基准收益率为 10%，试分别用净现值法与内部收益率法对这三个方案选优。

表 3-25 方案 A、B、C 相关数据

方案	初始投资/万元	年收入/万元	年支出/万元	经济寿命/年
A	3000	1800	800	5
B	3650	2200	1000	5
C	4500	2600	1200	5

6. 某企业欲购置两种不同型号的智能建造机械，其有关数据如表 3-26 所示，基准收益率为 10%，

试问购买哪种型号的机械比较经济?

表 3-26 方案 A、B 相关数据

方案	初始投资/元	年营业收入/元	年经营费/元	残值/元	寿命/年
A	120 000	70 000	6 000	20 000	10
B	90 000	70 000	8 500	10 000	8

7. 为修建某河的大桥，经考虑有 A、B 两处可供选点，在 A 地建桥其投资为 1200 万元，年维护费为 2 万元，水泥桥面每 10 年翻修一次需 5 万元；在 B 点建桥，预计投资 1100 万元，年维护费为 8 万元，该桥每 3 年粉刷一次需 3 万元，每 10 年整修一次需 4 万元。若基准收益率为 10%，试比较两个方案哪个为最优。

8. 某智能车企为达到汽车制造轻量化、节能化，提出高性能复合材料制造汽车的四种组合方案，其数据如表 3-27 所示，若预算资金为 30 万元，各方案寿命均为 8 年，基准收益率为 10%，应选择哪些组合方案?

表 3-27 方案数据表（一） 单位：万元

资金	方案 A	方案 B	方案 C	方案 D
初始投资	15	14	13	17
年净收益	5	4	3.5	5.5

9. 某太阳能电力有限公司为解决电力供应不足问题，设计了 6 个投资解决方案，其数据如表 3-28 所示，设定资金限额为 30 万元，基准收益率为 10%，寿命为 5 年。现已知 A_1、A_2 互斥，B_1、B_2 互斥，C_1、C_2 互斥；B_1、B_2 从属于 A_1，C_1 从属于 A_2，C_2 从属于 B_1，试选择最优的投资组合方案。

表 3-28 方案数据表（二） 单位：万元

资金	方案 A_1	方案 A_2	方案 B_1	方案 B_2	方案 C_1	方案 C_2
初始投资	12	16	9	7	8	7
年净收益	4	5	3	2.5	3	2.5

第三章习题答案

第四章

技术方案财务分析

➢引例

科技让棉花低成本生产成为现实

某国内知名农业科技公司，以“提升农业生产效率”为使命，致力于用机器人、人工智能和新能源技术为农业赋能，通过无人机技术成功降低了棉花生产成本。

在2014年之前，我国的棉花是由国家统一收购，一亩棉田一年能带来1800元左右的收入，但是成本就有1600元，每亩也就能挣不到200块。这1600元的成本中，大部分都是人力成本。虽然采棉机能让成本降低，1公斤(1公斤=1千克)棉花只需要5毛钱，比人工的2.5元/公斤要划算得多。但对于棉农来说，这是一个得不偿失的买卖。因为棉花成熟的时间不同步，采棉机一次性收上来的棉花，会出现良莠不齐的情况，最后在市场上也卖不出好的价格。而该公司的无人机，刚好可以解决这个问题。怎么解决的呢？在棉花第一拨成熟之前，棉农就会派出无人机在棉田上飞行，往棉田中喷洒落叶剂。落叶剂有什么功效呢？说白了就两个字：催熟。因为叶子都落了，棉花树就会以为秋天到了，所有的棉花会在同一时间吐絮。这样，棉农就可以用采棉机对棉花进行统一收割。棉花的质量有保证，采集成本也下来了。

棉花从播种到收获的整个过程中至少要打七八次农药。但是之前，打农药主要靠人背药箱，或者拖拉机在棉田里面来回穿梭喷洒农药。无论是人力成本还是农药采购，都非常费钱。而且每一次下地，都会压坏棉花，导致减产。该公司的无人机，大大降低了喷洒农药的成本。另外还通过大数据和机器学习，让无人机具备了识别病虫草害的功能。比如说一台无人机在棉田上方巡逻的时候，发现一个区域的光谱不对就可以在地图上标记位置，然后把高清图像传到云端进行“远程诊断”。诊断出来的报告就是一张带有病虫草害信息的“人工智能处方地图”。接下来，棉农就可以根据病情给植保无人机装上农药，去往棉田的病症处进行“定点清除”。整个过程，人甚至都不用下到棉花地里，自然也避免了减产。

资料来源：李仲轲. 中国的棉田是怎么实现智能化生产的/无人机[EB/OL]. https://www.163.com/dy/article/G6O56L0R05503O4L.html[2021-04-04]

评价：该科技公司通过智慧科技为棉农降低生产成本的例子说明，虽然技术方案财务分析能让我们看到计算结果，但真正降低生产成本、提高盈利能力的源泉是科技创新的力量。

➢本章结构知识图

技术方案经济评价是在完成市场调查、技术预测、拟建规模、营销策划、资源优化、技术方案论证、环境保护措施等可行性研究工作的基础上，对拟投资项目不同技术方案的投入与产出数据进行推测、估算，对各方案进行评价和选优的过程。经济评价结果是投资主体决策的重要依据。

项目经济评价包括财务分析、费用效益分析和费用效果分析。本章介绍财务分析的主要内容及其理论和方法，其知识结构如下图所示。

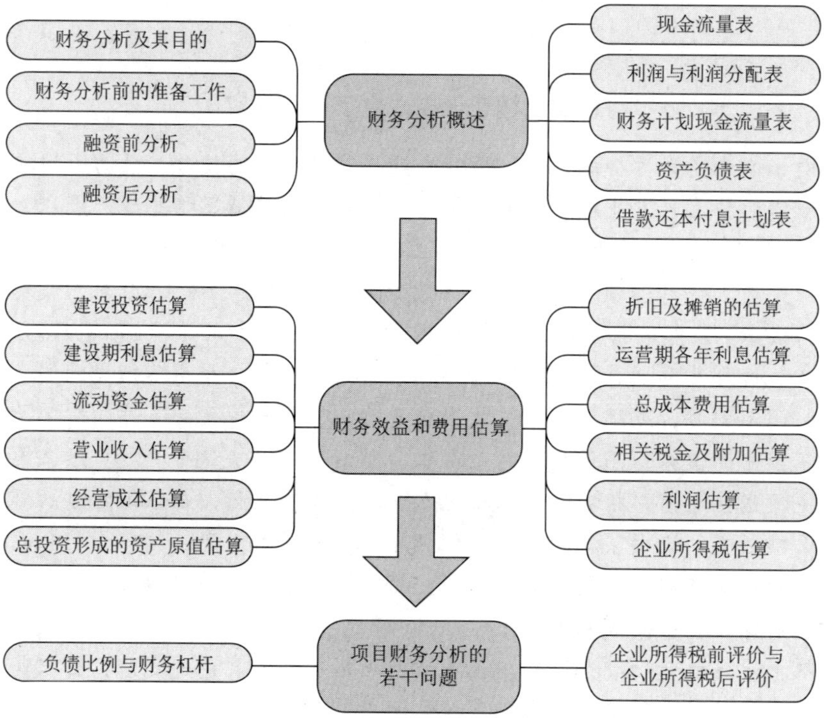

第一节 财务分析概述

一、财务分析及其目的

（一）财务分析的定义

财务分析（financial analysis）是在国家现行财税制度和市场价格体系下，站在企业或项目的立场，计算财务分析指标，考察拟投资项目技术方案的盈利能力、清偿能力和财务生存能力，以帮助投资者明确技术方案对项目的价值，为投资决策、融资决策以及银行审贷提供依据。

财务分析的内容应根据项目的性质和目标确定。对于经营性项目，财务分析应通过编制财务分析报表，计算财务指标，分析项目的盈利能力、清偿能力和财务生存能力，判断项目的财务可接受性。对于非经营性项目，财务分析主要分析项目的财务生存能力。

(二) 财务分析的必要性

(1) 衡量经营性项目的盈利能力。竞争性行业的投资主体要对项目的筹划、筹资、建设直至生产经营、归还贷款或债券本息，以及资产的保值、增值实行全过程负责，承担投资风险。为了防范投资风险，提高项目投资回报水平，需要进行项目财务分析，考察项目净现金流量的价值是否大于其全部投资。

(2) 衡量非经营性项目的财务生存能力。对于非经营性项目，如公益性项目和基础性项目，在经过有关部门批准的情况下，可以实行还本付息价格或微利价格。在这类项目决策中，为了权衡项目在多大程度上要由国家或地方财政给予必要的支持，如进行政策性的补贴或实行减免税等经济优惠措施，同样需要进行财务分析。

(3) 合营项目谈判签约的重要依据。合同条款是合资项目和合作项目双方协作的首要前提，而合同的正式签订是以财务分析为基础的，实际上合同条款的谈判过程就是财务分析过程。

(4) 项目资金规划的重要依据。项目的投资规模、资金的可能来源、用款计划的安排和筹资方案的选择都是财务分析要解决的问题。为了保证项目所需资金按时到位，投资者(中央政府、地方政府、企业和其他投资者)、项目经营者和贷款部门都要知道拟投资项目的投资金额，并据此安排资金计划和政府预算。

二、财务分析的基本步骤

财务分析主要是利用有关基础数据，通过财务分析报表，计算财务分析指标。财务分析的一般步骤如下。

(一) 财务分析前的准备工作

(1) 熟悉拟投资项目的基本情况，主要包括项目财务分析前的工作成果；项目的类型和性质；在现行财税法规范围内项目能享受的优惠等。

(2) 估算项目财务效益和费用。编制财务分析辅助报表，包括建设投资估算表，流动资金估算表，营业收入、税金及附加和增值税估算表，总成本费用估算表等。

(二) 融资前分析

财务分析可分为融资前分析和融资后分析，分别满足投资决策和融资决策的需要。一般宜先进行融资前分析，在融资前分析结论满足要求的情况下，初步设定融资方案，再进行融资后分析。

融资前分析属项目决策中的投资决策，是不考虑资金来源的财务分析，重在考察项目净现金流量的价值是否大于其总投资。由于未考虑资金来源，融资前分析只进行盈利能力分析。融资前分析的基本步骤如下。

(1)估算建设投资、流动资金、营业收入、经营成本、税金及附加和企业所得税。

(2)编制项目投资现金流量表，计算项目投资所得税前(或所得税后)内部收益率、净现值、项目静态投资回收期等盈利能力指标。所得税前指标受到项目发起人、项目业主、项目投资人、银行和政府管理部门的广泛关注，也适用于方案设计中的多方案比选。

(3)如果分析结果表明项目效益符合要求，再考虑融资方案，继续进行融资后分析。

(4)如果分析结果不能满足要求，可通过修改方案设计来完善项目方案，必要时甚至可据此做出放弃项目的建议。

(三)融资后分析

融资后分析属项目决策中的融资决策，是以设定的融资方案为基础进行的财务分析，重在考察项目资金筹措方案能否满足要求。融资后分析包括盈利能力分析、清偿能力分析和财务生存能力分析。融资后分析的基本步骤如下。

(1)在融资前分析结论满足要求的情况下，初步设定融资方案。

(2)在已有财务分析辅助报表的基础上，编制项目总投资使用计划与资金筹措表和建设期利息估算表。

(3)编制项目资本金现金流量表，计算项目资本金财务内部收益率、财务净现值、项目资本金净利润率等指标，考察项目为项目权益投资者带来的收益水平。资本金现金流量财务分析指标可用来对融资方案进行比较和取舍，是投资者整体做出最终融资决策的依据。

(4)编制投资各方现金流量表，计算投资各方的财务内部收益率指标，考察投资各方可获得的收益水平。一般情况下，合资企业遵循收益共享、风险共担的原则，按股本比例分配利润和分担亏损及风险，因此投资各方的利益是均等的，没有必要计算投资各方的内部收益率。但合作企业投资各方的收益分配是通过契约谈判确定的，这时常常需要计算投资各方的内部收益率，测算合作各方收益是否均衡、各方是否能接受。

三、财务分析报表

(1)现金流量表。现金流量表反映项目计算期内各年的现金收支，用以计算各项静态和动态经济评价指标，进行项目财务盈利能力分析。现金流量表分为三种。

一是项目投资现金流量表，对于新设法人项目，该表不分投资资金来源，以全部投资作为计算基础，用于计算项目投入全部资金的财务内部收益率、财务净现值及项目静态和动态投资回收期等评价指标，考察项目全部投资的盈利能力，为各个投资方案(不论其资金来源及利息多少)进行比较建立共同基础。

二是项目资本金现金流量表，用于计算项目资本金财务内部收益率。

三是投资各方现金流量表，用于计算投资各方财务内部收益率。

(2)利润与利润分配表，反映项目计算期内各年的营业收入、总成本费用、利润总额等情况，以及企业所得税后利润的分配，用以计算总投资收益率、项目资本金净利润率等指标。

(3)财务计划现金流量表，反映项目计算期内各年的投资、融资及经营活动的现金流入和流出，用于安排资金使用计划，计算累计盈余资金，分析项目的财务生存能力。

(4)资产负债表，用于综合反映项目计算期内各年年末资产、负债和所有者权益的增减变化及对应关系，计算资产负债率。

(5)借款还本付息计划表，用于反映项目计算期内各年借款本金偿还和利息支付情况，计算偿债备付率和利息备付率等指标。

财务分析报表与评价指标之间的关系如表 4-1 所示。

表 4-1　财务分析报表与评价指标之间的关系

评价内容	基本报表	静态指标	动态指标
盈利能力分析	项目投资现金流量表	项目静态投资回收期	项目投资财务内部收益率 项目投资财务净现值 项目动态投资回收期
	项目资本金现金流量表		项目资本金财务内部收益率
	投资各方现金流量表		投资各方财务内部收益率
	利润与利润分配表	总投资收益率 项目资本金净利润率	
清偿能力分析	资产负债表	资产负债率	
	建设期利息估算及还本付息计划表	偿债备付率 利息备付率	
财务生存能力分析	财务计划现金流量表	累计盈余资金	

第二节　财务效益和费用估算

财务效益与费用估算是财务分析的重要基础，其估算的准确性与可靠程度直接影响财务分析结论。

一、财务效益和费用估算步骤

财务效益和费用估算步骤应该与财务分析的步骤相匹配，分融资前分析和融资后分析两步，如图 4-1 所示。

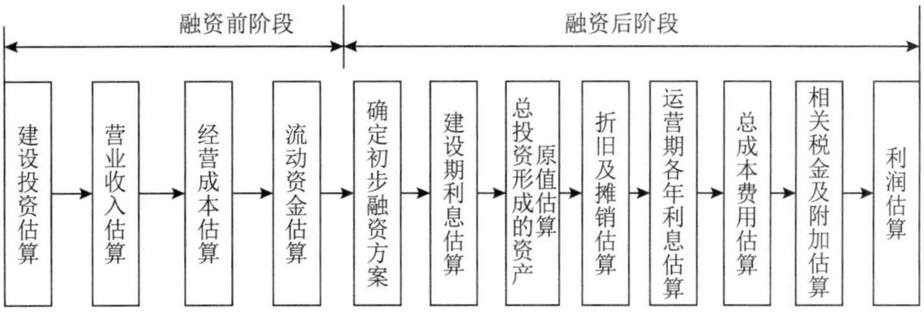

图 4-1　财务效益和费用估算步骤示意图

二、建设投资估算

(一)建设投资构成

项目财务分析中总投资是指项目建设和投入运营所需要的全部投资，是建设投资(construction investment)、建设期利息和全部流动资金之和。可见，建设投资是项目总投资的重要组成部分，是财务分析中的重要基础数据。项目总投资构成如图 4-2 所示。

- 项目总投资
  - 建设投资
    - 建筑安装工程投资
    - 设备及工器具投资
    - 工程建设其他投资
    - 基本预备费
    - 涨价预备费
  - 建设期利息
  - 全部流动资金

图 4-2　项目总投资构成图

1. 建筑安装工程投资

建筑安装工程投资由建筑工程投资和安装工程投资两部分组成。建筑安装工程投资的构成如图 4-3 所示。

- 建筑安装工程投资
  - 直接费
    - 直接工程费
      - 人工费
      - 材料费
      - 施工机械使用费
    - 措施费
      - 环境保护费
      - 文明施工费
      - 安全施工费
      - 临时设施费
      - 夜间施工增加费
      - 二次搬运费
      - 混凝土、钢筋混凝土模板及支架费
      - 大型机械进出场及安拆费
      - 脚手架搭拆费
      - 已完工程及设备保护费
      - 施工排水、降水费
  - 间接费
    - 规费
    - 企业管理费
  - 利润
  - 税金
    - 增值税
    - 城市维护建设税
    - 教育费附加和地方教育费附加

图 4-3　建筑安装工程投资构成图

建筑安装工程投资的特点是必须通过兴工动料、追加活劳动才能实现。

2. 设备及工器具投资

设备及工器具投资是指按照项目设计文件要求，经济主体购置或自制达到固定资产标准的设备和新建、扩建项目配置的首套工器具及生产家具所需的投资，如图 4-4 所示。其中设备原价指国产标准设备、国产非标准设备原价和进口设备抵岸价；设备运杂费指设备供销部门手续费，即设备原价中未包括的包装和包装材料费、运输费、装卸费、采购及仓库保管费之和。如果设备是由设备成套公司供应的，成套公司的服务费也应计入设备运杂费之中。在生产性项目中，设备工器具投资可称为“积极投资”，它占项目投资费用比重的提高，标志着技术的进步和生产部门有机构成的提高。

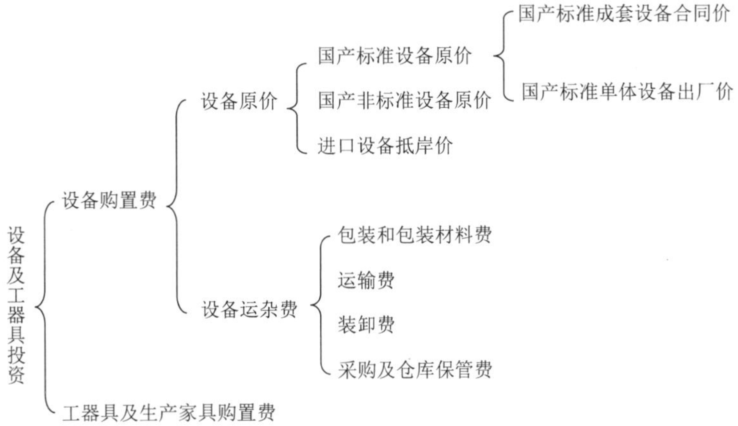

图 4-4　设备及工器具投资构成图

3. 工程建设其他投资

工程建设其他投资是指未纳入以上两项的由项目投资支付的为保证工程顺利进行而发生的各项费用总和。其中主要包括建设单位管理费、可行性研究费、勘察设计费、场地准备及临时设施费、引进技术和引进设备其他费、工程保险费、联合试运转费、特殊设备安全监督检验费和市政工程公用设施建设及绿化费等。

4. 预备费

预备费包括基本预备费和涨价预备费。基本预备费是指在工程项目投资估算或设计概算中，为应对不可预见因素而预先预留的一笔资金；涨价预备费是指项目在建设期间内，为应对人工、材料、机械设备等价格上涨或汇率波动导致的投资增加而预先预留的调整资金。

（二）建设投资概略估算方法

概略估算是指根据实际经验和历史资料，对建设投资进行综合估算。这类方法虽然精确度不高，但适合在建设投资的毛估或初估阶段采用。建设投资典型的概略估算方法有：生产规模指数法、资金周转率法、分项比例估算法和单元指标估算法。

1. 生产规模指数法

该法是利用已经建成项目的建设投资额或其设备投资额，估算同类而不同生产规模

项目的建设投资或其设备投资的方法，其估算公式为

$$C_2 = C_1\left(\frac{x_2}{x_1}\right)^n \times C_f \tag{4-1}$$

式中，C_2 为拟投资项目的建设投资额；C_1 为已建同类型项目的建设投资额；x_2 为拟投资项目的生产规模；x_1 为已建同类型项目的生产规模；C_f 为价格调整系数；n 为生产规模指数。

该法中生产规模指数 n 是一个关键因素，不同行业、性质、工艺流程、建设水平、生产率水平的项目，应取不同的指数值。选取 n 值的原则是：靠增加设备、装置的数量，以及靠增大生产场所扩大生产规模时，n 取 0.8～1.0；靠提高设备、装置的功能和效率扩大生产规模时，n 取 0.6～0.7。另外，拟估投资项目生产能力与已建同类项目生产能力的比值应有一定的限制范围，一般这一比值不能超过 50 倍，在 10 倍以内效果较好。

2. 资金周转率法

这是一种国际上普遍使用的方法，它是从资金周转的定义出发推算出建设投资的一种方法。

当资金周转率为已知时，则

$$C = \frac{Q \times P}{T} \tag{4-2}$$

式中，C 为拟投资项目的建设投资额；Q 为产品年产量；P 为产品单价；T 为资金周转率，$T=$ 年销售总额/建设投资。

该法概念简单明了，方便易行。但不同性质的工厂或生产不同产品的车间，资金周转率都不同，要提高投资估算的精确度，必须做好相关的基础工作。

3. 分项比例估算法

该法是以拟投资项目的设备费为基数，根据已建成的同类项目的建筑安装工程费和其他费用等占设备价值的百分比，求出相应的建筑安装工程投资及其他投资等有关费用，其总和即为拟投资项目建设投资。计算公式表示如下：

$$C = E(1 + f_1P_1 + f_2P_2 + f_3P_3) + I \tag{4-3}$$

式中，C 为拟投资项目的建设投资额；E 为根据设备清单按现行价格计算的设备投资（包括运杂费）；P_1, P_2, P_3 为已建成项目中的建筑、安装及其他工程投资分别占设备投资的百分比；f_1, f_2, f_3 为由时间因素引起的定额、价格、费用标准等变化的综合调整系数；I 为拟投资项目的其他费用。

式（4-3）中各个部分的系数及指数值都是通过对大量同类型项目投资的统计数据进行处理得出的。

4. 单元指标估算法

（1）工业建设项目单元指标估算法：

$$项目建设投资额=单元指标\times生产能力\times物价浮动指数 \tag{4-4}$$

(2)民用建设项目单元指标估算法：

$$项目建设投资额=单元指标\times民用建筑规模\times物价浮动指数 \tag{4-5}$$

单元指标指每个估算单位的建设投资额。例如，饭店单位客房投资指标、医院每个床位投资指标、钢铁厂每吨钢投资指标、其他民用建筑单位面积或单位体积投资指标等。

在使用单元指标估算法时，应注意以下几点。

(1)指标是否包括管理费、试车费以及工程的其他各项费用。

(2)产量少、规模小的工程，指标可适当调增，反之，指标可适当调减。

(3)当拟投资项目的结构、建筑与指标局部不相符时，应对指标进行适当的修正。

(三)建设投资详细估算方法

1. 建筑工程投资估算

建筑工程投资估算一般采用以下方法。

1)单位建筑工程投资估算法

该种方法是以单位建筑工程量投资乘以建筑工程总量计算建筑工程投资。一般工业与民用建筑以单位建筑面积(平方米)的投资，工业窑炉砌筑以单位容积(立方米)的投资，水库以水坝单位长度(米)的投资，铁路路基以单位长度(公里)的投资，矿山掘进以单位长度(米)的投资，乘以相应的建筑工程总量计算建筑工程费。

2)概算指标投资估算法

对于没有上述估算指标且建筑工程投资占总投资比例较大的项目，可采用概算指标投资估算法。采用这种估算法，应有较为详细的基础数据和工程资料。

建筑工程投资估算一般应编制建筑工程投资估算表，如表 4-2 所示。

表 4-2　某小型水电站拦河坝建筑工程投资估算表

序号	分项工程	单位	数量	单价/元	合价/万元
1	覆盖层开挖	立方米	1 550	16.87	2.61
2	石方明挖	立方米	9 469	38.61	36.56
3	灌浆平洞石方	立方米	684	203.32	13.91
4	土石回填	立方米	2 500	24.24	6.06
5	混凝土	立方米	10 595	341.18	361.48
6	倒垂孔	米	20	1 509.92	3.02
7	帷幕灌浆	米	551	483.95	26.67
8	钢筋	吨	104	5 077.35	52.80
9	其他工程	立方米	10 595	10.70	11.34
	合计				514.45

2. 安装工程投资估算

安装工程投资包括：各种机电设备装配和安装工程费用；与设备相连的工作台、梯子及其安装工程费用；附属于被安装设备的管线敷设工程费用；安装设备的绝缘、保温、防腐等工程费用；单体试运转和联动无负荷试运转费用等。

安装工程投资通常按行业或专业机构发布的安装工程定额、取费标准和指标估算投资。具体计算可按安装费率、每吨安装费或者每单位安装工程实物量的费用估算，即

$$安装工程投资=设备原价\times安装费率 \tag{4-6a}$$

$$安装工程投资=设备吨位\times每吨安装费 \tag{4-6b}$$

$$安装工程投资=安装工程实物量\times安装费用标准 \tag{4-6c}$$

3. 设备及工器具投资估算

设备购置费应根据项目主要设备表及价格、费用资料估算。工器具及生产家具购置费一般按其占设备费的一定比例计取。

对于价值高的设备应按单台(套)估算购置费；价值较小的设备可按类估算。国内设备和进口设备的设备购置费应分别估算。

国内设备购置费为设备出厂价加国内运杂费。国内运杂费主要包括设备运输费、装卸费和仓库保管费以及运输保险费等。运杂费可按设备出厂价的一定百分比计算。

进口设备购置费由进口设备货价、进口从属费用及国内运杂费组成。进口设备货价按交货地点和方式的不同，分为离岸价(free on board，FOB)与到岸价(cost，insurance and freight，CIF)两种价格。如果采用离岸价，进口从属费用包括国外运费、国外运输保险费、进口关税、消费税、进口环节增值税、外贸手续费、银行财务费和海关监管手续费。

进口设备到岸价与离岸价的关系如下所示：

$$进口设备到岸价=离岸价+国外运费+国外运输保险费 \tag{4-7}$$

$$国外运费=离岸价\times运费率 \quad 或 \quad 国外运费=单位运价\times运量$$

$$国外运输保险费=(离岸价+国外运费)\times国外运输保险费率/(1-国外运输保险费率) \tag{4-8}$$

进口设备的其他几项从属费用通常按下面公式估算：

$$进口关税=进口设备到岸价\times人民币外汇牌价\times进口关税率 \tag{4-9}$$

$$消费税=(到岸价+进口关税)\times消费税率/(1-消费税率) \tag{4-10}$$

$$进口环节增值税=(进口设备到岸价\times人民币外汇牌价+进口关税+消费税)\times增值税率 \tag{4-11}$$

$$外贸手续费=进口设备到岸价\times人民币外汇牌价\times外贸手续费率 \tag{4-12}$$

银行财务费=进口设备货价×人民币外汇牌价×银行财务费率 (4-13)

海关监管手续费=进口设备到岸价×人民币外汇牌价×海关监管手续费率 (4-14)

海关监管手续费是指海关对发生减免进口税或实行保税的进口设备，实施监管和提供服务收取的手续费。全额征收关税的设备，不收取海关监管手续费。

设备购置费及安装工程投资估算一般应编制相应的表格，如表 4-3 所示。

表 4-3 某建设工程水轮机设备设备购置费及安装工程投资估算

序号	设备名称及规格	单位	数量	单价/元		合价/万元	
				设备费	安装费	设备费	安装费
1	水轮机	台	3	2 924 000.00		877.20	
2	微机调速器	台	3	350 000.00		105.00	
3	油压装置	台	3	85 000.00		25.50	
4	自动化元件	套	3	85 000.00		25.50	
5	透平油	吨	57	7 500.00		42.75	
6	运杂费（费率 6.81%）					73.27	
7	安装费（费率 10.52%）	台	3		362 308.80		108.69
	合计					1 149.22	108.69

4. 工程建设其他投资估算

工程建设其他投资按各项费用科目的费率或者取费标准估算。某水电工程建设其他投资估算表如表 4-4 所示。其中费用内容可根据每个项目的情况进行取舍。

表 4-4 某水电工程建设其他投资估算表

序号	费用名称	费率或标准	计算依据/万元	合价/万元
1	土地费用			380.50
2	建设单位管理费	0.5%	28 018.18	140.09
3	勘察设计费			384.26
4	研究试验费	0.5%	28 018.18	140.09
5	建设单位临时设施费			154.00
6	工程建设监理费			350.00
7	工程保险费	0.5%	33 569.00	167.85
8	施工机构迁移费	3.5%	28 018.18	980.64
9	联合试运转费			3.62
10	生产职工培训费			335.47
11	办公及生活家具购置费			254.10
	合计			3 290.62

5. 基本预备费估算

基本预备费以建筑工程投资、安装工程投资、设备购置费及工程建设其他投资之和为计算基数，乘以基本预备费率计算。基本预备费率的取值应执行国家及有关部门的相关规定。

6. 涨价预备费估算

涨价预备费以建筑工程投资、安装工程投资、设备购置费之和为计算基数。现金流出遵循年末习惯法，计算公式为

$$\mathrm{PC}=\sum_{t=1}^{n} I_t[(1+f)^t-1] \tag{4-15}$$

式中，PC 为相对于期初不变价格计算的建设投资的涨价预备费；I_t为第 t 年的建筑工程投资、安装工程投资、设备购置费之和；f为建设期年平均价格上涨指数；n 为建设期。

建设期价格上涨指数，政府部门有规定的按规定执行，没有规定的由相关经济分析人员预测。

【例 4-1】 某科技集团欲建设海底发电站，利用海洋能进行发电，该项目在建设期初按不变价格计算的建筑安装工程投资和设备购置费为 45 000 万元。依照本项目实施进度计划，项目建设期为 3 年，投资分年使用比例为：第一年 30%，第二年 45%，第三年 25%，投资在每年平均支用，建设期内预计年平均价格总水平上涨率为 4%。建设工程其他投资为 4860 万元，基本预备费率为 10%。试估算该项目的建设投资。

解

(1)计算项目的涨价预备费。

第一年年末的涨价预备费=45 000×30%×[(1+0.04)$^{1/2}$−1]=267.35(万元)。

第二年年末的涨价预备费=45 000×45%×[(1+0.04)$^{1+1/2}$−1]=1227.07(万元)。

第三年年末的涨价预备费=45 000×25%×[(1+0.04)$^{2+1/2}$−1]=1158.97(万元)。

该项目建设期的涨价预备费=267.35+1227.07+1158.97=2653.4(万元)。

(2)计算项目的建设投资。

建设投资=建筑安装工程投资+设备购置费+工程建设其他投资+基本预备费+涨价预备费

=(45 000+4860)×(1+10%)+2653.4=57 499.4(万元)

三、建设期利息估算

(一)建设期利息构成

建设期利息是指项目在建设期内因使用债务资金而支付的利息。在偿还债务资金时，这部分利息一般要资本化为建设期的借款本金，参与项目投入使用后各期的利息计算。但建设期利息如果是用自有资金按期支付的，则建设期利息资本化为项目的资本金后不参与项目使用后的利息计算。对于分期建成投产的项目，应按各期投产时间分别停

止借款费用的资本化，即本期投产后发生的借款费用不作为建设期利息计入固定资产原值，而是作为运营期利息计入总成本费用。

建设期利息中还应包括融入债务资金时发生的手续费、承诺费、管理费、信贷保险费等融资费用。这些费用应按该债务资金的债权人的要求单独计算，并计入建设期利息。

（二）建设期利息的估算方法

在项目的经济评价中，无论各种债务资金是按年计息，还是按季、月计息，均可转化为按年计息，即将年名义利率或周期实际利率折算成年实际利率，其计算公式为

$$i=\left(1+\frac{r}{m}\right)^{m}-1 \tag{4-16}$$

式中，i 为年实际利率；r 为年名义利率；m 为每年计息次数；r/m 为周期实际利率。

在计算建设期利息时，假定各种债务资金均在年中支用，即当年借款按半年计息，其余各年按全年计息，计算公式如下：

$$\text{各年应计利息}=(\text{年初借款本息累计}+\text{本年借款额}/2)\times\text{年实际利率} \tag{4-17}$$

采用自有资金付息时，由于利息及时支付并未产生利滚利的效应，故计算公式如下：

$$\text{各年应计利息}=(\text{年初借款本金累计}+\text{本年借款额}/2)\times\text{年名义利率} \tag{4-18}$$

【例 4-2】　某新设法人项目，建设期 3 年，在建设期第一年借款 3000 万元，第二年借款 4000 万元，第三年借款 3500 万元，每年借款平均支用，年实际利率为 4.9%。项目在建设期无力偿还利息，试用复利法计算该项目建设期利息。

解

第一年年末的建设期利息=0.5×3000×4.9%=73.5（万元）。

第二年年初的本利和=3000+73.5=3073.5（万元）。

第二年年末的建设期利息=（3073.5+0.5×4000）×4.9%=248.6（万元）。

第三年年初的本利和=3073.5+4000+248.6=7322.1（万元）。

第三年年末的建设期利息=（7322.1+0.5×3500）×4.9%=444.53（万元）。

第三年年末的借款本息累计=7322.1+3500+444.53=11 266.63（万元）。

该项目建设期利息为 73.5+248.6+444.53=766.63（万元）。

四、流动资金估算

（一）流动资金的构成

流动资金（circulating capital）是项目建成后为保障其正常生产经营活动所必须投入的资金。流动资金在项目投产前后集中使用形成企业的流动资产，在项目整个生命周期内长期周转使用，因此流动资金是项目投资的重要组成部分。一般而言，产业项目一经

建成投产，流动资金就分别在生产领域和流通领域以储备资金、生产资金、成品资金、结算资金、货币资金五种形态存在并周而复始地循环。流动资金的构成如图 4-5 所示。

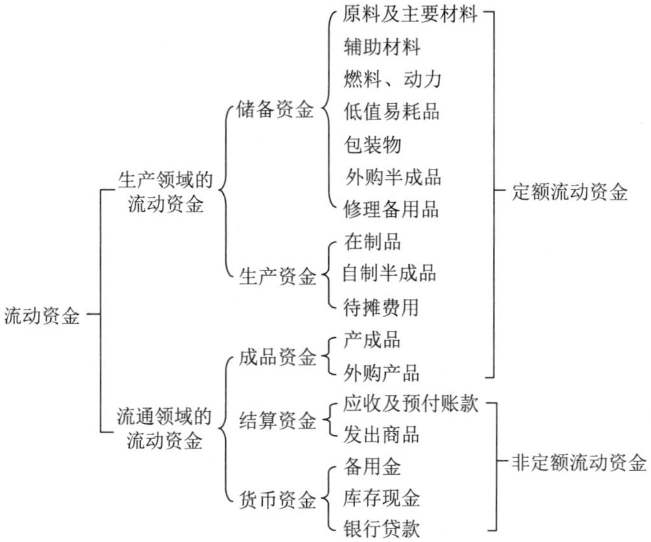

图 4-5 流动资金构成

按照管理方式，流动资金可分为定额流动资金和非定额流动资金两部分。定额流动资金包括储备资金、生产资金和成品资金，这部分资金是企业流动资金的主要部分，应实行较严格的定额管理。非定额流动资金包括结算资金与货币资金，这部分资金的需要量受多种因素影响，且影响因素变化较大，故占用额不稳定。

（二）流动资金的估算方法

流动资金估算可以采用扩大指标估算法或分项详细估算法。

扩大指标估算法是一种简化的流动资金估算方法，一般可参照同类企业流动资金占销售收入、经营成本的比例，或者单位产量占用流动资金的数额估算。在项目决策研究的早期，流动资金可以根据项目性质和行业特点或参照建成的同类项目的数据，按营业收入、经营成本、固定资产投资的比例或项目单位产量占用流动资金的比例进行估算。扩大指标估算法简便易行，但准确度不高，一般适用于项目建议书阶段的流动资金估算。

(1) 按固定资产投资的一定比例估算。例如，钢铁等重工业可按照固定资产投资的 8%～10%估算。化工企业的流动资金，一般是按建设投资的 15%～20%计算。具体比例需要根据项目特点进行具体分析。

(2) 按经营成本的一定比例估算。例如，机械制造业项目可按年经营成本的 15%～20%估算。

(3) 按营业收入的一定比例估算。例如，零售业可按照年营业收入的 10%～15%估算。

(4) 按单位产量占用流动资金的比例估算。

分项详细估算法是对流动资产和流动负债的主要构成要素，即存货、现金、应收账款、预付账款以及应付账款和预收账款等几项内容分别进行估算。

$$流动资金=流动资产-流动负债 \tag{4-19}$$

$$流动资产=应收账款+预付账款+存货+现金 \tag{4-19a}$$

$$流动负债=应付账款+预收账款 \tag{4-19b}$$

$$流动资金本年增加额=本年流动资金-上年流动资金 \tag{4-19c}$$

流动资金一般在投产前开始筹措。在投产第一年开始按生产负荷进行安排，其借款部分按全年计算利息。流动资金利息应计入财务费用。项目计算期末回收全部流动资金。

五、营业收入估算

营业收入(business income)是指向社会销售商品、提供劳务及其他主体使用本企业资产等经济活动中所取得的货币收入，包括商品销售收入、劳务收入、使用费收入、股利收入、利息收入、补贴等。营业收入是现金流量表中现金流入的主体，也是利润与利润分配表的主要科目。营业收入是财务分析的重要数据，其估算的准确性极大地影响着项目财务效益的估计。

(一)营业收入的计算范围

营业收入的估算基于一项重要假定，即当期的产出(扣除自用量后)当期全部销售，简言之，产量等于销量。工业企业的主副产品(或不同等级产品)的销售收入应全部计入营业收入；其他行业提供的不同类型服务收入也应计入营业收入。

(二)价格的选取

$$年营业收入=分年销售量\times商品单价 \tag{4-20}$$

从式(4-20)中可以看出，年营业收入是指未来出售商品或服务的货币收入，其中产品或服务的数量和价格，都与市场预测密切相关。在估算营业收入时应对市场预测的相关结果以及建设规模、产品或服务方案进行确认，特别是要保证采用价格的合理性。

(三)销售量的选取

分年销售量的确定可采用以下两种方法。

(1)根据经验确定负荷率后计算确定。按照市场预测的结果和项目具体情况，根据经验直接判定分年的负荷。判定时应考虑项目性质、技术掌握难易程度、产品的成熟度及市场的开发程度等诸多因素。

(2)根据营销计划确定。根据市场预测结果，结合项目性质、产出特性和市场的开发程度制订分年营销计划，进而确定各年产出数量。该种方法更具有合理性，国际上多采用这种方法。

营销计划中，一般开始投产时生产负荷较低，以后各年逐步提高。当然，营销计划的模式也不是一成不变的。有些项目的产出寿命期较短，更新快，在快速达到一定负荷后，应在适当的年份开始减产，甚至适时终止生产。

六、经营成本估算

经营成本(business cost)涉及产品生产及销售，企业管理过程中的物料、人力和能源的投入费用，是项目生产经营过程中的全部经常性成本费用支出。经营成本是项目技术经济分析中所使用的特定概念，是项目投资现金流量表中运营期现金流出的主体部分，其构成和估算可采用式(4-21)表示：

$$\text{经营成本}=\text{外购原材料、燃料及动力费}+\text{工资及福利费}+\text{修理费}+\text{其他费用} \tag{4-21}$$

其中，外购原材料、燃料及动力费是指生产经营过程中外购的原材料、辅助材料、备品配件、半成品、燃料、动力、包装物及其他材料所发生的费用支出。在估算中，可按照各年的生产运营计划或生产负荷计算各项消耗量，将消耗量乘单价得到估算的费用，也可以按照销售产品价值中成本费用占比按比率进行计算。

工资包括生产人员、管理人员和销售人员的工资、奖金、津贴与补贴等成本性费用支出，按照从事工作的人员数量乘各类人员年工资标准进行估算。福利费一般按照工资总额的一定比例(一般是 14%)进行估算，主要用于医疗保险费用、职工困难补助以及其他福利性开支。

修理费指的是生产单位、行政管理部门和销售部门发生的固定资产及日常技术设备的修理费用。一般可按折旧费的一定比例进行估算。

其他费用是指经营成本中剔除外购原材料、燃料及动力费，工资及福利费，修理费后的费用，包括办公费、差旅费、运输费、保险费、工会经费、职工教育经费、土地使用费、技术转让费、咨询费、业务招待费、坏账损失、租赁费(非融资租赁)、广告费等费用。

经营成本与会计学中的总成本费用不同，总成本费用指运营期内为生产产品、提供服务所发生的全部费用，等于经营成本与折旧费、摊销费和财务费用（利息支出）之和。换言之，经营成本是从总成本费用中扣除折旧费、摊销费和财务费用（利息支出）以后的成本。因此，有经营成本的另一表达式：

$$\text{经营成本}=\text{总成本费用}-\text{折旧费}-\text{摊销费}-\text{财务费用(利息支出)} \tag{4-22}$$

计算经营成本之所以要从总成本费用中剔除折旧费、摊销费和财务费用(利息支出)，主要有以下两个原因。

(1)现金流量表反映项目在计算期内逐年发生的现金流入和流出。与常规会计方法不同，现金收支何时发生，就在何时计算，不作分摊。由于投资已按其发生的时间作为一次性支出被计入现金流出，所以不能再以折旧费和摊销费的方式计为现金流出，否则会发生重复计算。因此，作为经常性支出的经营成本中不包括折旧费和摊销费。

(2)因为融资前财务分析的项目投资现金流量表以全部投资作为计算基础，不分投资资金来源，利息支出不作为现金流出；而融资后财务分析的资本金现金流量表和投资各方现金流量表中已将利息支出单列，因此经营成本中也不包括利息支出。可见经营成本与融资方案无关，是融资前后财务分析的重要数据。

七、总投资形成的资产原值估算

技术方案评价中项目总投资为建设投资、建设期利息和全部流动资金之和。根据资本保全原则，当项目建成投入经营时，项目总投资形成的资产原值(initial assets value)估算包括固定资产、无形资产及其他资产等三个部分。

(一)固定资产原值的估算

固定资产(fixed assets)原值的估算是以独立发挥生产能力的单项工程为对象，固定资产原值的构成包括四个方面。

(1)工程投资，包括建筑工程投资、设备购置费和安装工程投资。

(2)工程建设其他费用，如果是属于整个建设项目或两个以上的单项工程的，在计算新增固定资产价值时，应在各单项工程中按比例分摊。分摊的原则是，用地与工程准备费、勘察设计费等按建筑工程造价比例分摊；生产工艺流程设计费按生产设备(包括需安装设备和不需安装设备)购置费比例分摊；项目建设管理费、联合试运转费、工程保险费等按建筑工程、安装工程、需安装设备价值总额作等比例分摊。

(3)预备费，含基本预备费和涨价预备费。如果整个建设项目含两个以上的单项工程，预备费按各单项工程的建筑工程、安装工程、需安装设备价值总额作等比例分摊。

(4)建设期利息，如果整个建设项目含两个以上的单项工程，建设期利息按各单项工程的建筑工程、安装工程、需安装设备价值总额作等比例分摊。

(二)无形资产原值的估算

构成无形资产(intangible assets)原值的费用主要包括技术转让费、技术使用费、商标权和商誉等。

(三)其他资产原值的估算

构成其他资产原值的费用主要包括项目筹建期间发生的生产准备费、开办费、出国人员费、来华人员费、图纸资料翻译复制费、样品样机购置费和农业开荒费等。

八、折旧及摊销估算

(一)折旧估算

1. 折旧的含义

固定资产在使用期内不可避免地会发生有形磨损和无形磨损。这种损耗使得固定资产在价值上逐渐减少，即损失的价值会逐步转移到产品成本中，并通过产品销售以货币的形式回到投资者手中，因此在这一过程中其损失价值通常以折旧的方式得以补偿。故折旧(depreciation)是指在固定资产的估计使用年限内，按照可允许的方法对固定资产原值扣除预计残值(residual value)后的余额进行的一定时期内(如年、月等)的系统分摊。

从本质上讲，折旧也是一种费用，只不过这种费用没有在计提期间付出实实在在的货币资金，但这种费用在前期已经以投资的形式支出，而这种投资支出的收益在资产投入使用后的有效使用期内逐步实现。因此，折旧仅仅用于成本分析，不是现金流量。但是，由于折旧会影响企业的所得税，对现金流量产生一定影响，从而影响项目技术经济分析，因此在项目技术经济分析中需要考虑固定资产的折旧。

2. 影响固定资产折旧的因素

影响固定资产折旧的因素主要有三个：固定资产原值、固定资产的净残值、固定资产估计使用年限。

(1)固定资产原值。固定资产原值指固定资产的原始价值或重置价值。原始价值包括资产的购置价、运输和安装等其他应予以资本化的附带支出。重置价值是为了考虑通货膨胀、技术进步和资产转让等的影响，根据社会再生产条件和市场情况对固定资产重新估价得到的价值。

(2)固定资产净残值。固定资产净残值是指预计固定资产报废时可以收回的残余价值扣除清理费用后的数额。固定资产净残值一般取其原值 5%以内，由企业自行确定。对于项目技术经济分析，固定资产期末残值是一项在项目寿命周期期末可回收的现金流入。

(3)固定资产估计使用年限。固定资产估计使用年限是指资产的预期使用年限。正确的使用年限应该既反映设备的有形磨损，又反映设备的无形磨损，并应与设备的实际损耗相吻合。如果估计使用年限太长，则固定资产的经济寿命已满，但不能把其全部价值转移补偿回来，这样就等于把老本当收入，人为地扩大利润，会使固定资产得不到更新，企业发展没有后劲，甚至连简单再生产都难以维持。如果估计使用年限过短，则会使折旧抵偿固定资产实际损耗有余，导致人为增加成本，缩小利润，侵占了上缴国家的财政税收，并可能使固定资产提早报废，造成浪费。

3. 折旧的计算方法

固定资产折旧方法主要有直线折旧法(straight-line method of depreciation)(平均年限法、工作量法)和加速折旧法(余额递减法、双倍余额递减法、年数总和法)，企业可以在税法允许的范围内自行确定折旧方法。

1)直线折旧法

(1)平均年限法。它假定折旧是时间而不是使用程度的函数，即决定固定资产服务能力降低的因素是时间的增加，而与使用频繁程度无关。因此固定资产的折旧费可以均衡地分摊于其使用寿命的各个期间。

设固定资产原值为 P，估计净残值为 R，估计使用年限为 N，折旧率为 d，净残值率为 r，则平均年限法计算年折旧费 D 的公式为

$$D=\frac{P-R}{N}=P\times d \tag{4-23}$$

$$d=\frac{D}{P}=\frac{P-R}{P\times N}\times 100\%=\frac{P(1-r)}{P\times N}\times 100\%=\frac{1-r}{N}\times 100\% \tag{4-24}$$

【例 4-3】 某企业投资引入云计算服务器处理用户数据，固定资产原值为 120 万元，估计净残值率为 5%，估计使用年限为 20 年，该企业该类固定资产按平均年限法计提折旧。求年折旧费和月折旧费。

解

$$年折旧费=120\times\frac{1-5\%}{20}=5.7\,(万元)$$

$$月折旧费=\frac{5.7}{12}=0.475\,(万元)$$

平均年限法的优点是简单明了，计算方便，这是其在实际工作中得以广泛应用的主要原因。另外，这种方法是以时间为基础的，在侧重补偿固定资产的无形损耗时，具有优越性。

平均年限法的缺点是：第一，随着固定资产的日益陈旧，其获利能力日益减退，而按照平均年限法计提折旧，则前后各期的折旧都相同，致使折旧分布与获利能力分布不相符。第二，平均年限法只考虑固定资产的存在时间，而未考虑固定资产的使用强度，即不论资产在生产淡季还是加班工作时期都计提相同的折旧费，固定资产的实际磨损程度未得到客观考虑。

平均年限法适用的条件是：生产任务较为均衡的固定资产。

(2) 工作量法。工作量法是通过单位工作量折旧费来计算一定时期折旧的方法。例如，价值大而又不经常使用的某些大型机器设备，可按其工作时间计算折旧；汽车等运输设备，可按其行驶里程计算折旧。

设总工作量为 Q，单位工作量折旧费为 m，某时期实际完成工作量为 q，其他符号同前，则工作量法计算折旧的公式为

$$D=q\times m$$

$$m=\frac{P-R}{Q}=\frac{P(1-r)}{Q} \tag{4-25}$$

【例 4-4】 在某项目中，机器人“工友”代替了人工抹灰，能够自主移动，精确抹灰。该机器人预计使用 8 年，原值为 12 万元，净残值为 0.8 万元，估计可以工作 44 800 小时，每年预计工作时数如表 4-5 所示，此类设备按工作量法计提折旧。试计算各年预计的折旧费用。

表 4-5　各年预计折旧费计算表

项目	第 1 年	第 2 年	第 3 年	第 4 年	第 5 年	第 6 年	第 7 年	第 8 年	合计
使用时数/小时	5 200	5 800	6 800	7 200	6 000	5 400	4 800	3 600	44 800
折旧费/万元	1.30	1.45	1.70	1.80	1.50	1.35	1.20	0.90	11.20

解 该设备单位工作量折旧费 $m=\dfrac{P-R}{Q}=\dfrac{12-0.8}{44\,800}=0.000\,25$（万元）。

各年预计折旧费如表 4-5 所示。

采用工作量法计算的折旧费，在各个使用年份或月份中不是等额的，单位时间折旧费的多少与工作量完成的多少相联系。这种折旧计算方法适合于各期完成工作量不均衡的固定资产。

2）加速折旧法

加速折旧法是指在使用固定资产的初始阶段计提的折旧费较多，以后逐渐递减，使固定资产在使用年限内尽早得到价值补偿的折旧计算方法。加速折旧法最大的特点是提前收回投资，把握再投资的机会，减少由无形损耗引起的资产价值损失，促使企业技术进步。

（1）余额递减法（declining balance method of depreciation）又称为定率递减法，采用该法，固定资产任意一年的折旧费，应等于它上一年年末的账面价值乘以一固定的折旧率。设 B 表示账面价值，其他符号同前，则余额递减法的公式为

$$D_t=B_{t-1}\times d=B_0\times(1-d)^{t-1}\times d \tag{4-26}$$

由于固定资产的账面价值是逐年减少的，故按式（4-26）计算出的折旧费也是递减的。各年的折旧费及账面价值如表 4-6 所示。

表 4-6 各年的折旧费及账面价值

时间	年折旧费 D_t	年末账面价值 B_t
第 1 年	$D_1=B_0\times d$	$B_1=B_0-D_1=B_0(1-d)$
第 2 年	$D_2=B_1\times d=B_0(1-d)\times d$	$B_2=B_1-D_2=B_0(1-d)^2$
第 3 年	$D_3=B_2\times d=B_0(1-d)^2\times d$	$B_3=B_2-D_3=B_0(1-d)^3$
⋮	⋮	⋮
第 t 年	$D_t=B_{t-1}\times d=B_0(1-d)^{t-1}\times d$	$B_t=B_{t-1}-D_t=B_0(1-d)^t$

采用余额递减法，折旧率的大小应恰好使固定资产折旧期终了时，资产的账面价值等于其净残值，即

$$B_0(1-d)^N=R，\ d=1-\sqrt[N]{\frac{R}{B_0}} \tag{4-27}$$

（2）双倍余额递减法（double declining balance method of depreciation）。双倍余额递减法是在不考虑固定资产预计残值的情况下，将固定资产的期初账面余额（原值减累计折旧）乘以一个固定不变的百分率，计算该期折旧费的一种方法。固定不变的百分率约为 2 倍的平均年限法折旧率，即

$$d = \frac{2}{N} \tag{4-28}$$

应用这种方法计算折旧费时，由于每年年初固定资产净值没有扣除预计净残值，所以在计算固定资产折旧费时，一般在其折旧年限到期前两年内，将固定资产的净值扣除预计净残值后的余额平均摊销。

【例 4-5】 某项固定资产原值为 10 000 元，预计使用年限为 5 年，估计残值为 1500 元，清理费用为 500 元。按双倍余额递减法计算折旧。试计算 5 年中每年应计提的折旧费。

解 $d = \frac{1}{5} \times 2 \times 100\% = 40\%$，计算结果如表 4-7 所示。

表 4-7 按双倍余额递减法计算折旧

时间	期初账面净值/元	年折旧费/元	累计折旧费/元	期末账面净值/元
第 1 年	10 000	4 000	4 000	6 000
第 2 年	6 000	2 400	6 400	3 600
第 3 年	3 600	1 440	7 840	2 160
第 4 年	2 160	580	8 420	1 580
第 5 年	1 580	580	9 000	1 000

(3) 年数总和法（sum-of-years digits method of depreciation）。年数总和是指在折旧期 N 年内，各年年份数的累计之和。它等于：

$$1+2+3+\cdots+(N-1)+N=N(N+1)/2$$

使用年数总和法，固定资产在任意一年的折旧费 D_t 等于其原值减去净残值后的余额乘以一逐年递减的年折旧率，即

$$D_t = (P-R) \times \frac{N-(t-1)}{N(N+1)/2} \tag{4-29}$$

相应年末的账面价值 B_t 为

$$B_t = P - \sum_{j=1}^{t} (P-R) \frac{N-(j-1)}{N(N+1)/2} \tag{4-30}$$

【例 4-6】 某地区建设 5G[①]通信铁塔基站，其原值为 120 万元，折旧期为 6 年，6 年末的净残值为 5 万元，则采用年数总和法计算的各年折旧费如表 4-8 所示。

① 5G：5th generation of mobile communications technology，第五代移动通信技术。

表 4-8 采用年数总和法计算的各年折旧费

时间	折旧率	年折旧费/万元	累计折旧费/万元
第 1 年	6/21	32.86	32.86
第 2 年	5/21	27.38	60.24
第 3 年	4/21	21.90	82.14
第 4 年	3/21	16.43	98.57
第 5 年	2/21	10.95	109.52
第 6 年	1/21	5.48	115.00

加速折旧法日渐受到各方重视，是因为其具有平均折旧法不具备的优点。第一，该法计算的早期折旧费高于后期折旧费，这和固定资产早期生产能力比后期大，早期营业收入也比后期多相吻合，符合收入成本配比原则。第二，随着固定资产的使用，后期的修理维护费用要比前期多，采用加速折旧法，早期折旧费用比后期多，可以使固定资产的成本费用在其整个使用期内比较平稳。

（二）无形资产及其他资产摊销估算

摊销（amortization）是指除固定资产之外，其他可以长期使用的经营性资产和长期待摊费用按照其使用年限每年分摊费用成本的会计处理办法。与固定资产折旧类似，摊销费用是无形资产原值和长期待摊费用在一定期限内分期摊销的费用，按年度或产量转移到产品的成本之中，摊销费用计入管理费用中会减少当期利润，但对经营性现金流量没有影响。无形资产原值是指项目投产时按规定形成的无形资产的部分。

无形资产的摊销一般采取平均年限法，不计残值。其他资产和费用的摊销可以采用平均年限法，不计残值。

九、运营期各年利息估算

运营期借款利息估算包括长期借款利息估算、流动资金借款利息和短期借款利息估算。

（一）长期借款利息估算

长期借款利息是指未支付的建设期借款本息累计在生产期所产生的利息，建设投资借款的利息计算方式与建设投资借款的还本付息方式密切相关，其计算方式有以下几种。

（1）等额利息法。每期付息额相等，期中不还本金，只还利息，利息计入总成本费用，最后一期归还本期利息和本金。

$$I_t = L_a \times i, \quad t = 1,2,\cdots,n$$
$$\mathrm{CP}_t = \begin{cases} 0, & t = 1,2,\cdots,n-1 \\ L_a, & t = n \end{cases} \tag{4-31}$$

式中，I_t为第 t 年利息；CP_t为第 t 年偿还本金；i 为借款利率；n 为借款期限；L_a为借款总额。

(2) 等额本金法。每期偿还相等的本金和相应的利息。

$$I_t = [L_a - (n-1) \times CP_t] \times i,\ t = 1, 2, \cdots, n$$
$$CP_t = \frac{L_a}{n},\ t = 1, 2, \cdots, n \tag{4-32}$$

(3) 等额摊还法。每期偿还本利相等。

$$CP_t + I_t = L_a(A/P, i, n),\ t = 1, 2, \cdots, n \tag{4-33}$$

(4) 一次性偿付法。最后一次偿还本利。

$$I_t = \begin{cases} 0, & t = 1, 2, \cdots, n-1 \\ L_a[(1+i)^n - 1], & t = n \end{cases}$$
$$CP_t = \begin{cases} 0, & t = 1, 2, \cdots, n-1 \\ L_a, & t = n \end{cases} \tag{4-34}$$

(5) 量入偿付法。根据项目的盈利大小，任意偿还本利，直到全部还清本息。

在以上建设投资借款的还本付息方式中，最常用的是量入偿付法。对于量入偿付法，建设投资借款在经营期发生的利息计算公式为

$$\text{每年支付利息=年初借款余额×年利率} \tag{4-35}$$

为简化计算，还款当年按年末偿还，全年计息。

(二) 流动资金借款利息和短期借款利息估算

项目评价中的流动资金借款从本质上说应归类为长期借款，但目前我国流动资金借款按期末偿还、期初再借的方式处理，并按一年期利率计息。流动资金借款利息计算公式为

$$\text{流动资金借款利息=年初流动资金借款余额×流动资金借款年利率} \tag{4-36}$$

短期借款利息的计算与流动资金借款利息计算相同。

十、总成本费用估算

(一) 总成本费用的构成

总成本费用(total cost)是指在运营期内为生产产品或提供服务所发生的全部费用，等于经营成本与折旧费、摊销费和财务费用之和。

(二) 总成本费用的估算方法

总成本费用可按下面两种方法估算。

1. 生产成本加期间费用估算法

$$总成本费用=生产成本+期间费用 \tag{4-37}$$

$$生产成本=直接材料费+直接燃料和动力费+直接工资+其他直接支出+制造费用 \tag{4-37a}$$

制造费用是指企业为生产产品和提供劳务而发生的各项间接费用，包括生产单位管理人员工资及福利费、折旧费、修理费（生产单位和管理用房屋、建筑物、设备）、办公费、水电费、机物料消耗、劳动保护费、季节性和修理期间的停工损失等。

$$期间费用=管理费用+营业费用+财务费用 \tag{4-37b}$$

管理费用指企业行政管理部门为管理和组织经营活动发生的各项费用，包括公司经费（工厂总部管理人员工资、职工福利费、差旅费、办公费、折旧费、修理费、物料消耗、低值易耗品摊销以及公司其他经费）、工会经费、职工教育经费、劳动保险费、董事会费、咨询费、顾问费、交际应酬费、税金（指企业按规定支付的房产税、车船使用税、城镇土地使用税和印花税等）、土地使用费（或海域使用费）、技术转让费、无形资产摊销、开办费摊销、研究发展费以及其他管理费用。

营业费用指企业在销售产品、自制半成品和提供劳务等过程中发生的各项费用以及专设销售机构的各项经费，包括应由企业负担的运输费、装卸费、包装费、保险费、委托代销费、广告费、展览费、租赁费（不包括融资租赁费）和销售服务费用，销售部门人员工资、职工福利费、差旅费、办公费、折旧费、修理费、物料消耗、低值易耗品摊销以及其他经费等。

财务费用指企业为筹集资金而发生的各项费用，包括运营期间的利息净支出、汇兑净损失、调剂外汇手续费、金融机构手续费以及在筹资过程中发生的其他财务费用等。

2. 生产要素估算法

$$\begin{aligned}总成本费用 &= 外购原材料、燃料及动力费+工资及福利费+折旧费\\ &\quad +摊销费+修理费+财务费用(利息支出)+其他费用\end{aligned} \tag{4-38}$$

式(4-38)中其他费用同经营成本中的其他费用，是指从制造费用、管理费用和营业费用中扣除了折旧费、摊销费、修理费、工资及福利费以后的其余部分。

（三）固定成本和可变成本

总成本费用可分解为不随产量变动的固定成本和随产量变动的可变成本。

固定成本（fixed cost）一般包括折旧费、摊销费、修理费、工资及福利费（计件工资除外）和其他费用等，通常把运营期发生的全部利息也作为固定成本。

可变成本（variable cost）主要包括外购原材料、燃料及动力费和计件工资等。

总成本费用中的有些成本属于半可变成本，必要时可进一步分解为固定成本和可变成本。进行项目财务分析时可简化处理。

(四)技术研发项目成本构成

技术研发项目的目标是通过研发新技术、新产品或新服务来满足市场需求，提高企业的核心竞争力。技术研发项目成本费用包括以下方面。

(1)研发活动直接消耗的材料、燃料和动力费用。

(2)直接从事研发活动的企业在职人员费用。

(3)研发活动所需场地成本，包括场地租金、水电费、网络费等。

(4)专门用于研发活动的有关仪器、设备折旧费。

(5)专门用于研发活动的有关仪器、设备租赁费。

(6)专门用于研发活动的有关无形资产(软件、专利权、非专利技术)摊销费。

(7)专门用于中间实验和产品试制的模具、工艺装备开发及制造费。

(8)研发完成后的测试及验证费用。

(9)新产品设计费。

(10)研发成果论证、鉴定、评审、验收费用。

(11)研发成果专利申请、商标注册等知识产权费用。

(12)与研发活动直接相关的其他费用。

十一、相关税金及附加估算

项目财务估算中涉及的税费主要包括增值税和税金及附加（消费税、资源税、城镇土地使用税、城市维护建设税、教育费附加等）。各种税金及附加按现行税法规定的税目、税率、计税依据进行计算。

(一)增值税

增值税是以商品(含应税劳务)在流转过程中产生的增值额作为计税依据而征收的一种流转税。从计税原理上说，增值税是对商品生产、流通、劳务服务中多个环节的新增价值或商品的附加值征收的一种流转税。增值税是以法定增值额为征税对象的一种税。增值额即相当于商品价值扣除了在生产过程中消耗的生产资料的转移价值后的余额。

1. 征税范围

在中华人民共和国境内销售货物或者加工、修理修配劳务，销售服务、无形资产、不动产以及进口货物的单位和个人，为增值税的纳税人。

2. 增值税税率

我国现行增值税属于比例税率，根据一般纳税人的应税行为，一共分为13%、9%、6%、0%四档税率[①]。

《中华人民共和国增值税法》第十条规定：“增值税税率：(一)纳税人销售货物、

①《中华人民共和国增值税法》(2024年12月25日第十四届全国人民代表大会常务委员会第十三次会议通过，自2026年1月1日起施行)。

加工修理修配服务、有形动产租赁服务，进口货物，除本条第二项、第四项、第五项规定外，税率为百分之十三。(二)纳税人销售交通运输、邮政、基础电信、建筑、不动产租赁服务，销售不动产，转让土地使用权，销售或者进口下列货物，除本条第四项、第五项规定外，税率为百分之九：1. 农产品、食用植物油、食用盐；2. 自来水、暖气、冷气、热水、煤气、石油液化气、天然气、二甲醚、沼气、居民用煤炭制品；3. 图书、报纸、杂志、音像制品、电子出版物；4. 饲料、化肥、农药、农机、农膜。(三)纳税人销售服务、无形资产，除本条第一项、第二项、第五项规定外，税率为百分之六。(四)纳税人出口货物，税率为零；国务院另有规定的除外。(五)境内单位和个人跨境销售国务院规定范围内的服务、无形资产，税率为零。”

3. 计税方法

一般纳税人缴纳增值税可按下列公式计算：

$$应纳税额=销项税额-进项税额 \tag{4-39}$$

式中，销项税额是指纳税人销售货物或提供应税劳务，按照销售额和增值税率计算并向购买方收取的增值税额，其计算公式为

$$\begin{aligned}销项税额&=销售额\times增值税率\\&=营业收入(含税销售额)\div(1+增值税税率)\times增值税税率\end{aligned} \tag{4-39a}$$

进项税额是指纳税人购进货物或接受应税劳务所支付或者负担的增值税额，其计算公式为

$$进项税额=购进应税货物或劳务费用\div(1+增值税税率)\times增值税税率 \tag{4-39b}$$

增值税征收率主要是对小规模纳税人和一般纳税人或者选择采用简易计税方法计税的项目适用，征收率为3%，其计算公式为

$$应纳税额=销售额\times征收率 \tag{4-39c}$$

(二)税金及附加

全面试行营业税改征增值税后，“营业税金及附加”科目名称调整为“税金及附加”科目。税金及附加是指企业经营活动应负担的相关税费，包括消费税、资源税、城镇土地使用税、城市维护建设税和教育费附加等。

1. 消费税

消费税(consumption tax)是在普遍征收增值税的基础上，立足国家经济发展水平，根据消费政策、产业政策，有选择地对部分消费品征收的一种特殊税种。消费税属于流转税的范畴，税款最终由消费者承担。消费税的纳税人是我国境内生产、委托加工、零售和进口《中华人民共和国消费税暂行条例》规定的应税消费品的单位及个人。

消费税的税率有两种形式：一种是比例税率；另一种是定额税率，即单位税额。消费税税率形式的选择，主要是根据课税对象情况来确定，对一些供求基本平衡、价

格差异不大、计量单位规范的消费品，选择计税简单的定额税率，如黄酒、啤酒、成品油等；对一些供求矛盾突出、价格差异较大、计量单位不规范的消费品，选择税价联动的比例税率，如烟、白酒、化妆品、护肤护发品、鞭炮、汽车轮胎、贵重首饰及珠宝玉石、摩托车、小汽车等。目前，我国的消费税共设 13 个档次的税率，最低 3%，最高 56%。

消费税采用从价计税、从量计税两种办法计算应纳税额。应纳税额计算公式如下。

(1)实行从价计税办法：

$$应纳税额=应税消费品销售额\times比例税率=\frac{销售收入(含增值税)}{1+增值税税率}\times比例税率 \tag{4-40a}$$

(2)实行从量计税办法：

$$应纳税额=应税消费品销售数量\times定额税率 \tag{4-40b}$$

应税消费品的销售额是指纳税人销售应税消费品向买方收取的全部价款，但不包括向买方收取的增值税税款。

2. 资源税

资源税(resource tax)是以原油、天然气、煤炭、金属或非金属矿、盐和水资源等各种应税资源为课税对象，为调节资源级差收入并体现国有资源的有偿使用而征收的一种税。根据《中华人民共和国资源税法》，资源税按不同资源品目分别实行固定税率和幅度税率。适用固定税率的资源包括原油、天然气、中重稀土等，其他资源实行幅度税率。资源税的征收采用从价计征和从量计征两种征收办法。

(1)实行从价计征：

$$应纳税额=销售额\times适用税率 \tag{4-41a}$$

(2)实行从量计征：

$$应纳税额=销售数量\times单位税额 \tag{4-41b}$$

纳税人开采或生产应税产品用于销售的，以销售数量计算；纳税人开采或生产应税产品自用的，以自用数量计算。

3. 城镇土地使用税

城镇土地使用税是国家在城市、县城、建制镇、工矿区范围内，对使用土地的单位和个人，以其实际占用的土地面积为计税依据，按照规定的税额计算征收的一种税。

城镇土地使用税采用定额税率，即采用有幅度的差别税额。按大、中等、小城市和县城、建制镇、工矿区分别规定每平方米城镇土地使用税年应纳税额。城镇土地使用税每平方米年税额标准具体规定为：①大城市 1.5～30 元；②中等城市 1.2～24 元；③小城市 0.9～18 元；④县城、建制镇、工矿区 0.6～12 元。

城镇土地使用税根据实际使用土地的面积，按税法规定的单位税额缴纳。其计算公式如下：

$$应纳税额=应税土地的实际占用面积\times适用单位税额$$

非营利性科研机构自用的房产、土地，免征房产税、城镇土地使用税。

4. 城市维护建设税

城市维护建设税是指我国为了加强城市的维护建设，扩大和稳定城市维护建设资金的来源，对有经营收入的单位和个人征收的一个税种。城市维护建设税是以纳税人实际缴纳的流转税额为计税依据征收的一种税。城市维护建设税按纳税人所在地区实行差别税率：纳税人所在地为市区的，税率为 7%；纳税人所在地为县城、镇的，税率为 5%；纳税人所在地不在市区、县城或镇的，税率为 1%。

城市维护建设税以纳税人实际缴纳的增值税、消费税税额为计税依据，其应纳税额计算公式为

$$应纳税额=(增值税+消费税的实纳税额)\times适用税率 \tag{4-42}$$

5. 教育费附加

教育费附加是为加快地方教育事业发展，扩大地方教育经费的资金来源而开征的一种附加费。根据有关规定，凡缴纳增值税、消费税的单位和个人，均为教育费附加的纳费义务人。教育费附加随消费税、增值税同时缴纳。教育费附加的计征依据是各缴纳人实际缴纳的消费税、增值税的税额，征收率为 3%。其计算公式为

$$应纳教育费附加额=(增值税+消费税的实纳税额)\times3\% \tag{4-43}$$

地方教育附加是为增加地方教育的资金投入，促进各省、自治区、直辖市教育事业发展，开征的一项地方政府性基金。按照地方教育附加使用管理规定，在各省、自治区、直辖市的行政区域内，凡缴纳增值税、消费税的单位和个人，都应按规定缴纳地方教育附加。地方教育附加征收标准为单位和个人实际缴纳的增值税、消费税税额的 2%。其计算公式为

$$地方教育附加=(增值税+消费税)\times2\%$$

十二、利润估算

利润(profit)是企业在一定时期内生产经营活动的最终成果，是企业经济目标的集中体现。

企业运营后所获得的销售收入扣除总成本费用、增值税、税金及附加后的盈余部分称为企业纯收入(或称盈利)，纯收入中的一部分由国家以企业所得税的方式无偿征收，作为国家的财政收入；另一部分留给企业作为盈余公积金(含公益金)、应付投资者利润、未分配利润。

根据评价的需要，企业利润可分为销售利润、实现利润(又称利润总额)和税后利润

等三个层次：

$$销售利润=销售收入-总成本费用-税金及附加-增值税 \tag{4-44}$$

$$实现利润=销售利润+投资净收益+营业外收支净额 \tag{4-45}$$

$$税后利润=实现利润-企业所得税 \tag{4-46}$$

营业收入、成本和税金的关系如图 4-6 所示。

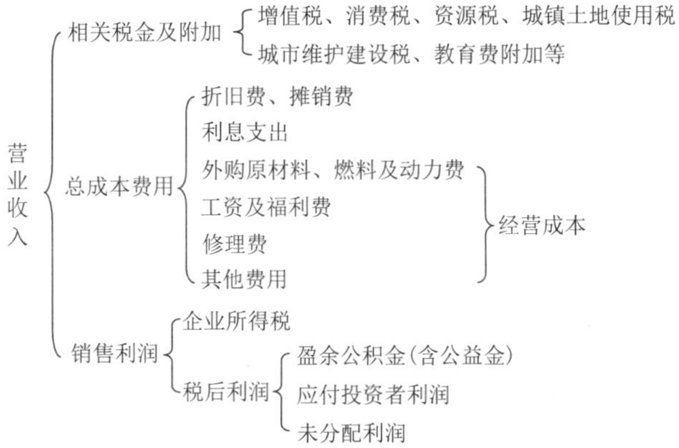

图 4-6　营业收入、成本和税金的关系图

十三、企业所得税估算

企业所得税（income tax）是对我国境内的企业和其他取得收入的组织的生产经营所得以及其他所得征收的税种。企业所得税的特点是计税依据是利润，即所得额，而非收入。根据税法的规定，企业取得利润后，先向国家缴纳企业所得税。

企业所得税以应纳税所得额为计税依据。

纳税人每一纳税年度的收入总额减去准予扣除的成本费用、税金及附加、损失和其他支出等项目的余额，为应纳税所得额。

纳税人发生年度亏损的，可用下一纳税年度的所得弥补；下一纳税年度的所得不足弥补的，可以逐年延续弥补，但是延续弥补期最长不得超过 5 年。

企业所得税的基本税率为 25%，低税率为 15%。对于国家重点扶持的高新技术企业，减按 15%税率征收企业所得税。采用基本税率时企业所得税的应纳税额计算公式如下：

$$企业所得税应纳税额=应纳税所得额\times 25\% \tag{4-47}$$

在项目技术经济评价中，一般是按照利润总额作为企业所得乘以 25%税率计算企业所得税，即

$$企业所得税应纳税额=利润总额\times 25\% \tag{4-48}$$

第三节 项目财务分析的若干问题

一、负债比例与财务杠杆

负债比例(debt ratio)是指项目所使用的债务资金与资本金的数量比率。财务杠杆(financial leverage)是指负债比例对资本金收益率的放大作用。不同来源的资金所需付出的代价是不同的，因此，项目资本金收益率不仅与项目收益率有关，也与负债比例密切相关。所以有必要对负债比例加以分析。

一般说来，在有负债的情况下，全部资金的投资效果与资本金的投资效果是不同的。拿总投资收益率指标来说，总投资收益率一般不等于借款利率，这两种利率差额的后果将被资本金所承担，从而使资本金利润率上升或下降。

设项目总投资为 K，资本金为 K_0，借款为 K_L，总投资收益率为 R，借款利率为 R_L，资本金利润率为 R_0，由资本金利润率公式可得

$$K = K_0 + K_L$$

$$\begin{aligned} R_0 &= \frac{K \times R - K_L \times R_L}{K_0} \\ &= \frac{(K_0 + K_L) \times R - K_L \times R_L}{K_0} \\ &= R + \frac{K_L}{K_0} \times (R - R_L) \end{aligned} \tag{4-49}$$

由式(4-49)可知，当 $R > R_L$ 时，$R_0 > R$；当 $R < R_L$ 时，$R_0 < R$。而且资本金利润率与总投资收益率的差别被负债比例所放大。这种放大效应就称为财务杠杆效应。

【例 4-7】 某企业在使用智能建造完成某项工程时有三种方案，总投资收益率 R 分别为 6%、10%、15%，借款利率为 10%，试比较负债比例分别为 0、1 和 4 时的资本金利润率。

解 利用式(4-49)，计算结果列于表 4-9。

表 4-9 不同负债比例下的资本金利润率

方案	K_L/K_0=0	K_L/K_0=1	K_L/K_0=4
A(R=6%)	6%	2%	−10%
B(R=10%)	10%	10%	10%
C(R=15%)	15%	20%	35%

方案 A 中，$R < R_L$，负债比例越大，R_0 越低，甚至为负值；方案 B 中，$R=R_L$，R_0 不随负债比例改变；方案 C 中，$R > R_L$，负债比例越大，R_0 越高。由此可以看出负债比例的放大作用。

假设投资在 100 万元至 500 万元的范围内上述三个方案的总投资收益率不变，借款

利率为 10%，若有一企业拥有资本金 100 万元，现在来分析该企业在以上三种情况下如何选择负债比例。

对于方案 A，如果总投资等于资本金 100 万元，则项目的获利就是投资者的获利，每年利润为 6 万元；如果资本金和借款各为 100 万元，则可得总利润为 12 万元，在借款偿还之前，要付利息 10 万元，投资者获利 2 万元；如果除资本金 100 万元以外，项目又借款 400 万元，则项目总利润为 30 万元，每年应付利息 40 万元，投资者亏损 10 万元，显然，在这种情况下，项目不宜借款，借的越多，损失越大。

对于方案 B，借款多少对投资者的利润都没有影响。

对于方案 C，如果仅用资本金 100 万元作项目总投资，项目的获利就是投资者的获利，为 15 万元；如果除资本金外，项目又借款 100 万元，则在偿付利息后，投资者可获利 20 万元；如果项目除资本金外借款 400 万元，在付利息后投资者可获利达 35 万元，在这种情况下，项目有借款比无借款有利，且负债比例越大越有利。

可见选择不同的负债比例对投资者的收益会产生很大的影响。

二、企业所得税前评价与企业所得税后评价

在融资前针对项目投资总获利能力进行的财务分析中，通常有两种基本的评价形式，一种企业所得税前评价，另一种是企业所得税后评价。企业所得税前评价和企业所得税后评价的现金流入完全相同，但现金流出略有不同，企业所得税前评价不将企业所得税作为现金流出，企业所得税后评价视企业所得税为现金流出。

项目投资息税前财务内部收益率（financial internal rate of return，FIRR）和项目投资息税前财务净现值（financial net present value，FNPV）是投资盈利能力的完整体现，用以考察由项目方案设计本身所决定的财务盈利能力，它不受融资方案和企业所得税政策变化的影响，仅仅体现项目方案本身的合理性。所得税前指标特别适用于项目中的技术方案比选，是初步投资决策的主要指标，用于考察项目是否基本可行，是否值得去为之融资。在国外，公共项目、政府所属的公司和特殊免税的非营利项目，一般也只进行所得税前评价。

为了体现与融资方案无关的要求，项目投资现金流量表中的基础数据都需要剔除运营期利息的影响。因此项目投资现金流量表中的“企业所得税”应根据利润与利润分配表中的息税前利润（EBIT）乘以所得税税率计算，称为“调整所得税”。

所得税后评价是所得税前评价的延伸，主要用于在融资条件下判断项目投资对企业价值的贡献，是企业投资经营性项目决策依据的主要指标。另外，当各个方案的折旧方法具有显著差别以及其减免税优惠条件不同时，更需进行税后评价。

有时决定是进行所得税前评价还是所得税后评价，主要取决于财务基准收益率是在所得税前确定的，还是在所得税后确定的。

第四节　既有法人项目财务分析

既有法人项目财务分析与新设法人项目财务分析相比具有两个显著特点。第一，项

目在不同程度上利用了原有资产和资源，以增量调动存量，以较小的新增投入取得较大的新增效益。因此，项目与原企业既有区别又有联系，有些问题的分析范围需要从项目扩展至企业。第二，原来已在生产经营的企业，其状况还会发生变化，因此项目效益和费用的识别、计算较复杂。

如果既有法人项目所涉及的费用、收益可以清楚地从原有企业产生的费用和收益中分离出来，那么这样的项目就和新建项目没有区别，如企业新建车间或新建分厂。但是，对多数既有法人企业来说，实现这种分离是困难的，本节将着重讨论这种情形。

既有法人项目更多地属于改扩建和技术改造项目，这类项目的财务分析一般采用有无对比法，即改扩建后［“有项目”(with-project)］的未来情况与不改扩建［“无项目”(without-project)］的未来情况相对比，而不是改扩建前和后的情况对比。用总量指标或增量指标判断项目财务可行性和经济合理性。

“无项目”“有项目”实际上是有待决策的两个方案，这两个方案是互相排斥的，因此改扩建和技术改造项目评价的实质是互斥方案比较的研究。

方案对比时应注意以下几点。

(1) 和现状相比，“无项目”情况下的效益和费用在计算期内可能增加，可能减少，也可能保持不变，必须预测这些趋势，以避免人为地低估或夸大项目的效果。

(2) 为使计算期保持一致，应以“有项目”的计算期为基准，对“无项目”的计算期进行调整。既可将“无项目”延长到与“有项目”的计算期相同，并在计算期末将固定资产余值回收，也可将“无项目”的经营期适时终止，其后各年的现金流量为零。

(3) 如果由于改扩建与技术改造而使部分原有资产不再有用并能转让出售或作其他有价处理，应把转让资产的收入视作现金流入。

【例 4-8】 某改造项目原有资产的重估值为 2000 万元，其中 1000 万元的资产将在改造后被拆除变卖，其余的 1000 万元资产继续留用。改造的新增投资估计为 3000 万元，改造后预计每年的净收益可达 1000 万元，而不改造每年的净收益预计只有 400 万元。假定改造、不改造的寿命期均为 8 年，基准收益率 i_c=6%，问该企业是否应当进行技术改造？

解 “有项目”“无项目”的现金流量如图 4-7 所示。

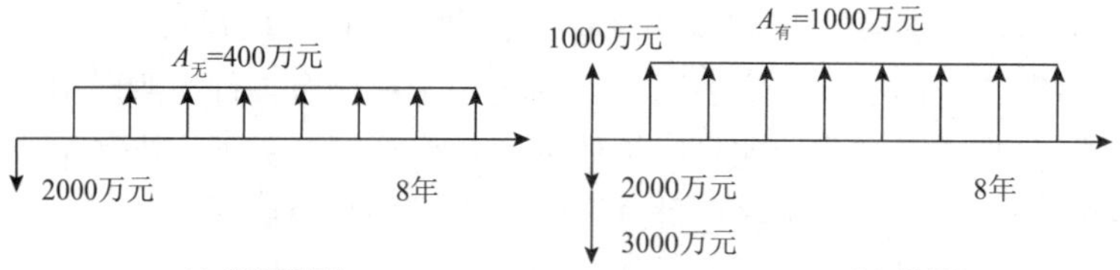

图 4-7 例 4-8 现金流量图

$$NPV_{无}=-2000+400(P/A, 6\%, 8)=-2000+400\times6.2098=483.92(万元)$$

$$NPV_{有}=-4000+1000(P/A, 6\%, 8)=-4000+1000\times6.2098=2209.8(万元)$$

因为 $NPV_{有} > NPV_{无} > 0$，所以应对企业进行技术改造。

第五节　某新设法人项目财务分析案例

一、项目概况

某高新技术产业化项目，其可行性研究已完成市场需求预测、生产规模、工艺技术方案、建厂条件和厂址方案、环境保护、工厂组织和劳动定员以及项目实施规划诸方面的研究论证与多方案比较。项目财务分析在此基础上进行。项目基准收益率为 6%(融资前税前)，基准投资回收期为 8.3 年(融资前税前)。基础数据中的数值小数位计算差异为原始数据计算四舍五入所致。

二、基础数据

(1) 生产规模和产品方案。生产规模为年产 1.2 万件 A 型产品。

(2) 实施进度。项目拟两年建成，第三年投产，当年生产负荷达到设计能力的 70%，第四年达到 90%，第五年达到 100%。生产期按 8 年计算，计算期为 10 年。

(3) 建设投资估算。建设投资估算见表 4-10。

表 4-10　建设投资估算表

序号	工程或费用名称	估算价值/万元					占比
		建筑工程	设备费用	安装工程	其他费用	总值	
1	工程费用	1 642.08	10 881.23	4 062.24		16 585.55	81.17%
1.1	主要生产项目	533.03	8 634.29	3 458.70		12 626.02	
1.2	辅助生产车间	180.97	520.74	27.54		729.25	
1.3	公用工程	202.05	1 119.60	457.65		1 779.30	
1.4	环境保护工程	83.25	495.00	101.25		679.50	
1.5	总图运输	28.08	111.60			139.68	
1.6	厂区服务性工程	117.90				117.90	
1.7	生活福利工程	496.80				496.80	
1.8	厂外工程			17.10		17.10	
2	工程建设其他费用				1 574.24	1 574.24	7.70%
	其中：土地费用				800.00	800.00	
3	预备费用				2 273.40	2 273.40	11.13%
4	建设投资合计	1 642.08	10 881.23	4 062.24	3 847.64	20 433.19	100%
	比例	8.04%	53.25%	19.88%	18.83%	100%	

(4) 流动资金估算。采用分项详细估算法进行估算，估算总额为 3293.39 万元。流动资金借款为 2363.82 万元。流动资金估算见表 4-11。

表 4-11　流动资金估算表

序号	项目	最低周转天数/天	周转次数/次	投产期/万元		达到设计生产能力期/万元			
				第 3 年	第 4 年	第 5 年	第 6 年	第 7 年	第 8～10 年
1	流动资产			3031.89	3765.48	4183.59	4183.59	4183.59	4183.59
1.1	应收账款	30	12	875.56	1071.36	1222.40	1222.40	1222.40	1222.40
1.2	存货			2117.99	2655.78	2922.85	2922.85	2922.85	2922.85
1.3	现金	15	24	38.34	38.34	38.34	38.34	38.34	38.34
2	流动负债			622.80	800.93	890.20	890.20	890.20	890.20
2.1	应付账款	30	12	622.80	800.93	890.20	890.20	890.20	890.20
2.2	预收账款								
3	流动资金(1–2)			2409.09	2964.55	3293.39	3293.39	3293.39	3293.39
4	流动资金增加额			2409.09	555.46	328.84			

(5)资金来源。项目资本金为 8631.56 万元，其中用于流动资金 929.57 万元，其余为借款。资本金由甲、乙两个投资方出资，其中甲方出资 4000 万元，分别于建设期每年年初投入 2000 万元。项目从还完建设投资长期借款当年开始按各方出资额的 25%分红，经营期末收回投资。建设投资债务资金由中国建设银行提供贷款，贷款年利率为 4.3%，当年建设投资借款按半年计息。流动资金借款由中国工商银行提供贷款，贷款年利率为 3.65%，当年流动资金借款按一年计息。投资分年使用计划按第一年 60%，第二年 40%的比例分配。建设投资和流动资金均在年初投入。项目总投资使用计划与资金筹措见表 4-12。

表 4-12　总投资使用计划与资金筹措表　　单位：万元

序号	项目	合计	第 0 年	第 1 年	第 2 年	第 3 年	第 4 年
1	总投资	24 335.83	12 259.91	8 337.51	2 854.11	555.46	328.84
1.1	建设投资	20 433.19	12 259.91	8 173.28			
1.2	建设期利息	609.25		164.23	445.02		
1.3	流动资金	3 293.39			2 409.09	555.46	328.84
2	资金筹措	24 335.83	12 259.91	8 337.51	2 854.11	555.46	328.84
2.1	项目资本金	8 631.56	4 621.19	3 080.80	929.57		
2.1.1	用于建设投资	7 701.99	4 621.19	3 080.80			
2.1.2	用于流动资金	929.57			929.57		
2.1.3	用于建设期利息						
2.2	债务资金	15 704.27	7 638.72	5 256.71	1 924.54	555.46	328.84
2.2.1	用于建设投资	12 731.20	7 638.72	5 092.48			
2.2.2	用于流动资金	2 363.82			1 479.52	555.46	328.84
2.2.3	用于建设期利息	609.25		164.23	445.02		

(6) 工资及福利费估算。全厂定员 100 人，工资及福利费按平均每人每年 60 000 元估算，全年工资及福利费估算为 600 万元。

(7) 年营业收入、年税金及附加。产品售价以市场价格为基础，预测到生产期初的市场价格，每件产品出厂价按 16 150 元计算（不含增值税）。产品增值税税率为 13%，采用价外计税方式考虑。城市维护建设税按增值税的 7%计算，教育费附加按增值税的 3%计算。营业收入、税金及附加和增值税估算见表 4-13。

表 4-13　营业收入、税金及附加和增值税估算表

序号	项目	合计	投产期		达到设计生产能力期					
			第 3 年	第 4 年	第 5 年	第 6 年	第 7 年	第 8 年	第 9 年	第 10 年
	生产负荷		70%	90%	100%	100%	100%	100%	100%	100%
1	产品营业收入/万元	147 288	13 566	17 442	19 380	19 380	19 380	19 380	19 380	19 380
	单价/元		16 150	16 150	16 150	16 150	16 150	16 150	16 150	16 150
	数量/件	91 200	8 400	10 800	12 000	12 000	12 000	12 000	12 000	12 000
	销项税额/万元	19 147.44	1 763.58	2 267.46	2 519.40	2 519.40	2 519.40	2 519.40	2 519.40	2 519.40
2	税金及附加/万元	754.04	69.45	89.29	99.22	99.22	99.22	99.22	99.22	99.22
2.1	城市维护建设税/万元	527.83	48.62	62.51	69.45	69.45	69.45	69.45	69.45	69.45
2.2	教育费附加/万元	226.21	20.84	26.79	29.76	29.76	29.76	29.76	29.76	29.76
3	增值税/万元	7 540.42	694.51	892.94	992.16	992.16	992.16	992.16	992.16	992.16
	增值税销项/万元	19 147.44	1 763.58	2 267.46	2 519.40	2 519.40	2 519.40	2 519.40	2 519.40	2 519.40
	增值税进项/万元	11 607.02	1 069.07	1 374.52	1 527.24	1 527.24	1 527.24	1 527.24	1 527.24	1 527.24

注：增值税仅为计算城市维护建设税和教育费附加的依据；本报表税金的计算方法采用不含增值税的计算方法

(8) 产品成本估算。总成本费用估算见表 4-14。成本估算说明如下。

表 4-14　总成本费用估算表

序号	项目	合计	投产期		达到设计生产能力期					
			第 3 年	第 4 年	第 5 年	第 6 年	第 7 年	第 8 年	第 9 年	第 10 年
	生产负荷		70%	90%	100%	100%	100%	100%	100%	100%
1	外购原材料/万元	78 992.2	7 275.8	9 354.2	10 393.7	10 393.7	10 393.7	10 393.7	10 393.7	10 393.7
2	外购燃料、动力/万元	10 292.6	947.8	1 219.0	1 354.3	1 354.3	1 354.3	1 354.3	1 354.3	1 354.3
3	工资及福利费/万元	4 800	600	600	600	600	600	600	600	600
4	修理费/万元	9 627.39	1 203.42	1 203.42	1 203.42	1 203.42	1 203.42	1 203.42	1 203.42	1 203.42
5	折旧费/万元	19 254.79	2 406.85	2 406.85	2 406.85	2 406.85	2 406.85	2 406.85	2 406.85	2 406.85
6	摊销费/万元	774.24	126.78	126.78	126.78	126.78	126.78	46.78	46.78	46.78
7	财务费用（利息、汇兑损失）/万元	2 154.37	627.64	538.97	410.70	231.94	86.28	86.28	86.28	86.28
7.1	其中：利息支出/万元	2 154.37	627.64	538.97	410.70	231.94	86.28	86.28	86.28	86.28

续表

序号	项目	合计	投产期		达到设计生产能力期					
			第 3 年	第 4 年	第 5 年	第 6 年	第 7 年	第 8 年	第 9 年	第 10 年
7.1.1	长期借款利息/万元	1 508.41	573.64	464.69	324.42	145.66				
7.1.2	流动资金借款利息/万元	645.96	54.00	74.28	86.28	86.28	86.28	86.28	86.28	86.28
8	其他费用/万元	4 961.6	620.2	620.2	620.2	620.2	620.2	620.2	620.2	620.2
9	总成本费用(1+2+3+4+5+6+7+8)/万元	130 857.19	13 808.49	16 069.42	17 115.95	16 937.19	16 791.53	16 711.53	16 711.53	16 711.53
	其中：固定成本(3+4+5+6+7+8)/万元	41 572.39	5 584.89	5 496.22	5 367.95	5 189.19	5 043.53	4 963.53	4 963.53	4 963.53
	可变成本/万元	89 284.8	8 223.6	10 573.2	11 748.0	11 748.0	11 748.0	11 748.0	11 748.0	11 748.0
10	经营成本(9−5−6−7.1)/万元	108 673.79	10 647.22	12 996.82	14 171.62	14 171.62	14 171.62	14 171.62	14 171.62	14 171.62

其一，折旧费计算。固定资产原值中除工程费用外还包括建设期利息、预备费用以及工程建设其他费用中的土地费用。固定资产原值为 20 268.20 万元，按平均年限法计算折旧，折旧年限为 8 年，残值率为 5%，折旧率为 11.88%，年折旧费为 2406.85 万元。固定资产折旧费估算见表 4-15。

表 4-15 固定资产折旧费估算表 单位：万元

序号	项目	合计	投产期		达到设计生产能力期					
			第 3 年	第 4 年	第 5 年	第 6 年	第 7 年	第 8 年	第 9 年	第 10 年
1	固定资产									
1.1	原值	20 268.20								
1.2	当期折旧费	19 254.79	2 406.85	2 406.85	2 406.85	2 406.85	2 406.85	2 406.85	2 406.85	2 406.85
	净值		17 861.35	15 454.50	13 047.65	10 640.80	8 233.96	5 827.11	3 420.26	1 013.41

其二，摊销费计算。工程建设其他费用中除土地费用外均作为无形资产及其他资产。无形资产为 374.24 万元，采用平均年限法，按 8 年摊销，年摊销费为 46.78 万元。其他资产为 400 万元，采用平均年限法，按 5 年摊销，年摊销费为 80 万元。无形资产及其他资产摊销费估算见表 4-16。

表 4-16 无形资产及其他资产摊销费估算表

序号	项目	摊销年限/年	原值/万元	投产期/万元		达到设计生产能力期/万元					
				第 3 年	第 4 年	第 5 年	第 6 年	第 7 年	第 8 年	第 9 年	第 10 年
1	无形资产	8	374.24								
1.1	摊销费			46.78	46.78	46.78	46.78	46.78	46.78	46.78	46.78
1.2	净值			327.46	280.68	233.90	187.12	140.34	93.56	46.78	0

续表

序号	项目	摊销年限/年	原值/万元	投产期/万元		达到设计生产能力期/万元					
				第3年	第4年	第5年	第6年	第7年	第8年	第9年	第10年
2	其他资产（开办费）	5	400								
2.1	摊销费			80	80	80	80	80			
2.2	净值			320	240	160	80	0			
3	无形及其他资产合计		774.24								
3.1	摊销费			126.78	126.78	126.78	126.78	126.78	46.78	46.78	46.78
3.2	净值			647.46	520.68	393.90	267.12	140.34	93.56	46.78	0

其三，修理费计算。修理费按年折旧费的50%提取，每年1203.42万元。

其四，借款利息计算。流动资金借款利息年末偿还，则第3年年末应计利息为54.00万元，第4年年末应计利息为74.28万元，其余各年流动资金借款应计利息为86.28万元。建设投资长期借款采用量入偿付法的方式清偿，利息计算见表4-17。

表4-17　建设期利息估算及还本付息计划表

序号	项目	合计	建设期		投产期		达到设计生产能力期	
			第1年	第2年	第3年	第4年	第5年	第6年
1	建设投资借款/万元							
1.1	建设期利息/万元	609.25	164.23	445.02				
1.1.1	期初借款余额/万元		0	7 802.95	13 340.45	10 806.82	7 544.69	3 387.44
1.1.2	当期借款/万元	12 731.20	7 638.72	5 092.48				
1.1.3	当期应计利息/万元	2 117.66	164.23	445.02	573.64	464.69	324.42	145.66
1.1.4	期末借款余额/万元		7 802.95	13 340.45	10 806.82	7 544.69	3 387.44	0
1.2	其他融资费用/万元							
1.3	小计(1.1+1.2)/万元	609.25	164.23	445.02				
2	当期还本付息/万元	14 848.86			3 107.27	3 726.82	4 481.67	3 533.10
	还本/万元	13 340.45			2 533.63	3 262.13	4 157.25	3 387.44
	付息/万元	1 508.41			573.64	464.69	324.42	145.66
3	还款来源/万元							
3.1	净利润/万元	4 109.82			0	728.50	1 623.62	1 757.69
3.2	折旧费/万元	9 627.39			2 406.85	2 406.85	2 406.85	2 406.85
3.3	摊销费/万元	507.12			126.78	126.78	126.78	126.78

续表

序号	项目	合计	建设期		投产期		达到设计生产能力期	
			第 1 年	第 2 年	第 3 年	第 4 年	第 5 年	第 6 年
3.4	偿还本金来源合计/万元				2 533.63	3 262.13	4 157.25	4 291.32
3.5	偿还本金后余额/万元	903.89						903.89
	计算指标							
	利息备付率				0.50	3.38	6.27	11.10
	偿债备付率				0.90	1.08	1.00	1.25

注：利息备付率计算中的当期应计利息指计入总成本费用的全部利息；偿债备付率计算中的当期还本付息金额指当期应还贷款本金额及计入成本的全部利息

其五，固定成本和可变成本。可变成本包含外购原材料、燃料及动力费。固定成本包含总成本费用中除可变成本外的费用。

(9) 利润与利润分配。利润与利润分配见表 4-18。利润总额第 8 年后稳定为 2569.25 万元。企业所得税按利润总额的 25%计取，法定盈余公积金在长期借款还本之后提取，按税后利润的 10%计取。

表 4-18　利润与利润分配表

序号	项目	合计	投产期		达到设计生产能力期					
			第 3 年	第 4 年	第 5 年	第 6 年	第 7 年	第 8 年	第 9 年	第 10 年
	生产负荷		70%	90%	100%	100%	100%	100%	100%	100%
1	营业收入/万元	147 288	13 566	17 442	19 380	19 380	19 380	19 380	19 380	19 380
2	税金及附加/万元	754.04	69.45	89.29	99.22	99.22	99.22	99.22	99.22	99.22
3	总成本费用/万元	130 857.19	13 808.49	16 069.42	17 115.95	16 937.19	16 791.53	16 711.53	16 711.53	16 711.53
4	利润总额(1-2-3)/万元	15 676.77	−311.95	1 283.28	2 164.83	2 343.59	2 489.25	2 569.25	2 569.25	2 569.25
5	弥补以前年度亏损/万元	311.95		311.95						
6	应纳税所得额/万元	15 676.77		971.34	2 164.83	2 343.59	2 489.25	2 569.25	2 569.25	2 569.25
7	企业所得税/万元	3 919.19		242.83	541.21	585.90	622.31	642.31	642.31	642.31
8	净利润(4−7)/万元	11 757.58		728.50	1 623.62	1 757.69	1 866.94	1 926.94	1 926.94	1 926.94
9	可供分配的利润/万元	11 757.58		728.50	1 623.62	1 757.69	1 866.94	1 926.94	1 926.94	1 926.94
10	提取法定盈余公积金/万元	764.78					186.69	192.69	192.69	192.69
11	未分配利润/万元	6 882.98					1 680.24	1 734.24	1 734.24	1 734.24

续表

序号	项目	合计	投产期		达到设计生产能力期					
			第 3 年	第 4 年	第 5 年	第 6 年	第 7 年	第 8 年	第 9 年	第 10 年
12	息税前利润(利润总额+利息支出)/万元	18 143.08	315.70	1 822.25	2 575.53	2 575.53	2 575.53	2 655.53	2 655.53	2 655.53
13	息税折旧摊销前利润(息税前利润+折旧费+摊销费)/万元	38 172.11	3 161.27	4 355.88	5 109.16	5 109.16	5 109.16	5 109.16	5 109.16	5 109.16

三、融资前分析

项目投资现金流量表见表 4-19。

根据表 4-19 计算的评价指标为：企业所得税前项目投资财务内部收益率(FIRR)为 9.71%，项目投资财务净现值(i_c=8%时)为 5005.76 万元，静态投资回收期(含建设期)为 7.23 年；企业所得税后项目投资财务内部收益率(FIRR)为 7.66%，项目投资财务净现值(i_c=6%时)为 2141.56 万元，静态投资回收期(含建设期)为 7.84 年。

由于该项目投资财务内部收益率大于基准收益率，项目投资财务净现值大于零，故该项目在财务上是可以接受的。

四、融资后分析

(1) 项目资本金现金流量见表 4-20，根据表 4-20 计算资本金财务内部收益率为 11.46%。

(2) 甲方投资财务现金流量见表 4-21，根据表 4-21 计算甲方投资财务内部收益率为 8.28%。

(3) 根据利润与利润分配表(表 4-18)、资金使用计划与资金筹措表(表 4-12)计算以下指标：

$$
\begin{aligned}
\text{总投资收益率} &= \frac{\text{运营期内年平均息税前利润}}{\text{总投资}} \times 100\% \\
&= \frac{18\,143.08/8}{24\,335.83} \times 100\% = \frac{2267.89}{24\,335.83} \times 100\% = 9.32\%
\end{aligned}
$$

该项目投资收益率大于行业平均利润率 6%，说明单位投资收益水平达到行业标准。

$$
\begin{aligned}
\text{项目资本金净利润率} &= \frac{\text{运营期内年平均净利润}}{\text{项目资本金}} \times 100\% \\
&= \frac{11\,757.58/8}{8631.56} \times 100\% = \frac{1469.7}{8631.56} \times 100\% = 17.03\%
\end{aligned}
$$

表 4-19　项目投资现金流量表（一）

序号	项目	合计	建设期			投产期		达到设计生产能力期					
			第 0 年	第 1 年	第 2 年	第 3 年	第 4 年	第 5 年	第 6 年	第 7 年	第 8 年	第 9 年	第 10 年
	生产负荷					70%	90%	100%	100%	100%	100%	100%	100%
1	现金流入/万元	151 594.8				13 566.0	17 442.0	19 380.0	19 380.0	19 380.0	19 380.0	19 380.0	23 686.8
1.1	营业收入/万元	147 288				13 566	17 442	19 380	19 380	19 380	19 380	19 380	19 380
1.2	补贴收入/万元												
1.3	回收固定资产余值/万元	1 013.41											1 013.41
1.4	回收流动资金/万元	3 293.39											3 293.39
2	现金流出/万元	133 154.42	12 259.91	8 173.28	2 409.09	11 272.14	13 414.96	14 270.84	14 270.84	14 270.84	14 270.84	14 270.84	14 270.84
2.1	建设投资/万元	20 433.19	12 259.91	8 173.28									
2.2	流动资金/万元	3 293.39			2 409.09	555.46	328.84						
2.3	经营成本/万元	108 673.79				10 647.22	12 996.82	14 171.62	14 171.62	14 171.62	14 171.62	14 171.62	14 171.62
2.4	税金及附加/万元	754.04				69.45	89.29	99.22	99.22	99.22	99.22	99.22	99.22
2.5	维护运营投资/万元												
3	企业所得税前净现金流量（1−2）/万元	18 440.38	−12 259.91	−8 173.28	−2 409.09	2 293.86	4 027.04	5 109.16	5 109.16	5 109.16	5 109.16	5 109.16	9 415.96
4	累计企业所得税前净现金流量/万元		−12 259.91	−20 433.19	−22 842.28	−20 548.42	−16 521.37	−11 412.21	−6 303.05	−1 193.89	3 915.26	9 024.42	18 440.38
5	调整企业所得税/万元	4 535.77				156.91	455.56	643.88	643.88	643.88	663.88	663.88	663.88
6	企业所得税后净现金流量（3−5）/万元	13 904.61	−12 259.91	−8 173.28	−2 409.09	2 136.95	3 571.48	4 465.28	4 465.28	4 465.28	4 445.28	4 445.28	8 752.08
7	累计企业所得税后净现金流量/万元		−12 259.91	−20 433.19	−22 842.28	−20 705.33	−17 133.85	−12 668.57	−8 203.29	−3 738.02	707.26	5 152.54	13 904.61

表 4-20　项目资本金现金流量表

序号	项目	合计	建设期			投产期		达到设计生产能力期					
			第 0 年	第 1 年	第 2 年	第 3 年	第 4 年	第 5 年	第 6 年	第 7 年	第 8 年	第 9 年	第 10 年
	生产负荷					70%	90%	100%	100%	100%	100%	100%	100%
1	现金流入/万元	151 594.8				13 566.0	17 442.0	19 380.0	19 380.0	19 380.0	19 380.0	19 380.0	23 686.8
1.1	营业收入/万元	147 288				13 566	17 442	19 380	19 380	19 380	19 380	19 380	19 380
1.2	补贴收入/万元												
1.3	回收固定资产余值/万元	1 013.41											1 013.41
1.4	回收流动资金/万元	3 293.39											3 293.39
2	现金流出/万元	137 473.40	4 621.19	3 080.80	929.57	13 877.95	17 130.05	19 380	18 476.11	14 979.43	14 999.43	14 999.43	17 363.25
2.1	项目资本金/万元	8 631.56	4 621.19	3 080.80	929.57								
2.2	借款本金偿还/万元	15 704.27				2 533.63	3 262.13	4 157.25	3 387.44				2 363.82
2.3	借款利息支付/万元	2 154.37				627.64	538.97	410.70	231.94	86.28	86.28	86.28	86.28
2.4	经营成本/万元	108 673.79				10 647.22	12 996.82	14 171.62	14 171.62	14 171.62	14 171.62	14 171.62	14 171.62
2.5	税金及附加/万元	754.04				69.45	89.29	99.22	99.22	99.22	99.22	99.22	99.22
2.6	企业所得税/万元	3 919.19					242.83	541.21	585.90	622.31	642.31	642.31	642.31
3	净现金流量（1−2）/万元	11 757.58	−4 621.19	−3 080.80	−929.57	−311.95	311.95	0	903.89	4 400.57	4 380.57	4 380.57	6 323.55

表 4-21 甲方投资财务现金流量表

序号	项目	合计	建设期			投产期		达到设计生产能力期					
			第 0 年	第 1 年	第 2 年	第 3 年	第 4 年	第 5 年	第 6 年	第 7 年	第 8 年	第 9 年	第 10 年
	生产负荷					70%	90%	100%	100%	100%	100%	100%	100%
1	现金流入/万元	8000								1000	1000	1000	5000
1.1	股利分配/万元	8000								1000	1000	1000	5000
1.2	资产处置收益分配/万元												
1.3	租赁费收入/万元												
1.4	技术转让收入/万元												
1.5	其他现金流入/万元												
2	现金流出/万元	4000	2000	2000									
2.1	股权投资/万元	4000	2000	2000									
2.2	租赁资产支出/万元												
2.3	其他现金流出/万元												
3	净现金流量/万元	4000	−2000	−2000	0	0	0	0	0	1000	1000	1000	5000

(4) 根据利润与利润分配表（表 4-18）、建设期利息估算及还本付息计划表（表 4-17）和利息支付计算表（表 4-22）计算长期借款偿还期内（第 3 年到第 6 年）综合利息备付率。各年利息备付率见表 4-17。

$$利息备付率=\frac{息税前利润}{当期应计利息费用}=\frac{7289.01}{1508.41}=4.83$$

表 4-22　利息支付计算表　　单位：万元

项目	合计	第 3 年	第 4 年	第 5 年	第 6 年	第 7～10 年
建设投资借款利息支付	1508.41	573.64	464.69	324.42	145.66	0
流动资金中的借款数额		1479.52	2034.98	2363.82	2363.82	2363.82
流动资金借款利息支付	645.96	54.00	74.28	86.28	86.28	86.28
各种借款利息支付总和	2154.37	627.64	538.97	410.70	231.94	86.28

注：最后一列表示第 7～10 年每年的数据

(5) 根据固定资产折旧费估算表（表 4-15）、无形资产及其他资产摊销费估算表（表 4-16）、利润与利润分配表（表 4-18）、财务计划现金流量表（表 4-23）、建设期利息估算及还本付息计划表（表 4-17）和利息支付计算表（表 4-22）计算长期借款偿还期内（第 3 年到第 6 年）的项目综合偿债备付率如下。各年偿债备付率见表 4-17。

$$\begin{aligned}偿债备付率&=\frac{当期用于还本付息资金}{当期应还本付息金额}\\&=\frac{息税前利润+折旧费+摊销费-所得税}{借款利息支付+借款本金偿还}\\&=\frac{7289.01+9627.39+507.12-1369.94}{1508.41+13\,340.45}=1.08\end{aligned}$$

通过表 4-17 各年利息备付率计算结果可知，长期借款偿还期内第 1 年利息备付率为 1.00，其余各年利息备付率均大于 2，并随着借款本金的偿还而逐年上升，长期借款偿还期末利息备付率达 11.10，项目付息保证程度较高。项目按照最大能力偿还借款本金时，借款偿还期内前 3 年偿债备付率均大于等于 1.00，偿还期末偿债备付率达 1.25，说明项目的清债能力较强。

(6) 根据财务计划现金流量表（表 4-23），项目第 3 年后各年的净现金流量及累计盈余资金均为正值，各年均有足够的净现金流量维持项目的正常运营，可保证项目财务的可持续性。

表 4-23　财务计划现金流量表

序号	项目	合计	建设期			投产期		达到设计生产能力期					
			第 0 年	第 1 年	第 2 年	第 3 年	第 4 年	第 5 年	第 6 年	第 7 年	第 8 年	第 9 年	第 10 年
	生产负荷					70%	90%	100%	100%	100%	100%	100%	100%
1	经营活动现金流量(1.1−1.2)/万元	33 940.97				2 849.32	4 113.05	4 567.95	4 523.26	4 486.85	4 466.85	4 466.85	4 466.85
1.1	现金流入/万元	166 435.44				15 329.58	19 709.46	21 899.40	21 899.40	21 899.40	21 899.40	21 899.40	21 899.40
1.1.1	营业收入/万元	147 288				13 566	17 442	19 380	19 380	19 380	19 380	19 380	19 380
1.1.2	增值税销项税额/万元	19 147.44				1 763.58	2 267.46	2 519.40	2 519.40	2 519.40	2 519.40	2 519.40	2 519.40
1.2	现金流出/万元	132 494.47				12 480.26	15 596.41	17 331.45	17 376.14	17 412.55	17 432.55	17 432.55	17 432.55
1.2.1	经营成本/万元	108 673.79				10 647.22	12 996.82	14 171.62	14 171.62	14 171.62	14 171.62	14 171.62	14 171.62
1.2.2	增值税进项税额/万元	11 607.02				1 069.07	1 374.52	1 527.24	1 527.24	1 527.24	1 527.24	1 527.24	1 527.24
1.2.3	税金及附加/万元	754.04				69.45	89.29	99.22	99.22	99.22	99.22	99.22	99.22
1.2.4	增值税/万元	7 540.42				694.51	892.94	992.16	992.16	992.16	992.16	992.16	992.16
1.2.5	企业所得税/万元	3 919.19					242.83	541.21	585.90	622.31	642.31	642.31	642.31
2	投资活动净现金流量(2.1−2.2)/万元	−23 726.58	−12 259.91	−8 173.28	−2 409.09	−555.46	−328.84						
2.1	现金流入/万元	0											
2.2	现金流出/万元	23 726.58	12 259.91	8 173.28	2 409.09	555.46	328.84						
2.2.1	建设投资/万元	20 433.19	12 259.91	8 173.28									
2.2.2	流动资金/万元	3 293.39			2 409.09	555.46	328.84						
3	筹资活动净现金流量(3.1−3.2)/万元	8 231.76	12 259.91	8 173.28	2 409.09	−2 605.81	−3 472.26	−4 567.95	−3 619.38	−86.28	−86.28	−86.28	−86.28

续表

序号	项目	合计	建设期			投产期		达到设计生产能力期					
			第 0 年	第 1 年	第 2 年	第 3 年	第 4 年	第 5 年	第 6 年	第 7 年	第 8 年	第 9 年	第 10 年
3.1	现金流入/万元	23 726.58	12 259.91	8 173.28	2 409.09	555.46	328.84						
3.1.1	项目资本金投入/万元	8 631.56	4 621.19	3 080.80	929.57								
3.1.2	建设投资借款/万元	12 731.20	7 638.72	5 092.48									
3.1.3	流动资金借款/万元	2 363.82			1 479.52	555.46	328.84						
3.2	现金流出/万元	15 494.82				3 161.27	3 801.10	4 567.95	3 619.38	86.28	86.28	86.28	86.28
3.2.1	各种利息支出/万元	2 154.37				627.64	538.97	410.70	231.94	86.28	86.28	86.28	86.28
3.2.2	偿还债务本金/万元	13 340.45				2 533.63	3 262.13	4 157.25	3 387.44				2 363.82
4	净现金流量/万元	18 446.16	0	0	0	−311.95	311.95	0	903.89	4 400.57	4 380.57	4 380.57	2 016.75
5	累计盈余资金/万元		0	0	0	−311.95	0	0	903.89	5 304.45	9 685.02	14 065.59	18 446.16

五、财务分析说明

(1)本项目财务分析分为融资前分析和融资后分析两个层次。融资前分析从项目投资总获利能力角度，考察项目方案设计的合理性，重在考察项目净现金流量的价值是否大于其投资成本，为项目投资决策提供依据；融资后分析重在考察资金筹措方案能否满足要求，融资后分析包括项目的盈利能力分析、清偿能力分析以及财务生存能力分析，进而判断项目方案在融资条件下的合理性。

(2)本项目采用量入偿付法归还长期借款本金。总成本费用估算表(表 4-14)、利润与利润分配表(表 4-18)及建设期利息估算及还本付息计划表(表 4-17)，通过利息支出、当年还本和净利润互相联系，利用三表联算得出借款偿还计划；在全部借款偿还后，再计提法定盈余公积金和确定利润分配方案。财务分析的内容和步骤如图 4-8 所示。

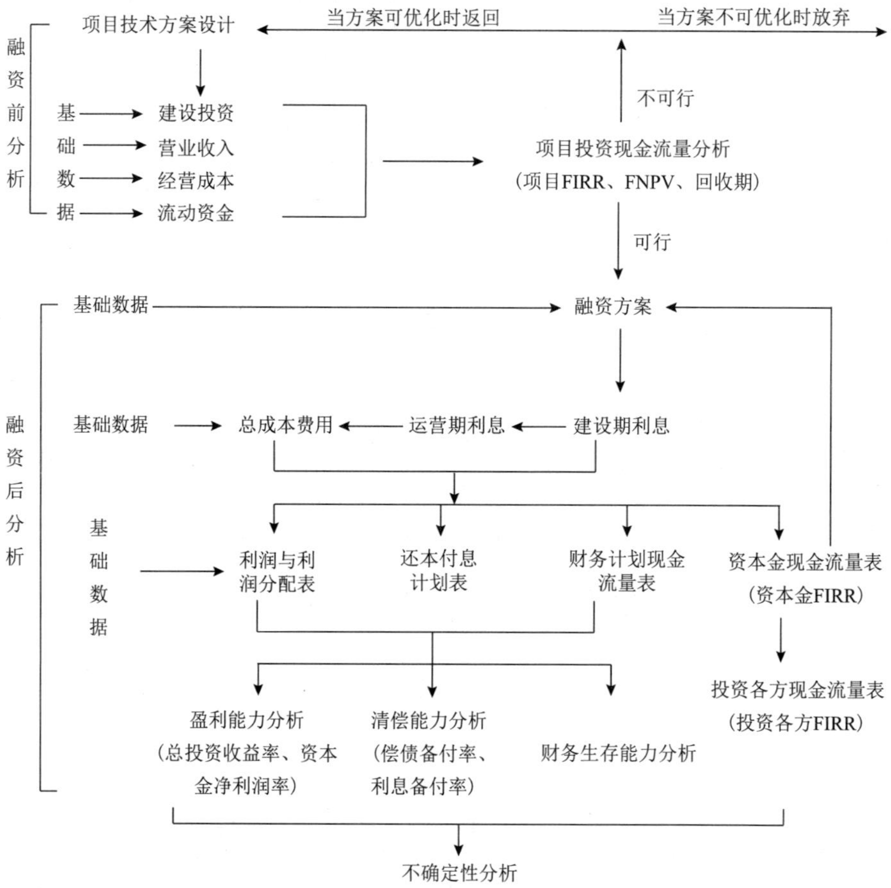

图 4-8 财务分析图

六、评价结论

财务分析结论详见评价结论汇总表(表 4-24)。

表 4-24　评价结论汇总表

财务分析指标		计算结果	评价标准	是否可行
融资前分析指标	项目投资财务内部收益率（企业所得税前）	9.71%	>6%	是
	项目投资回收期（企业所得税前）	7.23 年	<8.3 年	是
	项目投资财务净现值（企业所得税前）	5005.76 万元	>0	是
融资后分析指标	资本金财务内部收益率	11.46%		是
	利息备付率	4.20	>1.0	是
	偿债备付率	1.08	>1.0	是

从主要指标上看，财务分析结果均可行，而且生产的产品是国家急需的，所以项目是可以接受的。

➢思考题

1. 建设投资概略估算有哪些方法？其适用条件各是什么？
2. 如何对建设投资进行详细估算？
3. 财务分析所需的财务分析报表有哪些？财务分析的主要指标有哪些？各指标如何进行计算与评价评价？

➢习题

1. 某生物材料生产项目的计算期为 20 年，各年净现金流量(CI−CO)如表 4-25 所示，均发生在年末。基准收益率为 10%。试根据项目的财务净现值 FNPV 判断此项目是否可行，并计算项目的投资回收期、财务净现值和财务内部收益率。

表 4-25　净现金流量表

年份	第 1 年	第 2 年	第 3 年	第 4 年	第 5 年	第 6～20 年
净现金流量/万元	−180	−250	150	84	112	150

2. 某智能手表投资项目，建设投资为 50 万元(不含建设期利息)，于第 1 年年初投入；流动资金投资为 20 万元，于第 2 年年初投入，全部为借款，利率 3%。项目于第 2 年投产，产品销售收入(不含增值税)第 2 年为 50 万元，第 3～8 年为 80 万元；经营成本第 2 年为 30 万元，第 3～8 年为 45 万元；增值税率为 13%，进项税额为 2.5 万元；第 2～8 年折旧费每年为 6 万元；第 8 年年末处理固定资产可得收入 8 万元。经营成本和营业收入均发生在年末。

根据以上条件列出的项目投资现金流量表(表 4-26、表 4-27)是否正确？若有错，请改正过来。

表 4-26　智能手表项目投资现金流量表（一）　　单位：万元

年份	第 0 年	第 1 年	第 2 年	第 3～7 年	第 8 年
现金流入					
营业收入			50	80	80
固定资产回收					8

续表

年份	第0年	第1年	第2年	第3～7年	第8年
现金流出					
经营成本			30	45	45
建设投资					
（不含建设期利息）	50				
流动资金		20			
增值税			4	7.9	7.9
折旧费			6	6	6
净现金流量	−50.0	−20.0	10.0	21.1	29.1

表 4-27 智能手表项目投资现金流量表（二） 单位：万元

年份	第0年	第1年	第2年	第3～7年	第8年
现金流入					
营业收入			50	80	80
固定资产回收					8
折旧费			6	6	6
现金流出					
经营成本			30	45	45
建设投资					
（不含建设期利息）	50				
流动资金		20			
增值税			4	7.9	7.9
流动资金利息			0.6	0.6	0.6
净现金流量	−50.0	−20.0	21.4	32.5	40.5

3. 某超声波电机生产项目计算期为 15 年，建设期为 3 年，第 4 年投产，第 5 年开始达到设计生产能力。项目建设投资(未包含建设期借款利息)为 8000 万元，其中自有投资为 4000 万元，不足部分向银行借款，银行借款利率为 4%，假定每年借款发生在年中。建设期只计息不还款，第 4 年年初投产后开始还贷，每年付清利息并分 10 年等额偿还建设期利息资本化后的全部借款本金。现金流量的发生时点遵循年末习惯法。分年投资情况如表 4-28 所示。

表 4-28 分年投资情况 单位：万元

项目	第1年	第2年	第3年	合计
建设投资	2500	3500	2000	8000
其中：自有资金投资	1500	1500	1000	4000

第 4 年年初投入生产所需的全部流动资金 2490 万元，全部用银行借款，年利率 3%。

项目税金及附加和经营成本的预测值如表 4-29 所示。

表 4-29　项目税金及附加和经营成本的预测值　　单位：万元

项目	第 4 年	第 5 年	第 6 年	…	第 15 年
营业收入	5600	8000	8000	…	8000
税金及附加	320	480	480	…	480
经营成本	3500	5000	5000	…	5000

固定资产折旧采用直线折旧法，折旧年限为 15 年，残值率 5%，建设期利息计入固定资产原值。

企业所得税税率为 25%。基准收益率为 12%。

试计算完成表 4-30～表 4-33，并计算该项目投资财务净现值和静态投资回收期。

表 4-30　建设期利息计算表　　单位：万元

项目	第 1 年	第 2 年	第 3 年	第 4 年
年初欠款	0			
当年借款				
当年利息				
年末欠款累计				

表 4-31　借款偿还计划及利息计算表　　单位：万元

项目	第 4 年	第 5 年	第 6 年	第 7 年	第 8 年	第 9 年	第 10 年	第 11 年	第 12 年	第 13 年
年初欠款										
当年利息支付										
当年还本										
年末尚欠										

表 4-32　利润与企业所得税计算表　　单位：万元

项目	第 4 年	第 5 年	第 6 年	第 7 年	第 8 年	第 9 年	第10年	第 11 年	第12年	第13年	第14年	第15年
营业收入												
经营成本												
折旧费												
建设投资借款利息												
流动资金借款利息												
税金及附加												
利润总额												
企业所得税												
净利润												

表 4-33 项目投资现金流量表（四）

单位：万元

项目	第 1 年	第 2 年	第 3 年	第 4 年	第 5 年	第 6 年	第 7 年	第 8 年	第 9 年	第 10 年	第 11 年	第 12 年	第 13 年	第 14 年	第 15 年
(一)现金流入															
1. 营业收入															
2. 回收固定资产余值															
3. 回收流动资金															
(二)现金流出															
1. 建设投资															
(不含建设期利息)															
2. 流动资金															
3. 经营成本															
4. 税金及附加															
5. 调整所得税															
(三)净现金流量															

第四章习题答案（部分）

第五章

风险与不确定性分析

➢引例

移动互联技术给传统出租车行业带来的风险

网约车出行是涵盖出租、专车等多项业务在内的一站式出行平台。平台使用的技术包括 GPS(global positioning system，全球定位系统)、映射、移动应用程序和支付系统等多个组件，平台组件将司机与寻求搭车的乘客联系起来，允许实时通信和司机与乘客之间的协调，为乘客提供更方便和高效的服务。一站式出行平台对出租车行业产生了深远的影响，许多传统的出租车公司难以有效竞争，导致市场份额下降和巨大的经济损失，说明了新技术具有冲击已有行业并带来巨大变革的潜力。

一站式出行平台带来的影响有以下几个方面。

(1) 更加方便。使用移动应用和 GPS 技术使客户更容易预订和跟踪出租车的行程，从而提高了方便性。这也使得出租车公司能够提供实时关于行程状态的更新，进一步方便了客户。

(2) 更加高效。使用移动应用和 GPS 技术使出租车公司能够优化它们的运营，减少客户的等待时间，并改善调度和路由。这对客户来说更有效率、服务更流畅，提高了整体客户体验。

(3) 成本更低。使用移动应用和 GPS 技术使出租车公司能够降低它们的运营成本，包括调度、路由和车队管理。这使它们能够向客户提供更有竞争力的价格，提高了客户的价值主张。

(4) 更加安全。使用移动应用和 GPS 技术也使出租车公司能够提高它们的客户安全。这包括实时跟踪行程、司机评级和背景调查以及车内摄像头等功能。

(5) 更高的市场份额。使用移动应用和 GPS 技术能够帮助出租车公司提高市场份额，因为它们能够提供更高效、更方便、更安全、更有竞争力的服务，从而吸引更多的客户。因此，拥有先进的技术的出租车公司更有可能获得更大的市场份额，并在竞争中占据优势地位。

以上分析说明使用新技术是该行业降低风险、保持竞争力的关键。为此，许多出租车公司试图适应新技术带来的形势变化，纷纷加入网约车等一站式出行平台之列。

评价：通过本案例可以看出，技术水平低、核心竞争力不强、抗风险能力较差的企业完全可能因承受不了风险而导致破产。为了选出抗风险能力强的技术方案或提高项目应对风险的能力，在分析技术方案财务可行性研究的基础上，还必须对技术方案进行风险和不确定性分析。

➢本章知识结构图

项目决策是面对未来的情况，因此技术方案评价所采用的数据大部分来自估算和预测，有一定程度的不确定性和风险；经济全球化使企业暴露在更大的市场范围中，加大了项目的不确定性和风险。为了尽量避免投资决策失误，有必要进行风险与不确定性分析。

技术方案的不确定性分析就是考查外部环境改变使总投资、经营成本、产品售价、销售量、项目寿命等因素变化时，对技术方案经济评价指标所产生的影响。这种影响越强烈，表明所评价的技术方案对某个或某些因素越敏感。对于这些敏感因素，要求项目决策者和投资者应予以充分的重视。技术方案不确定性分析的方法主要包括盈亏平衡分析和敏感性分析。

技术方案的风险是经济主体遭受损失的不确定性。技术方案的风险分析主要包括风险识别、风险估计、风险决策和风险应对。

盈亏平衡分析只适用于财务分析，敏感性分析和风险分析可同时用于财务分析、费用效益分析和费用效果分析。

本章知识结构如下图所示。

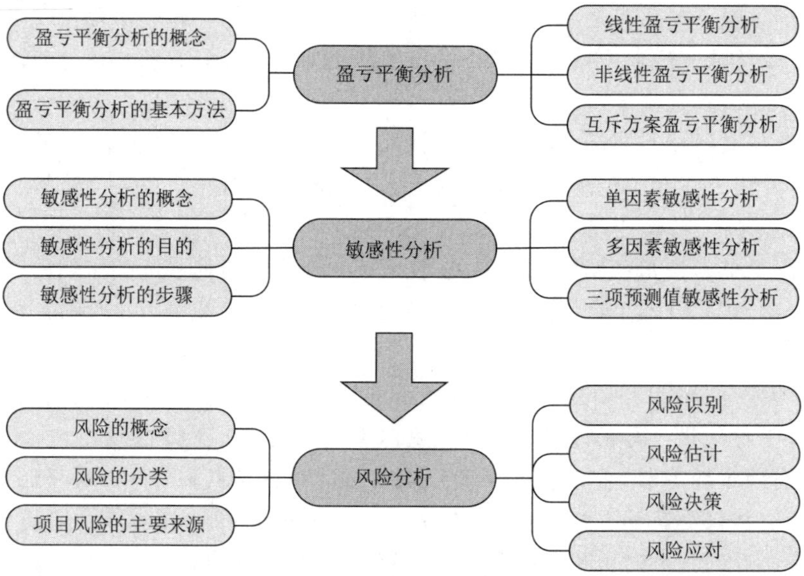

第一节　盈亏平衡分析

盈亏平衡分析(break-even analysis)是在完全竞争或垄断竞争的市场条件下，研究项目特别是工业项目总成本费用、产销量与盈利的平衡关系的方法。对于一个项目的技术方案而言，随着产销量的变化，盈利与亏损之间一般至少有一个转折点，我们称这个转折点为盈亏平衡点(break-even point，BEP)，在这点上，营业收入与总成本费用相等，既不亏损也不盈利。盈亏平衡分析就是要找出技术方案的盈亏平衡点。一般说来，对方案的生产能力而言，盈亏平衡点越低，方案盈利的可能性就越大，对不确定性因素变化所带来的风险的承受能力就越强。

盈亏平衡分析的基本方法是建立总成本费用与产销量、营业收入与产销量之间的函数关系，通过对这两个函数及其图形的分析，找出盈亏平衡点。

一、线性盈亏平衡分析

线性盈亏平衡分析如图 5-1 所示，其基本公式如下。

年营业收入方程：

$$R=P\cdot Q \tag{5-1}$$

年总成本费用方程：

$$C=F+V\cdot Q+T\cdot Q \tag{5-2}$$

年利润方程：

$$B=R-C=(P-V-T)Q-F \tag{5-3}$$

式中，R 为年总营业收入；P 为单位产品销售价格；Q 为项目设计生产能力或年产量；C 为年总成本费用；F 为年总成本中的固定成本；V 为单位产品变动成本；T 为单位产品增值税和税金及附加(当销售价格中含增值税时)；B 为年利润。

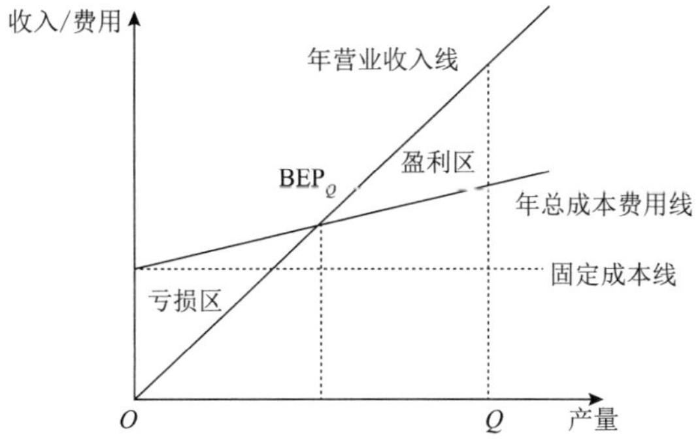

图 5-1　线性盈亏平衡分析图

当盈亏平衡时，B=0，可得出以下公式。

年产量的盈亏平衡点：

$$\mathrm{BEP}_Q = \frac{F}{P - V - T} \tag{5-4}$$

营业收入的盈亏平衡点：

$$\mathrm{BEP}_R = P\left(\frac{F}{P - V - T}\right) \tag{5-5}$$

盈亏平衡点的生产能力利用率：

$$\mathrm{BEP}_Y = \frac{\mathrm{BEP}_Q}{Q} = \frac{F}{(P - V - T) \times Q} \tag{5-6}$$

经营安全率：

$$\mathrm{BEP}_S = 1 - \mathrm{BEP}_Y \tag{5-7}$$

盈亏平衡点的生产能力利用率一般不应大于 75%；经营安全率一般不应小于 25%。
产品销售价格的盈亏平衡点：

$$\mathrm{BEP}_P = \frac{F}{Q} + V + T \tag{5-8}$$

单位产品变动成本的盈亏平衡点：

$$\mathrm{BEP}_V = P - T - \frac{F}{Q} \tag{5-9}$$

【例 5-1】 在人工智能时代，满足使用者日常生活需求的服务机器人越来越多。某系列服务机器人的年销售量为 12 万台，已知每件产品的销售价格为 675 元，每件产品缴付的营业税金及附加为 165 元，单位变动成本为 250 元，年总固定成本费用为 1500 万元，试求用产销量表示的盈亏平衡点、盈亏平衡点的生产能力利用率、盈亏平衡点的售价。

解

$$R=675\times Q$$

$$C=1500+(250+165)\times Q$$

$$\mathrm{BEP}_Q=1500\div(675-250-165)=5.77\text{（万件）}$$

$$\mathrm{BEP}_Y=5.77\div12\times100\%=48.08\%$$

$$\mathrm{BEP}_P=1500\div12+250+165=540\text{（元/件）}$$

二、非线性盈亏平衡分析

在垄断竞争条件下，随着项目产销量的增加，市场上产品的单位价格就要下降，因而营业收入与产销量之间是非线性关系；同时，企业增加产量时原材料价格可能上涨，同时要多支付一些加班费、奖金以及设备维修费，使产品的单位变动成本增加，从而总成本费用与产销量之间也呈非线性关系；这种情况下盈亏平衡点可能出现不止一个(图 5-2)。

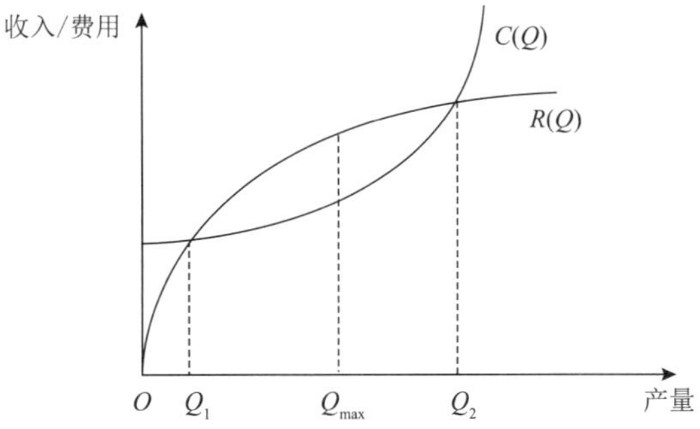

图 5-2　非线性盈亏平衡分析

【例 5-2】　微水泥涂料是一种科技含量高、功能全面的涂料，能有效减少室内污染。某品牌厂家生产桶装微水泥涂料，年固定成本为 66 000 元，单位变动成本为 28 元，由于原材料整批购买，每多生产一桶微水泥涂料，单位变动成本可降低 0.001 元；该品牌涂料售价为 55 元，产销量每增加一件售价下降 0.0035 元。试求盈亏平衡点及最大利润时的销售量。

解　单位产品的售价为：$(55-0.0035Q)$。单位产品的变动成本为：$(28-0.001Q)$。

(1)求盈亏平衡点的产量 Q_1 和 Q_2：

$$C(Q)=66\,000+(28-0.001Q)Q=66\,000+28Q-0.001Q^2$$

$$R(Q)=55Q-0.0035Q^2$$

根据盈亏平衡原理：

$$C(Q)=R(Q)$$

即

$$66\,000+28Q-0.001Q^2=55Q-0.0035Q^2$$

$$0.0025Q^2-27Q+66\,000=0$$

$$Q_1=\frac{27-\sqrt{27^2-4\times0.0025\times66\,000}}{2\times0.0025}=3739(\text{件})$$

$$Q_2=\frac{27+\sqrt{27^2-4\times0.0025\times66\,000}}{2\times0.0025}=7061(\text{件})$$

(2)求最大利润时的产量 Q_{max}。由 $B=R-C$ 得

$$B=-0.0025Q^2+27Q-66\,000$$

令 $B'(Q)=0$ 得 $-0.005Q+27=0$，有 $Q_{\max}=\dfrac{27}{0.005}=5400$（件）。

如果一个企业生产多种产品，可换算成单一产品，或选择其中一种不确定性最大的产品进行分析。

运用盈亏平衡分析，在进行方案选择时应优先选择平衡点较低者，盈亏平衡点越低意味着项目的抗风险能力越强，越能承受意外的变动。

三、互斥方案的盈亏平衡分析

在需要对若干个互斥方案进行比选的情况下，如果有某一个共有的不确定因素影响这些方案的取舍，可以先求出两两方案的盈亏平衡点，再根据盈亏平衡点进行方案取舍。

【例 5-3】 某产品有两种生产方案，方案 A 初始投资为 70 万元，预期年净收益为 15 万元；方案 B 初始投资为 170 万元，预期年净收益为 35 万元。该项目产品的市场寿命具有较大的不确定性，如果给定基准收益率为 15%，不考虑期末资产残值，试就项目寿命期分析两种方案的临界点。

解 设项目寿命期为 n，

$$\mathrm{NPV_A}=-70+15(P/A,15\%,n)$$

$$\mathrm{NPV_B}=-170+35(P/A,15\%,n)$$

当 $\mathrm{NPV_A}=\mathrm{NPV_B}$ 时，有

$$-70+15(P/A,15\%,n)=-170+35(P/A,15\%,n),\ (P/A,15\%,n)=5$$

查复利系数表得 $n\approx10$（年）。

这就是以项目寿命期为共有变量时方案 A 与方案 B 的盈亏平衡点（图 5-3）。由于方案 B 年净收益比较高，项目寿命期延长对方案 B 有利。故可知：如果根据市场预测项目寿命期小于 10 年，应采用方案 A，如果寿命期在 10 年以上，则应采用方案 B。

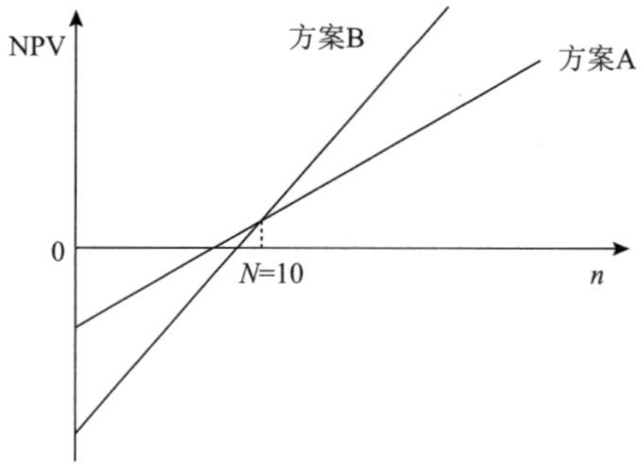

图 5-3 例 5-3 盈亏平衡分析图

【例 5-4】 拟建某项目，有三种技术方案可供采纳，每一种方案的产品成本费用见表 5-1，试比较三种方案。

表 5-1　例 5-4 成本数据表　　单位：元

项目	方案 A	方案 B	方案 C
产品变动成本	50	20	10
产品固定成本	1500	4500	6500

解　设 Q 为预计产量，各方案的成本费用方程为

$$C=VQ+F$$
$$C_A=50Q+1500$$
$$C_B=20Q+4500$$
$$C_C=10Q+6500$$

令 $C_A=C_B$，求得 $Q_{AB}=100$。
令 $C_B=C_C$，求得 $Q_{BC}=200$。
令 $C_A=C_C$，求得 $Q_{AC}=125$。
现以横轴表示产销量，纵轴表示成本费用，绘出盈亏平衡图，如图 5-4 所示。

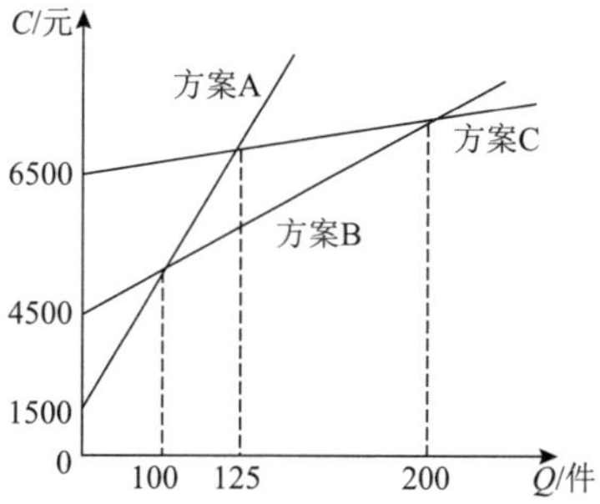

图 5-4　例 5-4 盈亏平衡分析图

从图 5-4 中可以看出，当产销量小于 100 件时，方案 A 为优；当产量为 100～200 件时，方案 B 为优；当产量大于 200 件时，方案 C 为优。决策时可结合市场预测结果及投资条件进行方案取舍。

第二节　敏感性分析

敏感性分析（sensitivity analysis）是通过研究建设项目主要不确定因素发生变化时，技术方案经济效果指标所发生的相应变化，进而找出项目的敏感因素，确定其敏感程度，并分析该因素达到临界值时项目的承受能力。

一、敏感性分析的目的和步骤

（一）敏感性分析的目的

（1）把握不确定性因素在什么范围内变化时技术方案的经济效果最好，以及在什么

范围内变化效果最差，以便对不确定性因素实施控制。

(2) 区分敏感性高的方案和敏感性低的方案，以便选出敏感性低的，即风险小的方案。

(3) 找出敏感性高的因素，向决策者提出是否需要进一步搜集资料，进行研究，以提高经济分析的可靠性。

(二) 敏感性分析的步骤

一般进行敏感性分析可按以下步骤进行。

(1) 选定需要分析的不确定因素。这些因素主要有：产品产销量(生产负荷)、产品售价、主要资源价格(原材料、燃料或动力等)、经营成本、项目总投资、建设期贷款利率及外汇汇率等。

(2) 确定进行敏感性分析的经济评价指标。衡量技术方案经济效果的指标较多，敏感性分析一般只对几个重要的指标进行分析，如财务净现值、财务内部收益率、投资回收期等。由于敏感性分析是在确定性经济评价的基础上进行的，故选为敏感性分析的指标应与经济评价所采用的指标相一致。

(3) 计算由不确定因素变动引起的评价指标的变动值。一般就所选定的不确定因素，设若干级变动幅度(通常用变化率表示)。然后计算与每级变动相应的经济评价指标值，建立一一对应的数量关系，并用敏感性分析图或敏感性分析表的形式表示。

(4) 计算敏感度系数并对敏感因素进行排序。敏感因素是指该不确定因素的数值有较小的变动就能使项目经济评价指标出现较显著改变的因素。敏感度系数的计算公式为

$$\beta = \frac{\Delta A / A}{\Delta F / F} \tag{5-10}$$

式中，β 为评价指标 A 对于不确定因素 F 的敏感度系数；ΔA 为不确定因素 F 发生 ΔF 变化时，评价指标 A 的相应变化(%)；ΔF 为不确定因素 F 的变化率。

(5) 计算变动因素的临界点。临界点(switch value)是指技术方案允许不确定因素向不利方向变化的极限值。超过极限，技术方案的效益指标将不可行。例如当总投资上升到某值时，内部收益率将刚好等于基准收益率，此点称为总投资上升的临界点。临界点可用临界点百分比或者临界值来表示某一变量的变化达到一定的百分比或者一定数值时，技术方案的评价指标将从可行转变为不可行。临界点可用专用软件计算，也可由敏感性分析图直接求得近似值。

根据项目经济净现值或经济内部收益率等所做的敏感性分析叫经济敏感性分析，而根据项目财务评价指标所做的敏感性分析叫作财务敏感性分析。也可根据项目融资前或融资后的现金流量表分别进行融资前敏感性分析或融资后敏感性分析。

依据每次所考虑的变动因素的数目不同，敏感性分析又分单因素敏感性分析和多因素敏感性分析。

二、单因素敏感性分析

每次只考虑一个因素的变动，而假设其他因素保持不变时所进行的敏感性分析，叫

作单因素敏感性分析。

【例 5-5】 设某项目基本数据估算值如表 5-2 所示，试进行敏感性分析(基准收益率 i_c=8%)。

表 5-2　某项目基本数据估算表

项目	总投资 I/万元	年营业收入 R/万元	年经营成本 C/万元	期末残值 L/万元	寿命 n/年
估算值	1500	600	250	200	6

解

(1)以年营业收入 R、年经营成本 C 和总投资 I 为拟分析的不确定因素。

(2)选择项目的内部收益率为评价指标。

(3)本项目的现金流量如表 5-3 所示。

表 5-3　基本方案的现金流量表　　单位：万元

序号	项目	第 1 年	第 2 年	第 3 年	第 4 年	第 5 年	第 6 年
1	现金流入		600	600	600	600	800
1.1	年营业收入		600	600	600	600	600
1.2	期末残值回收						200
2	现金流出	1500	250	250	250	250	250
2.1	总投资	1500					
2.2	年经营成本		250	250	250	250	250
3	净现金流量	−1500	350	350	350	350	550

方案的内部收益率 IRR 由下式确定：

$$-I(1+\mathrm{IRR})^{-1}+(R-C)\sum_{t=2}^{5}(1+\mathrm{IRR})^{-t}+(R+L-C)(1+\mathrm{IRR})^{-6}=0$$

$$-1500(1+\mathrm{IRR})^{-1}+350\sum_{t=2}^{5}(1+\mathrm{IRR})^{-t}+550(1+\mathrm{IRR})^{-6}=0$$

采用试算法得

$$\mathrm{NPV}(i=8\%)=31.08(\text{万元})>0$$

$$\mathrm{NPV}(i=9\%)=-7.92(\text{万元})<0$$

采用线性内插法可求得

$$\mathrm{IRR}=8\%+\frac{31.08}{31.08+7.92}(9\%-8\%)=8.79\%$$

(4)计算年营业收入、年经营成本和总投资变化对内部收益率的影响，结果见表 5-4。

表 5-4　因素变化对内部收益率的影响

不确定因素	−10%	−5%	基本方案	+5%	+10%
年营业收入	3.01%	5.94%	8.79%	11.58%	14.30%
年经营成本	11.12%	9.96%	8.79%	7.61%	6.42%
总投资	12.70%	10.67%	8.79%	7.06%	5.45%

内部收益率的敏感性分析见图 5-5。

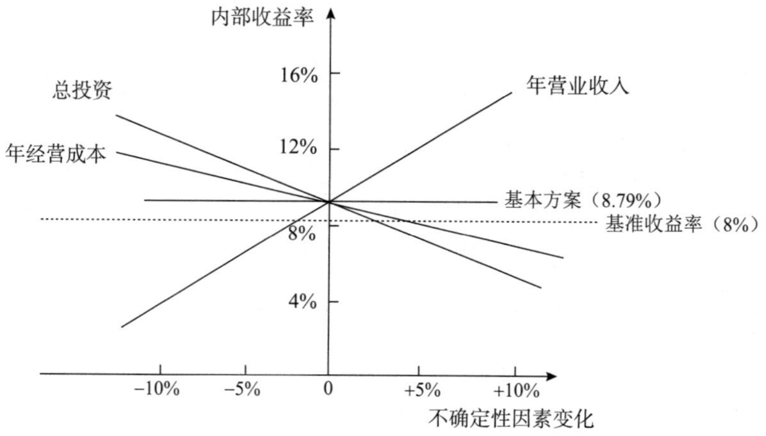

图 5-5　单因素敏感性分析图

(5)计算方案对各因素的敏感度。

平均敏感度的计算公式如下：

$$\beta=\frac{\text{评价指标的变化率}\left(\Delta A/A\right)}{\text{不确定性因素的变化率}\left(\Delta F/F\right)} \tag{5-11}$$

对于例 5-5 的方案而言，

$$\text{年营业收入平均敏感度}=\frac{(14.30\%-3.01\%)\div 8.79\%}{20\%}=6.42$$

$$\text{年经营成本平均敏感度}=\frac{\left|6.42\%-11.12\%\right|\div 8.79\%}{20\%}=2.67$$

$$\text{总投资平均敏感度}=\frac{\left|5.45\%-12.70\%\right|\div 8.79\%}{20\%}=4.12$$

显然，内部收益率对年营业收入变化的反应最为敏感。

三、多因素敏感性分析

单因素敏感性分析的方法简单，但其不足在于忽略了因素之间的相关性。实际上，一个因素的变动往往也伴随着其他因素的变动，多因素敏感性分析考虑了这种相关性，因而能反映几个因素同时变动对项目产生的综合影响，弥补了单因素分析的局限性。因此，在对一些有特殊要求的项目进行敏感性分析时，除进行单因素敏感性分析外，还应进行多因素敏感性分析。

【例 5-6】 某高技术产业化项目有关数据如表 5-5 所示。如果可变因素为总投资与年营业收入，并考虑它们同时发生变化，试通过净年值指标对该项目进行敏感性分析。

表 5-5　例 5-6 数据表

项目	总投资/万元	寿命/年	年营业收入/万元	年经营成本/万元	残值/万元	折现率
估计值	10 000	5	5 000	2 200	2 000	8%

解　令 x 和 y 分别代表总投资及年营业收入变化的百分数，则项目必须满足下式才可行：

$$\text{NAV}=-10\,000(1+x)(A/P,8\%,5)+5000(1+y)-2200+2000(A/F,8\%,5)\geqslant 0$$

即

$$636-2505x+5000y\geqslant 0$$

这是一个直线方程。将其在坐标图上表示出来(图 5-6)，即为 NAV > 0 的临界线。在临界线上，NAV=0，在临界线左上方的区域 NAV > 0，在临界线右下方的区域 NAV < 0。

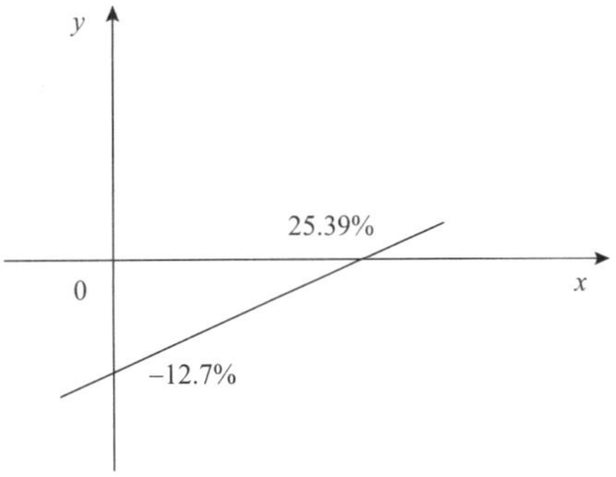

图 5-6　双因素变化敏感性分析图

在例 5-6 中如果方案的寿命也是关键参数，则需分析三个参数同时发生变化的敏感性。

由于很难处理三维以上敏感性的表达式，为了简化起见我们可以按不同寿命期(n=2,3,4,5,6)研究三个参数同时发生变化时净年值的相应变化。令 NAV(n)代表寿命为 n 的净年值，则方案必须满足下列不等式才可行。

$$\text{NAV}(n)=-10\,000(1+x)(A/P,8\%,n)+5000(1+y)-2200+2000(A/F,8\%,n)\geqslant 0$$

$$\text{NAV}(2)=-1846-5608x+5000y\geqslant 0$$

$$y\geqslant 0.369+1.122x$$

$$NAV(3)=-464-3880x+5000y\geqslant 0$$

$$y\geqslant 0.093+0.776x$$

$$NAV(4)=-225-3019x+5000y\geqslant 0$$

$$y\geqslant -0.045+0.604x$$

$$NAV(5)=636-2505x+5000y\geqslant 0$$

$$y\geqslant -0.127+0.501x$$

$$NAV(6)=910-2163x+5000y\geqslant 0$$

$$y\geqslant -0.182+0.433x$$

根据上面的不等式，可绘出一组损益平衡线(图 5-7)。只要 $n\geqslant 4$，方案就具有一定的抗风险能力。但是 $n=4$ 时，总投资及年营业收入发生估计误差的允许范围就很小了。比如，当总投资增加 10%时，年营业收入至少要增加 1.55%才能使净年值大于零。

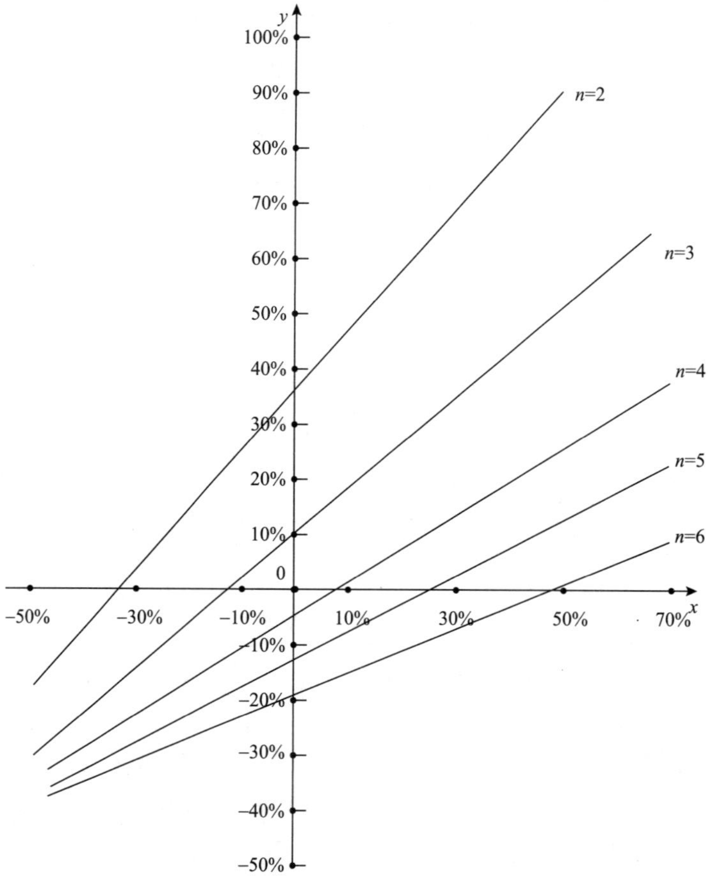

图 5-7 净年值敏感性分析图(多因素)

每条线代表一个方案寿命，线的上方 NAV > 0；线的下方 NAV < 0

四、三项预测值敏感性分析

多因素敏感性分析要考虑可能发生的多种因素不同变动幅度的多种组合，计算起来要比单因素敏感性分析复杂得多。当分析的不确定因素不超过三个，且指标计算比较简单时，可以采用三项预测值敏感性分析。

三项预测值敏感性分析的基本思路是，对技术方案的各种参数分别给出三个预测值（估计值），即悲观的预测值 P、最可能的预测值 M、乐观的预测值 O。根据这三种预测值即可对技术方案进行敏感性分析并做出评价。

【例 5-7】 某企业欲购置新型高档数控机床完成生产任务，总投资、使用寿命等数据如表 5-6 所示，试就使用寿命、年经营成本和年营业收入三项因素按乐观、最可能和悲观三种情况，进行净现值敏感性分析，i_c=8%。

表 5-6 例 5-7 数据表

项目	总投资/万元	使用寿命/年	年营业收入/万元	年经营成本/万元
乐观(O)	15	18	11	2.0
最可能(M)	15	10	7	4.3
悲观(P)	15	8	5	5.7

解 计算过程如表 5-7 所示。

表 5-7 三项预测值敏感性分析 单位：万元

年营业收入	年经营成本								
	O			M			P		
	使用寿命								
	O	M	P	O	M	P	O	M	P
O	69.35	45.39	36.72	47.79	29.89	23.50	34.67	20.56	15.46
M	31.86	18.55	13.74	10.3	3.12	0.52	−2.82	−6.28	−7.53
P	13.12	5.13	2.24	8.44	−10.30	−10.98	−21.56	−19.70	−19.00

在表 5-7 中最大的 NPV 是 69.35 万元。使用寿命、年营业收入、年经营成本均处于乐观状态时，

$$\text{NPV}=(11-2)(P/A, 8\%, 18)-15=9\times9.3719-15=69.35\text{（万元）}$$

在表 5-7 中最小的 NPV 是−21.56 万元，即使用寿命在 O 状态，年营业收入和年经营成本在 P 状态时，

$$\begin{aligned}\text{NPV}&=(5-5.7)\times(P/A, 8\%, 18)-15\\&=-0.7\times9.3719-15=-21.56\text{（万元）}\end{aligned}$$

敏感性分析在一定程度上就各种不确定因素的变动对方案经济效果的影响作了定量

描述。这有助于决策者了解方案的风险情况，有助于确定在决策过程中及各方案实施过程中需要重点研究与控制的因素。但是，敏感性分析没有考虑各种不确定因素在未来发生变化的概率，这可能会影响分析结论的准确性。实际上，各种不确定因素在未来发生某一幅度变动的概率一般是有所不同的。可能有这样的情况，通过敏感性分析找出的某一个敏感因素未来发生不利变动的概率很小，因而实际上所带来的风险并不大，以至于可以忽略不计；而另一个不太敏感的因素未来发生不利变动的概率却很大，实际上所带来的风险要高于此前的敏感因素。这种问题是敏感性分析所无法解决的，必须借助于风险概率分析方法。

第三节　风险分析

一、风险概述

(一)风险的概念

风险(risk)是相对于预期目标而言，经济主体遭受损失的不确定性。

理解风险的概念应把握以下三要素。

(1)不确定性是风险存在的必要条件。风险和不确定性是两个不完全相同但又密切相关的概念。如果某种损失必定要发生或必定不会发生，人们可以提前计划或通过成本费用的方式予以明确，风险是不存在的。只有当人们对行为产生的未来结果无法事先准确预料时，风险才有可能存在。

(2)潜在损失是风险存在的充分条件。不确定性的存在并不一定意味着风险，因为风险是与潜在损失联系在一起的，即实际结果与目标发生的负偏离，包括没有达到预期目标的损失。例如，如果投资者的目标是基准收益率 15%，而实际投资内部收益率在 20%～30%，虽然具体数值无法确定，但最低的投资收益率都高于目标收益率，绝无风险可言。如果这项投资的内部收益率估计在 12%～18%，则它是一个有风险的投资，因为实际投资收益率有小于目标水平 15%的可能性。

(3)经济主体是风险成立的基础。风险成立的基础是存在承担行为后果的经济主体(个人或组织)，即风险行为人必须是行为后果的实际承担人。如果有某位投资者对其投资后果不承担任何责任，或者只负盈不负亏，那么投资风险对他就没有任何意义，他也不可能花费精力进行风险管理。

(二)风险的分类

按照风险与不确定性的关系、风险与时间的关系和风险与行为人的关系，可以对风险进行以下分类。

1. 纯风险和理论风险

这是根据风险与不确定性的关系进行分类的一种方法。纯风险是指不确定性中仅存在损失的可能性，即纯风险没有任何收益的可能，只有损失的可能。例如，火灾或洪水造成的财产损失，以及事故或疾病造成的意外伤亡，都属于纯风险。理论风险是指不确定性中既存在收益的不确定性也存在损失的不确定性。高新技术开发活动和证券投资活动往往包含理论风险。

2. 静态风险和动态风险

这是根据风险与时间的关系划分风险类型的一种方法。静态风险是社会经济处于稳定状态时的风险，例如，飓风、暴雨、地震等随机事件造成的不确定性。动态风险则是由于社会经济的变化而产生的风险，如经济体制的改革、科技创新的加速、人工智能应用的普及化、人们思想观念的转变等带来的风险。

静态和动态风险并不是各自独立的，较大的动态风险可能会提高某些类型的静态风险。例如，与天气状况有关的损失导致的不确定性，这种风险通常被认为是静态的。然而，越来越多的证据显示，日益加速的工业化造成的环境污染，这种动态风险可能正在促使气候变暖，从而提高了恶劣天气这种静态风险发生的可能性。

3. 主观风险和客观风险

按照风险与行为人的关系可以将风险划分为主观风险和客观风险。主观风险本质上是心理上的不确定性，这种不确定性来源于行为人的思维状态和对行为后果的看法。客观风险与主观风险的最大区别在于它能更精确地观察和测量。

主观风险可以解释人们面临相同的客观风险却得出不同的结论这一行为。因此，仅知道客观风险的程度是远远不够的，还必须了解一个人对风险的态度。

各种风险类型之间的关系如图 5-8 所示。

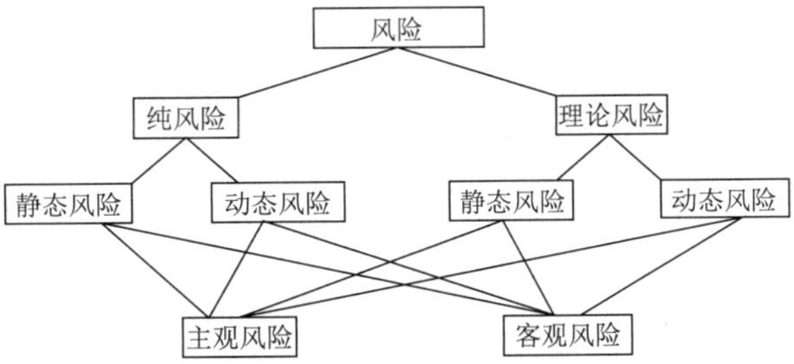

图 5-8　各种风险类型的关系

(三) 项目风险的主要来源

(1) 市场风险，指市场价格的不确定性导致损失的可能性。具体来讲，就是市场需求量、需求偏好以及市场竞争格局、政治经济等方面的变化导致市场价格有可能发生不利变化而使项目经济效果或企业发展目标达不到预期的水平，如营业收入、利润或市场占有率等低于期望水平。对于大多数项目，市场风险是最直接也是最主要的风险。

(2) 技术风险，指高新技术的应用和普及使项目目标发生损失的可能性。在项目建设和运营阶段一般都涉及各种高新技术的应用，出于种种原因，实际的应用效果可能达不到原先预期的水平，从而也就可能使项目的目标无法实现，形成高新技术应用风险。此外，高新技术的推广和普及会使项目的相对技术水平降低，从而影响项目的竞争力和经济效果，这就构成了技术进步风险。

(3)财产风险，指与项目建设有关的企业和个人所拥有、租赁或使用的财产，面临可能被破坏、损毁、盗窃的风险。财产风险的来源包括火灾、闪电、洪水、地震、飓风、暴雨、偷窃、爆炸、暴乱、冲突等。此外，与财产损失相关的可能损失还包括停产停业的损失、采取补救措施的费用和不能履行合同对他人造成的损失。

(4)责任风险，指承担法律责任后对受损一方进行补偿而使自己蒙受损失的可能性。随着法律的建立健全和执法力度的加强，项目建设过程中，个人和组织越来越多地通过诉诸法律补偿自己受到的损失。司法裁决可能对受害一方进行经济补偿，同时惩罚与责任有关的个人或组织。即使被告最终免除了责任，辩护费也是必不可少的。因此，经济主体必须谨慎识别那些可能对自己造成影响的责任风险。

(5)信用风险，指有关行为主体不能做到重合同、守信用而导致目标受到损失的可能性。在项目建设和营运过程中，合同作为市场经济运行的基本单元具有普遍性和经常性，如工程承发包合同、设备材料采购合同、贷款合同、租赁合同、技术开发和转让合同、技术咨询和服务合同等。这些合同规范了诸多合作方的行为，是工程顺利进行的基础。但如果有行为主体钻合同的空子，损害另一方当事人的利益或者单方面无故违反承诺，则项目将受到损失，这就是信用风险。

(四)风险管理的步骤

风险管理的步骤包括风险识别、风险估计、风险决策和风险应对。下文具体分析各步骤。

二、风险识别

风险识别(risk identification)是指采用系统论的观点对项目进行全面考察和综合分析，找出潜在的各种风险因素，并对各种风险进行比较、分类，确定各因素间的相关性与独立性，判断其发生的可能性及对项目的影响程度，按其重要性进行排序，或赋予权重。风险识别是风险分析和管理的一项基础性工作，其主要任务是明确风险存在的可能性，为风险估计、风险决策和风险应对奠定基础。而前述敏感性分析则是初步识别风险因素的重要手段。

风险识别是一项极富艺术性的工作，要求风险分析人员拥有较强的洞察能力、分析能力以及丰富的实际经验。

风险识别的一般步骤如下。

(1)明确所要实现的目标。

(2)找出影响目标值的全部因素。

(3)分析各因素对目标的相对影响程度。

(4)对各因素向不利方向变化的可能性进行分析、判断，并确定主要风险因素。

例如，某项目经济评价指标为内部收益率(IRR)，识别项目风险的基本过程如下。

(1)找出可能影响 IRR 的各种因素，如图 5-9 所示。

(2)对各种因素逐层分解，直至可直接判断其变动可能性为止。

(3)根据已有的知识和经验，判断可能发生不利变化的主要因素及其可能性大小。

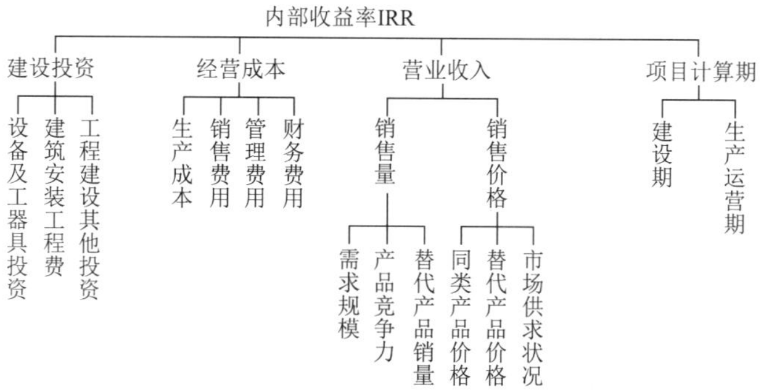

图 5-9　项目风险识别图

项目投资规模大、建设周期长，涉及因素多。因此，也可以按项目的不同阶段进行风险识别，而且随着项目寿命周期的推移，一种风险的重要性会下降，而另一种风险的重要性会上升，如图 5-10 所示。这样，可以从不同的角度对项目风险进行更深入的认识。

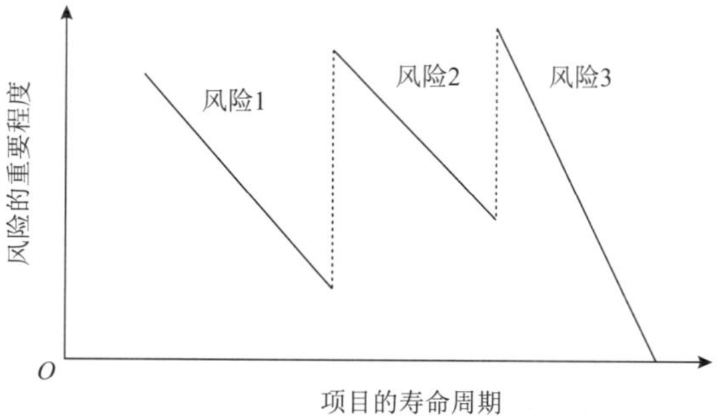

图 5-10　重要程度变化示意图

三、风险估计

估计风险大小不仅要考虑损失或负偏离发生的大小范围，更要综合考虑各种损失或负偏离发生的可能性大小，即概率。估计工程建设项目的风险可用项目某一经济效益指标的负偏离（如 NPV≤0，IRR≤i_c）发生的概率来度量。

风险估计（risk assessment）是指采用主观概率和客观概率的统计方法，确定风险因素的概率分布，运用数理统计分析方法，计算项目评价指标相应的概率分布或累计概率、期望值、标准差。

概率分为客观概率和主观概率。客观概率是指用科学的数理统计方法，推断、计算随机事件发生的可能性大小，是对大量历史先例进行统计分析得到的。主观概率是当某些事件缺乏历史统计资料时，由决策人自己或借助于咨询机构或专家凭经验进行估计得出的。实际上，主观概率也是人们在长期实践基础上得出的，并非纯主观的随意猜想。

（一）离散概率分布

当变量可能值为有限个数，这种随机变量称为离散随机变量，其概率密度为间断函数。在此分布下指标期望值为

$$\bar{x}=\sum_{i=1}^{n} p_i \cdot x_i \tag{5-12}$$

式中，$\bar{x}$ 为指标的期望值；p_i 为第 i 种状态发生的概率；x_i 为第 i 种状态下的指标值；n 为可能的状态数。

指标的方差 D 为

$$D=\sum_{i=1}^{n} p_i (x_i-\bar{x})^2 \tag{5-13}$$

指标的均方差（或标准差）σ 为

$$\sigma=\sqrt{D}$$

【例 5-8】 某高新技术转化项目的净现值为随机变量，并有如表 5-8 所示的离散型概率分布，求净现值的期望值和方差。

表 5-8 例 5-8 数据表

项目	净现值的可能状态/万元			
	1000	1500	2000	2500
概率分布 p	0.10	0.50	0.25	0.15

解 净现值的期望值为

$$\bar{x}=0.10\times1000+0.50\times1500+0.25\times2000+0.15\times2500=1725（万元）$$

净现值的方差为

$$D=0.10\times(1000-1725)^2+0.50\times(1500-1725)^2+0.25\times(2000-1725)^2+0.15\times(2500-1725)^2=186\,875$$

净现值的均方差为

$$\sigma=\sqrt{D}=432.29（万元）$$

（二）连续概率分布

当一个变量的取值范围为一个区间，这种变量称为连续变量，其概率密度分布为连续函数。常用的连续概率分布有以下几种。

1. 正态分布

正态分布是一种最常用的概率分布，特点是密度函数以均值为中心对称分布。正态分布概率密度如图 5-11 所示。正态分布适用于描述一般经济变量的概率分布，如销售量、售价、产品成本等。

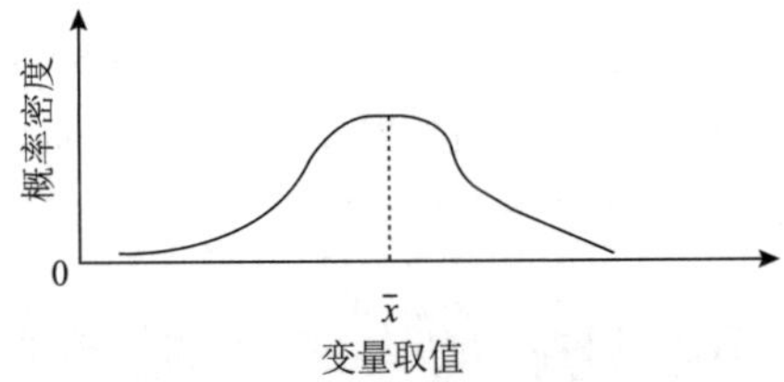

图 5-11 正态分布概率密度图

设变量为 x，x 的正态分布概率密度函数为 $p(x)$，x 的期望值为 $\bar{x}$，方差为 D。

计算公式如下：

$$\bar{x}=\int xp(x)\mathrm{d}x \tag{5-14}$$

$$D=\int_{-\infty}^{+\infty}(x-\bar{x})^2 p(x)\mathrm{d}x \tag{5-15}$$

当 $\bar{x}=0$、$\sqrt{D}=1$ 时，称这种分布为标准正态分布，用 $N(0,1)$ 表示。

2. 三角分布

三角分布的特点是密度函数由悲观值、最可能值和乐观值构成对称的或不对称的三角形。它适用于描述工期、投资等不对称分布的输入变量，也可用于描述产量、成本等对称分布的输入变量，如图 5-12 所示。

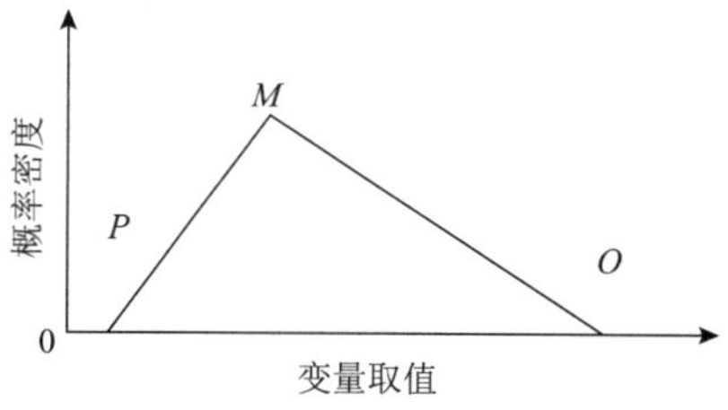

图 5-12　三角分布概率密度图

3. 梯形分布

梯形分布是三角分布的特例，在确定变量的乐观值和悲观值后，对最可能值却难以判定，只能确定一个最可能值的范围，这时可用梯形分布描述，如图 5-13 所示。

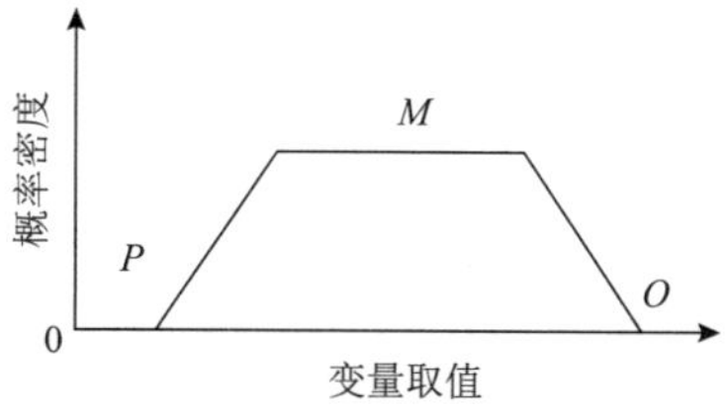

图 5-13　梯形分布概率密度图

4. β 分布

如果某变量服从 β 分布，则其概率密度在均值两边呈不对称分布，如图 5-14 所示。β 分布适用于描述工期等不对称分布的变量。通常可以对变量做出三种估计值，即悲观值 P、乐观值 O、最可能值 M。其期望值及方差近似等于：

$$\bar{x}=\frac{P+4M+O}{6} \tag{5-16}$$

$$D=\left(\frac{O-P}{6}\right)^2 \tag{5-17}$$

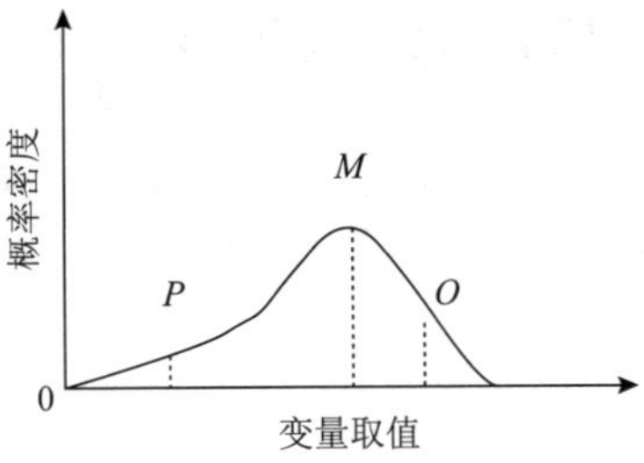

图 5-14 β分布概率密度图

5. 均匀分布

如果指标值服从均匀分布，其期望值和方差如下：

$$\bar{x}=\frac{(a+b)}{2} \tag{5-18}$$

$$D=\frac{(b-a)^2}{12} \tag{5-19}$$

式中，a、b 分别为指标值的最小值和最大值。均匀分布的概率密度如图 5-15 所示。

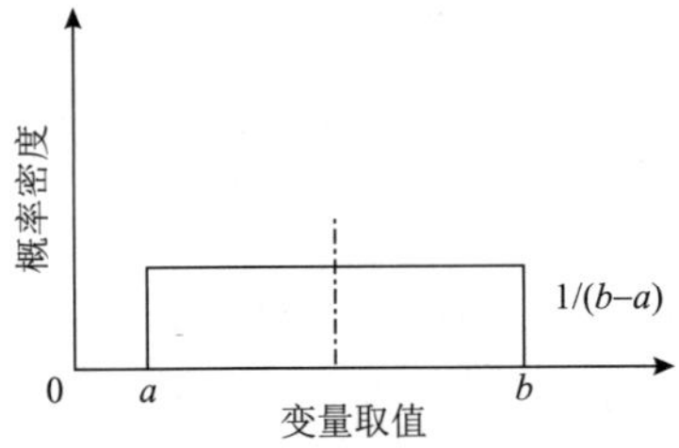

图 5-15 均匀分布概率密度图

(三)概率树分析

概率树分析的一般步骤如下。

(1)列出要考虑的各种风险因素，如总投资、经营成本、销售价格等。

(2)设想各种风险因素可能发生的状态，即确定其数值发生变化的个数。

(3)分别确定各种状态可能出现的概率，并使可能发生状态概率之和等于 1。

(4)分别求出各种风险因素发生变化时，方案净现金流量各状态发生的概率和相应状态下的净现值 $\mathrm{NPV}^{(j)}$。

(5)求方案净现值的期望值(均值)E(NPV)：

$$E(\mathrm{NPV})=\sum_{j=1}^{k}\mathrm{NPV}^{(j)}\times p_j \tag{5-20}$$

式中，p_j 为第 j 种状态出现的概率；k 为可能出现的状态数。

(6)求出方案净现值非负的累计概率。

(7)对概率分析结果作说明。

【例 5-9】　某项目欲采用新型金属材料来更换旧材料，该方案在其寿命期内可能出现的五种状态的净现金流量及其发生的概率见表 5-9，假定各年份净现金流量之间互不相关，基准折现率为 10%，求：①方案净现值的期望值、方差、均方差；②方案净现值大于等于 0 的概率；③方案净现值大于等于 17.5 万元的概率。

表 5-9　不同状态的发生概率及净现金流量　　单位：万元

项目	S_1	S_2	S_3	S_4	S_5
	p_1=0.1	p_2=0.2	p_3=0.4	p_4=0.2	p_5=0.1
第 0 年	−22.50	−22.50	−22.50	−24.75	−27.00
第 1 年	0	0	0	0	0
第 2～10 年	2.45	3.93	6.90	7.59	7.79
第 11 年	5.45	6.93	9.90	10.59	10.94
NPV	−7.76	0.51	17.10	18.70	17.62

解

(1) 对于状态 S_1，净现值计算结果如下：

$$\begin{aligned}\text{NPV}^{(1)} &= -22.50 + 2.45(P/A,10\%,9)(P/F,10\%,1) + 5.45(P/F,10\%,11)\\ &= -22.50 + 2.45\times 5.7590\times 0.9091 + 5.45\times 0.3505 = -7.76\ (\text{万元})\end{aligned}$$

用相同的方法可求得其他 4 种状态的净现值结果，见表 5-9。

根据式(5-12)和式(5-13)计算方案净现值的期望值、方差、均方差如下：

$$\begin{aligned}E(\text{NPV}) &= \sum_{j=1}^{k}\text{NPV}^{(j)}\times p_j = 0.1\times(-7.76) + 0.2\times 0.51 + 0.4\times 17.10 + 0.2\times 18.70 + 0.1\times 17.62\\ &= 11.67\ (\text{万元})\end{aligned}$$

$$\begin{aligned}D(\text{NPV}) &= \sum_{j=1}^{k}[\text{NPV}^{(j)} - E(\text{NPV})]^2\times p_j\\ &= [(-7.76) - 11.67]^2\times 0.1 + (0.51 - 11.67)^2\times 0.2 + (17.10 - 11.67)^2\times 0.4\\ &\quad + (18.70 - 11.67)^2\times 0.2 + (17.62 - 11.67)^2\times 0.1 = 87.87\\ \sigma(\text{NPV}) &= \sqrt{D(\text{NPV})} = 9.37\ (\text{万元})\end{aligned}$$

(2) 方案净现值的概率树如图 5-16 所示。从图 5-16 中可知，方案净现值大于等于零的概率为：$p(\text{NPV}\geqslant 0) = 0.2 + 0.4 + 0.2 + 0.1 = 0.9$。方案净现值大于等于 17.5 万元的概率为：$p(\text{NPV}\geqslant 17.5) = 0.2 + 0.1 = 0.3$。

【例 5-10】　假定在例 5-9 中方案净现值服从均值为 11.67 万元、均方差为 9.37 万元的正态分布，试求：①方案净现值大于等于 0 的概率；②方案净现值大于等于 17.5 万元的概率。

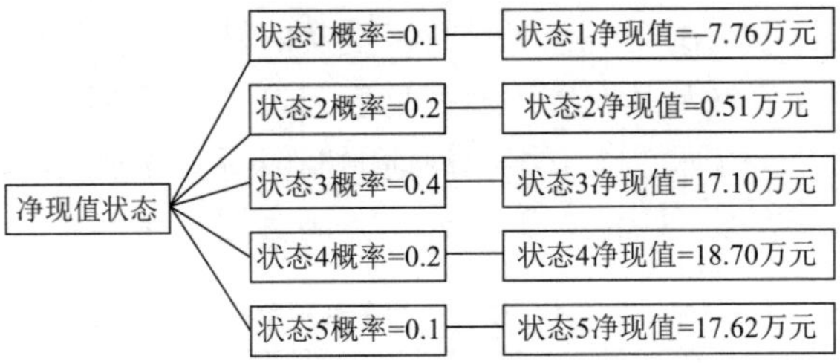

图 5-16 方案净现值的概率树图

解 根据概率论的有关知识，若连续型随机变量 x 服从参数为 μ（均值）和 σ（均方差）的正态分布，则 X 小于 x_0 的概率为

$$p(X < x_0) = \Phi\left(\frac{x_0 - \mu}{\sigma}\right) \tag{5-21}$$

Φ 值可由本书附录的标准正态分布表中查出。

在例 5-10 中，已知 $\mu = E(\text{NPV}) = 11.67$（万元），$\sigma = \sigma(\text{NPV}) = 9.37$（万元），可得出以下结果。

(1) 方案净现值大于等于 0 的概率为

$$p(\text{NPV} \geqslant 0) = 1 - p(\text{NPV} < 0) = 1 - \Phi\left(\frac{0 - 11.67}{9.37}\right) = 1 - [1 - \Phi(1.25)] = 0.8944$$

(2) 方案净现值大于等于 17.5 万元的概率为

$$p(\text{NPV} \geqslant 17.5) = 1 - p(\text{NPV} < 17.5) = 1 - \Phi\left(\frac{17.5 - 11.67}{9.37}\right) = 1 - \Phi(0.62) = 0.2676$$

【例 5-11】 2024 年国家对分布式能源开发利用的推动为光伏产业发展打下良好的政策基础，某地方应用 BIPV（building integrated photovoltaic，光伏建筑一体化）系统开发商品住宅小区项目，其现金流量的估计值如表 5-10 所示，根据经验推断，营业收入和开发成本为离散型随机变量，其值在估计值的基础上可能发生的变化及其概率见表 5-11。试确定该项目净现值大于等于零以及大于等于 3000 万元的概率。基准收益率 i_c=12%。

表 5-10 基本方案的参数估计 单位：万元

项目	第 1 年	第 2 年	第 3 年
营业收入	857	7 143	14 420
开发成本	5 888	4 873	3 874
其他税费	56	464	1 196
净现金流量	−5 087	1 806	9 350

表 5-11　不确定性因素的变化范围

项目	−20%	0	+20%
营业收入	0.2	0.6	0.2
开发成本	0.1	0.3	0.6

解

(1)项目净现金流量未来可能发生的 9 种状态如图 5-17 所示。

(2)分别计算项目净现金流量各种状态的概率 p_j(j=1,2,···,9):

$$p_1=0.2\times0.6=0.12$$

$$p_2=0.2\times0.3=0.06$$

$$p_3=0.2\times0.1=0.02$$

其余类推。结果见图 5-17。

(3)分别计算项目各状态下的净现值 $\mathrm{NPV}^{(j)}$ (j=1,2,···,9):

$$\mathrm{NPV}^{(1)}=\sum_{t=1}^{3}(\mathrm{CI}-\mathrm{CO})_t^{(1)}(1+12\%)^{-t}=-2171.63\ (\text{万元})$$

其余类推，结果见图 5-17。

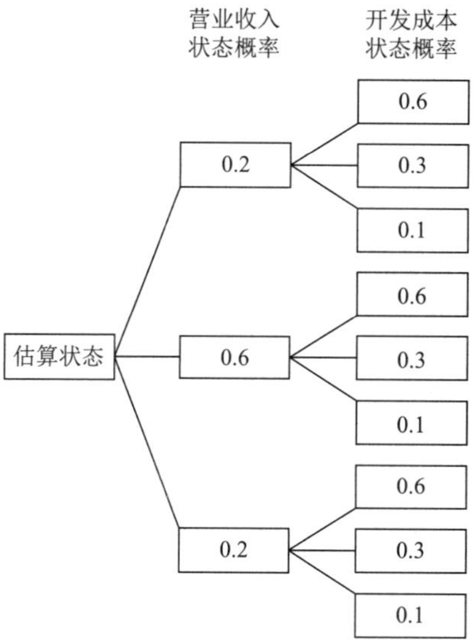

可能状态 (j)	状态概率 (p_j)	$\mathrm{NPV}^{(j)}$ /万元	$p_j\cdot\mathrm{NPV}^{(j)}$ /万元
1	0.12	−2171.63	−260.60
2	0.06	208.23	12.49
3	0.02	2588.09	51.76
4	0.36	1173.05	422.30
5	0.18	3552.91	639.52
6	0.06	5932.77	355.97
7	0.12	4517.73	542.13
8	0.06	6897.59	413.86
9	0.02	9277.46	185.55
合计	1.00		2362.98

图 5-17　概率树图

(4)计算项目净现值的期望值：

$$\begin{aligned}净现值的期望值 &= 0.12\times(-2171.63)+0.06\times208.23+0.02\times2588.09+0.36\times1173.05\\ &+0.18\times3552.91+0.06\times5932.77+0.12\times4517.73+0.06\times6897.59\\ &+0.02\times9277.46=2362.98(万元)\end{aligned}$$

(5)计算净现值大于等于零的概率：

$$p(NPV\geqslant0)=1-0.12=0.88$$

(6)计算净现值大于等于 3000 万元的概率：

$$p(NPV\geqslant3000)=0.18+0.06+0.12+0.06+0.02=0.44$$

结论：该项目净现值的期望值大于零，是可行的，且净现值大于零的概率较高，说明项目具有一定的抗风险能力。

(四)蒙特卡罗模拟法

在风险测度中，概率树法多用于解决比较简单的问题，比如只有一个或两个参数是随机变量，且随机变量的概率分布是离散型的。但若遇到随机变量较多且概率分布是连续型的，采用概率树法将变得十分复杂，而蒙特卡罗模拟法却能较方便地解决此类问题。

蒙特卡罗模拟法是用随机抽样的方法抽取一组输入变量的概率分布特征的数值，输入这组变量计算项目评价指标，通过多次抽样计算可获得评价指标的概率分布及累计概率分布、期望值、方差、标准差，计算项目可行或不可行的概率，从而估计项目投资所承担的风险。

蒙特卡罗模拟法的实施步骤一般如下。

(1)通过敏感性分析，确定风险随机变量。

(2)确定风险随机变量的概率分布。

(3)通过随机数表或计算机求出随机数，根据风险随机变量的概率分布模拟输入变量。

(4)选取经济评价指标，如净现值、内部收益率等。

(5)根据基础数据计算评价指标值。

(6)整理模拟结果所得评价指标的期望值、方差、标准差和它的概率分布及累计概率，绘制累计概率图，计算项目可行或不可行的概率。

1. 离散型随机变量的蒙特卡罗模拟

假如根据专家调查获得的某种产品的年营业收入服从如表 5-12 所示的离散型概率分布，根据表 5-12 绘制累计概率如图 5-18 所示。

表 5-12 离散型随机变量的概率分布表

项目	年营业收入/万元			
	1000	1200	1500	2000
概率	0.10	0.50	0.25	0.15
累计概率	0.10	0.60	0.85	1.00

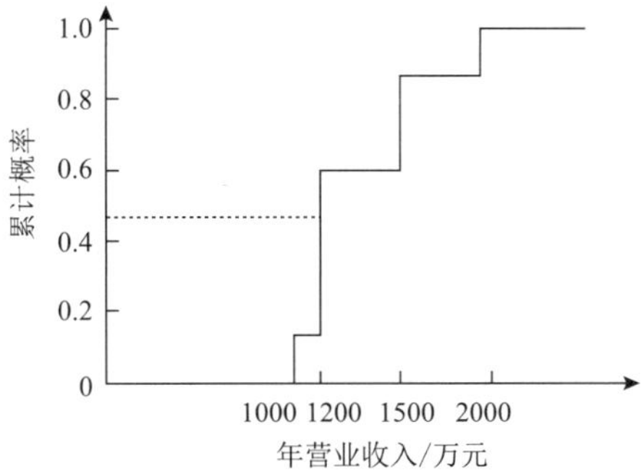

图 5-18　年营业收入累计概率图

若抽取的随机数为 48 867，从累计概率图纵坐标上找到累计概率为 0.488 67，画一水平线与累计概率折线相交的交点的横坐标值为 1200 万元，即年营业收入的抽样值。

随机数、累计概率与抽样结果的关系如表 5-13 所示。

表 5-13　随机数、累计概率与抽样结果的关系表

项目	年营业收入/万元			
	1 000	1 200	1 500	2 000
随机数	0～9 999	10 000～59 999	60 000～84 999	85 000～99 999
累计概率	0.10	0.60	0.85	1.00

2. 正态分布随机变量的蒙特卡罗模拟

根据正态分布概率密度分布函数可以绘出它的累计概率分布图，如图 5-19 所示。

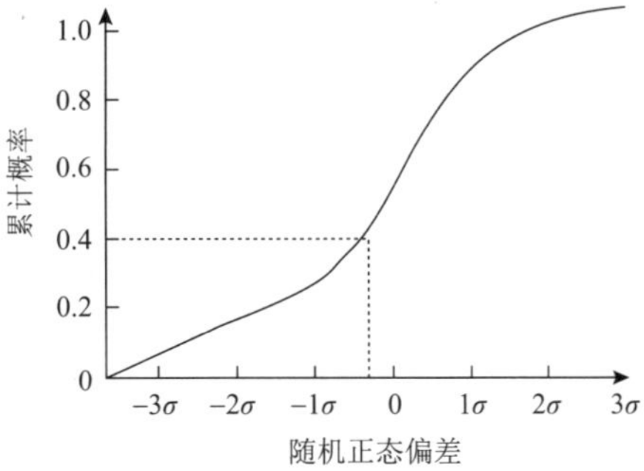

图 5-19　正态分布累计概率图

用随机数作为累计概率的随机值，每个随机数都可在图 5-19 中对应一个随机正态偏差，也可直接查本书附录中的随机正态偏差表查取随机正态偏差值。对应的随机变量的抽样结果可通过式(5-22)求得

$$抽样结果 = 均值 + 随机正态偏差 \times 均方差 \tag{5-22}$$

3. 均匀分布随机变量的蒙特卡罗模拟

具有最小值 a 和最大值 b 的连续均匀分布随机变量，其累计概率分布如图 5-20 所示。令 RN 表示随机数，RN_m 表示最大随机数，根据相似三角形对应成比例的原理，有

$$\text{抽样结果} = a + \frac{\mathrm{RN}}{\mathrm{RN}_m}(b-a) = \frac{a+b}{2} - \frac{b-a}{2} + \frac{\mathrm{RN}}{\mathrm{RN}_m}(b-a) \tag{5-23}$$

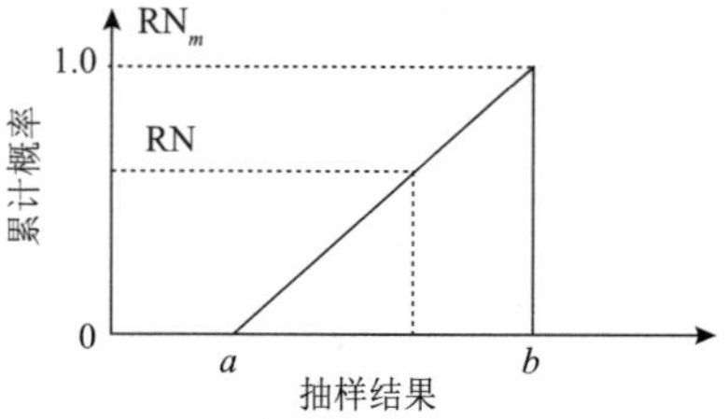

图 5-20 均匀分布累计概率图

如果某均匀分布随机变量的均值为 8，变化范围为 6，则其抽样结果 $= \left(8-\frac{6}{2}\right) + \frac{\mathrm{RN}}{\mathrm{RN}_m}\times 6 = 5 + \frac{\mathrm{RN}}{\mathrm{RN}_m}\times 6$。

【例 5-12】 某项目采用类似项目比较法能较准确地估算出初始总投资为 150 万元，投资当年即可获得正常收益。通过敏感性分析推断项目寿命和年净收益为风险随机变量。项目寿命估计为 12～16 年，呈均匀分布。年净收益估计呈正态分布，年净收益的均值为 25 万元，标准差为 3 万元。①试用蒙特卡罗模拟法描述该项目内部收益率的概率分布；②设基准收益率为 12%，计算项目内部收益率大于 12%的概率。

解

(1)例 5-12 中，需要模拟的随机变量有项目寿命和年净收益，且两个随机变量相互独立。根据已知条件，项目寿命的模拟结果为 $12 + \frac{\mathrm{RN}}{\mathrm{RN}_m}\times 4$，项目年净收益的模拟结果为 25+RND×3，其中 RND 为随机正态偏差。表 5-14 是 25 个随机样本数据及相应的内部收益率计算结果。

表 5-14 随机样本数据和内部收益率的计算结果

序号	项目寿命随机数	项目寿命/年	年净收益随机数	年净收益随机正态偏差	年净收益/万元	内部收益率
1	303	13	623	0.325	25.98	14.3%
2	871	16	046	−1.685	19.95	10.7%
3	274	13	318	−0.475	23.58	12.2%
4	752	15	318	−0.475	23.58	13.2%
5	346	13	980	2.055	31.15	18.5%
6	365	13	413	−0.220	24.34	12.9%
7	466	14	740	0.640	27.22	15.8%
8	021	12	502	0.005	25.02	12.7%
9	524	14	069	−1.485	20.55	10.2%
10	748	15	221	−0.770	22.69	12.6%
11	439	14	106	−1.245	21.27	10.8%

续表

序号	项目寿命随机数	项目寿命/年	年净收益随机数	年净收益随机正态偏差	年净收益/万元	内部收益率
12	984	16	636	0.345	26.04	15.7%
13	234	13	394	−0.270	24.19	12.7%
14	531	15	235	−0.725	22.83	12.7%
15	149	12	427	−0.185	24.45	12.2%
16	225	13	190	−0.880	22.36	11.1%
17	873	16	085	−1.370	20.89	11.5%
18	135	12	826	−1.145	21.57	9.6%
19	961	16	106	−1.245	21.27	11.8%
20	381	13	780	0.770	27.31	15.4%
21	439	14	450	−0.125	24.63	13.7%
22	289	13	651	0.390	26.17	14.4%
23	245	13	654	0.395	26.19	14.4%
24	069	12	599	0.250	25.75	13.4%
25	040	12	942	1.570	29.71	16.7%

(2)蒙特卡罗模拟法累计概率计算如表 5-15 所示，通过表 5-15 的累计概率计算，可得该项目内部收益率大于 12%的概率为 72%。

表 5-15　蒙特卡罗模拟法累计概率计算表

模拟顺序	模拟结果(内部收益率)	概率*	累计概率
18	9.6%	4%	4%
9	10.2%	4%	8%
2	10.7%	4%	12%
11	10.8%	4%	16%
16	11.1%	4%	20%
17	11.5%	4%	24%
19	11.8%	4%	28%
3	12.2%	4%	32%
15	12.2%	4%	36%
10	12.6%	4%	40%
8	12.7%	4%	44%
13	12.7%	4%	48%
14	12.7%	4%	52%
6	12.9%	4%	56%
4	13.2%	4%	60%
24	13.4%	4%	64%
21	13.7%	4%	68%

续表

模拟顺序	模拟结果(内部收益率)	概率*	累计概率
1	14.3%	4%	72%
22	14.4%	4%	76%
23	14.4%	4%	80%
20	15.4%	4%	84%
12	15.7%	4%	88%
7	15.8%	4%	92%
25	16.7%	4%	96%
5	18.5%	4%	100%

*表示每次模拟结果的概率=1/模拟次数

四、风险决策

(一)风险态度与风险决策准则

人是决策的主体，在风险条件下决策行为取决于决策者的风险态度，对同一风险决策问题，风险态度不同的人决策的结果通常有较大的差异。典型的风险态度有三种表现形式：风险厌恶、风险中性和风险偏爱。与风险态度相对应，风险决策(risk decision)可有以下决策准则：满意度准则、期望值准则、最小方差准则和期望方差准则。

(二)风险决策方法

1. 满意度准则

在工程实践中由于决策人的理性有限性和时空的限制，既不能找到一切方案，也不能比较一切方案，并非人们不喜欢“最优”，而是“最优”的代价太高。因此，最优准则只存在于纯粹的逻辑推理中。在实践中只要遵循满意度准则，就可以进行决策。

满意度准则既可以是决策人想要达到的收益水平，也可以是决策人想要避免的损失水平，因此它对风险厌恶和风险偏爱决策人都适用。

在选择最优方案花费过高或在没有得到其他方案的有关资料之前就必须决策的情况下，可采用满意度准则决策。

【例 5-13】 设有表 5-16 所示的决策问题。表 5-16 中的数据除各种自然状态的概率外，还有指标的损益值，正的为收益，负的为损失。如果满意度准则如下：①可能收益有机会至少等于 5；②可能损失不大于−1。试选择最佳方案。

表 5-16 满意度准则风险决策

方案	自然状态 S_j			
	S_1	S_2	S_3	S_4
	状态概率 $p(S_j)$			
	0.5	0.1	0.1	0.3
Ⅰ	3	−1	1	1
Ⅱ	4	0	−4	6
Ⅲ	5	−2	0	2

解　按准则①选择方案时，方案Ⅱ和方案Ⅲ有等于或大于 5 的可能收益，但方案Ⅲ取得收益 5 的概率更大一些，应选择方案Ⅲ。

按准则②选择方案时，只有方案Ⅰ的损失不超过−1，所以应选择方案Ⅰ。

2. 期望值准则

期望值准则是根据各备选方案指标损益值的期望值大小进行决策，如果指标为越大越好的损益值，则应选择期望值最大的方案；如果指标为越小越好的损益值，则选择期望值最小的方案。由于未考虑决策者的风险态度，实际上隐含了风险中性的假设。因此，只有当决策者风险态度为中性时，此原则才适用。

【例 5-14】　对例 5-13 的决策问题，用期望值准则决策的结果如表 5-17 所示。

表 5-17　期望值准则风险决策

方案	各方案期望值
Ⅰ	3×0.5−1×0.1+1×0.1+1×0.3=1.8
Ⅱ	4×0.5+0−4×0.1+6×0.3=3.4
Ⅲ	5×0.5−2×0.1+0+2×0.3=2.9

因此，应选期望值最大的方案Ⅱ。

3. 最小方差准则

一般而言，方案指标值的方差越大则方案的风险就越大。所以，风险厌恶型的决策人有时倾向于用这一原则选择风险较小的方案。这是一种避免最大损失而不是追求最大收益的准则，具有过于保守的特点。

方差计算式(5-13)更为方便的表达式如下：

$$D=\sum_{i=1}^{n}x_i^2 p_i-(\overline{x})^2 \tag{5-24}$$

对例 5-13 的决策问题，用最小方差准则决策的结果如表 5-18 所示。

表 5-18　最小方差准则风险决策

方案	各方案方差
Ⅰ	$3^2×0.5+(-1)^2×0.1+1^2×0.1+1^2×0.3-1.8^2=1.76$
Ⅱ	$4^2×0.5+0^2×0.1+(-4)^2×0.1+6^2×0.3-3.4^2=8.84$
Ⅲ	$5^2×0.5+(-2)^2×0.1+0^2×0.1+2^2×0.3-2.9^2=5.69$

因此，应选择方差最小的方案Ⅰ。

4. 期望值方差准则

期望值方差准则是将期望值和方差通过风险厌恶系数 A 化为一个标准 Q 来决策的准则。

$$Q = \bar{x} - A\sqrt{D} \tag{5-25}$$

式中，风险厌恶系数 A 的取值范围从 0 到 1，越厌恶风险，取值越大。通过 A 取值范围的调整，可以使 Q 值适合于任何风险偏好的决策者。

对例 5-13 的决策问题，用期望值方差准则决策的结果如表 5-19 所示。风险厌恶系数 A 为 0.7。

表 5-19 期望值方差准则风险决策

方案	各方案的 Q 值
Ⅰ	$1.8-0.7\sqrt{1.76}=0.87$
Ⅱ	$3.4-0.7\sqrt{8.84}=1.32$
Ⅲ	$2.9-0.7\sqrt{5.69}=1.23$

因此，应选 Q 值最大的方案Ⅱ。

可见，同一个决策问题，采用不同的决策准则，决策结果是不一样的，这正是风险决策的最显著特点。

（三）风险评价

风险评价是指根据风险识别和风险估计的结果，依据项目风险判别标准，找出影响项目成败的关键风险因素。项目风险大小的评价标准应根据风险因素发生的可能性及其造成的损失来确定，一般采用评价指标的概率分布或累计概率、期望值、标准差作为断别标准，也可采用综合风险等级作为判别标准。

1. 以评价指标作为判别标准

（1）财务（经济）内部收益率大于等于基准收益率的累计概率值越大，风险越小；标准差越小，风险越小。

（2）财务（经济）内净现值大于等于零的累计概率值越大，风险越小；标准差越小，风险越小。

2. 以综合风险等级作为判别标准

根据风险因素发生的可能性及其造成损失的程度，建立综合风险等级的矩阵，将综合风险分为风险很强的 K 级、风险强的 M 级、风险较强的 T 级、风险适度的 R 级和风险弱的 I 级。综合风险等级分类如表 5-20 所示。

表 5-20 综合风险等级分类表

综合风险等级		风险影响的程度			
		严重	较大	适度	低
风险的可能性	高	K	M	R	R
	较高	M	M	R	R

续表

综合风险等级		风险影响的程度			
		严重	较大	适度	低
风险的可能性	适度	T	T	R	I
	低	T	T	R	I

资料来源：国家发展改革委，建设部. 建设项目经济评价方法与参数[M]. 3 版. 北京：中国计划出版社，2006

落在表 5-20 左上角的风险会产生严重的后果；落在表 5-20 右下角的风险，可忽略不计。

五、风险应对

风险应对(risk response)是指根据风险决策的结果，研究规避、控制与防范风险的措施，为项目全过程风险管理提供依据。

风险控制的四种基本方法是风险回避、损失控制、风险转移和风险保留。

(一)风险回避

风险回避是投资主体有意识地放弃风险行为，完全避免特定的损失风险。在这个意义上，风险回避也可以说是投资主体将损失机会降低到 0。例如，在货物采购合同中业主可以推迟承担货物的责任，即让供货商承担货物进入业主仓库之前的所有损失风险。这样，业主可避免货物入库前的损失风险。

简单的风险回避是一种最消极的风险处理办法，因为投资者在放弃风险行为的同时，往往也放弃了潜在的目标收益。所以一般只有在以下情况下才会采用这种方法。

(1)当出现很强的 K 级风险时。

(2)投资主体对风险极端厌恶。

(3)存在可实现同样目标的其他方案，其风险更低。

(4)投资主体无能力消除或转移风险。

(5)投资主体无能力承担该风险，或承担风险得不到足够的补偿。

(二)损失控制

当特定的风险不能避免时，可以采取行动降低与风险有关的损失，这种处理风险的方法就是损失控制。显然损失控制不是放弃风险行为，而是制订计划和采取措施降低损失的可能性或者是减少实际损失。如当存在强的 M 级风险，就应修正拟议中的技术方案，进行技术改造或采取相应的补偿措施等。当存在较强的 T 级风险时，或设定某些指标的临界值，指标一旦达到临界值，就要改进技术或对负面影响采取补偿措施。

损失控制在安全生产过程中很常用，控制的阶段包括事前、事中和事后三个阶段。事前控制的目的主要是降低损失的概率，事中和事后的控制主要是为了减少实际发生的损失。为了减少管理的费用，在每个阶段又应把握控制重点，如事故高发区和安全隐患集中的区域。

(三) 风险转移

风险转移是指通过契约，将让渡人的风险转移给受让人承担的行为。当存在适度的R级风险时，通过风险转移过程有时可大大降低经济主体的风险程度，因为风险转移可使更多的人共同承担风险，或者受让人预测和控制损失的能力比风险让渡人大得多。风险转移的主要形式是合同和保险。

(1) 合同转移。通过签订合同，经济主体可以将一部分或全部风险转移给一个或多个其他参与者。例如，在建设工程发包阶段，业主可以与设计、采购、施工联合体签订交钥匙工程合同，并在合同中规定相应的违约条款，从而将一部分风险转移给了设计、采购和施工承包商。

(2) 保险转移。保险是使用最为广泛的风险转移方式，凡是属于保险公司可保的险种，都可以通过投保把风险全部或部分转移给保险公司。

(四) 风险保留

风险管理的第四种方法是风险保留，即风险承担。也就是说，如果损失发生，经济主体将以当时可利用的任何资金进行支付。当存在适度的R级或弱的I级风险时，项目业主可进行风险保留。风险保留包括无计划自留、有计划自我保险。

(1) 无计划自留，指风险损失发生后从收入中支付，即不是在损失前做出资金安排。当经济主体没有意识到风险并认为损失不会发生时，或将意识到的与风险有关的最大可能损失显著低估时，就会采用无计划自留方式承担风险。一般来说，无计划自留应当谨慎使用，因为如果实际总损失远远大于预计损失，将引起资金周转困难。

(2) 有计划自我保险，指可能的损失发生前，通过做出各种资金安排以确保损失出现后能及时获得资金以补偿损失。有计划自我保险主要是通过建立风险预留基金的方式来实现。

第四节　案例分析

智能网联汽车行驶的安全风险评价模型

智能网联汽车作为当前汽车行业发展的方向，仅 2020 年，中国就销售了超 300 万辆智能网联汽车，这对人类社会和汽车相关领域产生了重要影响。但在车辆保有量上升的同时，事故量也在增加，而智能网联汽车运行中相应的风险分析、风险管理体系尚未完善，需要建立智能网络汽车特有的安全风险评价方法。

要进行智能网联汽车安全风险评价，首先需要识别影响安全行驶的风险因素。参照GB/T 40429-2021《汽车驾驶自动化分级》标准，选取来自2、3级别的智能网联汽车事故数据，并通过咨询科研高校、研究院所专家及企业工程师和智能网联汽车驾驶员的意见之后，总结得到五大类的智能网联汽车运行安全风险因素，见表5-21。

表 5-21　智能网联汽车运行安全风险因素集

风险类别	风险因素
人的主观能动性风险	驾驶经验不足 对智能网联汽车功能认识不足 违规操作 生理状况不佳 心理状况不佳 驾驶疲劳 同乘人员对驾驶人员干扰
车辆物理属性风险	车辆存在固有缺陷 车辆未及时保养或维修 车辆设备、设施不齐全
人与支持系统联系风险	车辆制造商过度宣传“自动驾驶”功能
环境风险对人的影响	地面工作环境恶劣 天气情况造成视野较差 危险物暴露被忽视
环境风险对车机系统的影响	高寒、高原、高湿地区行驶 天气导致感知失效 电磁及通信干扰导致感知失效 感知算法导致感知失效 异色、异形、静态目标导致感知失效 错误预测导致决策失效 运动惯性大的目标物导致车辆决策失效 路面扰动、轮胎扰动导致车辆执行失效

在识别出风险因素后，进而可进行因素的风险分析。风险分析包括两大核心要素，即风险严重等级(S)和风险概率等级(L)，据此可求得风险指数 R，其计算公式为

$$R=LS$$

其中风险概率等级按照智能网联汽车风险事件发生的频率，可划分为 5 个级别，即 1、2、3、4、5 级，分别表示频繁、经常、偶尔、不太可能、极不可能，见表 5-22。

表 5-22　智能网联汽车运行安全风险概率等级

风险概率等级	可能性	发生概率
1	频繁	屡次发生
2	经常	时而发生
3	偶尔	偶尔发生
4	不太可能	不太可能发生
5	极不可能	极不可能发生

其中风险严重等级参照交通事故等级划分标准，归纳已发生的智能网联汽车事故死亡或受伤的总人数，来判定风险因素的严重性等级。最终划分为特大事故（灾难）、重大事故（严重）、一般事故（轻度）、轻微事故（轻微），见表 5-23。

表 5-23 智能网联汽车运行安全风险严重等级

风险严重等级	严重性	事故后果
A	灾难	死亡 3 人以上，财产特大损失
B	严重	死亡 1～2 人，财产严重损失
C	轻度	重伤 1～2 人，财产较小损失
D	轻微	轻伤 1～2 人，财产小损失

根据智能网联汽车运行安全风险概率等级与风险严重等级两方面即可确定风险评价矩阵，见表 5-24。

表 5-24 智能网联汽车运行安全风险评价矩阵

风险概率等级	风险严重等级							
	灾难 A		严重 B		轻度 C		轻微 D	
	R	等级	R	等级	R	等级	R	等级
频繁 1	A1	高风险	B1	高风险	C1	较高风险	D1	中等风险
经常 2	A2	高风险	B2	较高风险	C2	中等风险	D2	中等风险
偶尔 3	A3	较高风险	B3	较高风险	C3	中等风险	D3	较低风险
不太可能 4	A4	较高风险	B4	中等风险	C4	较低风险	D4	低风险
较不可能 5	A5	中等风险	B5	中等风险	C5	低风险	D5	低风险

根据风险评价矩阵，需要对所识别的各风险因素进行排序，本案例中采用 Borda（波达）序值法，其优点是在相同风险等级中按照一定规律进行同等级风险优先级别排序，客观反映各个因素在事件中的风险大小。该方法的具体步骤如下。

（1）风险概率等级的计算。设 φ_i（$i\leqslant 5$）代表风险发生的概率等级，P_i 代表在 φ_i 风险概率等级中的风险因素出现的个数，则风险概率等级的排序值 X_i 的计算公式如下：

$$X_i = A_i + \frac{P_i + 1}{2}$$

式中，$A_i = \sum_{r=1}^{i-1} P_r \ (i>1)$，若 i=1，则 A_i=0。

（2）风险严重等级的计算。设 ζ_j（$j\leqslant 4$）代表风险发生的 4 个严重等级，Q_j 代表 ζ_j 风险严重等级中风险因素出现的个数，则风险严重等级的排序值 Y_j 的计算公式如下：

$$Y_j = B_j + \frac{Q_j + 1}{2}$$

式中，$B_j = \sum_{r=1}^{j-1} Q_r \ (j > 1)$，若 j=1，则 B_j =0。

(3) Borda 数 C 的计算。N 代表风险因素个数。

$$C = \left(N - X_i\right) + \left(N - Y_j\right)$$

(4) Borda 序值的计算。对步骤 3 求得的 C 值按由大到小排列，分别表示为 0, 1,⋯, N。

在有了智能网联汽车运行安全风险评价模型后，依托国家车辆事故深度调查体系(National Automobile Accident In-Depth Investing System，NAIS)，就可以筛选得到智能网联汽车事故案例，进而根据案例行车日志数据，确定风险因素的概率等级，同时邀请缺陷调查工程师和 NAIS 数据库工作人员及智能网联汽车安全领域内的研究生填写事故风险因子影响严重度排序，汇总得到风险严重程度等级。最终得到车辆运行安全风险评价表，见表 5-25。

表 5-25 智能网联汽车运行安全风险评价

风险因素	风险概率等级	风险严重等级	风险等级	X_i	Y_j	C	Borda 序值
驾驶经验不足	4	C	较低风险	16.0	16.0	12.0	6
对智能网联汽车功能认识不足	2	B	较高风险	3.5	7.0	33.5	1
违规操作	1	A	高风险	1.0	1.0	42.0	0
生理状况不佳	4	C	较低风险	16.0	16.0	12.0	6
心理状况不佳	4	D	低风险	16.0	21.0	7.0	7
驾驶疲劳	3	B	较高风险	8.0	7.0	29.0	2
同乘人员对驾驶人员干扰	2	C	中等风险	3.5	16.0	24.5	3
车辆存在固有缺陷	3	B	较高风险	8.0	7.0	29.0	2
车辆未及时保养或维修	3	C	中等风险	8.0	16.0	20.0	5
车辆设备、设施不齐全	4	D	低风险	16.0	21.0	7.0	7
车辆制造商过度宣传“自动驾驶”功能	2	B	较高风险	3.5	7.0	33.5	1
地面工作环境恶劣	4	C	较低风险	16.0	16.0	12.0	6
天气情况造成视野较差	2	B	较高风险	3.5	7.0	33.5	1
危险物暴露被忽视	3	C	中等风险	8.0	16.0	20.0	5
高寒、高原、高湿地区行驶	5	D	低风险	22.0	21.0	1.0	8
天气导致感知失效	4	B	中等风险	16.0	7.0	21.0	4
电磁及通信干扰导致感知失效	4	B	中等风险	16.0	7.0	21.0	4
感知算法导致感知失效	4	B	中等风险	16.0	7.0	21.0	4

续表

风险因素	风险概率等级	风险严重等级	风险等级	X_i	Y_j	C	Borda序值
异色、异形、静态目标导致感知失效	4	B	中等风险	16.0	7.0	21.0	4
错误预测导致决策失效	4	B	中等风险	16.0	7.0	21.0	4
运动惯性大的目标物导致车辆决策失效	3	B	较高风险	8.0	7.0	29.0	2
路面扰动、轮胎扰动导致车辆执行失效	4	C	较低风险	16.0	16.0	12. 0	6

针对各个风险因素的优先级排序，按照其风险等级进一步划分为 9 个档次，由高到低分别是：违规操作 > 对智能网联汽车功能认识不足=车辆制造商过度宣传“自动驾驶”功能=天气情况造成视野较差 > 车辆存在固有缺陷=驾驶疲劳=运动惯性大的目标物导致车辆决策失效 > 同乘人员对驾驶人员干扰……，通过与专家沟通，确定前三档风险较高，尤其是智能网联汽车设计、宣传、运行等方面。

在智能网联汽车运行中，违规操作是风险最大的因素，驾驶员应按照驾驶要求驾驶车辆，提高驾驶素养。对智能网联汽车功能认识不足及车辆制造商过度宣传“自动驾驶”功能作为安全运行的第二类风险，合理地宣传与适当地培训能够增加消费者对“自动驾驶”功能的理解，减少该类风险导致的事故。在天气情况不佳时行车，由于天气不佳影响视野、车辆自身性能、人员的心理等，驾驶员应提高警惕，保持车距、合理控制车速是保障安全的前提。车辆存在固有缺陷时，应该及时修理整改，同时报告至国家市场监督管理总局缺陷产品管理中心。对于道路中灵活性高的参与者，如电动车、自行车、行人等应加强此类对象的交通意识，共同维护道路安全性。

资料来源：张诗波，查治涌，胡文浩，等. 智能网联汽车行驶的安全风险评价模型[J]. 重庆理工大学学报(自然科学)，2023，37(4)：57-63

➢思考题

1. 线性盈亏平衡分析的前提假设是什么？盈亏平衡点的生产能力利用率说明什么问题？
2. 敏感性分析的目的是什么？要经过哪些步骤？敏感性分析有什么不足之处？
3. 风险分析和不确定性分析有何区别和联系？风险测度的基本方法有哪些？风险决策的最显著特征是什么？风险控制的基本方法有哪些？

➢习题

1. 某科技股份有限公司生产相控阵雷达产品的某一配件，设计年产量为 6000 件，每件产品的出厂价格估算为 50 元，企业每年固定性开支为 66 000 元，每件产品成本为 28 元，求企业的最大可能盈利、企业不盈不亏时最低产量、企业年利润为 5 万元时的产量。

2. 某智能物流技术厂生产一种无人机配件，有两种加工方法可供选择，一种为手工安装，每件成本为 1.2 元，还需分摊年设备费用 300 元；另一种为机械生产，需投资 4500 元购置机械，寿命为 9 年，预计残值为 150 元，每个配件需人工费 0.5 元，维护设备年成本为 180 元，如果其他费用相同，利率为 10%，试进行加工方法决策。

3. 某智慧管理平台建设投资项目的主要经济参数的估计值为：初始投资 15 000 万元，寿命为 10

年，残值为 0，年收入为 3500 万元，年支出为 1000 万元，投资收益为 15%，①当年收入变化时，试对内部收益率的影响进行敏感性分析；②试分析初始投资、年收入与寿命三个参数同时变化时，针对净现值的敏感性分析。

4. 某抽水蓄能电站配套电网工程的投资活动，其主要经济参数如表 5-26 所示，其中年收入与基准收益率为不确定性因素，试进行净现值敏感性分析。

表 5-26　主要经济参数

参数	悲观 *P*	最可能 *M*	乐观 *O*
初始投资/万元	−10 000	−10 000	−10 000
年收入/万元	2 500	3 000	4 000
基准收益率	20%	15%	12%
寿命/年	6	6	6

5. 某低碳产业园的碳排放管理系统方案需投资 25 000 万元，预期寿命为 5 年，残值为 0，每年净现金流量相同且为随机变量，其可能发生的三种状态的概率及变量值如下：5000 万元（P=0.3）；10 000 万元（P=0.5）；12 000 万元（P=0.2）。若利率为 12%，试计算净现值的期望值与标准差。

6. 某新型再生绿色环保材料的生产投资方案净现值服从正态分布，净现值的期望值 E(NPV)=1200 万元，净现值方差 D(NPV)=3.24×10^6，试计算：①净现值大于等于零的概率；②净现值大于等于 1500 万元的概率。

第五章习题答案（部分）

第六章

费用效益分析

➢引例

氢能产业发展的重要推手

氢能具有来源丰富、绿色低碳、应用广泛等特点，被视为未来的清洁能源，正逐步成为全球能源转型发展的重要载体。发达国家纷纷将氢能纳入国家能源战略，持续推动氢能产业发展。在此背景下，我国于 2022 年 3 月印发《氢能产业发展中长期规划(2021—2035 年)》，将氢能产业确定为战略性新兴产业和未来产业重点发展方向。

然而，高成本是影响我国氢能产业化进程的重要因素。以新能源汽车为例，一方面，虽然我国氢燃料电池生产成本已大幅下降，但与传统燃油汽车和其他新能源汽车相比，当前氢燃料电池汽车售价依然偏高。这主要是因为我国质子交换膜、碳纸、催化剂等产品国产化程度不够，对外依存度偏高；另一方面，加氢站建设审批难度大、投入运营的燃料电池汽车数量不足导致加氢站建设成本高，这又进一步拉升了加氢站运营及氢气加注成本。

为促进我国氢能产业发展，各地政府纷纷出台财政补贴政策。例如，广州市 2022 年 8 月发布的《关于组织开展 2022 年(第二批)区促进氢能产业发展办法兑现工作的通知》，共出台四项财政补贴扶持政策，主要围绕加氢站建设运营、科技成果转化应用以及房租补贴等方面。北京市 2022 年 8 月印发《北京市关于支持氢能产业发展的若干政策措施》，也出台了对氢能领域重大新建、改建项目和生产线建设的费用补贴，以及加氢站建设和加氢站运营的相关补贴政策。

资料来源：张长令，雷宪章. 氢能产业[M]. 北京：中国发展出版社，2023

评价：从战略导向来看，绿色低碳已成为我国未来发展的主旋律，高质量实现碳中和目标，已成为我国能源产业发展与转型的必然要求。氢能产业的发展，将有力促进能源结构优化、能源安全提升和“双碳”目标实现，具有巨大的正外部效益。因此，在财务评价的基础上，还应站在国家和整个社会的角度进行国民经济评价，将项目产生的正外部效益通过财政补贴的形式内部化，以真实反映项目投入产出的全貌。

➢本章知识结构图

对于财务现金流量不能全面、真实地反映其经济价值的项目，还需要通过费用效益分析进行国民经济评价。这类项目主要包括：政府预算内投资的关系国家安全、国土开发和市场不能有效配置资源的公益性项目，保护和改善生态环境项目，重大战略性资源开发项目；政府各类专项建设基金投资用于农业、水利、铁道、公路、民航、城市建设、电信等公共基础设施建设项目；利用国际金融组织和外国政府贷款项目，需要政府主权信用担保的建设项目；企业投资建设的涉及国家经济安全、影响环境资源、影响公共利益、可能出现垄断、涉及整体布局等问题，需要政府核准的建设项目。本章知识结构如下图所示。

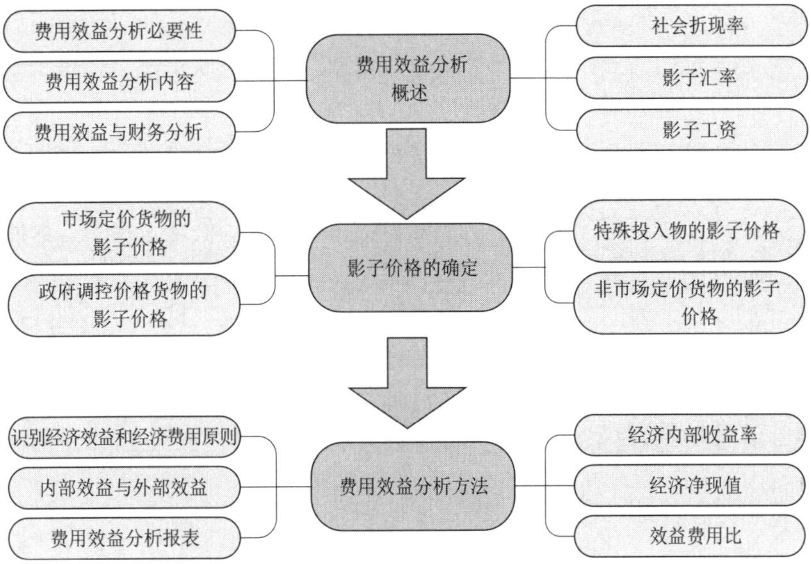

第一节 费用效益分析概述

一、费用效益分析的必要性及其内容

费用效益分析(cost-benefit analysis)是依据合理配置稀缺资源和社会经济可持续发展的原则，采用影子价格、社会折现率等费用效益分析参数，从国民经济全局的角度出发，考查项目的经济合理性。

正常运作的市场是将稀缺资源在不同用途和不同时空上合理配置的有效机制。然而，市场的正常运作要求具备若干条件，包括资源的产权清晰、完全竞争、公共产品数量不多、短期行为不存在等。如果这些条件不能满足，市场就不能有效地配置资源，即市场失灵(market failure)。市场失灵包括以下方面。

(1)无市场、薄市场(thin market)。首先，很多资源的市场还根本没发育起来，或根本不存在。这些资源的价格为零，因而被过度使用，日益稀缺。其次，有些资源的市场虽然存在，但价格偏低，只反映了劳动和资本成本，没有反映生产中资源耗费的机会成本。所以，价格为零或偏低时，资源会被浪费。例如，我国一些地区的地下水和灌溉用水价格偏低，导致水资源被大量浪费。

(2)外部效果(externalities)。外部效果是企业或个人的行为对活动以外的企业或个人造成的影响。外部效果造成私人成本(内部成本或直接成本)和社会成本不一致，导致实际价格不同于最优价格。外部效果可以是积极的也可以是消极的。河流上游农民种树，保持水土，使下游农民旱涝保收，这是积极的外部效果。上游乱砍滥伐，造成下游洪水泛滥和水土流失，这是负面的外部效果。

(3)公共物品(public goods)。公共物品的显著特点是一个人对公共物品的消费不影响其他消费者对同一公共物品的消费。在许多情况下，个人不管付钱与否都不能从公共物品的消费中排除出去，如国防。因为没人能够或应该被排除，所以消费者就不愿为消费公共物品而付钱。消费者不愿付钱，私人企业赚不了钱，就不愿意提供公共物品。因此，自由市场很难提供充足的公共物品。

(4)短视计划(myopia planning)。自然资源的保护和可持续发展意味着为了未来利益而牺牲当前消费。因为人们偏好当前消费，未来利益被打折扣，因而造成应留给未来人的资源被提前使用。资源使用中的高贴现率和可再生资源的低增长率，有可能使某种自然资源提早耗尽。

市场失灵的存在使得财务分析的结果往往不能真实反映项目的全部利弊得失，必须通过费用效益分析对财务分析中失真的结果进行修正。

费用效益分析主要是识别国民经济效益与费用，计算和选取影子价格，编制费用效益分析报表，计算费用效益分析指标，并进行方案比选。

二、费用效益分析与财务分析的关系

(一)费用效益分析与财务分析的共同之处

(1)评价方法相同。它们都是经济效果评价，都使用基本的经济评价理论，即效益与费用比较的理论方法，都要寻求以最小的投入获取最大的产出，都要考虑资金的时间价值，都采用内部收益率、净现值等盈利性指标评价项目的经济效果。

(2)评价的基础工作相同。两种分析都要在完成产品需求预测、工艺技术选择、投资估算、资金筹措方案等可行性研究内容的基础上进行。

(3)评价的计算期相同。

(二)费用效益分析与财务分析的区别

(1)两种评价所站的层次不同。财务分析是站在项目的层次上，从项目经营者、投资者、未来债权人的角度，分析项目在财务上能够生存的可能性，分析各方的实际收益或损失，分析投资或贷款的风险及收益。费用效益分析则是站在政府部门的层次上，从全社会资源配置经济效率的角度分析项目经济合理性。

(2)费用和效益的含义及划分范围不同。财务分析只根据项目直接发生的财务收支计算项目的费用和效益。费用效益分析则从全社会的角度考察项目的费用和效益，这时项目的有些收入和支出不能作为社会费用或收益。例如，税金和补贴、银行贷款利息。

(3)财务分析与费用效益分析所使用价格体系不同。财务分析使用实际的市场预测价格，费用效益分析则使用一套专用的影子价格体系。

(4)两种评价使用的参数不同。例如，衡量盈利性指标内部收益率的判据，财务分析中用财务基准收益率，费用效益分析中则用社会折现率。财务基准收益率依行业的不同而不同，而社会折现率则全国各行业各地区都是一致的。

(5)评价内容不同。财务分析主要有两个方面，盈利能力分析和清偿能力分析。而费用效益分析则只做盈利能力分析，不作清偿能力分析。

随着我国社会主义高标准市场体系建设行动的实施，许多竞争性项目的大部分外部效果(如环境污染)可以通过要素市场化实现内部化，但由于市场化程度相对滞后等原因而产生的外部效果就得通过费用效益分析进行内部化。

需要强调的是，很可能多数情况下，盈利性并不是评价基础性和公益性项目的合适指标，因为对自然垄断性强的项目而言，不论企业经营得如何好，政府补贴可能都将无法避免，如公共交通、生活能源、自来水行业，对这类企业的效率要求其尽可能减少补贴，如果仅强调盈利性，就可能导致垄断性涨价，从而损害消费者的社会利益。正是由于基础性项目和公益性项目关系到国民经济结构布局的合理与否，同时，这类项目的外部效果和溢出效果比较明显，从项目局部利益出发的财务分析不能确保结论的正确性。因此，应重点对这类项目进行费用效益分析。

三、费用效益分析参数

费用效益分析参数是费用效益分析的基本判据，对比选优化方案具有重要作用。费用效益分析的参数主要包括：社会折现率、影子汇率、影子工资等，这些参数由有关机构组织测算和发布。

(一)社会折现率

社会折现率(social discount rate)是衡量资金时间价值的重要参数，代表社会资金被占用应获得的最低回报率，并用作不同年份价值换算的折现率。

社会折现率是费用效益分析中经济内部收益率的基准值。适当的折现率有利于合理分配建设资金，指导资金投向对国民经济贡献大的项目，调节资金供需关系，促进资金在短期和长期建设项目之间的合理调配。

根据国家发展和改革委员会及建设部联合发布的第三版《建设项目经济评价方法与参数》，我国社会折现率测定值曾定为 8%；对于受益期长的建设项目，如果远期效益较高，则效益实现的风险较小，社会折现率可适当降低。

(二)影子汇率

汇率是指两个国家不同货币之间的比价或交换比率。

影子汇率(shadow exchange rate)是反映外汇真实价值的汇率。影子汇率主要依据一个国家或地区一段时期内进出口的结构和水平、外汇的机会成本及发展趋势、外汇供需状况等因素确定。一旦上述因素发生较大变化时，影子汇率值需作相应的调整。

在费用效益分析中，影子汇率通过影子汇率换算系数计算，影子汇率换算系数是影子汇率与国家外汇牌价的比值。项目投入物和产出物涉及进出口的，应采用影子汇率换算系数计算影子汇率。我国曾根据外汇收支、外汇供求、进出口结构、进出口关税、进出口增值税及出口退税补贴等情况，将影子汇率换算系数定为 1.08。

【例6-1】 已知2024年5月17日国家外汇牌价中人民币对美元的比值为710.45/100，如果影子汇率换算系数为 1.08，试求人民币对美元的影子汇率。

解 影子汇率=影子汇率换算系数×(710.45/100)=1.08×(710.45/100)=7.67

(三)影子工资

影子工资(shadow wage)是项目使用劳动力，社会为此付出的代价。影子工资受劳动力的机会成本和社会资源耗费等因素的影响。

影子工资一般是通过影子工资换算系数计算。影子工资换算系数是影子工资与项目财务分析中劳动力的工资及福利费的比值。根据目前我国劳动力市场状况，技术性工种劳动力的影子工资换算系数可取值为 1，非技术工种劳动力的影子工资换算系数取值可在 0.25～0.8，具体可根据当地的非技术劳动力供求状况确定，非技术劳动力较为富余的地区可取较低值，不太富余的地方可取较高值，中间状况可取 0.5。

第二节　影子价格的确定

需要进行费用效益分析的项目往往具有下列特征：项目的产出不具有市场价格或即使市场价格存在，也无法准确地反映投入物和产出物的边际社会效益与成本。因而，在费用效益分析中，关键问题在于如何确定作为计量依据的影子价格。

影子价格(shadow price)是指依据一定原则确定的，能够反映投入物和产出物真实经济价值，反映市场供求状况，反映资源稀缺程度，且能使资源得到合理配置的价格。

影子价格是根据国家经济增长的目标和资源的可获性来确定的。如果某种资源数量稀缺，同时用途广泛，那么它的影子价格就高。如果这种资源的供应量增多，那么它的影子价格就会下降。进行费用效益分析时，项目的主要投入物和产出物价格，原则上都应采用影子价格。

确定影子价格时，对于投入物和产出物，首先要区分为市场定价货物、政府调控价格货物、特殊投入物和非市场定价货物这四大类别，然后根据投入物和产出物对国民经济的影响分别处理。

同商品和服务市场相比，目前我国土地、劳动力、资本、技术、数据等要素市场化程度相对滞后，是确定影子价格的重点。

一、市场定价货物的影子价格

(一)外贸货物影子价格

外贸货物(traded goods)是指其生产或使用会直接或间接影响国家出口或进口的货物。原则上，石油、金属材料、金属矿物、木材及可出口的商品煤等，一般都划为外贸货物。

外贸货物影子价格的定价基础是国际市场价格。尽管国际市场价格并非完全理想的价格，也存在着诸如发达国家有意压低发展中国家初级产品价格，实行贸易保护主义，限制高技术向发展中国家转移，维持高技术产品的垄断价格等问题，但在国际市场上起主导作用的还是市场机制，各种商品的价格主要由供需规律所决定，多数情况下不受个别国家和集团的控制，一般比较接近物品的真实价值。

外贸货物中的进口品应满足以下条件(否则不应进口)：

$$\text{国内生产成本} > \text{到岸价}$$

外贸货物中的出口品应满足以下条件(否则不应出口)：

$$\text{国内生产成本} < \text{离岸价}$$

到岸价与离岸价统称口岸价格。

在费用效益分析中，口岸价格应按本国货币计算，故口岸价格的实际计算公式如下：

$$\text{到岸价(人民币)}=\text{美元结算的到岸价}\times\text{影子汇率}$$

$$\text{离岸价(人民币)}=\text{美元结算的离岸价}\times\text{影子汇率}$$

【例 6-2】 2024 年投资的某项目进口设备的到岸价为 16 400 万日元，5 月 21 日美元对日元的比价为 156.1160 日元/美元，若影子汇率为 7.6755 人民币元/美元，求进口设备的到岸价。

解 进口设备的到岸价(人民币)=(16 400/156.1160)×7.6755=806.31(万元)

项目外贸货物的影子价格按下述公式计算：

$$\begin{aligned}&\text{产出物的影子价格(项目产出物的出厂价格)}\\&=\text{离岸价}\times\text{影子汇率}-\text{国内运杂费}-\text{贸易费用}\end{aligned} \tag{6-1}$$

$$\begin{aligned}&\text{投入物的影子价格(项目投入物的到厂价格)}\\&=\text{到岸价}\times\text{影子汇率}+\text{国内运杂费}+\text{贸易费用}\end{aligned} \tag{6-2}$$

贸易费用是指外经贸机构为进出口货物所耗用的，用影子价格计算的流通费用，包括货物的储运、再包装、短途运输、装卸、国内保险、检验等环节的费用支出，以及资金占用的机会成本，但不包括长途运输费用。贸易费用一般用货物的口岸价乘以贸易费率计算。贸易费率由项目评价人员根据项目所在地区流通领域的特点和项目的实际情况测定。

(二)非外贸货物影子价格

非外贸货物(non-trade goods)是指其生产或使用不影响国家出口或进口的货物。根据不能外贸的原因，非外贸货物分为天然非外贸货物和非天然的非外贸货物。

天然非外贸货物系指使用和服务天然地限于国内，包括国内施工和商业以及国内运输与其他国内服务。非天然的非外贸货物是指经济原因或政策原因不能外贸的货物，包括国家政策和法令限制不能外贸的货物，还包括其国内生产成本加上到口岸的运输、贸易费用后的总费用高于离岸价，致使出口得不偿失而不能出口的货物。同时，国外商品的到岸价又高于国内生产同样商品的经济成本，致使该商品也不能从国外进口。在忽略国内运输费用和贸易费用的前提下，由于经济性原因造成的非外贸货物满足以下条件：

$$离岸价 < 国内生产成本 < 到岸价$$

随着我国市场经济发展和贸易范围的扩大，大部分货物或服务都处于竞争性的市场环境中，市场价格可以近似反映其支付意愿(willingness to pay)和机会成本。进行费用效益分析可将这些货物的市场价格加上或者减去国内运杂费作为影子价格。项目非外贸货物的影子价格按式(6-3)和式(6-4)计算：

$$产出物的影子价格(项目产出物的出厂价格) = 市场价格 - 国内运杂费 \tag{6-3}$$

$$投入物的影子价格(项目投入物的到厂价格) = 市场价格 + 国内运杂费 \tag{6-4}$$

根据“有无对比”原则，如果项目的投入物或产出物的规模很大，项目的实施将足以影响其市场价格，导致“有项目”“无项目”两种情况下市场价格不一致，在项目评价实践中，取二者的平均值作为测算影子价格的依据。

投入与产出的影子价格中包含的增值税、消费税、城市维护建设税、资源税等流转税按下列原则处理。

(1)对于产出品，增加供给满足国内市场供应的，影子价格按消费者支付意愿确定，含流转税；顶替原有市场供应的，影子价格按机会成本确定，不含流转税。

(2)对于投入品，用新增供应来满足项目的，影子价格按机会成本确定，不含流转税；挤占原有用户需求来满足项目的，影子价格按支付意愿确定，含流转税。

(3)在不能判别产出或投入是增加供给还是挤占(替代)原有供给的情况下，可简化处理为：产出的影子价格一般包含实际缴纳流转税，投入的影子价格一般不含实际缴纳流转税。

二、政府调控价格货物的影子价格

考虑到效率优先兼顾公平的原则，有些货物或服务价格受政府调控的影响，不完全由市场机制形成。例如，政府为了帮助新市民群体解决住房困难，对配售型保障房和保障性租赁住房制定最高限价。受政府调控影响，货物或者服务的价格不能完全反映其市场真实价值，确定这些货物或者服务的影子价格的原则是：投入物按机会成本分解定价，产出物按对经济增长的边际贡献率或消费者支付意愿定价。下面是政府主要调控的水、电力、铁路运输等作为投入物和产出物时的影子价格的确定方法。

(1) 水作为项目投入物的影子价格，按后备水源的边际成本分解定价，或者按恢复水资源存量的成本计算。水作为项目产出物的影子价格，按消费者支付意愿或者按消费者承受能力加政府补贴计算。

(2) 电力作为项目投入物时的影子价格，一般按完全成本分解定价，电力过剩时按可变成本分解定价。电力作为项目产出物的影子价格，可按电力对当地经济边际贡献率定价。

(3) 铁路运输作为项目投入物的影子价格，一般按完全成本分解定价，对运能富余的地区，按可变成本分解定价。铁路运输作为产出物的影子价格，可按铁路运输对国民经济的边际贡献率定价。

三、特殊投入物的影子价格

项目的特殊投入物是指项目在建设、生产运营中使用的人力资源、土地和自然资源等。项目使用这些特殊投入物发生的经济费用，应分别采用下列方法确定其影子价格。

(一) 人力资源

人力资源(human resources)投入的影子价格用影子工资表示。影子工资由劳动力的机会成本和社会资源耗费两部分构成。劳动力的机会成本指：过去受雇于别处的劳动力，如果不被项目雇用而从事其他生产经营活动所创造的最大效益；或项目使用自愿失业劳动力而支付的税后净工资额；或项目使用非自愿失业劳动力而支付的大于最低生活保障的税后净工资。社会资源耗费是指社会为劳动力就业而付出的，但职工又未得到的其他代价，如为劳动力就业而支付的搬迁费、培训费、城市交通费等。影子工资与劳动力的技术熟练程度和供求状况有关，技术越熟练，稀缺程度越高，其机会成本越高，反之越低。

(二) 土地

我国目前取得土地使用权的方式有：出让、划拨、转让。以出让和转让方式获得土地使用权的具体方式有协商议价、招标投标、拍卖等。针对不同方式获得的土地使用权，投资项目占用土地可能会具有不同的财务费用，甚至财务费用为零，但是占用土地的经济费用几乎总是存在的，而且同一块地在一定时期内其经济费用应是唯一的。项目占用土地致使这些土地对国民经济的其他潜在贡献不能实现，这种因有了项目而不能实现的最大潜在贡献就是项目占用土地的机会成本。因此，土地的影子价格也是建立在被放弃的最大收益这一机会成本概念上的。

(1) 对于农业、林业、牧业、渔业及其他生产性用地，土地的经济成本按土地机会成本与社会资源耗费之和计算。新增资源耗费指“有项目”情况下土地的征用造成原有地上附属物财产的损失及其他资源耗费。如果项目占用的土地是无人居住的绿水青山，其经济成本可通过生态价值估算；若项目所占用的是农业土地，其经济成本为原来的农业净收益、拆迁费用和劳动力安置费。土地平整等开发成本应计入工程建设成本，在土地经济成本估算中不再重复计算。

(2)对于住宅、休闲等非生产性用地，如果项目占用城市用地，且通过政府公开拍卖、招标、挂牌取得的土地出让使用权，以及通过市场交易取得的已出让国有土地使用权，应按照支付意愿的原则，以土地市场交易价格计算土地的影子价格，主要包括土地出让金、基础设施建设费、拆迁安置补偿费等。

(3)未通过正常市场交易取得的土地使用权，应分析价格优惠或扭曲情况，参照当地正常情况下的市场交易价格，调整或类比计算其影子价格；无法通过正常市场交易价格类比确定土地影子价格时，应采用收益现值法，或以土地开发成本加开发投资应得的收益作为影子价格。

(三)自然资源

自然资源是一种特殊的投入物，项目使用的矿产资源、水资源、森林资源等都是对国家资源的占用和消耗。矿产等不可再生资源的影子价格按资源的机会成本计算，水和森林等可再生自然资源的影子价格按资源再生费用计算。

四、非市场定价货物的影子价格

当项目的产出效果不具有市场价格，或市场价格难以真实反映其经济价值时，需要采用如下方法对项目产品或服务的影子价格进行重新测算。

(一)假设成本法

假设成本法是指通过有关成本费用信息来间接估算环境影响的费用或效益。假设成本法包括替代成本法、置换成本法和机会成本法。

(1)替代成本法，是指为了消除项目对环境的影响，而假设采取其他方案来替代拟建项目方案，其他方案的增量投资作为项目方案环境影响的经济价值。

(2)置换成本法，是指当项目对其他产业造成生产性资产损失时，假设一个置换方案，通过测算其置换成本，即为恢复其生产能力必须投入的价值，作为对其他产业影响进行量化的依据。

(3)机会成本法，是指通过评价因保护某种环境资源而放弃某项目方案而损失的机会成本，来评价该项目方案造成的环境影响。

(二)显示偏好方法

显示偏好方法是指按照消费者支付意愿，通过其他相关市场价格信号，寻找揭示拟建项目间接产出物的隐含价值。比如，项目的建设会影响环境生态等外部效果，从而对其他社会群体产生正面或负面影响，就可以通过预防性支出法、产品替代法这类显示偏好的方法确定项目外部效果。

(1)预防性支出法，是以受影响的社会成员为了避免或减轻拟建项目对环境可能造成的危害所愿意付出的费用。比如，社会成员为避免死亡而愿意支付的价格，人们为避免疾病获得健康生活所愿意付出的代价，作为对环境影响的经济价值进行计算的依据。

(2)产品替代法，是指对人们愿意改善目前的环境质量，而对其他替代项目或产品的价值进行分析，间接测算项目对环境造成的负面影响。比如，可通过兴建一个绿色环保的高科技产业项目所需的投入，来度量某传统技术的钢铁企业对所在城市造成的环境影响。

(三)陈述偏好法

通过对被评估者的直接调查，直接评价调查对象的支付意愿或接受补偿的意愿，从中推断出项目造成的有关外部影响的影子价格。

第三节 费用效益分析方法

一、识别经济效益和经济费用的原则

(一)“有无对比”原则

项目经济费用效益分析应建立在增量效益(incremental benefit)和增量费用(incremental cost)识别与计算的基础之上，通过项目的实施效果与“无项目”情况下可能发生的情况进行对比分析，作为计算机会成本或增量效益的依据。

(二)关联效果原则

财务分析从项目自身的利益出发，其系统分析的边界是项目。凡是流入项目的资金，就是财务效益，如营业收入；凡是流出项目的资金，就是财务费用，如投资支出、经营成本和税金。费用效益分析则从国民经济的整体利益出发，其系统分析的边界是整个国民经济，对项目所涉及的所有成员及群体的费用和效益作全面分析，不仅要识别项目自身的内部效果，还需要识别项目对国民经济其他部门和单位产生的外部效果。

(三)资源变动原则

在计算财务收益和费用时，依据的是货币的变动。凡是流入项目的货币就是直接效益，凡是流出项目的货币就是直接费用。费用效益分析以实现资源最优配置从而保证国民收入最大增长为目标。由于经济资源的稀缺性，就意味着一个项目的资源投入会减少这些资源在国民经济其他方面的可用量，从而减少了其他方面的国民收入，从这种意义上说，该项目对资源的使用产生了经济费用。同理，我们说项目的产出是经济收益，是由于项目的产出能够增加社会资源——最终产品的缘故。另外，接受转移支付(transfer payment)的一方所获得的效益与付出方所产生的费用相等，转移支付行为本身没有导致新增资源的发生，因此，在经济费用效益分析中，应剔除税赋、补贴、借款和利息等转移支付的影响。可见，在考察经济费用和效益的过程中，我们的依据不是货币，而是社会资源真实的变动量。凡是减少社会资源的项目投入都产生经济费用，凡是增加社会资

源的项目产出都产生经济效益。当然，资源应是稀缺的经济资源，而不是闲置或不付出代价就可自由使用的物品。

二、内部效益与外部效益

经济效益分为直接经济效益和间接经济效益，经济费用分为直接经济费用和间接经济费用。直接经济效益和直接经济费用是与投资主体有关，可称为内部效益（internal benefit）；因投资主体而产生，却被其他主体所承担的间接经济效益和间接经济费用，称为外部效益（external benefit）。

（一）内部效益

直接经济效益是指由项目产出物直接生成，并在项目范围内计算的经济效益。一般表现为增加项目产出物或者服务的数量以满足国内需求的效益；替代效益较低的相同或类似企业的产出物或者服务，使被替代企业减产（停产）从而减少国家有用资源耗费或者损失的效益；增加出口或者减少进口从而增加或者节约的外汇等。

直接经济费用是指项目使用投入物所形成，并在项目范围内计算的费用。一般表现为其他部门为本项目提供投入物；需要扩大生产规模所耗费的资源费用；减少对其他项目或者最终消费投入物的供应而放弃的效益；增加进口或者减少出口从而耗用或者减少的外汇等。

（二）外部效益

间接经济效益与间接经济费用，或称外部效益，是指项目对国民经济做出的贡献与国民经济为项目付出的代价中，在直接经济效益与直接经济费用中未得到反映的那部分效益与费用。外部效益应包括以下几个方面。

（1）产业关联效益。例如，建设一个水电站，一般除发电、防洪灌溉和供水等直接效益外，还必然带来养殖业和水上运动的发展，以及旅游业的增进等间接效益。此外，农牧业还会因土地淹没而遭受一定的损失（间接费用）。这些都是水电站兴建而产生的产业关联效益。

（2）环境和生态效益。例如，发电厂排放的烟尘可使附近田园的作物产量减少，质量下降，化工厂排放的污水可使附近江河的鱼类资源骤减，人们的健康甚至生命受到威胁等。

（3）技术扩散效益。技术扩散效益是由于技术先进的项目会培养与造就大量的技术人才及管理人员。他们除为本项目服务外，还会因人员流动、技术交流等给整个社会经济发展带来好处。

技术性外部效益反映了社会生产和消费的真实变化，这种真实变化必然引起社会资源配置的变化，所以应在费用效益分析中加以考虑。

为防止外部效益计算扩大化，项目的外部效益一般只计算一次相关效益，不应连续计算。

(三) 国外贷款还本付息

由于费用效益分析不涉及项目的清偿能力，故项目评价时不考虑国内贷款还本付息。

国外贷款还本付息的处理分以下情况。

(1) 评价国内投资经济效益的处理办法。项目的费用效益分析是以项目所在国的经济利益为根本出发点，所以必须考察国外贷款还本付息对项目举办国的真实影响。如果国外贷款利率很高，高于全部投资的内部收益率，那么一个全投资效益好的项目，也可能出现偿还国外债务造成大部分收益外流的局面，致使本国投资得不偿失。为了能够揭示这种情况，如实判断本国投资资金的盈利水平，必须进行国内投资的经济效益分析。在分析时，应将国外贷款视作现金流入，还本付息应当视作现金流出。

(2) 国外贷款不指定用途时的处理办法。对项目进行费用效益分析的目的是使有限的资源得到最佳配置，因此，应当对项目所用全部资源的利用效果做出分析评价，这种评价就是包括国外贷款在内的全投资经济费用效益分析。这种情况下，与贷款对应的实际资源虽然来自国外，但受贷国在如何有效利用这些资源的问题上，面临着与国内资源同样的优化配置任务，因而应当对包括国外贷款在内的全部资源的利用效果做出评价。在这种评价中，国外贷款还本付息不视作收益，也不视作费用，不出现在费用效益分析所用的项目投资经济费用效益流量表中。

(3) 国外贷款指定用途时的处理办法。这时无须进行全投资的经济效益评价，可只进行国内投资资金的经济效益评价。

三、费用效益分析指标

费用效益分析以盈利能力评价为主，评价指标包括经济内部收益率、经济净现值和效益费用比。

(一) 经济内部收益率

经济内部收益率(economic internal rate of return，EIRR) 是反映项目对国民经济净贡献的相对指标。它是项目在计算期内各年经济净效益流量的现值累计等于零时的折现率。假设现金流量始终服从年末习惯法，其表达式为

$$\sum_{t=1}^{n}(B-C)_t(1+\text{EIRR})^{-t}=0 \tag{6-5}$$

式中，B 为国民经济效益流量；C 为国民经济费用流量；$(B-C)_t$ 为第 t 年的国民经济净效益流量；n 为计算期。

判别准则：经济内部效益率等于或大于社会折现率，表明项目对国民经济的净贡献达到或超过了要求的水平，这时应认为项目是可以接受的。

(二) 经济净现值

经济净现值(economic net present value，ENPV) 是反映项目对国民经济净贡献的绝

对指标。它是指用社会折现率将项目计算期内各年的净效益流量折算到建设期初的现值之和。假设现金流量始终服从年末习惯法，其表达式为

$$\mathrm{ENPV} = \sum_{t=1}^{n} (B - C)_t (1 + i_s)^{-t} \tag{6-6}$$

式中，i_s为社会折现率。

判别准则：项目经济净现值等于或大于零表示国家拟建项目付出代价后，可以得到符合社会折现率的社会盈余，或除了得到符合社会折现率的社会盈余外，还可以得到以现值计算的超额社会盈余，这时就认为项目是可以考虑接受的。

按分析效益费用的口径不同，可分为整个项目的经济内部收益率和经济净现值，国内投资经济内部收益率和经济净现值。如果项目没有国外投资和国外借款，全投资指标与国内投资指标相同；如果项目有国外资金流入与流出，但国外资金指定用途时，应以国内投资的经济内部效益率和经济净现值作为项目费用效益分析的指标；如果项目使用非指定用途的国外资金时，还应计算全投资经济内部收益率和经济净现值指标。

(三)效益费用比

效益费用比(benefit-cost ratio)是项目在计算期内效益流量的现值与费用流量的现值的比率，是经济费用效益分析的辅助评价指标。其计算公式为

$$R_{\mathrm{BC}} = \frac{\sum_{t=1}^{n} B_t (1 + i_s)^{-t}}{\sum_{t=1}^{n} C_t (1 + i_s)^{-t}} \tag{6-7}$$

式中，R_{BC}为效益费用比；B_t为第t期的经济效益；C_t为第t期的经济费用。

如果效益费用比大于1，表明项目资源配置的经济效率达到了可以被接受的水平。

四、费用效益分析报表

费用效益分析的基本报表是经济费用效益流量表。经济费用效益流量表有两种，一是国内投资经济费用效益流量表；二是项目投资经济费用效益流量表。

经济费用效益流量表一般在项目财务分析基础上进行调整编制，有些项目也可以直接编制。

在财务分析基础上编制经济费用效益流量表应注意以下问题。

(1)计算外部效益与外部费用时，要保持效益费用计算口径的统一。

(2)用影子价格、影子汇率逐项调整建设投资中的各项费用，同时要剔除涨价预备费、各种税费、国内借款建设期利息等转移支付项目。进口设备购置费通常要剔除进口关税、增值税等转移支付。建筑安装工程费按材料费、劳动力的影子价格进行调整。土地费用按土地影子价格进行调整。

(3)应收、应付款及现金并没有实际耗用国民经济资源，在费用效益分析中应将其

从流动资金中剔除。

(4)用影子价格调整各项经营费用，对主要原材料、燃料及动力费，用影子价格进行调整；对工资及福利费，用影子工资进行调整。

(5)用影子价格调整计算项目产出物的销售收入。

(6)费用效益分析各项销售收入和费用支出中的外汇部分，应用影子汇率进行调整，计算外汇价值。从国外引入的资金和向国外支付的投资收益、贷款本息，也应用影子汇率进行调整。

某项目国内投资经济费用效益流量表和项目投资经济费用效益流量表如表6-1与表6-2所示。

表 6-1　国内投资经济费用效益流量表　　单位：万元

序号	项目	计算期								
		第1年	第2年	第3年	第4年	第5年	第6年	第7年	第8年	第9年
1	效益流量			2766	2766	2766	2766	2766	2766	3662
1.1	项目直接效益			2610	2610	2610	2610	2610	2610	2610
1.2	回收固定资产余值									374
1.3	回收流动资金									522
1.4	项目间接效益			156	156	156	156	156	156	156
2	费用流量	2145	3250	1747	1718	1689	1660	1631	1602	1602
2.1	建设投资中国内资金	2145	3250							
2.2	流动资金中国内资金									
2.3	经营成本			972	972	972	972	972	972	972
2.4	流到国外的资金			726	697	668	639	610	581	581
2.4.1	国外借款本金偿还			581	581	581	581	581	581	581
2.4.2	国外借款利息支付			145	116	87	58	29		
2.4.3	其他									
2.5	项目间接费用			49	49	49	49	49	49	49
3	国内投资净效益流量(1−2)	−2145	−3250	1019	1048	1077	1106	1135	1164	2060

注：经济内部收益率为10.7%，经济净现值为558.37万元(社会折现率为8%)

表 6-2　项目投资经济费用效益流量表　　单位：万元

序号	项目	计算期								
		第1年	第2年	第3年	第4年	第5年	第6年	第7年	第8年	第9年
1	效益流量			2766	2766	2766	2766	2766	2766	3662
1.1	项目直接效益			2610	2610	2610	2610	2610	2610	2610
1.2	回收固定资产余值									374

续表

序号	项目	计算期								
		第1年	第2年	第3年	第4年	第5年	第6年	第7年	第8年	第9年
1.3	回收流动资金									522
1.4	项目间接效益			156	156	156	156	156	156	156
2	费用流量	3300	6494	1021	1021	1021	1021	1021	1021	1021
2.1	建设投资	3300	5000							
2.2	流动资金		522							
2.3	经营成本		972	972	972	972	972	972	972	972
2.4	项目间接费用			49	49	49	49	49	49	49
3	净效益流量(1–2)	−3300	−6494	1745	1745	1745	1745	1745	1745	2641

注：经济内部收益率为6.8%，经济净现值为−385.87万元(社会折现率为8%)

第四节　案例分析

中华仓颉小镇建设项目的多目标决策智慧

洛南县地处秦岭东段南麓，是一个“八山半水半分田”的土石山区县。县域北部的秦岭有金矿、钼矿、铁矿、各种石料，钾长石矿储量亚洲第二，黄金储量全省第三。多年来当地村民本着靠山吃山、靠水吃水的传统概念，以建设矿厂、开采矿石所带来的短期经济效益谋生。虽然获得了经济效益，但却对生态环境造成了难以修复的破坏，“雨天两脚泥，晴天一身土”是村民不想接受的痛，而开矿的大部分收入却进入了承包商的腰包，当地村民贫困现象变得越来越普遍，因而洛南县也曾被国务院确定为秦巴山区连片贫困县之一和陕西省深度贫困县。洛南县保安镇与秦岭、蟒岭相拥，洛河贯穿其中，虽依山傍水、风景秀丽，但自然灾害频发，多处地面下沉裂缝、房屋墙体开裂，对村民群众的生命财产安全造成了极大的威胁，每有暴雨来临，需要专门派人巡查监测隐患点，全村村民必须全部撤离住所，给村民的生产生活带来许多不便，群众要求搬迁的呼声异常强烈。

洛南县的情况在全国具有一定的代表性。对此，党中央做出了在“十三五”期间脱贫攻坚、全面建成小康社会的战略部署，决定组织实施易地扶贫搬迁工程，按照“政府主导、群众自愿”原则，将居住在生存条件恶劣、生态环境脆弱、自然灾害频发等“一方水土养不起一方人”地区的农村贫困人口搬迁到生存条件较好地方，并通过产业、就业、培训、教育、健康、社会保障等系列帮扶措施，使其摆脱贫困状况、实现稳定脱贫。2015年以来，我国各地区、各部门践行“四避开”(避开地质灾害危险区、洪涝灾害威胁区、生态保护区、永久基本农田)、“四靠近”(靠近城镇、中心村、工业园区和农业产业基地等产业园区、旅游景区)的原则，推动易地扶贫搬迁与新型城镇化、乡村振兴有机衔接，实现“四达到”(达到房产能保值、增收有保障、基础配套强、公共服务好)的目标。

陕西省人民政府于2011年8月印发的《陕南地区移民搬迁安置总体规划(2011—

2020年)》中指出：从2011年起到2020年，用10年时间对陕南三市居住在深山半坡和地质灾害点上的60万户240万群众实施移民搬迁。统一规划移民安置点，提高土地利用率，从根本上改善地质灾害区农民的居住环境、生产环境，同时对旧宅基地进行整合复垦补充耕地，推进城乡一体化、缩小城乡差距、建设美丽乡村。洛南县受洪水、滑坡、泥石流等威胁，将交通、信息、经济等欠发达地区的群众，迁移到安全便利、经济发展有潜力、信息通畅的地区，是实现减灾防灾、扶贫帮困、繁荣地方经济的综合措施。

洛南县保安镇易地扶贫搬迁安置项目在此背景下得以强力推进，项目受到省、市、县各级领导的高度重视，也受到当地群众的热烈响应。从2011年到2015年，洛南县共完成四期移民搬迁，已搬迁群众的反映很好，普遍认为党和政府帮助他们办了一件几代人想办的大事，生产生活条件得到改善，群众搬迁的积极性越来越高。2016年洛南县贯彻“搬得出、稳得住、能致富”的目标要求，启动了第五期保安镇易地扶贫移民搬迁工程。县政府意识到，在新时代背景下村镇建设项目被赋予了更多新的内涵，不仅要为人民群众建设美丽家园，更要保护好秦岭这道生态屏障，传承好优秀传统文化；不仅要充分考虑搬迁群众的安居需求，还要积极发展产业，激活当地经济，助力脱贫攻坚与乡村振兴有效衔接，这是一篇集生态、经济、设施、安全、信息等多目标于一体的“大文章”。为实现项目管理的专业化、科学化和精准化，洛南县确定了“搬得出”：保障安全、方便生活、绿色宜居；“稳得住”：学有所教、病有所医、老有所养；“能致富”：发展产业、扩大就业、增加收入的多目标决策思路，并对项目进行了费用效益分析。

项目组明确了中华仓颉小镇建设项目既有易地扶贫搬迁和传承中华优秀传统文化的社会效益，又有大秦岭和黄河流域生态环境保护的环境效益，还有促进地区经济发展和村民增收致富的经济效益，项目组根据《中华人民共和国环境保护税法》(2018年修正)相关规定以及项目相关社会影响对部分环境、社会指标进行货币量化，建立了社会-环境-经济三重目标的费用效益分析框架。

一、费用分析

中华仓颉小镇建设项目主体为移民小区、仓颉文博馆、仓圣广场、幼儿园、社区卫生所、滨河景观带，项目位于商洛市洛南县保安镇仓圣社区东南，占地414.8亩，总建筑面积264 800平方米。项目建设期2年，运营期20年，项目计算期共计22年，社会折现率(i_s)取8%。

项目直接费用：项目总投资额为 47 836.00 万元，其中，土地流转及拆迁安置费为2489万元，前期工作费为450万元，工程费用为38 330万元，区内配套设施费用为6037万元，预备费用为800万元。项目年均经营成本为1200.00万元。资金来源为专项资金45 617万元，约占95.36%，自筹2219万元，约占4.64%。

项目间接费用：设计对生产过程中产生的污水、废气、噪声等污染物均采取了相应的处理措施，保证工程建设投产后，各项污染物指标均能达到国家规定的排放标准。项目固体废物产生量为3709.35吨/年，统一收集，由环卫部门定期清运。项目建成后生活污水经污水处理设施处理排入洛河，实现达标排放。根据《中华人民共和国环境保护税法》(2018年修正)第四条规定有下列情形之一的，不属于直接向环境排放污染物，不缴纳相应污染物的环境保护税：企业事业单位和其他生产经营者向依法设立的污水集中处理、生活垃圾集中处理场所排放应税污染物的；企业事业单位和其他生产经营者在符合国家和地方环境保护标准的设施、场所贮存或者处置固体废物的。故本项目运营期免缴水污染物、固体废物的环境保护税。项目主要的环境污染是大气污染，小区燃烧天然气烟气产生量约为 4267 万立方米/年。考虑环境成本的情况下，按照对应额度缴纳，则项目的间接费用主要包括二氧化硫、氮氧化物、烟尘、一氧化碳等大气环境污染成本。大气环境污染成本计算方法根据《中华人民共和国环境保护税法》(2018 年修正)第二章“计税依据和应纳税额”确定：应税大气污染物的应纳税额为污染当量数乘以具体适用税额。其中，应税大气污染物按照污染当量数从大到小排序，对前三项污染物征收环境保护税。应税大气污染物的污染当量数根据污染物的排放量除以该污染物的污染当量值。将间接费用进行量化，具体计算过程如下。

(1) 二氧化硫——项目建成后每年产生二氧化硫 141.6 千克，二氧化硫的污染当量值为 0.95 千克，得到其每年的污染当量数为 149.1。每污染当量税额为 1.2 元，则二氧化硫污染应纳税额为 0.02 万元/年。

(2) 氮氧化物——项目建成后每年产生氮氧化物 6868.9 千克，氮氧化物的污染当量值为 0.95 千克，得到其每年的污染当量数为 7230.4。每污染当量税额为 1.2 元，则氮氧化物污染应纳税额为 0.87 万元/年。

(3) 烟尘——项目建成后每年产生烟尘 1125.6 千克，烟尘的污染当量值为 2.18 千克，得到其每年的污染当量数为 516.3。每污染当量税额为 1.2 元，则烟尘污染应纳税额为 0.06 万元/年。

(4) 一氧化碳——项目建成后每年产生一氧化碳 23.48 千克，一氧化碳的污染当量值为 16.7 千克，得到其每年的污染当量数为 1.4。按照污染当量数从大到小排序，氮氧化物 > 烟尘 > 二氧化硫 > 一氧化碳。故，对氮氧化物、烟尘、二氧化硫三项污染物征收环境保护税，一氧化碳污染物不纳入计算。

综上所述，项目总投资额为 47 836.00 万元，每年的直接费用为 1200.00 万元，每年的间接费用为 0.95 万元。

二、效益分析

本项目是省委、省政府下决心推进的重大民生工程和发展工程，能够有效防洪抗灾，减少群众因为山洪自然灾害导致的因灾致贫，改善群众生活条件，给群众提供就业机会，有助于实现脱贫致富目标，其社会效益起引领作用。

项目直接效益：项目建成投入使用后，可安置移民户 526 户，年可接待游客 50 万人，实现年旅游收入 4000.00 万元。

项目间接效益：项目建成后可带动周边 1500 户群众创业就业，且项目采用建筑节能设计和节电、节水设计，年节约 120 吨标煤。考虑社会效益、环境效益的情况下，项目的间接效益主要包括带动当地就业效果、文化资源开发实现对区域文化的继承效果、节约能源效益三个方面。将间接效益进行量化，具体计算过程如下。

(1) 带动当地就业效果——通过带动就业人数与当地社会平均薪资的乘积反映。带动就业人数 6000 人，当地社会平均薪资 0.95 万元/(人·年)，带动就业效果 6000×0.95=5700(万元/年)。

(2) 文化资源开发实现对区域文化的继承效果——通过馆藏价值反映，取馆藏发掘成本与馆藏维护成本之和，预计 325 万元/年。

(3) 节约能源效益——通过节约 1 吨煤按减少排放 2.62 吨二氧化碳计算。年节约 120 吨标煤，得到二氧化碳减排量 314.4 吨，以 2018～2024 年碳交易价格中位值 40 元/吨计算，节约能源效益 314.4×40=1.26(万元/年)。

综上所述，项目每年的直接效益为 4000.00 万元，每年的间接效益为 6026.26 万元。

三、费用效益指标分析

项目实施后对大气环境造成一定污染，因此有必要考虑项目建设对当地环境形成污染增加的环境成本，即项目的间接费用。本项目采用建筑节能设计和节电、节水设计改善环境，搬迁工程及发展产业对安置富余劳动力起到积极的推动作用，考虑其社会效益及环境效益，即项目的间接效益。

由于市场秩序良好，供需基本平衡，项目的费用、效益指标均采用现行市场价格，无须进行影子价格调整。项目的费用效益现金流量见表 6-3。

表 6-3　项目费用效益现金流量表

序号	项目	合计 (累计折现值)	计算期 22 年		
			建设期		运营期
			第 0 年	第 1～2 年	第 3～22 年
(一)	现金流入/万元	84 395.84	0	0	10 026.26
1	项目效益/万元	84 395.84			10 026.26
1.1	直接效益/万元	33 669.92			4 000.00
1.2	间接效益/万元	50 725.92			6 026.26
(二)	现金流出/万元	57 944.97	47 836.00	0	1 200.95
2	项目总投资/万元	47 836.00	47 836.00		
2.1	建设投资/万元	47 836.00	47 836.00		
2.2	流动资金/万元				
3	项目经营成本/万元	10 108.97	0	0	1 200.95
3.1	直接经营成本/万元	10 100.97			1 200.00
3.2	间接经营成本/万元	8.00			0.95
(三)	净效益流量/万元	26 450.87		0	8 825.31
	ENPV=26 450.87/万元		EIRR=13.19%		B/C=1.46

注：投资和流动资金遵循年初习惯法，效益和成本遵循年末习惯法

该决策框架提供了定量估算社会、环境和经济影响的可行性，案例研究得出：项目的经济净现值为 26 450.87 万元，经济内部收益率为 13.19%，效益费用比为 1.46。

综上所述，项目的经济净现值大于 0，经济内部收益率大于社会折现率 8%，且效益费用比大于 1，项目具有经济可行性。

➢思考题

1. 什么是项目费用效益分析，它与财务分析有何异同？
2. 在费用效益分析中，识别费用效益的原则是什么？与财务分析的原则有何不同？
3. 项目的外部效益分为哪几种类型？哪些外部效益需要列入费用效益分析的现金流量表中？
4. 在费用效益分析中进行价格调整的主要原因是什么？外贸物品、非外贸物品和特殊投入物的调价原则分别是什么？

➢习题

1. 某转基因作物研发项目财务评价中非技术性工种劳动力的平均工资及福利费为 5500 元/月，其影子工资换算系数为 0.8，求该项目中非技术性工种劳动力的影子工资。

2. 某进口高效太阳能光伏板产品，其国内现行价格为 216 元/吨，其影子价格换算系数为 2.36，国内运费及贸易费为 38 元/吨，假设人民币对美元的影子汇率为 7.0，求该进口产品用美元表示的到岸价 CIF。

3. 某装配式低能耗建筑研发项目 M 的投入物为 G 厂生产的 A 产品(生态环保材料)，由于项目 M 的建成使原用户 W 由 G 厂供应的投入物减少，一部分要靠进口，已知条件如下：M 距 G 100 千米，G 距 W 130 千米；W 距港口 200 千米，进口到岸价为 300 美元/吨，假设影子汇率为 7.0 元人民币/美元，贸易费按采购价的 6%计算，国内运费为 3 元/(吨 · 千米)，求项目 M 投入物到厂价的影子价格。

第六章习题答案

第七章

费用效果分析

➢引例

环境治理政策对企业减排产生的费用效果

在环境治理中，费用效果是一个关键指标，用于衡量不同政策手段对企业减排成本和效果的影响。在中国排污交易市场中，我们主要关注三种政策手段：排污交易政策、排污交易与环境税并存政策，以及排污权交易、环境税与初始配额有偿使用并存政策。通过模拟分析不同政策组合的费用效果，我们发现了一些有趣的现象。当排污交易政策占据主导地位时，其他两种手段似乎并不影响企业的排污交易结果。此外，排污权有偿使用政策和环境税在市场中作用相似，都导致了排污权交易价格的下降，从而增加了企业的减排成本。然而，当有偿使用价格或环境税税率（或两者之和）超过企业原有边际减排成本时，排污交易市场便会出现“失灵”。这时，企业不再愿意参与排污交易，而是选择支付有偿使用费或环境税。

资料来源：吕志贤，石广明，吴雨霏，等. 中国污染物排放配额有偿使用政策费用效果研究[J]. 环境工程技术学报，2023，36(3)：1269-1274

评价：费用效果分析是一种经济效果分析方法，其中费用用货币计量，而效果则采用非货币计量。具体来说，费用指的是为实现项目预定目标所付出的财务代价或经济代价，而效果则指项目的结果所起到的作用、效应和效能，即项目目标的实现程度。在很多情况下，特别是公共项目的社会效益，可能不适于用货币单位来计量，只能以实物单位来计量。此时，费用效果分析就显得尤为重要，它提供了一种有效的工具来评估项目的经济合理性和有效性。分析污染物排放的费用效果可以帮助政府了解不同政策手段对企业污染物减排费用及效果的影响，为制定相关政策提供依据。

➢本章知识结构图

在费用效益分析中较为困难的问题是某些项目的效益不能简单地用货币来衡量，如环保、文化、教育、医疗、保健、通信、国防、公安、消防等项目的效果，常有涉及噪声危害、空气污染、防止犯罪、提高人的素质、改善环境、消除疾病、延长寿命以及军事能力增强、就业机会增多等，这些效果称为无形效果。当投资项目的效果难于或不能货币化时，在经济评价中应采用费用效果分析法，通过比较项目预期的效果与所支付的费用，判断项目的费用有效性或经济合理性。本章知识结构如下图所示。

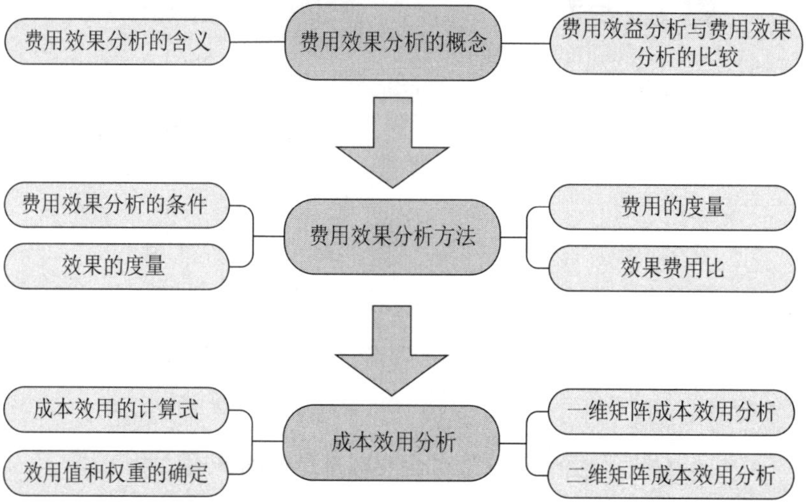

第一节 费用效果分析的概念

一、费用效果分析的含义

费用效果分析(cost-effectiveness analysis)是指费用采用货币计量，效果采用非货币计量的经济效果分析方法。费用效果分析中的费用是指为实现技术方案预定目标所付出的经济代价，采用货币计量；效果是指技术方案所起到的作用、效应或效能，是方案目标的实现程度。按照方案要实现的目标，一个方案可选用一个或几个效果指标。

对技术方案进行费用效果分析的重点集中在以下两个方面。

(1)制定实现项目目标的途径和方案。正常情况下，在充分论证项目必要性后，项目进入方案比选阶段，这个阶段一般不再对项目的可行性提出质疑，而是本着以尽可能少的费用获得尽可能大的效果原则，通过多方案比选，提供优选方案或进行方案优先次序排队。

(2)评价项目主体效益难于货币化的项目。在投资项目中，防病治病、防灾减灾、环境保护、国家安全、科技、教育、文化、卫生、体育等一类项目属于公益性项目，公益性项目的建设目的在于向社会公众提供服务，使社会大众受益，而不是以项目自身营利为主要目标，其主体效益往往难于货币化，应采用费用效果分析的结论作为项目投资决策的依据之一。

由此可以看出，费用效果分析既可用于财务现金流量，也可用于经济费用效益流量。用于前者，主要是进行项目总体方案的初步筛选和各个环节的方案比选；用于后者，除了可以用于上述方案比选、筛选以外，对于项目主体效益难于货币化的，则取代费用效益分析，并作为经济分析的最终结论。

二、费用效益分析与费用效果分析的比较

⑴ 费用效益分析单位统一，认可度高，结果易于被人们接受。在市场经济中，货币作为一般等价物，价格作为市场认可的公平权重，在不同产出效果的叠加计算中，起着重要的参照物作用。因而用货币衡量效果和费用的费用效益分析具有简洁、明了、结果透明、易于被人们接受的优点。当项目效果或其中主要部分易于货币化时，站在社会公众立场上所作的经济评价分析必须采用费用效益分析方法。

⑵ 费用效果分析回避了效果定价的难题，最适于效果难于货币化的领域。在项目经济费用效益分析中，当涉及发达程度不同的地区、不同收入群体的代内公平和当代人福利与未来人福利的代际公平，环境的价值，生态的价值，生命和健康的价值，人类自然和文化遗产的价值，通过义务教育促进人的全面发展的价值等问题时，往往很难定价，而且不同的测算方法可能有数十倍的差距。勉强定价，往往引起争议，降低评价的可信度。另外，在可行性研究的不同技术经济环节，如场址选择、工艺比较、设备选型、总图设计、环境保护、安全措施等，无论进行财务分析，还是进行费用效益分析，都很难与项目最终的货币效益直接挂钩测算。这些情况下都适宜采用费用效果分析。

尽管费用效益分析与费用效果分析各有使用领域，但两者评价的基本原则是相同的，即最大限度地节约稀缺资源，最大程度地提高经济效果。

第二节 费用效果分析方法

一、采用费用效果分析的条件

费用效果分析只能比较不同方案的优劣，不能像费用效益分析那样保证所选方案的效果大于费用，因此应遵循多方案比选的原则，使所分析的项目满足下列条件。

⑴ 备选方案不少于两个，且为互斥方案或可转化为互斥型的方案。

⑵ 备选方案应具有共同的目标，且满足最低效果的要求。

⑶ 备选方案的费用应能货币化，并采用同一计量单位，且资金用量未突破资金限额。

⑷ 备选方案应具有可比的计算期。

二、效果的度量

方案效果是指方案所起的作用、效应或效能。方案的效果可以为一个，也可以不止一个。方案效果的度量是测算方案费用效果的基础。

当一个新的公益性项目建成后，社会公众总能享受到比以往要多的好处。例如，一个城市地铁系统的建成，能使人们减少上下班的时间，使司机减少等待红绿灯的时间和燃油消耗等。

企业的效益可以很方便地用货币表示的收入来度量，但公益性项目往往没有直接的货币收入，或者仅有少量的货币收入，因此公益性项目效果的度量需特别谨慎。当项目

实施前后公众享受的服务质和量都改变时，项目的效果直接采用服务功能的量纲表示；当项目实施前后公众享受的服务不变时，项目的效果一般间接地通过成本节约的方式进行度量，可按照以下步骤进行。

(1)估计每年将有多少人使用新建的设施。

(2)估计人们使用旧设施的成本。

(3)估计同样的人们使用新设施的成本。

(4)计算人们使用新、旧设施的成本之差，确定公众享受到的好处。

设U_p表示社会公众使用目前设施的年总成本，U_f表示相同的社会公众使用新设施后的年总成本，I为投资主体取得的收益，则新项目带来的社会效果为$B=U_P-U_f+I$。

三、费用的度量

投资主体的费用包括以下两部分。

(1)投资成本。设C_f表示拟建公益性项目的等额年值投资成本，C_p为用等额年值所表示的目前正在使用的设施余值。新项目的投资成本为$C_I=C_f-C_p$。

(2)运营成本。设M_f表示拟建公益性项目未来的年运营成本，设M_p表示目前正在使用的设施的年运营成本。新项目的运营成本为$M=M_f-M_p$。

因此，新项目的总成本$C=C_I+M$。

四、效果费用比

假如项目的无形效果可用单一指标来衡量，就可采用效果费用比(effectiveness cost ratio)$R_{E/C}$指标表示，即

$$R_{E/C}=\frac{E}{C}=\frac{\text{项目效果}}{\text{项目用现值或年值表示的计算期费用}} \tag{7-1}$$

其判定准则是：投入费用一定且效果最大，或者效果一定且费用最小的方案最佳。

费用效果分析一般应包括以下几个步骤。

(1)确定欲达到的目标。

(2)对达到上述目标的具体要求做出说明和规定。

(3)制订各种可行方案。

(4)建立各方案达到规定要求的量度指标，典型的指标有功能、效率、可靠性、安全性、可维护性、可供应性等。

(5)确定各方案达到上述量度指标的水平。

(6)采用固定效果法、固定费用法或费用效果比较法选择最佳方案。

【例 7-1】 某流感免疫接种计划可使每 10 万个接种者中 6 人免于死亡，一人在注射疫苗时有致命反应。该计划每人接种费用为 4 元，但由于可以不动用流感救护车，每 10 万人可节省费用 8 万元。试用费用效果分析决定是否实施该计划。

解　净保健效果是避免 6 例死亡减去造成 1 例死亡，即避免 5 例死亡。其费用是

$$4\times100\ 000-80\ 000=320\ 000(\text{元})$$

$$\text{效果/费用}=5\text{例死亡}/320\ 000=1\text{例死亡}/64\ 000$$

计算结果表明，若社会认可用 64 000 元的代价挽救一个生命时，该计划应予实施。

【例 7-2】　某研究机构最新研发了 4 种航测无人机，应用于土石方工程测量与施工现场管理。以可靠性作为评价效果的主要指标，即在一定条件下不发生事故的概率。4 种航测无人机的相关数据如表 7-1 所示，预算限制为 240 万元，应选哪个方案？

表 7-1　航测无人机基础数据表

方案	费用/万元	可靠性(1−事故概率)
1	240	0.99
2	240	0.98
3	200	0.98
4	200	0.97

解　采用固定费用法应淘汰方案 2 和方案 4；由固定效果法也可淘汰方案 2。最后剩下的方案 1 和方案 3 由[*E*/*C*]做出权衡判断，如图 7-1 所示。

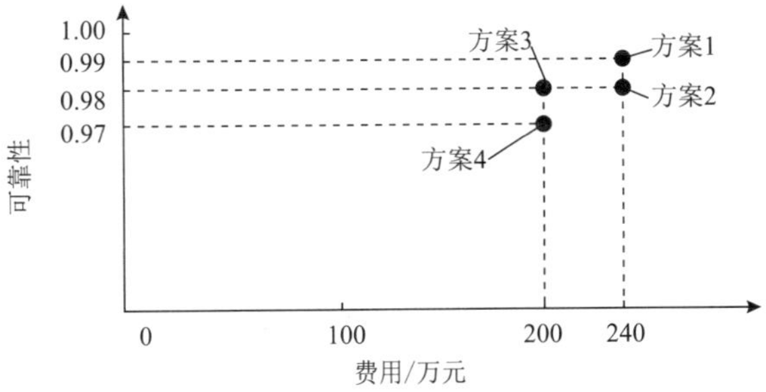

图 7-1　效果费用比值结果图

$$[E/C]_{\text{方案}1}=0.99/240=0.41\%$$

$$[E/C]_{\text{方案}3}=0.98/200=0.49\%$$

按每万元取得的可靠性判断：应选方案 3。

第三节　成本效用分析

项目的效果往往具有多重性，确定综合效果的定量值是一个比较困难的问题。这是因为在效果的度量体系中，既有定量的指标，又有定性的指标；在定量的指标中有的要求其值越大越好，如可靠性、安全性、稳定性；有的要求越小越好，如污染程度；定量指标又有各种计量单位，这时可采用成本效用分析(cost-utility analysis)的方法，其计算式为

$$\frac{U}{C}=\frac{效用}{成本} \tag{7-2}$$

效用可用指标得分值 F 或加权得分值 F_{Σ} 表示，也可用效用系数 U 或加权效用系数表示。

一、效用值和权重的确定

（一）分值 F_j 的确定方法

定性效果指标可组织专家（或有经验人员）小组会议进行评分或由专家个人分别评分，然后采用算术平均法、加权平均法或中位数法进行整理后作为评价指标的分数值。

对定性效果指标进行评分时，可参照表 7-2 所示的评分标准。

表 7-2　定性指标评分的一般标准

满足程度	最好	良	中	差	很差
百分制	100	80	60	40	20
五分制	5	4	3	2	1

定量效果指标可直接计算得到，但当各指标的计量单位不同时，须先将不同计量单位换算为统一的无量纲数值。此时引入效用系数来消除各指标计量单位的不可比性。采用效用系数法计算有下面两种情况。

（1）指标要求越大越好时，其效用系数 U_j 由式（7-3）计算，并参见图 7-2。

$$U_j=\frac{F_j-X_{j\min}}{X_{j\max}-X_{j\min}} \tag{7-3}$$

式中，$X_{j\min}$ 为预先确定的第 j 个指标的最低值（不允许再小的值）；$X_{j\max}$ 为预先确定的第 j 个指标的最大值；j 为评价指标的数目，j=1, 2,…, n；F_j 为指标 j 的得分。

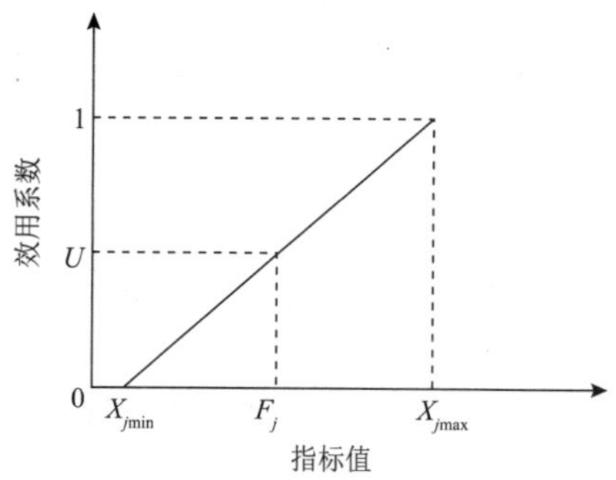

图 7-2　越大越好指标的效用系数

（2）指标要求越小越好时，其效用系数 U_j（图 7-3）可由式（7-4）计算：

$$U_j = \frac{X_{j\max} - F_j}{X_{j\max} - X_{j\min}} \tag{7-4}$$

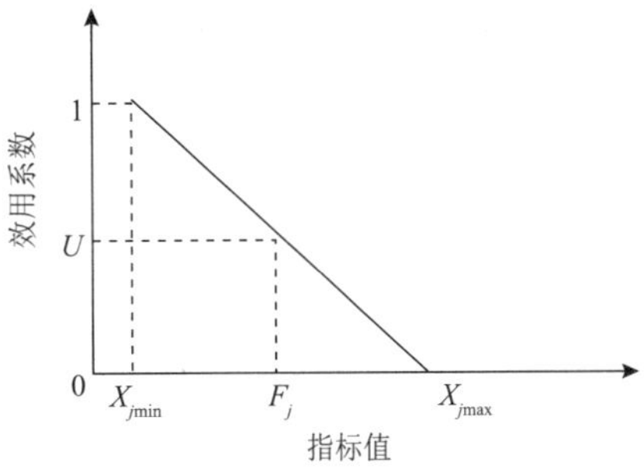

图 7-3　越小越好指标的效用系数

【例 7-3】　假定产品成本最小值为 80 元，由于物价变动的影响，最大值为 140 元，现有某方案的产品成本为 120 元，其效用系数是多少?

解　由式(7-4)得

$$U_j=(140-120)/(140-80)=0.33$$

(二)权重 W_j的确定方法

W_j为反映效果指标之间相对重要程度的权重值，也称权系数或相对权数。W_j值的确定方法较多，这里只介绍专家调查法。其步骤如下。

(1)由专家小组或专家个人分别对各个效果的重要程度按百分制或五分制打分。

(2)对专家个人的打分，用算术平均法、加权平均法或中位数法进行整理。若各专家的打分差异不大时，整理后平均数即可作为指标权重值；若各专家的打分差异很大，需要进一步说明打分标准及有关情况，再请各专家进行第二轮打分，如此重复有限次数，使专家们对指标的重要性认识较为一致，则所求权重值的可靠性也会相应提高。

【例 7-4】　有甲、乙、丙三个方案，每个方案都有 A、B、C、D 四个效果指标，试进行方案选择。

解　解决这个问题，可参照以下步骤。

第一步，确定各效果指标的权重值，假定 A、B、C、D 四个指标的权重值分别为 0.35、0.10、0.35、0.20。

第二步，确定各效果指标的分值。现设各指标的分值如表 7-3 所示。

表 7-3　各方案效果指标分值

效果指标	方案甲	方案乙	方案丙
A	80	83	70
B	80	75	60
C	90	83	71
D	75	82	79

第三步，计算各效果指标的得分值。指标得分=指标分值×该指标权重。

第四步，计算各效果指标的综合加权效果值。本例计算结果列于表 7-4。

表 7-4 各方案综合加权效果值

效果指标	权重	方案甲		方案乙		方案丙	
		分值	指标得分	分值	指标得分	分值	指标得分
A	0.35	80	28.00	83	29.05	70	24.50
B	0.10	80	8.00	75	7.50	60	6.00
C	0.35	90	31.50	83	29.05	71	24.85
D	0.20	75	15.00	82	16.40	79	15.80
方案总分	1.00		82.50		82.00		71.15

（三）加权分值的确定方法

1. 加法

将每个效果的分值与其相应的权重系数的乘积累加，可得方案的综合加权分值，其计算公式如下：

$$F_{\sum} = \sum_{j=1} W_j F_j \tag{7-5}$$

式中，$F_{\sum}$为综合加权分值；F_j为每个指标得分值；W_j为每个指标根据重要程度确定的权重值，$W_1+W_2+\cdots+W_n=1$。

2. 乘法

对方案各效果分值的乘积开 n 次方，n 为连乘的效果数，可得项目或方案的综合加权分值。其计算公式为

$$F_{乘}=\sqrt[n]{F_1 \cdot F_2 \cdot \cdots \cdot F_n} \tag{7-6}$$

3. 加乘混合法

用加法、乘法求得综合加权分值的和，为加乘混合法的加权分值。其计算公式为

$$F_{加乘}=F_{\sum}+F_{乘} \tag{7-7}$$

4. 除法

在多重效果中，如果有些效果要求越大越好，另一些效果要求越小越好，在这种情况下用除法计算综合加权分值。其计算公式为

$$F_{除}=\frac{\beta_1 \cdot \beta_2 \cdot \cdots \cdot \beta_k}{\alpha_1 \cdot \alpha_2 \cdot \cdots \cdot \alpha_j} \tag{7-8}$$

式中，$\beta_1 \cdot \beta_2 \cdot \cdots \cdot \beta_k$ 为要求越大越好的效果指标值；$\alpha_1 \cdot \alpha_2 \cdot \cdots \cdot \alpha_j$ 为要求越小越好的效

果指标值。

5. 最小二乘法

首先对各项效果确定一个理想值，然后将理想值同实际值之差除以理想值，平方后乘以相应的权重，相加后再开方即为综合加权效用系数。其计算公式为

$$F=\sqrt{\sum W_j[(A_j-A_{j0})/A_{j0}]^2} \tag{7-9}$$

式中，F 为综合加权效用系数；A_j 为每个效果指标的实际值；A_{j0} 为每个效果指标的理想值。

【例 7-5】 某科技馆设计方案竞赛评价指标的基准值为 5 分及格，评价时根据设计水平增加分值，10 分为满分。现有甲乙两个方案，其效果评价分值如表 7-5 所示。试用最小二乘法选择优秀方案。

表 7-5　综合加权效用系数计算表

指标		甲方案		乙方案	
名称	权重	评价值	$[(A_j-A_{j0})/A_{j0}]^2$	评价值	$[(A_j-A_{j0})/A_{j0}]^2$
平面布置	0.2	10	0	10	0
建筑结构	0.2	9	0.01	8	0.04
交通便利	0.2	7	0.09	10	0
建筑艺术	0.1	6	0.16	7	0.09
安全防护	0.2	8	0.04	7	0.09
设计标准化	0.1	9	0.01	10	0
$F=\sqrt{\sum W_j[(A_j-A_{j0})/A_{j0}]^2}$			0.2121		0.1871

解　综合加权效用系数计算结果如表 7-5 所示(注：A_{j0}=10)。由于乙方案的效用系数小，故乙方案较优。

上述五种方法各具特点，可根据具体情况应用。加法的特点是计算简便，可以对各效果指标加权计算；当某效果出现零值时，该指标实际已被否定，但仍然可以进行综合运算；方案各项效果指标之间的差额，在方案综合效果评价值或总平均综合效果评价值中反映均不敏感。所以当各项效果指标得分差距不大，而重要程度差异较大时，宜采用加法。

乘法的特点正好同加法相反，即使各个效果指标的权重值差距很大时，在其综合的结果中仍然是不敏感的，所以乘法适合于各效果指标值的差距较大，保留权重值差距较小的情况，当方案的各指标中有一个指标出现零值时，其综合值必为零，这就等于该方案被否定。

加乘混合法，既具有加法的特点，可以对各个效果指标进行加权运算，又有乘法

的特点，可以较敏感地反映各个效果指标值的差异程度。因此，加乘混合法的适用范围较大。

除法要求方案评价的效果指标能够区分出越大越好或越小越好两类指标。

最小二乘法既反映了效果指标的重要程度，又反映了效果指标实际值与理想值之间的差距，用以进行方案综合评价是比较准确的，但它要求方案的所有目标都是定量的，而且每个目标都须预先确定出理想值，否则不能运算。

二、一维矩阵成本效用分析

下面的例 7-6 和例 7-7 说明了一维矩阵成本效用分析的过程。

【例 7-6】 某水坝有四个方案可供选择，它们的有关参数如表 7-6 所示。已知出现水灾概率为越小越好的指标，其最大值为 0.30，最小值为 0.01；通航可能性为越大越好的指标，其最大值为 10，最小值为 0；娱乐指标也为越大越好的指标，最大值为 275 000，最小值为 0。试选最优方案。

表 7-6 水坝方案有关数据表

方案	费用现值/亿元	效果指标		
		出现水灾概率/年(50%)	通航可能性(0～10)(30%)	娱乐/(人·日/年)(20%)
A	1.0	0.30	—	—
B	2.5	0.10	5	100 000
C	3.7	0.06	7	150 000
D	5.5	0.01	10	275 000

解 根据式(7-3)和式(7-4)确定各方案的效用系数与成本效用 *U/C* 值如表 7-7 所示。

表 7-7 效用成本指标计算表

方案	费用现值/亿元	效用系数 *U*			加权效用系数合计	*U/C*
		出现水灾概率/年(50%)	通航可能性(30%)	娱乐(20%)		
A	1.0	超过标准	—	—		淘汰
B	2.5	0.53	0.5	0.36	0.49	0.196
C	3.7	0.74	0.7	0.55	0.69	0.186
D	5.5	1.00	1.0	1.00	1.00	0.182

从综合评价的结果来看，应选择方案 B。

【例 7-7】 某研究机构研究出了四种新型的民用建筑墙体结构体系，欲采用安全性、耐久性、抗震性、耐火性、施工便利性五个指标选出最好的一种投入使用。五个指标的权重和每种结构体系下每平方米建筑面积的工程造价如表 7-8 所示，试采用成本效用分析法进行选优决策。

表 7-8　结构体系数据及效用系数矩阵

指标	权重 ①	体系 A		体系 B		体系 C		体系 D	
		分值 ②	加权分值 ③=②×①	分值 ④	加权分值 ⑤=④×①	分值 ⑥	加权分值 ⑦=⑥×①	分值 ⑧	加权分值 ⑨=⑧×①
安全性	45%	70	31.5	50	22.5	70	31.5	90	40.5
耐久性	20%	20	4.0	30	6.0	50	10.0	30	6.0
抗震性	15%	30	4.5	70	10.5	50	7.5	50	7.5
耐火性	5%	30	1.5	70	3.5	50	2.5	50	2.5
施工便利性	15%	20	3.0	40	6.0	10	1.5	10	1.5
合计	100%		44.5		48.5		53.0		58.0
造价/米 ^{2}		488		468		520		508	
U/C		0.091		0.104		0.102		0.114	

解　采用 100 分制对四种方案就五个指标分别打分，分值和每个方案的 U/C 值如表 7-8 所示。

因此，应选择 D 种新型民用建筑墙体结构体系。

三、二维矩阵成本效用分析

【例 7-8】　某企业欲购置一台北斗定位监测装置，监测装置的主要功能及权重、设备各零件总成对主要功能的贡献如表 7-9 所示。现有 A 型监测装置的性能得分如表 7-10 所示，且该装置的购置费为 300 000 元。试对监测装置 A 进行二维矩阵 U/C 分析。

表 7-9　指标权重及零件总成对功能贡献率

项目	A 35%	B 20%	C 20%	D 25%
甲	40	0	5	20
乙	0	45	5	25
丙	30	25	50	20
丁	30	30	40	35
贡献率总和	100	100	100	100

表 7-10　效用系数及 U/C 计算表

项目	A 35%		B 20%		C 20%		D 25%	
甲	10（分值）	40（贡献率）	0	0	7	5	6	20
	10×40=400（效用）		0		35		120	

续表

<table>
<tr><th rowspan="2">项目</th><th colspan="2">A</th><th colspan="2">B</th><th colspan="2">C</th><th colspan="2">D</th></tr>
<tr><th colspan="2">35%</th><th colspan="2">20%</th><th colspan="2">20%</th><th colspan="2">25%</th></tr>
<tr><td rowspan="2">乙</td><td>0</td><td>0</td><td>6</td><td>45</td><td>6</td><td>5</td><td>5</td><td>25</td></tr>
<tr><td colspan="2">0</td><td colspan="2">270</td><td colspan="2">30</td><td colspan="2">125</td></tr>
<tr><td rowspan="2">丙</td><td>3</td><td>30</td><td>6</td><td>25</td><td>6</td><td>50</td><td>7</td><td>20</td></tr>
<tr><td colspan="2">90</td><td colspan="2">150</td><td colspan="2">300</td><td colspan="2">140</td></tr>
<tr><td rowspan="2">丁</td><td>5</td><td>30</td><td>6</td><td>30</td><td>7</td><td>40</td><td>6</td><td>35</td></tr>
<tr><td colspan="2">150</td><td colspan="2">180</td><td colspan="2">280</td><td colspan="2">210</td></tr>
<tr><td>零件总成贡献率总和</td><td colspan="2">100</td><td colspan="2">100</td><td colspan="2">100</td><td colspan="2">100</td></tr>
<tr><td rowspan="2">效用总和</td><td colspan="2">640</td><td colspan="2">600</td><td colspan="2">645</td><td colspan="2">595</td></tr>
<tr><td colspan="8">640×35%+600×20%+645×20%+595×25%=621.75</td></tr>
<tr><td>U/C</td><td colspan="8">621.75/300 000=0.00207</td></tr>
</table>

解 对监测装置 A 性能打分采用 10 级分制，其分值计算及成本效用 U/C 值的计算过程见表 7-10。

第四节 案例分析

航空推进器费用效果评价

在当今世界，航空运输行业是连接全球的重要纽带，为人们提供快速、便捷的交通方式。为了保持竞争优势并提升飞行效率，航空公司不断寻求更新、升级飞机的技术装备。推进器系统作为飞机发动机的重要组成部分，直接影响飞机的性能和经济性。在这样一个竞争激烈、技术不断创新的行业环境中，航空公司的推进器系统采购决策需要经过深入的市场调研、技术评估，做出正确的费用效果分析。一旦选择合适的推进器系统，航空公司将能够获得更高的运营效率、更低的运营成本，并为乘客提供更加舒适安全的飞行体验。

航空推进器性价比是推进器飞行效应与其开发成本的比值，是指在考虑到其性能和价格之后，所提供的性能与投资的比值。高性价比的航空推进器意味着在相对较低的价格下提供了优秀的性能，从而使投资更有价值。

飞行效应可以通过燃油性能、动力性能、环境影响三个方面来描述，如图 7-4 所示。

某国产航空公司欲采购一款航空推进器，现对两个可比推进器 A 和推进器 B 的性价比进行比较，推进器 A 和推进器 B 的采购价格分别为 3500 万元/套与 5000 万元/套。两套推进器性价比的评价结果如表 7-11 所示。最终可得出推进器 A 性价比高于推进器 B 的结论。

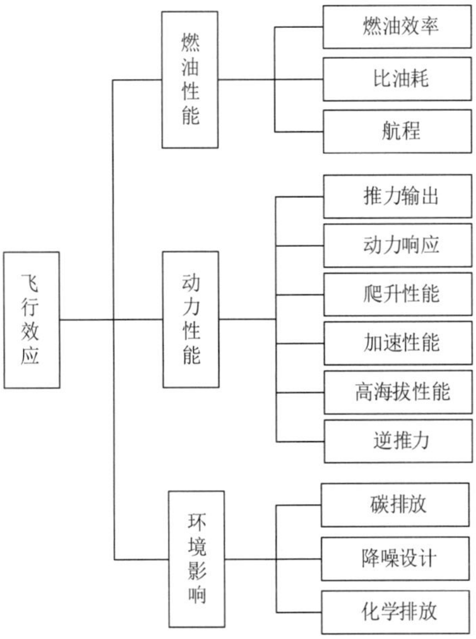

图 7-4 航空推进器飞行效应评价指标结构图

表 7-11 推进器 A、推进器 B 性价比计算结果

飞行效应		推进器 A 得分(百分制)	推进器 B 得分(百分制)
燃油性能	燃油效率	87	95
	比油耗	85	92
	航程	91	78
动力性能	推力输出	73	94
	动力响应	88	82
	爬升性能	89	90
	加速性能	85	85
	高海拔性能	70	85
	逆推力	90	90
环境影响	碳排放	90	85
	降噪设计	75	85
	化学排放	90	80
飞行效应得分合计		1013	1041
推进器性价比		1013÷3500=0.289	1041÷5000=0.208

➢思考题

1. 除了本章所说的公益性项目，费用效果分析还适用于哪些类型的项目分析?
2. 与费用效益分析相比，费用效果分析有哪些特点?
3. 费用效果分析中效果应如何度量才能更加准确地反映项目目标?
4. 什么情况下可采用成本效用分析方法?

➢习题

1. 修建某小型水库有高坝和低坝两个方案，其投资、年维护费用及年效益如表 7-12 所示，服务年限为 50 年，设折现率为 5%，试问哪个方案为最优方案。

表 7-12 投资、年维护费用及年效益 单位：万元

项目	高坝	低坝
投资	360.0	150.0
年维护费用	4.5	2.5
年效益	25.0	15.0

2. 某地自然灾害频发，但缺乏预警装置，每年由自然灾害造成的经济损失为 40 000 元，现拟增设预警措施，每年可减少损失 50%，但需要投资 18 万元，使用期为 20 年，设 i=8%，每年维修费占投资的 3%，试评价是否有必要设置这种预警措施。

3. 现有三种型号的新型农作物收割机械设备，具体资料数据如表 7-13 所示。其中交付周期的最大值为 12 周，最小值为 4 周；日均收割面积的最大值为 120 亩，最小值为 20 亩；油耗最大值为 50 升/时，最小值为 10 升/时；使用寿命最大值为 30 年，最小值为 6 年。交付周期、油耗为越小越好的指标，日均收割面积、使用寿命为越大越好的指标。试根据评价指标进行设备的选择。

表 7-13 评价指标

评价指标	单位	甲型号	乙型号	丙型号
单台售价	万元	50	45	42
交付周期	周	8	7	9
日均收割面积	亩	91	95	85
月均维护费	元	1750	2025	1900
油耗	升/时	18	21	21
使用寿命	年	12	10	10

4. 某手机生产商欲为开发的新型智能手机选择处理器，现市面主流处理器有三款，其功能指标、权重及各指标得分如表 7-14 所示，试评选出最优处理器。

表 7-14 功能指标、权重及各指标得分

功能指标	权重	A 款得分值	B 款得分值	C 款得分值
单核心性能	5	3.00	2.00	1.00
多核心性能	7	13.95	21.80	18.44
图形处理器性能	9	1.00	3.00	2.00
功耗表现	7	2.00	3.00	2.00
工艺制程	6	2.00	1.00	1.00
价格优势	5	1.00	1.00	2.00
元/款		1800	2500	2200

第七章习题答案

第八章

设备更新分析

➢引例

以设备更新带动工业焕新

为积极响应国务院号召，四川省制定了《以大规模技术改造带动工业领域设备更新行动方案》，明确了设备更新的目标和具体措施。四川省经济和信息化厅广泛搜集企业需求，储备了超过2000个项目，涉及投资超过9000亿元，涵盖先进、安全、绿色和数字化设备四大领域。

为引导企业更新设备和技术，省政府发布了推荐目录和设计指南，并搭建供需对接平台，吸引社会资本和优质资源助力制造业数字化转型。此外，省政府还举办了政银企产融对接活动，邀请百余家制造业企业和金融机构代表参与，旨在帮助企业了解相关政策，促进企业与金融机构的沟通合作。同时，省政府还计划举办水泥行业专场对接会，邀请中小企业、行业协会和金融机构等参观龙头企业，学习先进技术，汲取转型经验，共同推动企业绿色化改造。

这一系列的举措，不仅推动了省工业领域的设备更新和技术改造，也为经济的持续健康发展注入了新的活力。

资料来源：唐千惠. 设备更新带动工业焕新四川有“谋”亦有“动”[N]. 四川经济日报，2024-04-18(001)

启示：设备更新是推动工业领域提质升级，加快形成新质生产力的重要方式。设备更新提高了生产效率，降低了生产成本，从而增加了企业的盈利空间。新设备通常具有更高的能源利用效率，有助于降低能耗，减少运营成本。此外，设备更新还能提升产品质量，增强市场竞争力，进一步促进企业的经济增长。除了金融加持、绿色赋能外，数字化也是设备更新的重要发力点。

➢本章知识结构图

项目投资必然形成大量的固定资产，固定资产在生产使用过程中会发生磨损、效率减低和过时的现象，如果不及时对设备进行升级、换代或更新，将有可能严重影响生产使用效率。因此，掌握设备更新分析的方法对保证生产系统的正常运行及企业获利是至关重要的。

本书第二章和第三章所介绍的方案比选的现金流量法仍然适用于设备更新分析。但是，设备更新分析的一些特有的概念，如沉没成本、经济寿命等，需要引起特别的注意。本章将重点阐明这些概念，并说明如何在设备更新分析中应用这些概念。本章知识结构如下图所示。

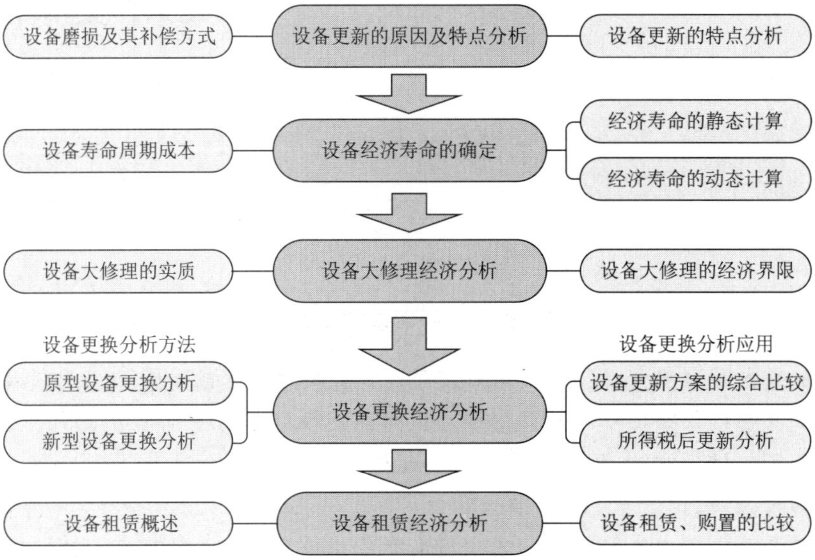

第一节　设备更新的原因及特点分析

一、设备磨损及其补偿方式

设备磨损是设备在使用或闲置过程中，由于物理作用(如冲击力、摩擦力、振动、扭转等)、化学作用(如锈蚀、老化等)或技术进步的影响等，设备遭受了损耗。设备磨损分为有形磨损和无形磨损，设备磨损是有形磨损和无形磨损共同作用的结果。

(一)设备的有形磨损

设备在使用中受外力作用和自然环境影响而形成的磨损、变形与损坏称为设备的有形磨损或物质磨损。设备有形磨损又可分为第Ⅰ类有形磨损和第Ⅱ类有形磨损。

1. 第Ⅰ类有形磨损

设备在使用过程中，受到外力的作用，零部件会发生摩擦、震动和疲劳等现象，致使机器设备的实体发生磨损，这种磨损称为第Ⅰ类有形磨损。它是引起设备有形磨损的主要原因，通常表现为以下几种情况：①机器设备零部件的原始尺寸发生改变，甚至形状发生变化；②公差配合性质发生改变，精度降低；③零部件损坏。

第Ⅰ类有形磨损可使设备精度降低，劳动生产率下降。当这种有形磨损达到一定程度时，整个机器设备的功能就会下降，导致设备故障频发、废品率升高、使用费剧增，甚至难以继续正常工作，丧失使用价值。

2. 第Ⅱ类有形磨损

自然环境的作用是造成设备有形磨损的另一个原因，设备在闲置过程中，因自然力的作用而产生的磨损称为第Ⅱ类有形磨损。这种磨损与设备生产过程中的使用无关，甚至在一定程度上还同使用程度成反比。因此设备闲置或封存同样也会产生有形磨损，如金属件生锈、腐蚀、橡胶件老化等。设备闲置时间过长，会自然丧失精度和工作能力，失去使用价值。

(二)设备的无形磨损

设备无形磨损也称经济磨损或精神磨损，它是指由于技术进步，出现性能更完善、生产效率更高的新设备，或具有相同结构的设备再生产价值下降，从而使原有设备发生的贬值。无形磨损不改变设备实体，只表现为设备原始价值的贬值，无形磨损按形成原因也可以分为第Ⅰ类无形磨损和第Ⅱ类无形磨损。

1. 第Ⅰ类无形磨损

第Ⅰ类无形磨损是指受技术进步的影响，设备制造工艺不断改进，劳动生产效率不断提高，使生产同样结构、性能的设备所需的社会必要劳动时间相应减少，生产成本和价格不断降低，使原有设备价值贬值。这类无形磨损虽然使原有设备部分贬值，但设备本身的技术性能并未受到影响，使用价值没有降低，故不会影响现有设备的使用。

2. 第Ⅱ类无形磨损

第Ⅱ类无形磨损是由于技术进步，市场上出现了结构更先进、技术更完善、生产效率更高、耗费原材料和能源更少的新型设备，原有机器设备在技术上显得陈旧落后，从而提前退出使用而产生的经济磨损。第Ⅱ类无形磨损不仅使原有设备价值降低，而且会使原有设备生产精度和能耗达不到新的标准与要求，致使其局部或全部丧失使用价值。在这种情况下，由于使用新设备比使用旧设备在经济上更合算，所以原有设备应被淘汰。

第Ⅱ类无形磨损导致原有设备使用功能降低的程度与技术进步的具体形式有关。当技术进步表现为不断出现性能更完善、效率更高的新设备，但加工对象没有原则性变化时，则原有设备的使用功能大幅度降低；当技术进步表现为采用新的加工对象如新材料时，则原有设备的使用功能完全丧失，加工旧材料的设备必然要被淘汰；当技术进步表现为改变原有生产工艺，采用新的加工方法时，则为旧工艺服务的原有设备也将失去使用功能；当技术进步表现为产品的更新换代时，不能适用于新产品生产的原有设备也将被淘汰。

(三)设备磨损的补偿方式

为维持设备正常工作需要的特性和功能以及满足设备使用的经济性，必须对已遭受磨损的设备进行及时合理的补偿。设备补偿的形式有设备大修理、现代化技术改造和更换等。在实际工作中，上述设备补偿形式的选用随不同磨损情况而有所不同：若设备磨损主要是有形磨损所致，则在磨损较轻时可通过设备大修理进行补偿；若磨损较重，修复时需花费较高的费用，这时选择更换还是设备大修理，则应对其进行经济分析比较，以确定恰当的补偿方式；若磨损太严重，根本无法修复，或者虽然修复，但其精度达不到要求，则应该以更换作为补偿。若设备磨损主要是由相对价值的无形磨损所致，则应采用局部更新(现代化技术改造)或全部更换。设备大修理、现代化技术改造、更换统称为设备更新。

设备磨损、补偿、更新的关系如图 8-1 所示。

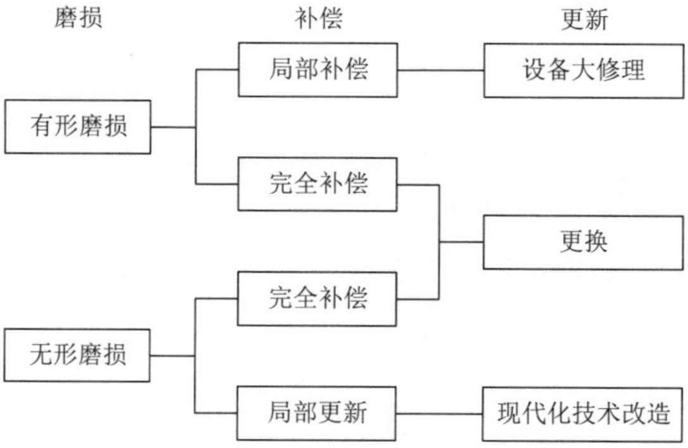

图 8-1 设备磨损、补偿、更新的关系图

二、设备更新的特点分析

(一)设备更新的实质是确定设备的经济寿命

根据设备磨损的方式不同，可将设备寿命划分成以下几种类型。

(1)自然寿命，或称物理寿命。它是指设备从全新状态下开始使用，直到报废的全部时间过程。自然寿命主要取决于设备有形磨损的速度。

(2)技术寿命。它是指设备在开始使用后持续满足使用者需要功能的时间。技术寿命的长短，主要取决于无形磨损的速度，技术进步速度越快，设备的技术寿命越短。

(3)经济寿命。它是指设备从全新状态投入使用开始，到因继续使用会不经济而更新所经历的时间，也就是一台设备从投入使用开始，到年度费用最低的使用期限。经济寿命是从经济角度看待设备最合理的使用期限,它是由有形磨损和无形磨损共同决定的。具体来说是指能使一台设备的年等额总成本(包括购置成本和运营成本)最低或等额年净收益最高的期限。在设备更新分析中，设备更新的时机一般取决于设备的经济寿命，所以在进行更新分析时，经济寿命是确定设备最优更新期的主要依据。

(二)设备更新分析只考虑未来发生的现金流量

在设备更新分析中，只有现在的和未来的现金流量才应纳入考虑的范畴。正在考虑更新的旧设备的任何未回收价值，严格来讲都是过去决策的结果，即当初购买设备的决策以及折旧方法和折旧年限决策的结果。可以用沉没成本这一概念来区分设备的账面价值和市场价值，账面价值与市场价值之间的差额称为资产的沉没成本。

沉没成本=旧设备账面价值−当前市场价值(余值)

或

沉没成本=(旧设备原值−历年折旧费)−当前市场价值(余值)

假设 5 年前购置了一台 10 000 元的设备，预计使用寿命 8 年，年折旧费为 1250 元，现有账面价值为 3750 元[10 000−1250×5=3750(元)]。这台设备现在若在市场上出售，价值为 2000 元。这里账面价值与市场价值的差额等于 1750 元[3750−2000=1750(元)]，这 1750 元就称为待更新设备的沉没成本，也就是未收回的旧设备的投资损失。

设备更新分析中一个重要的特点，是在分析中只考虑现在和未来所发生的现金流量，对于以前发生的现金流量及沉没成本，由于它们都属于不可恢复的费用，与更新分析无关，不应计入设备的现有价值中。

(三)设备更新分析应站在咨询者(第三方)的视角分析问题

设备更新分析，首先要确定设备的价值。与旧设备相关的有三个价值概念：旧设备购置价值、旧设备待更新时的账面价值和市场价值。旧设备购置价值是过去决策的，是与本次决策无关的成本。旧设备待更新时的账面价值同样是过去决策决定的，也就是购买者过去所采用的折旧政策决定的。旧设备待更新时的市场价值是从独立第三方视角确定的旧设备的公允市场价值，该视角使得分析者在设备更新分析中关注于现在和未来的现金流量，而不受过去已发生的沉没成本的影响。需要说明的是，为使现有设备的功能相对于新设备具有竞争力，需要一笔新的投资支出(如修理费用)来升级现有设备，必须将这笔额外费用和现在的实际市场价值相加，以计算现有设备的总投资额，从而应用于设备更新的分析和决策。

【例 8-1】　某科技公司计划购买一台新电子元件制造设备，价格为 18.8 万元。公司同类旧设备目前在市场上预估卖价 10 万元。旧设备是 3 年前购置的，目前的账面价值为 12 万元。为了使旧设备达到新设备的使用状况，需要对其进行维修保养，费用预计 1 万元。根据以上信息回答：

(1)采用第三方视角，旧设备的投资额是多少？

(2)旧设备的未回收价值为多少？

解

(1)采用第三方视角，旧设备(如果继续使用)的投资额就是其现在的市场价值(机会成本)加上为达到新设备的使用状态而对旧设备升级维修的费用,因此旧设备的全部投资额为 11 万元[10+1=11(万元)]。

(2)旧设备的未回收价值为处置该资产的账面价值的损失(沉没成本)。旧设备目前的卖价为 10 万元,其账面价值为 12 万元,故旧设备未回收的价值为 2 万元[12−10=2(万元)]。

(四)设备更新分析以费用年值法为主

通常在比较设备更新方案时，假定设备产生的收益是相同的，因此只对它们的费用进行比较。新设备往往具有较高的购置费和较低的运营成本，而被更新的旧设备往往具有较低的重置费和较高的运营成本。因此，通常根据不同设备方案的服务寿命，采用费用年值法进行分析比较。

【例 8-2】 设备 A 在 4 年前购置价格为 220 万元，当时估计可以使用 10 年，第 10 年年末净残值为 20 万元，年运营成本为 70 万元，目前市场转让价格为 80 万元。现在市场上同类设备 B 的原始购置价格为 240 万元，估计可以使用 10 年，第 10 年年末的残值为 30 万元，年运营成本是 40 万元。已知基准收益率为 10%，如果在相当长的时期内产品的市场销路有保障，试比较继续使用旧设备 A 和购买新设备 B 哪个方案更优。

解 由于在相当长的时期内产品有销路，故可以忽略两个方案寿命不等的不可比因素。

根据不考虑沉没成本的设备更新原则可知，设备 A 的原购置价格 220 万元是 4 年前发生的，对设备更新决策不会产生影响。

从第三方视角分析，决策者现在可以用 80 万元购买旧设备 A，也可以用 240 万元购买设备 B。需要特别注意，不能将旧设备的重置价 80 万元作为新设备 B 的收入，因为这笔收入不是新设备本身带来的，不能将两个方案的现金流量混淆。

利用费用年值法进行两个方案的比较，分别计算两个方案的费用年值(AC)，计算如下：

$$\mathrm{AC_A}=80(A/P,10\%,6)+70-20(A/F,10\%,6)=85.8\text{（万元）}$$

$$\mathrm{AC_B}=240(A/P,10\%,10)+40-30(A/F,10\%,10)=77.2\text{（万元）}$$

因为 $\mathrm{AC_A}>\mathrm{AC_B}$，所以购买新设备 B 较优，应该更新设备。

第二节　设备经济寿命的确定

在设备更新分析中，往往要根据设备的经济寿命确定设备的更新时机，因而采用科学合理的方法来计算设备的经济寿命显得十分重要。

一、设备寿命周期成本

设备寿命周期成本是指设备在其寿命周期内发生的全部成本，包括设备购置成本、设备运营成本和设备净残值。

(1) 设备购置成本，指购置设备时一次性投入的成本，包括设备的原价、运输费和安装费。

(2) 设备运营成本，指设备在使用过程中发生的成本，包括运行成本(人工、燃料、动力等消耗)和维修费(保养费、修理费、停工损失费、废次品损失费等)。

(3) 设备净残值，指设备报废时的残值扣除拆除成本。

二、设备经济寿命的计算

通常新设备购置成本高，但运行成本和维修费用低，而旧设备恰恰相反。实际上，当一台全新设备投入使用后，随着使用年限的增长，平均每年分摊的设备购置成本将越来越少；与此同时，设备的运营成本却逐年增加(称为设备的劣化)。因此，随着使用年限的增长，平均每年分摊的购置成本减少的效果会被运营成本的增加抵消，直至购置成本减少不足以抵消运营成本的增加，显然这时如果继续使用设备并不经济，所以就存在设备的经济寿命。

设备的经济寿命就是包括设备购置成本、各年运营成本、净残值在内的设备年等额总成本最低的使用年限。年等额总成本由两部分组成：一是年等额资产恢复成本，指设备的购置成本扣除设备弃置不用时的估计净残值后平均分摊到设备使用各年，它随着设备使用年限的增长而逐渐减少；二是年等额运营成本，即各年运营成本总和再平均，它随着设备使用年限的增长而逐渐增加。年等额总成本曲线的最低点对应的使用年限就是设备的经济寿命(图 8-2)。

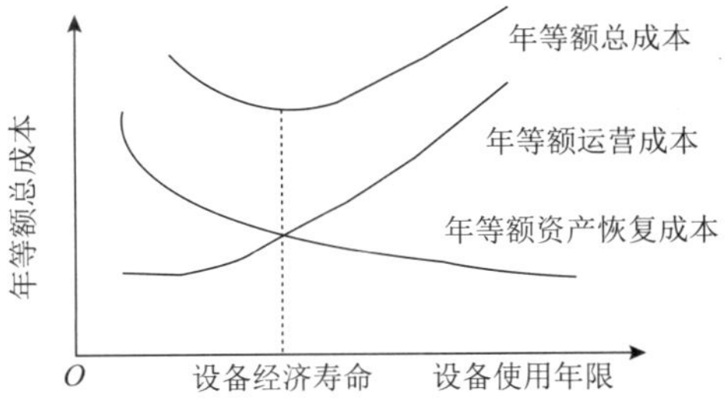

图 8-2　设备经济寿命示意图

(一) 不考虑资金时间价值时的经济寿命计算方法(静态计算法)

在利率为零的条件下，设备使用到第 N 年年末时的年等额总成本的计算公式如下：

$$\mathrm{AC}_n = \frac{P - L_n}{n} + \frac{1}{n}\sum_{j=1}^{n} C_j \tag{8-1}$$

式中，n 为设备使用期限，在设备经济寿命计算中，n 是一个自变量；j 为设备使用年度，j 取值范围为 1 到 n；AC_n 为 n 年内设备的年等额总成本；P 为设备的购置成本，即设备原值；C_j 为在 n 年使用期间的第 j 年度设备的运营成本；L_n 为设备在第 n 年的净残值。

由式(8-1)可知，设备的年等额总成本 AC_n 等于设备的年等额资产恢复成本 $\frac{P - L_n}{n}$ 与设备的年等额运营成本 $\frac{1}{n}\sum_{j=1}^{n} C_j$ 之和。

在所有的设备使用期限中，能使设备年等额总成本 AC_n 最低的那个使用期限就是设备的经济寿命。如果设备的经济寿命为 m 年，则 m 应满足如下不等式条件：

$$\mathrm{AC}_{m-1} \geqslant \mathrm{AC}_m,\ \mathrm{AC}_{m+1} \geqslant \mathrm{AC}_m \tag{8-2}$$

【例 8-3】　某设备原始购置成本为 6 万元，每年的运营成本和年末残值如表 8-1 所示。如果不考虑资金的时间价值，试计算其经济寿命。

表 8-1　年度运营成本和年末估计残值　　单位：万元

项目	第 1 年	第 2 年	第 3 年	第 4 年	第 5 年	第 6 年	第 7 年
j 年度运营成本	1.0	1.2	1.4	1.8	2.3	2.8	3.4
n 年末残值	3.000	1.500	0.750	0.375	0.200	0.200	0.200

解　根据式(8-1)计算，该设备在不同使用期限的年等额总成本如表 8-2 所示。

表 8-2　设备年等额总成本计算表　　单位：万元

使用期限 n	资产恢复成本 $P-L_n$	年等额资产恢复成本 $\frac{P-L_n}{n}$	年度运营成本 C_j	使用期限内运营成本累计 $\sum_{j=1}^{n}C_j$	年等额运营成本 $\frac{1}{n}\sum_{j=1}^{n}C_j$	年等额总成本 ⑦=③+⑥
①	②	③	④	⑤	⑥	⑦
1	3.000	3.0000	1.0	1.0	1.0000	4.0000
2	4.500	2.2500	1.2	2.2	1.1000	3.3500
3	5.250	1.7500	1.4	3.6	1.2000	2.9500
4	5.625	1.4063	1.8	5.4	1.3500	2.7563
5	5.800	1.1600	2.3	7.7	1.5400	2.7000*
6	5.800	0.9667	2.8	10.5	1.7500	2.7167
7	5.800	0.8286	3.4	13.9	1.9857	2.8143

*表示该设备经济寿命对应的年等额总成本

从计算结果来看，该设备使用 5 年时，其年等额总成本最低[AC_5=2.7000(万元)]，使用期限大于或小于 5 年时，其年等额总成本均大于 2.7000 万元，故该设备经济寿命为 5 年。

设备的运营成本包括能源费、保养费、修理费、停工损失费、废次品损失费等。一般而言，随着设备使用期限的增加，年运营成本每年以某种速度在递增，这种运营成本的逐年递增称为设备的劣化。现假定每年运营成本的增量是均等的，即运营成本呈线性增长，如图 8-3 所示。假定运营成本均发生在年末，每年运营成本增加额为 λ，若设备使用期限为 n 年，则第 n 年时的运营成本为

$$C_n = C_1 + (n-1)\lambda \tag{8-3}$$

式中，C_1 为运营成本的初始值，即第 1 年的运营成本；n 为设备使用年限。

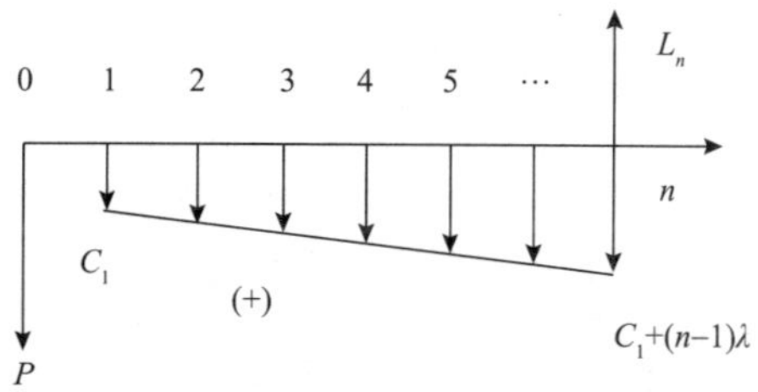

图 8-3　劣化增量均等的现金流量图

n 年内设备运营成本的平均值为 $C_1+\dfrac{n-1}{2}\lambda$。

除运营成本外，在年等额总成本中还包括设备的年等额资产恢复成本，其金额为 $\dfrac{P-L_n}{n}$，则年等额总成本的计算公式为

$$\mathrm{AC}_n=\frac{P-L_n}{n}+C_1+\frac{n-1}{2}\lambda \tag{8-4}$$

通过求式(8-4)的极值，可得到设备的经济寿命计算公式。

设 L_n 为一常数，令 $\dfrac{\mathrm{d}(\mathrm{AC}_n)}{\mathrm{d}n}=0$，则经济寿命 m 为

$$m=\sqrt{\frac{2(P-L_n)}{\lambda}} \tag{8-5}$$

【例 8-4】 设有一台生产新型金属材料的设备，购置成本为 10 000 元，预计净残值为 400 元，运营成本初始值为 800 元，年运营成本每年增长 300 元，求该设备的经济寿命。

解 由式(8-5)可得 $m=\sqrt{\dfrac{2\times(10\,000-400)}{300}}=8$（年）。

(二)考虑资金时间价值时的经济寿命计算方法(动态计算法)

当利率不为零时，计算经济寿命需考虑资金的时间价值。按照图 8-3 所示的现金流量图，设备在 n 年内的年等额总成本 AC_n 可按式(8-6)计算：

$$\begin{aligned}\mathrm{AC}_n&=P(A/P,i,n)-L_n(A/F,i,n)+C_1+\lambda(A/G,i,n)\\&=[(P-L_n)(A/P,i,n)+L_n\times i]+[C_1+\lambda(A/G,i,n)]\end{aligned} \tag{8-6}$$

式(8-6)中符号同前，$(P-L_n)(A/P,i,n)+L_n\times i$ 为年等额资产恢复成本；$C_1+\lambda(A/G,i,n)$ 为年等额运营成本。

年等额总成本 AC_n 更为一般的计算式如下：

$$\begin{aligned}\mathrm{AC}_n&=\mathrm{TC}_n(A/P,i,n)\\&=\left[P-L_n(P/F,i,n)+\sum_{j=1}^{n}C_j(P/F,i,j)\right](A/P,i,n)\end{aligned} \tag{8-7}$$

式中，TC_n 为设备在 n 年内的总成本现值。

【例 8-5】 按动态计算法确定例 8-3 的经济寿命。设基准投资收益率为 10%。

解 如果考虑资金的时间价值，由式(8-7)计算该设备在不同使用年限时的年等额总成本，如表 8-3 所示。从表 8-3 中可知第 6 年的年等额总成本最低。因此，按动态计算法得出该设备的经济寿命为 6 年。

表 8-3 设备经济寿命计算表(动态计算法)

使用年限	年度运营成本/万元	各年现值系数 (P/F, 10%, ①)	各年末运营成本现值/万元 ④=②×③	累计现值之和/万元 ⑤=∑④	资金回收系数 (A/P, 10%, ①)	年等额运营成本/万元 ⑦=⑤×⑥	年末估计净残值/万元	年等额资产恢复成本/万元 ⑨=(P−⑧)×⑥+⑧×10%	年等额总成本/万元 ⑩=⑦+⑨
①	②	③	④	⑤	⑥	⑦	⑧	⑨	⑩
1	1.0	0.9091	0.9091	0.9091	1.1000	1.0000	3.000	3.6000	4.6000
2	1.2	0.8264	0.9917	1.9008	0.5762	1.0952	1.500	2.7429	3.8381
3	1.4	0.7513	1.0518	2.9526	0.4021	1.1872	0.750	2.1860	3.3732
4	1.8	0.6830	1.2294	4.1820	0.3155	1.3194	0.375	1.8122	3.1316
5	2.3	0.6209	1.4281	5.6101	0.2638	1.4799	0.200	1.5500	3.0299
6	2.8	0.5645	1.5806	7.1907	0.2296	1.6510	0.200	1.3517	3.0027*
7	3.4	0.5132	1.7449	8.9356	0.2054	1.8354	0.200	1.2113	3.0467

*表示该设备经济寿命对应的年等额总成本

第三节 设备大修理经济分析

一、设备大修理的实质

设备进入生产过程以后，就开始遭受有形磨损和无形磨损的作用。由于设备的零部件是由各种不同性质的材料制成的，其承担的功能和工作条件也各不相同，因此设备各部分的有形磨损是不均匀的。通常，在设备的实物构成中，总有一部分零部件是相对耐久的，而另外的部分则易于损坏。为使设备保持正常运转状态，就需要对设备的某些零部件进行定期的更换或修复。例如，某建筑施工机械不同组成部分的物理寿命如表 8-4 所示。

表 8-4 设备不同部分的自然寿命表

部分	第一部分	第二部分	第三部分	第四部分
使用寿命	4 年	2 年	1 年	半年

如果这台设备的平均寿命定为 4 年，那么在寿命期内，设备的第二部分需要更换 1 次，第三部分需要更换 3 次，第四部分需要更换 7 次。

设备的修理是指为保持设备在平均寿命期限内的完好使用状态而进行的局部更换或修复工作，其目的是消除设备经常性的有形磨损，排除机器运行中遇到的各种故障，以保证设备在其寿命期内保持必要的性能，发挥正常的效应。

设备的大修理是通过调整、修复或更换磨损的零部件，恢复设备的精度和生产效率，使整机全部或接近全部恢复功能，基本上达到设备原有的使用功能，从而延长设备的自然寿命。

设备虽然通过大修理可以延长其物理寿命，但是这种延长，不管是在技术上，还是在经济上，都是有限度的。

如图 8-4 所示，A_0点表示设备初始性能，A_1点表示设备基本性能。

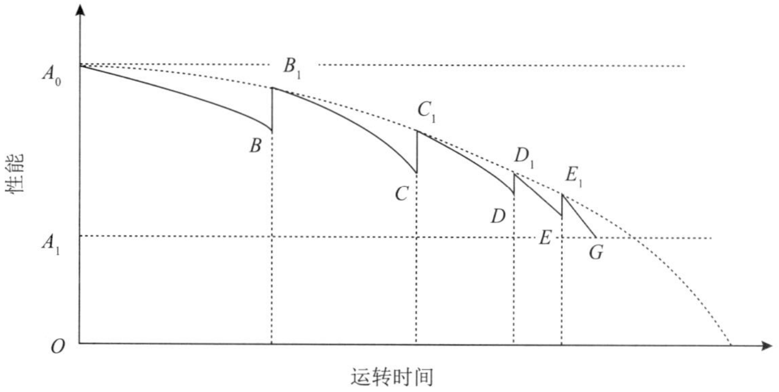

图 8-4　每次大修理设备性能劣化曲线

事实上，设备在使用过程中其性能是沿着 A_0B 线下降的，如不及时大修理，设备的寿命很可能会很短。如在 B 点(即到第一个大修期限时)进行大修理，其性能又可恢复到 B_1点。自 B_1点继续使用，其性能又继续劣化，当降到 C 点时，进行第二次修理，其性能可恢复到 C_1点，但经过使用后又会下降，终至 G 点，修理的经济意义就不大了。由此可见，设备的修理并不是无止境的，而是有限度的。

大修理能够利用被保留下来的零部件，达到节约资源的目的。因此在对设备进行更新分析时大修理是设备更换的替代方案，这是大修理的经济实质，也是大修理这种对设备磨损进行补偿的方式能够存在的经济前提。对设备进行更新分析时应将设备更换与大修理方案进行比较，反过来，进行设备大修理决策时，也应同设备更换及设备其他再生产方式相比较。

二、设备大修理的经济界限

(一)设备大修理的最低经济界限

假如设备大修理在经济上是可行的，那么设备大修理发生的费用 I 一定不超过同种新设备在大修理时的重置价值 P 与该设备大修理时的残值 L 之差，否则选择设备更换更为合理。通常将以上条件称为设备大修理的最低经济界限，用公式表示为

$$I \leqslant P - L \tag{8-8}$$

式中，I 为该次大修理费用；P 为同种设备的重置价值(即同一种新设备在大修理时的市场价格)；L 为旧设备被替换时的残值。

(二)设备大修理的理想经济界限

符合最低经济界限的大修理，可能会因为原有设备性能下降，使生产单位产品的成本比同种新设备生产单位产品的成本更高，这时大修理经济上就未必可行。因此，除了满足上述大修理的最低经济界限外，还应使经过大修理的设备生产单位产品的成本不超过同种新设备生产单位产品的成本，通常将该条件称为大修理的理想经济界限，用公式

表示为

$$C_j \leqslant C_0 \tag{8-9}$$

式中，C_j 为用第 j 次大修理后的旧设备生产单位产品的计算费用；C_0 为用具有相同功能的新设备生产单位产品的计算费用。

$$C_j = (I_j + \Delta V_j)(A/P, i_c, T_j)/Q_j + C_{gj} \tag{8-10}$$

$$C_0 = \Delta V_{01}(A/P, i_c, T_{01})/Q_{01} + C_{g01} \tag{8-11}$$

式中，I_j 为旧设备第 j 次大修理的费用；ΔV_j 为旧设备在第 j+1 个大修理周期内的价值损耗现值；Q_j 为旧设备第 j+1 个大修理周期的年均产量；C_{gj} 为旧设备第 j 次大修理后生产单位产品的运营成本；T_j 为原设备第 j 次大修理到第 j+1 次大修理的间隔年数；ΔV_{01} 为新设备第 1 个大修理周期的价值损耗现值；Q_{01} 为新设备第 1 个大修理周期的年均产量；C_{g01} 为用新设备生产单位产品的运营成本；T_{01} 为新设备投入使用到第一次大修理的间隔年限。

【例 8-6】 某企业 6 年前以 300 万元购入生产某产品的设备一台，使用 6 年后进行设备大修理，费用为 50 万元，设备经过大修理后，残值由 100 万元上升到 120 万元，且此后设备可继续使用 4 年。预计大修理后的产量为 23.5 万件，年运营成本为 320 万元，到期残值为 40 万元。已知市场目前同种设备的价格为 240 万元，年产量为 25 万件，年运营成本为 300 万元，使用 6 年后残值为 80 万元。基准收益率为 10%，试判断设备大修理是否合理。

解

(1) 设备大修理的最低经济界限判定。

设备大修理费用为 50 万元，小于更换新设备的投资 240－100=140（万元），符合设备大修理的最低经济界限。

(2) 设备大修理的理想经济界限的判定。

分别计算大修理设备和同种新设备生产单位产品的运营成本，大修理设备生产的单位产品的运营成本为

$$C_j = \frac{[50+120-40(P/F,10\%,4)](A/P,10\%,4)+320}{23.5} = 15.53 \text{（元/件）}$$

同种新设备生产的单位产品的运营成本为

$$C_0 = \frac{[240-80(P/F,10\%,6)](A/P,10\%,6)+300}{25} = 13.79 \text{（元/件）}$$

大修理设备生产单位产品的运营成本高于同种新设备生产单位产品的运营成本，不符合设备大修理的理想经济界限，因此进行设备大修理在经济上是不合理的。

第四节 设备更换经济分析

一、设备更换的概念

设备使用到一定年限后，生产效率下降，而运营成本却逐年增加。设备更换是指对技术上或经济上不宜继续使用的设备，以结构更先进、功能更完善、性能更可靠、生产效率更高、生产成本更低、产品质量更好的新设备替代旧设备。

设备更换有两种形式：一种是用相同的设备去更换有形磨损严重的旧设备，这种更新只是解决设备的损坏问题，不具有更新技术的性质，不能促进技术进步。另一种是利用技术更先进、结构更完善、效率更高、性能更好、耗费能源和原材料更少的新型设备来替代那些技术上不能继续使用或经济上不宜继续使用的旧设备。

设备更换不仅要考虑促进技术的进步，同时也要能够获得较好的经济效益。一台设备何时更换、用什么设备更换，主要取决于更换的经济效果。

二、设备更换的技术经济分析

(一)原型设备更换分析

如果设备在整个使用期内并不过时，也就是在一定时期内没有出现更先进的设备，只是设备运行成本及修理费用不断增加，在适当的时候用原型设备替换，在经济上也是合算的。这就是原型设备更换问题。原型设备更换的时机应该选择在原设备经济寿命期结束的时间。这样，原型设备更换的决策问题就可以转化为设备的经济寿命计算问题。

设备的原型更换，对企业来说不会引起收益或产出的改变，在计算设备的经济寿命时一般采用年等额总成本法。年等额总成本最低对应的时间即为设备的经济寿命，设备使用到经济寿命期结束就应该及时进行原型更新。年等额总成本由年等额资产恢复成本和年等额运营成本两部分构成。

(二)新型设备更换分析

在技术进步不断加速的条件下，无形磨损使设备价值损失加剧，很可能在设备经济寿命内，就已经出现工作效率更高、经济效果更好的新型设备，这时就要比较继续使用旧设备和购置新型设备在经济上哪种方案更为有利。新型设备更换分析通常可采用费用年值法进行计算。

1. 无限长研究期情况下的设备更换分析(费用年值法)

通常基础设施可无限期使用。设备在无限长使用情况下，总会采用新型设备来代替旧设备。在这种情况下，可以根据以下步骤来进行更换分析。

(1)分别计算现有设备(旧设备)和新型设备的经济寿命。

(2)比较新旧设备在各自经济寿命期内的年等额总成本。旧设备的年等额总成本大于新设备的年等额总成本，旧设备应该现在更换；否则，不应现在更换。

(3)旧设备不应该现在更换，何时更换合适？具体的分析方法是连续计算旧设备再保留使用一年的成本(边际分析法)，并与新设备的年等额总成本进行比较，直到某一年旧设备的年等额总成本高于新设备年等额总成本，则在该年年初或者上一年年末更换现有设备。

【例 8-7】 某生物化学科技公司 4 年前投资 200 万元安装了一套污水回收净化设备，该设备采用新式技术处理污水，设备年运营成本为 90 万元，以后每年增加 10 万元。现在重新设计了一套新型设备，原始投资为 120 万元，年度使用费估计第一年为 45 万元，以后每一年增加 6 万元，新设备的使用年限估计为 15 年。由于两套设备都是为该公司专门设计制造的，任何时间的残值都为零。如果公司的基准投资收益率为 10%，该公司是否应对现有设备进行更换？

解 由于设备属于市政基础设施，可以适用无限长研究期情况下的设备更换分析。

(1)旧设备的经济寿命。由于旧设备在任何时间的残值都为零，所以旧设备目前的价值和未来残值都等于零，旧设备再保留使用 n 年，年等额总成本为

$$
\begin{aligned}
\mathrm{AC}_n &= [P(A/P,i,n) - L_n(A/F,i,n)] + [C_1 + \lambda(A/G,i,n)] \\
&= [0\times(A/P,10\%,n) - 0\times(A/F,10\%,n)] + [90 + 10(A/G,10\%,n)] \\
&= 90 + 10(A/G,10\%,n)
\end{aligned}
$$

从上式可知旧设备的年等额总成本等于年等额运营成本。由于旧设备的年运营成本逐年增加，年等额总成本也逐年增加。由此可知，为了使年等额总成本最小，经济寿命必须尽可能取短的时间，也就是旧设备的经济寿命为 1 年。

(2)新设备的经济寿命。

$$
\mathrm{AC}_n = 120(A/P,10\%,n) + 45 + 6(A/G,10\%,n)
$$

经济寿命计算见表 8-5，从表 8-5 中可知新设备的经济寿命为 7 年。

表 8-5 新设备经济寿命计算 单位：万元

年限	第 n 年年末残值	第 n 年运营成本	年等额资产恢复成本	年等额运营成本	年等额总成本
0	120				
1		45	132.00	45.00	177.00
2		51	69.14	47.86	117.00
3		57	48.25	50.62	98.87
4		63	37.86	53.29	91.15
5		69	31.66	55.86	87.52
6		75	27.55	58.34	85.89
7		81	24.65	60.73	85.38*
8		87	22.49	63.03	85.52

*表示该设备经济寿命对应的年等额总成本

(3) 年等额总成本比较。旧设备经济寿命为 1 年，新设备经济寿命为 7 年时的年等额总成本为

$$(\text{旧设备})\ AC_1 = 90\ (\text{万元/年})$$

$$(\text{新设备})\ AC_7 = 85.38\ (\text{万元/年})$$

因此现有设备应该更换。

【例 8-8】 某公司一台检测设备发生损坏，正在考虑是否用一台技术更先进、效率更高的设备来替换。公司目前可以将其以 5000 元价格出售给其他公司。要保留该设备，则需要 1200 元修理费使该设备恢复运营状态。修理后旧设备可以再使用 6 年，第一年运营成本为 2000 元，以后每年增加 1500 元，旧设备未来的市场价值预计在上一年的基础上每年递减 20%。新设备购置价格为 10 000 元，第一年经营成本为 2200 元，以后每年增加 20%。预期一年后新设备的残值为 6500 元，并且每年递减 15%。新设备的自然寿命为 8 年。公司要求的基准投资收益率为 10%。试确定设备的更新方案。

解

(1) 旧设备的经济寿命。如果公司保留旧设备，旧设备（如果继续使用）的投资额就是其现在的市场价值加上使设备保持运营状态的维修费用，因此旧设备全部投资额为 5000+1200=6200（元）。

$$\begin{aligned}AC_n &= (5000+1200)(A/P,10\%,n)+2000+1500(A/G,10\%,n)\\&\quad -5000(1-20\%)^n(A/F,10\%,n)\end{aligned}$$

(2) 新设备的经济寿命。

$$\begin{aligned}AC_n &= 10\,000(A/P,10\%,n)+2200(P/A,10\%,20\%,n)(A/P,10\%,n)\\&\quad -6500(1-15\%)^{n-1}(A/F,10\%,n)\end{aligned}$$

旧设备与新设备经济寿命计算结果如表 8-6 所示。从表 8-6 中可知，旧设备的经济寿命为 2 年，年等额总成本 $AC_2^* = 4763$（元）；新设备的经济寿命为 4 年，年等额总成本 $AC_4^* = 5184$（元），所以旧设备不应该现在更换。如果在未来一段时间没有发生技术进步，那么旧设备应该至少使用 2 年。

表 8-6　设备经济寿命计算表　　单位：元

n	旧设备					新设备				
	第 n 年年末残值	第 n 年运营成本	年等额资产恢复成本	年等额运营成本	年等额总成本	第 n 年年末残值	第 n 年运营成本	年等额资产恢复成本	年等额运营成本	年等额总成本
0	5 000	1 200				10 000				
1	4 000	2 000	1 500	3 320	4 820	6 500	2 200	4 500	2 200	6 700
2	3 200	3 500	1 357	3 406	4 763*	5 525	2 640	3 131	2 410	5 541
3	2 560	5 000	1 237	3 887	5 124	4 696	3 168	2 602	2 639	5 241

续表

n	旧设备					新设备				
	第 n 年年末残值	第 n 年运营成本	年等额资产恢复成本	年等额运营成本	年等额总成本	第 n 年年末残值	第 n 年运营成本	年等额资产恢复成本	年等额运营成本	年等额总成本
4	2 048	6 500	1 136	4 450	5 586	3 992	3 802	2 295	2 889	5 184*
5	1 638	8 000	1 051	5 032	6 083	3 393	4 562	2 082	3 163	5 245
6	1 311	9 500	978	5 611	6 589	2 884	5 474	1 922	3 463	5 385
						2 451	6 569	1 796	3 790	5 586
						2 084	7 883	1 692	4 148	5 840

*表示该设备经济寿命对应的年等额总成本

(3)旧设备更换时机。旧设备超出经济寿命后，应该计算旧设备再保留使用一年的成本(边际分析法)，并与新设备的年总等额成本进行比较，直到某一年旧设备的年等额总成本高于新设备年等额总成本，则在该年年初或者上一年年末更换现有设备。

因此计算从现在开始的第 3 年保留和使用旧设备的成本。旧设备在第 2 年年末的机会成本等于其市场价值 3200 元，第 3 年的运营成本为 5000 元，第 3 年年末残值为 2560 元，在经济寿命结束后继续使用旧设备一年的成本为

$$\mathrm{AC} = 3200(A/P,10\%,1) + 5000 - 2560(A/F,10\%,1) = 5960\text{（元）}$$

因为第 3 年继续使用旧设备的成本 AC = 5960 (元)，高于更换新设备的年等额总成本 $\mathrm{AC}_4^* = 5184$ (元)，所以应该在第 2 年年末更换新设备。如果第 3 年的成本仍然小于新设备的年等额总成本，就应该继续计算在第 4 年使用旧设备的成本并与新设备进行比较。

2. *有限研究期的设备更换分析*

如果研究期是有限的，基于设备的经济寿命期内的年度等值比较一般来说是不适用的。解决有限研究期问题的步骤是对所有方案建立合理的共同研究期，然后根据研究期内总使用成本做出合理的选择。

【例 8-9】 某企业需要执行一份合同来完成一项服务，在接下来的 7 年中该服务可用一台正使用中的旧设备，也可使用新型设备。旧设备 O 目前价值为 2500 元，下一年将贬值 1000 元，以后每年贬值 500 元；今年的运营成本为 8000 元，预计今后每年将增加 1000 元；旧设备在 4 年后报废，那时它的残值为零。新型设备 N 的购置价格为 16 000 元，经济寿命为 7 年，期末残值为 1500 元，在经济寿命期内，其年运营成本稳定在 6300 元。合同完成后，新旧设备都不会保留。假设未来 7 年内产品市场前景看好，试进行设备更换决策。企业基准投资收益率为 10%。

解 合同服务期限为 7 年，所以确定 7 年为共同研究期，各更换方案如图 8-5 所示。

新设备经济寿命内的年等额总成本为

$$\mathrm{AC}_{\mathrm{N7}} = 16\,000(A/P,10\%,7) + 6300 - 1500(A/F,10\%,7) = 9428.3\text{(元)}$$

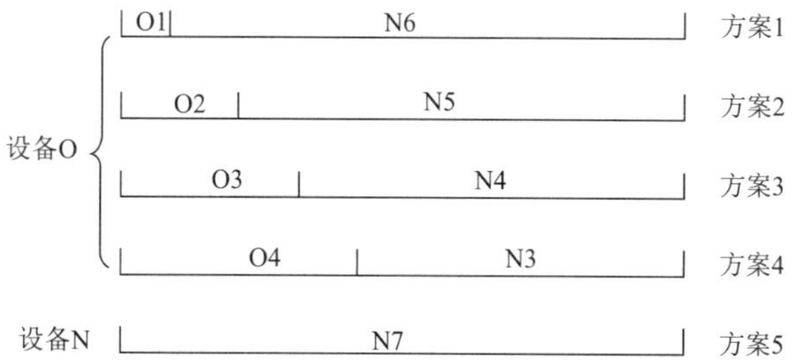

图 8-5　设备更换方案

计算以上各更换方案的总使用成本：

$$
\begin{aligned}
PC_{O1} &= 2500 + 8000(P/F,10\%,1) - 1500(P/F,10\%,1) \\
&\quad + 9428.3(P/A,10\%,6)(P/F,10\%,1) = 45\,739.59\text{（元）} \\
PC_{O2} &= 2500 + 8000(P/A,10\%,2) + 1000(P/G,10\%,2) - 1000(P/F,10\%,2) \\
&\quad + 9428.3(P/A,10\%,5)(P/F,10\%,2) = 45\,919.80\text{（元）} \\
PC_{O3} &= 2500 + 8000(P/A,10\%,3) + 1000(P/G,10\%,3) - 500(P/F,10\%,3) \\
&\quad + 9428.3(P/A,10\%,4)(P/F,10\%,3) = 46\,802.08\text{（元）} \\
PC_{O4} &= 2500 + 8000(P/A,10\%,4) + 1000(P/G,10\%,4) \\
&\quad + 9428.3(P/A,10\%,3)(P/F,10\%,4) = 48\,251.66\text{（元）} \\
PC_{N7} &= 16\,000 + 6300(P/A,10\%,7) - 1500(P/F,10\%,7) \\
&= 9428.3(P/A,10\%,7) = 45\,900.74\text{（元）}
\end{aligned}
$$

由于方案 1 的总成本现值最低，故应采用现有设备再使用 1 年后用新设备更换。

当研究期延长后，设备可能的更换周期方案较多时，可供比较的更换方案就会很多，为了确保得到是最优方案，可以使用动态规划等最优化技术。

三、设备更新方案的综合比较

设备超过最佳期限之后，就存在更新的问题。但陈旧设备直接更换是否必要或是否为最佳的选择，是需要进一步研究的问题。一般而言，对超过最佳期限的设备可以采用以下五种处理办法：继续使用旧设备；用原型设备更新旧设备；用新型高效设备更新旧设备；对旧设备进行现代化技术改造；对旧设备进行大修理。

设备现代化技术改造是指应用现代的技术成就和先进经验，为适应生产的具体需要，而改变现有设备的结构，改善现有设备的技术性能，使之全部达到或局部达到新设备的水平。设备现代化技术改造是克服现有设备的技术陈旧状态，消除第Ⅱ类无形磨损的有效手段。作为促进技术进步的方法之一，现代化技术改造是改善设备技术性能的重要途径。

对以上更新方案进行综合比较宜采用最低总费用现值法。对可能采用的方案，分别计算它们的使用总成本现值（主要包括设备购置成本和运营成本），从中选取使用总成本最低的方案为最佳方案。各种方案的使用总成本可以用式（8-12）计算：

$$
\begin{aligned}
\mathrm{PC}_1 &= \frac{1}{\alpha_1}\left[P_1 + \sum_{j=1}^{n} C_{1j}(P/F,i_c,j) - L_{1n}(P/F,i_c,n)\right] \\
\mathrm{PC}_2 &= \frac{1}{\alpha_2}\left[P_2 + \sum_{j=1}^{n} C_{2j}(P/F,i_c,j) - L_{2n}(P/F,i_c,n)\right] \\
\mathrm{PC}_3 &= \frac{1}{\alpha_3}\left[P_3 + \sum_{j=1}^{n} C_{3j}(P/F,i_c,j) - L_{3n}(P/F,i_c,n)\right] \\
\mathrm{PC}_4 &= \frac{1}{\alpha_4}\left[P_4 + \sum_{j=1}^{n} C_{4j}(P/F,i_c,j) - L_{4n}(P/F,i_c,n)\right] \\
\mathrm{PC}_5 &= \frac{1}{\alpha_5}\left[P_5 + \sum_{j=1}^{n} C_{5j}(P/F,i_c,j) - L_{5n}(P/F,i_c,n)\right]
\end{aligned}
\tag{8-12}
$$

式中，PC_1、PC_2、PC_3、PC_4、PC_5分别为继续使用旧设备、用原型设备更新旧设备、用新型高效设备更新旧设备、对旧设备进行现代化技术改造和对旧设备进行大修理等方案n年内的总费用现值；P_1、P_2、P_3、P_4、P_5分别为继续使用旧设备、用原型设备更新旧设备、用新型高效设备更新旧设备、对旧设备进行现代化技术改造和对旧设备进行大修理等各种方案所需的投资；C_{1j}、C_{2j}、C_{3j}、C_{4j}、C_{5j}分别为继续使用旧设备、用原型设备更新旧设备、用新型高效设备更新旧设备、对旧设备进行现代化技术改造和对旧设备进行大修理等各种方案在第j年的运营成本；L_{1n}、L_{2n}、L_{3n}、L_{4n}、L_{5n}分别为旧设备、原型设备、新型高效设备、进行现代化技术改造后的设备和进行大修理后的设备到第n年的残值；α_1、α_2、α_3、α_4、α_5分别为继续使用旧设备、用原型设备更新旧设备、用新型高效设备更新旧设备、对旧设备进行现代化技术改造和对旧设备进行大修理等各种方案的生产效率系数，可将原型新设备的生产效率系数定为基准值，即取$\alpha_2=1$。

【例 8-10】 某旧设备各种更新方案的原始资料如表 8-7 所示，i_c为 10%，请选择最佳更新方案。

表 8-7 更新方案的原始资料表 单位：元

方案	投资/元		第1年	第2年	第3年	第4年	第5年	第6年	第7年	第8年	第9年	第10年
继续使用旧设备($\alpha_1=0.70$)	$P_1=3\,000$	C	1 400	1 800	2 200							
		L	1 200	600	300							
用原型设备更新旧设备($\alpha_2=1.00$)	$P_2=16\,000$	C	450	550	650	750	850	950	1 050	1 150	1 250	1 350
		L	9 360	8 320	7 280	6 240	5 200	4 160	3 120	2 080	1 300	1 300
用新型高效设备更新旧设备($\alpha_3=1.30$)	$P_3=18\,000$	C	350	420	490	560	630	700	770	840	910	980
		L	11 520	10 240	8 600	7 250	5 700	4 700	4 400	3 000	2 000	2 000
对旧设备进行现代化技术改造($\alpha_4=1.20$)	$P_4=14\,000$	C	550	680	810	940	1 070	1 200	1 330	1 460	1 590	1 720
		L	9 000	8 000	6 700	5 700	4 700	3 700	2 700	1 700	1 000	1 000
对旧设备进行大修理($\alpha_5=0.98$)	$P_5=10\,000$	C	700	950	1 200	1 450	1 700	1 950	2 200	2 450	2 700	2 950
		L	6 400	5 800	5 200	4 700	3 800	3 000	2 200	1 400	700	700

注：C表示各年运营成本，L表示各年末残值

解　根据式(8-12)，计算出不同服务年限各方案的总费用现值，如表 8-8 所示。

表 8-8　不同服务年限各方案总费用现值计算表　　单位：元

方案	第 1 年	第 2 年	第 3 年	第 4 年	第 5 年	第 6 年	第 7 年	第 8 年	第 9 年	第 10 年
继续使用旧设备	**4 545.5***	7 520.6	10 268.2							
用原型设备更新旧设备	7 900	9 988	11 882.5	13 602.3	15 163.3	16 580	17 866	19 033.3	19 982.4	20 553
用新型高效设备更新旧设备	6 034.9	7 848.4	9 670.9	11 126.3	12 513.8	13 499.3	**14 107.1***	**15 069***	**15 790***	**16 140***
对旧设备进行现代化技术改造	5 265.1	7 042.3	8 864	10 349.5	**11 715.6***	**12 971.4***	14 126	15 187.4	16 056.8	16 641.5
对旧设备进行大修理	4 916.5	**6 763.6***	**8 588***	**10 309.4***	12 254.6	14 057.3	15 785.4	17 437.3	18 969.2	20 164.1

注：表中加粗且带*的数值为该设备经济寿命对应的年等额总成本

从计算结果可以看出，如果设备只使用 1 年，则继续使用旧设备的方案为最佳。如果只打算使用 2～4 年，最佳方案是对旧设备进行一次大修理。如果估计设备将使用 5～6 年，最佳方案是对旧设备进行现代化技术改造。如果使用期在 7 年及以上，则用新型高效设备更新旧设备的方案最佳。

四、企业所得税后更新分析

前面关于设备经济寿命计算和更新分析中，均未考虑企业所得税对更新方案的影响，属于税前分析。对企业而言，企业所得税是一项重要的现金流出，因此需要研究企业所得税对设备更新决策的影响，计算新旧设备的税后现金流量。

影响税后现金流量的因素通常有三个：第一，日常使用费。与继续使用旧设备相比，更换新设备则可能带来运营成本和维修费用的减少而使利润增加，导致企业所得税增加。第二，设备折旧费。折旧费虽不属于现金流量，但折旧费是计算应纳税所得额的扣减项目。使用新设备后折旧费可能高于或低于继续使用旧设备的折旧费，从而带来企业所得税的变化。第三，资产处置损益，即资产出售的市场价值与其账面价值的差值。当市场价值大于账面价值时，处置损益应计入应纳税所得额，按企业所得税纳税；当市场价值小于账面价值时，处置损益属于应税损失，可以抵扣企业的应纳税所得额，带来企业所得税的节约；当市场价值等于账面价值时，此时资产出售没有带来收益或损失，企业所得税没有变化。例如，某企业三年前花 30 000 元购置了一台小型装载机，现在账面价值为 24 000 元，企业适用的企业所得税税率为 25%。企业现在打算转让这台机器，如果出售价格为 24 000 元，则没有纳税变化；如果出售价格为 28 000 元，则企业需缴纳资产出售收益部分的企业所得税为(28 000− 24 000)×25%=1000(元)；如果出售价格为 21 000 元，则其与账面差额抵扣纳税所得额，节约税额为(24 000−21 000)×25%=750(元)。

【例 8-11】　某高新技术产业开发区的工厂车间有一台设备购置于 3 年前，现在考虑是否需要更新。根据公司业务需要研究期确定为 5 年。更新前后的数据见表 8-9。该企业税前基准收益率为 10%，税后基准收益率为 8%，适用企业所得税税率为 25%。采用平均年限法，试分析设备更换的经济性。

表 8-9 新、旧设备基本情况

旧设备目前状况		更换设备后预计情况	
旧设备原购置费/元	1 600 000	新设备购置费/元	1 000 000
旧设备当前价值/元	450 000	新设备安装费用/元	80 000
预计使用年限，已经使用年限	8 年，3 年	预计使用年限	5 年
折旧年限，残值率	8 年，10%	折旧年限，残值率	10 年，10%
年运营成本/元	84 000	年运营成本/元	30 000
预计使用期末市场价值/元	70 000	预计使用期末市场价值/元	750 000

解

从现在开始的 5 年为研究期，比较费用现值来决定更新方案的取舍。

(1) 旧设备净现金流量计算。

折旧计算：

$$\text{旧设备年折旧} = \frac{1\,600\,000 \times (1-10\%)}{8} = 180\,000\ (\text{元})$$

期初企业所得税计算：

$$\text{旧设备账面价值} = 1\,600\,000 - 180\,000 \times 3 = 1\,060\,000\ (\text{元})$$

$$\text{旧设备出售损益} = 450\,000 - 1\,060\,000 = -610\,000\ (\text{元})$$

$$\text{旧设备出售抵税收益} = 610\,000 \times 25\% = 152\,500\ (\text{元})$$

期末企业所得税计算：

$$\text{旧设备出售损益} = 70\,000 - 160\,000 = -90\,000\ (\text{元})$$

$$\text{旧设备抵税收益} = 90\,000 \times 25\% = 22\,500\ (\text{元})$$

旧设备税前、税后净现金流量计算见表 8-10。

表 8-10 旧设备税前、税后净现金流量 单位：元

序号	项目	第 0 年	第 1 年	第 2 年	第 3 年	第 4 年	第 5 年
1	税前净现金流量	−450 000	−84 000	−84 000	−84 000	−84 000	−14 000
1.1	旧设备投资	−450 000					
1.2	运营成本		−84 000	−84 000	−84 000	−84 000	−84 000
1.3	旧设备出售						70 000
2	折旧		180 000	180 000	180 000	180 000	180 000
3	应纳税所得额调整	610 000	−264 000	−264 000	−264 000	−264 000	−354 000

续表

序号	项目	第 0 年	第 1 年	第 2 年	第 3 年	第 4 年	第 5 年
4	企业所得税调整	152 500	−66 000	−66 000	−66 000	−66 000	−88 500
5	税后净现金流量	−602 500	−18 000	−18 000	−18 000	−18 000	74 500

(2) 新设备净现金流量计算。

折旧计算：

$$新设备年折旧 = \frac{1\,080\,000 \times (1-10\%)}{10} = 97\,200（元）$$

期末企业所得税计算：

$$新设备账面价值 = 1\,080\,000 - 97\,200 \times 5 = 594\,000（元）$$

$$新设备出售损益 = 750\,000 - 594\,000 = 156\,000（元）$$

$$新设备出售所得税 = 156\,000 \times 25\% = 39\,000（元）$$

新设备税前、税后净现金流量计算见表 8-11。

表 8-11　新设备税前、税后净现金流量　　单位：元

序号	项目	第 0 年	第 1 年	第 2 年	第 3 年	第 4 年	第 5 年
1	税前净现金流量	−1 080 000	−30 000	−30 000	−30 000	−30 000	720 000
1.1	新设备投资	−1 080 000					
1.2	运营成本		−30 000	−30 000	−30 000	−30 000	−30 000
1.3	新设备出售						750 000
2	折旧		97 200	97 200	97 200	97 200	97 200
3	应纳税所得额调整		−127 200	−127 200	−127 200	−127 200	28 800
4	企业所得税调整		−31 800	−31 800	−31 800	−31 800	7 200
5	税后净现金流量	−1 080 000	1 800	1 800	1 800	1 800	712 800

(3) 费用现值比较。

根据税前净现金流量计算新旧设备的费用现值如下：

$$PC_O(10\%) = 450\,000 + 84\,000(P/A,10\%,5) - 70\,000(P/F,10\%,5) = 724\,964（元）$$

$$PC_N(10\%) = 1\,080\,000 + 30\,000(P/A,10\%,5) - 750\,000(P/F,10\%,5) = 728\,049（元）$$

根据税后净现金流量计算新旧设备的费用现值如下：

$$PC_O(8\%) = 602\,500 + 18\,000(P/A,8\%,5) - 92\,500(P/F,8\%,5) = 611\,413 \text{（元）}$$
$$PC_N(8\%) = 1\,080\,000 - 1800(P/A,8\%,5) - 711\,000(P/F,8\%,5) = 588\,907 \text{（元）}$$

税前计算得到继续使用旧设备的费用现值为 724 964 元，更换为新设备的费用现值为 728 049 元，所以应选择继续使用旧设备。若考虑企业所得税的影响，税后计算得到继续使用旧设备的费用现值为 611 413 元，更换新设备的费用现值为 588 907 元，应选择更换。

设备更换方案也可以通过考察设备更换前后的增量现金流量来进行经济分析。

(1)期初增量现金流流量分析。期初增量现金流量主要涉及对原有设备的更换，同时还应考虑与出售旧设备相关的现金流入及与旧设备相关的纳税效应。期初增量现金流量见表 8-12。

表 8-12 期初增量现金流量 单位：元

期初增量现金流入		期初增量现金流出	
旧设备出售收入	450 000	新设备购置费	1 000 000
旧设备出售抵税收益	152 500	新设备安装费用	80 000

表 8-12 中旧设备出售抵税收益计算如下：

$$\text{旧设备出售损益} = 450\,000 - 1\,060\,000 = -610\,000 \text{（元）}$$

$$\text{旧设备出售抵税收益} = 610\,000 \times 25\% = 152\,500 \text{（元）}$$

(2)运营期间增量现金流量分析。假设设备更换前后销售收入没有变化，更换带来的增量现金流量主要包括运营成本、维修费用的变化及由这些现金流量的变化和折旧费用的变化所带来的企业所得税的增减。运营期间各年增量现金流量见表 8-13。

表 8-13 运营期间增量现金流量 单位：元

运营期间增量现金流入		运营期增量现金流出	
节省运营成本	54 000	企业所得税增加	34 200

企业所得税增加额的计算如下：

$$\text{更换前后年折旧费减少额} = 180\,000 - 97\,200 = 82\,800 \text{（元）}$$

$$\text{更换后年利润增加额} = (84\,000 - 30\,000) + 82\,800 = 136\,800 \text{（元）}$$

$$\text{更换后企业所得税增加额} = 136\,800 \times 25\% = 34\,200 \text{（元）}$$

(3)期末增量现金流量分析。期末增量现金流量主要是新旧设备残值的差额以及其他与新旧设备处置相关的现金流增量。期末增量现金流量见表 8-14。

表 8-14　期末增量现金流量　单位：元

期末增量现金流入		期末增量现金流出	
设备残值增量	680 000	企业所得税增加	34 200

企业所得税增加额的计算如下：

$$\text{期末旧设备处置收益} = 70\,000 - 160\,000 = -90\,000\text{（元）}$$

$$\text{旧设备抵税收益} = 90\,000 \times 25\% = 22\,500\text{（元）}$$

$$\text{新设备出售损益} = 750\,000 - 594\,000 = 156\,000\text{（元）}$$

$$\text{新设备出售所得税} = 156\,000 \times 25\% = 39\,000\text{（元）}$$

$$\text{期末企业所得税调整额} = 34\,200+39\,000+22\,500=95\,700\text{（元）}$$

根据上述分析，编制得到设备更换的增量现金流量表(表 8-15)。

表 8-15　更新方案增量现金流量表　单位：元

序号	项目	第 0 年	第 1 年	第 2 年	第 3 年	第 4 年	第 5 年
1	税前增量现金流入	450 000	54 000	54 000	54 000	54 000	734 000
1.1	旧设备出售收入	450 000					
1.2	节省运营成本		54 000	54 000	54 000	54 000	54 000
1.3	期末设备残值增量						680 000
2	税前增量现金流出	1 080 000					
2.1	新设备购置费用	1 000 000					
2.2	新设备安装费用	80 000					
3	企业所得税调整	−152 500	34 200	34 200	34 200	34 200	95 700
4	税前净现金流量	−630 000	54 000	54 000	54 000	54 000	73 4000
5	税后净现金流量	−477 500	19 800	19 800	19 800	19 800	638 300

根据表 8-15 可以计算出设备更换投资的税前 $\text{NPV}(10\%) = -3071 < 0$，$\Delta\text{IRR} = 9.87\% < i_c = 10\%$，所以不应该更换设备，需要继续使用旧设备。税后 $\text{NPV}(8\%) = 22\,496>0$，$\Delta\text{IRR} = 9.07\% > i_c = 8\%$，表明若考虑企业所得税的影响，设备更换投资是合算的，应该选择更换设备。

第五节　设备租赁经济分析

一、设备租赁概述

通常情况下，企业所需要的设备都是通过自有资金或借贷资金购置或自主研发的，但如果企业资金紧张且筹措困难，或者有些设备价格昂贵，专业化程度高，结构复杂，难以研制，可考虑通过租赁方式获得设备。设备租赁就是租用他人的设备进行使用，具体来说就是指设备使用者（承租人）按照合同约定在一定期限内向设备所有者（出租人）支付一定费用而取得设备使用权的经济活动，它是设备投资的一种方式。

设备租赁的方式主要有两种：经营租赁和融资租赁。

（一）经营租赁

经营租赁也称运行租赁，是指在一定时期内，承租人支付租金而拥有设备使用权的行为。经营租赁时，出租人除向承租人提供租赁设备外，还要承担设备的维修保养，承租人不需要获得该设备的所有权，只是支付相应租金来取得设备的使用权。经营租赁的任何一方可以随时以一定方式在通知对方的规定时间内取消或中止租约。该类租赁具有可撤销性、短期性、租金高等特点，适用于技术进步快、用途较广泛、使用具有季节性的设备。经营租赁设备的租赁费计入企业成本，可减少企业所得税。

（二）融资租赁

融资租赁是指双方明确租赁的期限和付费义务，出租人按照要求提供规定的设备，然后以租金形式回收设备的全部资金，出租人对设备的整机性能、维修保养等不承担责任。融资租赁是以融通资金和对设备的长期使用为前提，租赁期相当于或超过设备的寿命期，具有不可撤销性、租期长等特点，适用于大型设备、专有技术设备。融资租赁设备的费用由两部分组成，即初始直接费用和资产本身价值。初始直接费用是指在租赁谈判和签订租赁合同的过程中发生的可直接归属于租赁项目的费用，通常有印花税、佣金、律师费、差旅费、谈判费等，计入当期费用一次性抵扣企业所得税。资产本身价值作为固定资产可计提折旧费，而折旧费是分期计入总成本费用，从而抵扣企业所得税。

从使用者角度看，设备租赁的优点如下。

（1）节省设备投资。用较少的资金获得急需的生产设备，使企业在资金短缺情况下仍可以使用设备。

（2）加速设备更新速度。科学技术快速发展，设备更新速度大大提高，租赁可以减少企业因设备陈旧、技术落后而带来的风险。

（3）提高设备的利用率。特别是针对一些季节性或临时性需要使用的设备，企业通过租赁进行使用，可以避免购置设备带来的闲置。

（4）合理避税。设备租赁费用作为企业费用可以在所得税税前扣除，能减少企业所得税的支出，给企业带来一定的利益。

设备租赁也有不足之处，主要表现如下。

（1）承租人对设备只有使用权没有所有权，因此不能随意对设备进行技术改造或者处置，如抵押贷款等。

（2）资金成本高，一般来说承租人所交的租金总额要高于直接购买设备的费用。长期支付租金形成承租人的长期负债。

（3）租赁合同规定严格，违约损失严重。

由于设备租赁有利有弊，所以租赁设备前应进行经济分析。

二、设备租赁、购置的比较

设备租赁的经济分析是对设备租赁和设备购置进行经济比较与选择，也是从第三方视角进行的互斥方案比较选优。如果设备给企业带来的收入相同，则只需要比较租赁费用和购买费用。当设备寿命相同时，一般可以采用净现值法；设备寿命不同时，可以采用年值法。无论采用净现值法还是年值法，都以收益效果大或者成本较少的方案为佳。

采用设备租赁的方案，没有折旧费，租赁费可以直接计入成本，其年净现金流量为

$$\begin{aligned}年净现金流量=&营业收入-经营成本-租赁费\\&-企业所得税税率\times(营业收入-经营成本-租赁费)\end{aligned}\tag{8-13}$$

在相同条件下购置设备方案的年净现金流量为

$$\begin{aligned}年净现金流量=&营业收入-经营成本-设备购置费\\&-企业所得税税率\times(营业收入-经营成本-折旧费)\end{aligned}\tag{8-14}$$

按税法和财务制度规定，租赁设备的租金允许计入成本；购买设备每年计提的折旧费也允许计入成本；如果用借款购买设备，那么每年支付的利息也可以计入成本。在其他费用保持不变的情况下，计入成本越多，则利润总额越少，企业缴纳的所得税越少。因此在充分考虑各种方式的税收影响下，应该选择税后收益大或者税后成本小的方案。

【例 8-12】 某新能源科技公司旗下的电池系统研究所因业务需要一台研发新型电池的设备。如果直接购买，价格为 50 000 元，使用寿命为 8 年，预计该设备的净残值为 1500 元。如果通过租赁形式获得该设备的使用权，则每年需要支付租金 4000 元。无论购买还是租赁，设备每年的运行费用为 4500 元，各种可能的其他费用每年约为 3000 元。基准收益率为 10%。企业应该购买设备还是租赁设备？

解

购买设备（用 B 表示），其费用现值为

$$PC_B = 50\,000 + (4500 + 3000)(P/A,10\%,8) - 1500(P/F,10\%,8) = 89\,312\ (元)$$

租赁设备（用 R 表示），其费用现值为

$$PC_R = (4000 + 4500 + 3000)(P/A,10\%,8) = 61\,352\ (元)$$

因为 $PC_B > PC_R$，所以租赁设备更有利。

【例 8-13】 某工厂急需更新某种设备，其购置费为 45 000 元，使用寿命为 5 年，期末残值为 4500 元。这种设备也可租到，每年租赁费为 12 000 元。企业所得税税率为 25%，年末纳税。折旧采用直线折旧法，基准收益率为 10%。若购买设备，资金全部为借款，借款年利率为 8%，等额利息法偿还本利，借款期和设备使用寿命都为 5 年。工厂应采用哪种方案？

解

(1) 设备租赁方案。租赁设备时承租人可将租金计入成本而免税，故计算租赁设备

方案的现值时须扣除租金免税金额。

$$PC_R = 12\,000 \times (P/A,10\%,5) - 0.25 \times 12\,000 \times (P/A,10\%,5) = 34\ 117(\text{元})$$

(2)设备购置方案：

$$\text{年折旧费} = \frac{45\,000 - 4500}{5} = 8100(\text{元})$$

$$\text{借款年利息} = 45\,000 \times 8\% = 3600(\text{元})$$

借款购买设备时，企业可将所支付的利息和折旧计入成本中而免交企业所得税，同时可以回收残值。因此，借款购买设备的成本现值必须扣除折旧和支付利息的免税金额。

$$PC_B = 45\,000 - 0.25 \times 8100 \times (P/A,10\%,5) - 0.25 \times 3600 \times (P/A,10\%,5) = 33\,912(\text{元})$$

由于 $PC_B < PC_R$，从企业角度出发，应该选择购买设备的更新方案。

第六节　案例分析

海洋油气平台关键设备更新分析

一、项目背景

南海某油田 A 平台项目，设计处理水能力 30 万桶/天，原油生产能力 10 万桶/天，该平台采用一套双单元热备用在线式 UPS(uninterruptible power supply，不间断电源)为重要负载，主要通过单元控制系统、遥控装置、故障过滤器、安全自动装置等提供可靠的工作电源。UPS 是海洋油气平台的最重要关键设备之一，一旦 UPS 系统发生失效，即意味着停产和失去安全保障，其中供输电设备作为 UPS 系统的主要部分，对安全生产起着关键作用。

该油气平台 UPS 系统的供输电设备共有 3 个变压器，其中 2 个变压器中近 70%的元件使用了 20 多年，其间经历过多次大修理，设备维修费用逐年上涨，故障率逐渐升高，其变压设备和供输电控制系统部件基本已经停产，备件库存有限，当备件使用完后设备就有停止运转而导致公司停产的风险，而且整个设备生产能耗高，运转率低，产品生产成本高，这会导致公司竞争力下降，所以不能采用继续使用旧设备的方案。

对于 UPS 系统的供输电设备更新可以选择大修理及现代化技术改造、原型更新或技术升级三种方案。

方案 1：变压设备大修理及现代化技术改造。根据设备现状，该方案包括以下几个内容：对部件损坏严重的元件进行大修理；对原有电路进行安全回路改造；对停产部件进行升级改造或更新部分设备。

方案 2：对供输电设备采用性能更好的同类设备进行更新(FR-UK 系列变压器)。新的供输电系统能够使原油生产能力、生产规格更具优势，每天的生产能力高出25%。现有供电设备可供UPS系统生产原油7500桶/3班，新电源供电后生产能力为10 000桶/3班。

方案3：对供输电设备进行技术升级(采用一台新的新式变压器代替原有的两台旧式变压器)。通过运用新的变压器设计，能够在不更换输电线路和其他设备的情况下，提高原有输电设备的性能，不仅节省了维护成本，还减少了相关工程的时间和资源浪费，保障供电稳定是对电力输变电系统技术升级的首要选择。

二、方案更新评价与决策

(一)方案1：变压设备大修理及现代化技术改造

1. 服务年限的设定

对于大修理后的设备，其主要机械部件可以恢复到接近新设备的水平，按照以往的经验，主要机械部件在现有生产条件下可使用10年，电气部件升级后，其更新换代周期大约也是10年，所以将大修理后设备可服务年限设定为10年。对于设备更新的方案，资产的折旧期也是10年，因此统一将3种方案的服务年限设定为10年。

2. 服务年限内总费用的确定

总费用包括大修理费、年使用费用(人工费、互换运输费、能源费、材料费、零件损耗、维修费等)。大修理费用：第1年年初投入1230万元，第2年年初投入870万元，第3年年初投入2190万元，第4年年初投入200万元。其他费用见表8-16。基准收益率为10%，企业所得税税率为25%，计算得到方案1的总费用现值为98 200万元。

表8-16　方案1费用计算表　　单位：万元

项目	第1年	第2年	第3年	第4年	第5年	第6年	第7年	第8年	第9年	第10年	第11年
大修理费	1 230	870	2 190	200							
人工费	680	734	793	857	925	999	1 079	1 165	1 259	1 359	1 468
互换运输费			29								
能源费	411	411	411	411	411	411	411	411	411	411	411
材料费	10 000	10 300	10 609	10 927	11 255	11 593	11 941	12 299	12 668	13 048	13 439
零件损耗	30	31	32	33	34	35	36	37	38	39	40
维修费	690	500	400	300	330	363	399	439	483	531	585
费用年现金流量	13 041	12 846	14 464	12 728	12 955	13 401	13 866	14 351	14 859	15 388	15 943

(二)方案2：对供输电设备采用性能更好的同类设备进行更新(FR-UK系列变压器)

1. 更换技术方案

根据最新设备规格标准，考虑到未来油气生产规划，新的供输电系统要适应未来船舶、海洋平台UPS系统配电导入的趋势，其电路板等工艺参数均作相应增加，相关生产部分均采用人工进行。

2. 服务年限内总费用的确定

由于是新供电设备更新，设备及其基础建设均属于投资项目，其中每件变压器系统为7000万元，其他配套设施为1000万元。固定资产投资及费用均为公司自筹资金，不计利息。

设备购买费用：第1年拆除A变压器，第2年新A变压器建成投产，同时拆除B变压器，第3年新B变压器投产。费用支出为：第2年支付7200万元(投资合同当年支付90%，下年设备验收后支付剩余的10%)，第3年支出8000万元，第4年支出800万元。

旧设备处置收入及所得税：拆除的旧变压器可以变卖获得收入，经向业内部门供应商意向询价，旧变压器初步报价为每件1850万元(除去拆除费用后售卖价)。另由于每件旧变压器账面价值(目前剩10%残值)为1632.7/2=816.35(万元)，所以变卖收入超出账面价值部分还需要缴纳所得税。售卖每件旧变压器的所得税为(1850−816.35)×25%=258(万元)，分别在第1年和第2年支付。

其他费用见表8-17，计算得到方案2的总费用现值为105 125万元。

表8-17　方案2费用计算表　　单位：万元

项目	第1年	第2年	第3年	第4年	第5年	第6年	第7年	第8年	第9年	第10年	第11年
新设备投资		7 200	8 000	800							
旧变压器处置收入	1 850	1 850									
旧变压器处置收入所得税	258	258									
人工费	680	734	793	857	925	999	1 079	1 165	1 259	1 359	1 468
互换运输	350	350									
能源费	411	411	411	411	411	411	411	411	411	411	411
材料费	10 000	10 300	10 609	10 927	11 255	11 593	11 941	12 299	12 668	13 048	13 439
零件损耗	30	31	32	33	34	35	36	37	38	39	40
维修费	345	150	315	347	381	419	461	507	558	614	675
费用年现金流量	10 224	17 584	20 160	13 375	13 006	13 457	13 928	14 419	14 934	15 471	16 033

(三)方案3：对供输电设备进行技术升级(采用一台新的新式变压器代替原有的两台旧式变压器)

1. 技术升级方案

考虑到未来油气生产规划，新的供输电系统要适应未来船舶、海洋平台UPS系统配电导入的趋势，其电路板等工艺参数均作相应增加，由于工作效率提高，相关生产部分将采用全自动，减少人工成本。

2. 服务年限内总费用确定

由于是新供电设备更新，设备及其基础建设均属于投资项目，其中设备为 1.6 亿元，其他配套设施等为 1500 万元，项目总投资为 1.75 亿元。固定资产投资及费用均为公司自筹资金，不计利息。

设备购买费用：第 1 年拆除 A 变压器，第 2 年安装新变压器，第 3 年新变压器投产后拆除 B 变压器。费用支出为，第 2 年支付 15 750 万元(投资合同当年支付 90%，下年设备验收后支付剩余的 10%)，第 3 年支出 1750 万元。

旧设备处置收入及所得税：拆除的旧变压器可以变卖获得收入，经向业内部门供应商意向询价，旧变压器初步报价为每件 1850 万元(除去拆除费用后售卖价)。另由于每件旧变压器账面价值(目前剩 10%残值)为 1632.7/2=816.35(万元)，所以变卖收入超出账面价值部分还需要缴纳所得税。售卖每件旧变压器的所得税为(1850−816.35)×25%=258(万元)，分别在第 1 年和第 3 年支付。

其他费用见表 8-18，计算得到方案 3 的总费用现值为 87 003 万元。

表 8-18 方案 3 费用计算表 单位：万元

项目	第 1 年	第 2 年	第 3 年	第 4 年	第 5 年	第 6 年	第 7 年	第 8 年	第 9 年	第10年	第11年
新设备投资		15 750	1 750								
旧变压器处置收入	1 850		1 850								
旧变压器处置收入所得税	258		258								
人工费	680	734	373	403	435	470	508	548	592	640	691
互换运输	350	350									
能源费	411	411	338	338	338	338	338	338	338	338	338
材料费	10 000	10 300	10 078	9 336	8 497	7 857	8 093	8 335	8 586	9 943	9 108
零件损耗	30	10	10	10	10	10	10	10	10	10	10
维修费	345	345	100	110	121	133	146	161	177	195	214
费用年现金流量	10 224	27 900	11 057	10 197	9 401	8 808	9 095	9 392	9 703	10 026	10 361

根据各种方案的投入、产出、维持费用等经济数据，利用服务年限内总费用最低的方法，判断出方案 3 总费用最低，故应该选择该方案。

➢[案例思考]

1. 如果设备在不同更新方式下的投资发生变化，对更新方案结果会产生怎样的影响？
2. 如果基准收益率变为 12%，对更新方案结果会产生怎样的影响？

➢思考题

1. 联系实际，举例说明，什么是设备的有形磨损、无形磨损，各有何特点？设备磨损的补偿形式有哪些？

2. 什么是沉没成本？在工程经济分析中应如何处理沉没成本？
3. 设备更新分析有何特点？
4. 设备的技术寿命、自然寿命和经济寿命有何区别与联系？

➢习题

1. 某厂以 6000 元的价格购置了一台光伏硅片生产设备，第 1 年的运营成本为 1000 元，以后每年以 300 元定额递增。该设备使用一年后的余值为 3600 元，以后每年以 400 元定额递减，该设备的最大使用年限为 8 年。若基准收益率为 10%，试用动态方法计算设备的经济寿命。

2. 某企业 4 年前花 2200 元购置了设备 A，目前设备 A 的剩余寿命为 6 年，寿命终了时的残值为 200 元，设备 A 每年的运营费用为 700 元。目前，有一个设备制造厂出售与设备 A 具有相同功效的设备 B，设备 B 售价 2400 元，寿命为 10 年，残值为 300 元，每年运营费用为 400 元。如果企业购买设备 B，设备制造厂愿出价 600 元购买旧设备 A。设基准收益率为 10%，研究期为 6 年，试判断现在公司应保留设备 A，还是用设备 B 更换设备 A。

3. 太阳能集热器为某公司畅销产品，其上的两个零件通过公司的一台车床加工，这台车床是 13 年前花 8300 元购置的，估计还能使用 2 年，到期残值为 250 元。现有人建议采用市场上出现的一种新车床替换旧车床，新车床的购置费为 25 000 元。每 100 个零件分别由旧车床和新车床生产所需的时间如表 8-19 所示。

表 8-19 生产时间

项目	旧车床	新车床
零件 1	2.92 小时	2.39 小时
零件 2	1.84 小时	1.45 小时
总计	4.76 小时	3.84 小时

估计未来公司每年集热器的销量将维持在 40 000 件，企业人工费为 17 元/小时，可以认为新旧设备的动力费相同。新车床的推销员已为公司找到一家公司，愿意以 1200 元购买旧车床。新车床的使用寿命为 10 年，残值为原值的 10%。设基准收益率为 10%，研究期为 2 年，试比较新旧车床的优劣。

4. 由于城市用电量的增长，某地区现有输变电线路 A 容量出现缺口。根据预测，如果保留现有的输变电系统，则 7 年后必须新增加一条新的线路 B，原线路 A 和新线路 B 加在一起将使供电能力增加一倍。第二个考虑的方案是线路 C，其供电能力是现有线路的 2 倍。由于新线路的建设，原线路 A 将被拆除，用电权和土地使用权将被转让，线路 A 是 12 年前修建的，当时投资 200 万元，其剩余寿命估计为 20 年，到期拆除费用为 50 万元，用电权和土地使用权转让收入为 140 万元。如果线路 A 现在拆除，拆除费用为 50 万元，用电权和土地使用权转让收入为 40 万元，线路 A 今后第一年年末的经营成本为 2 万元，以后每年等额递增 1 万元。线路 B 7 年后建设，投资为 600 万元，估计线路 B 能使用 35 年，到期残值 200 万元，每年经营成本为 1 万元。线路 C 现在建设，投资 1400 万元，其中包括安装费和土地使用权购置费，估计线路 C 的使用期限为 50 年，到期残值为 700 万元，使用期间的年经营成本为 0.9 万元。设定基准收益率为 8%，研究期取 20 年，试确定两个方案的优劣。

第八章习题答案

第九章

价 值 工 程

➢引例

徐州市完成 5G-A 网络部署升级

在世界电信日来临之际，徐州市某通信运营商完成全市1.2万个5G基站的升级改造，建成一张广域连续覆盖的 5G-A 网络，正式开启 5G-A 规模商用之路，标志着全市新型信息基础设施建设再上新台阶。

5G-A，即 5G-Advanced 网络的简称，也被称为 5.5G，是 5G 向 6G 演进的关键阶段，能实现 5G 网络基础能力十倍的提升。面向个人体验，基于 5G-A 3CC（三载波聚合）让“万兆速率”从期待变为现实。

5G-A 技术演进与应用普及更是带来广阔的行业应用前景。2024 年 4 月中旬，徐州市该通信运营商在沛县试点部署 5G-A RedCap 摄像头，在满足监控画面无线高清回传的同时，实现模组成本和能耗降低 70%。RedCap 作为 5G-A 时代的典型中高速物联技术，既保留高可靠、低时延、大容量等关键特性，又具备低成本和低功耗等优势，可为工业、能源、物流等领域的物联网设备提供强大的中高速移动网络传输能力支撑。

展望未来，5G-A 新技术将在商业、文旅活动、助农发展、工业和低空经济等行业给用户带来更丰富、更智能、更卓越的体验。下一阶段，徐州市将持续推进 5G-A 技术运用及网络部署，构建高品质的 5G-A 网络，丰富完善 5G-A 能力的应用布局，为徐州市数字经济的高质量发展筑牢网络基石。

资料来源：杨春源，王婉娟. 徐州移动全面完成 5G-A 网络部署升级[EB/OL]. https://www.jntimes.cn/xxzx/202405/t20240522_8272658.shtml[2024-05-22]

启示：通过 5G-A 技术的不断演进，5G-A 时代中典型中高速物联技术的 RedCap 在具备原有必备功能的基础上，还能够不断降低成本、降低能耗，达到降本增效的价值效果，使得自身更具竞争力。这种将技术开发和经济分析相结合的思路，为项目技术方案决策提供了有效方法。

➢本章知识结构图

价值工程是一门技术与经济相结合的学科，它既是一种管理技术，又是一种思想方法。国内外的实践证明，推广应用价值工程能够促使社会资源得到合理有效的利用，使投资项目能更好地满足社会需求。

本章知识结构图如下。

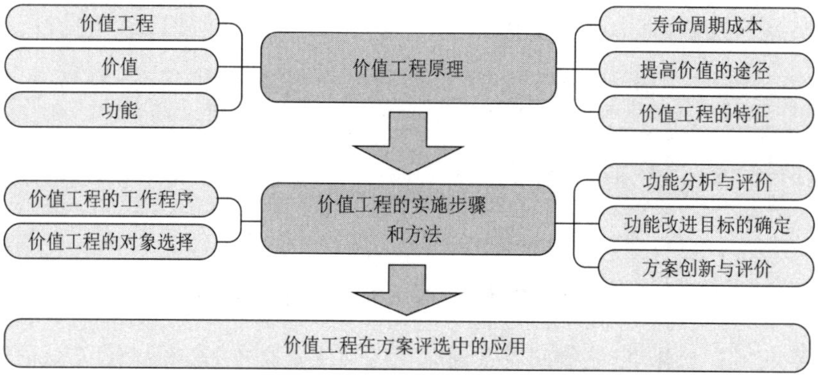

第一节　价值工程原理

一、价值工程

价值工程（value engineering，VE）是通过各相关领域的协作，对研究对象的功能与费用进行系统分析，来提高研究对象价值的一种管理思想和管理技术。

价值工程的目的是以研究对象的最低寿命周期成本来实现使用者所需的功能，最终来获取最佳的综合效益。

价值工程的对象，是指为获取功能而发生费用的事物，如产品、过程、服务等或它们的组成部分。价值工程与现金流量法的主要区别在于，价值工程更多是站在用户的立场上通过评价产品、过程、服务的价值来间接评价投资项目的优劣；现金流量法主要是站在投资者的立场上直接考察投资项目的经济效果。

二、价值

价值工程中的“价值”是指对象所具有的功能与获得该功能所发生费用之比，它不是对象的使用价值，也不是对象的交换价值，而是对象的比较价值，即性能价格比。设对象（如产品、工艺、服务等）的功能为F，其成本为C，价值为V，则可利用式（9-1）计算价值：

$$V=\frac{F}{C} \tag{9-1}$$

价值的大小取决于功能和成本。产品价值的高低表明产品合理有效利用资源的程度和产品物美价廉的程度。价值高的产品表明其资源利用程度高；价值低的产品表明其资源没有得到有效利用，应设法改进和提高。由于“价值”的引入，产生了对产品新的评价形式，即把功能与成本或技术与经济结合起来进行评价。提高价值是广大消费者追求物有所值、物超所值的愿望，也是企业和国家对稀缺资源进行有效配置的要求。

三、功能

价值工程中的功能是对象能满足某种需求的效用或属性。任何产品都具有功能，如手机的主要功能有无线通话、拍照、上网等，轿车的功能是载送人员及其随身物品等。

功能可以有下述四种不同的分类方法。

(一) 使用功能和品味功能

按性质分类，功能可划分为使用功能 (use function) 和品味功能 (esteem function)。使用功能是对象具有的与技术经济用途直接有关的功能；品味功能是与使用者的精神感觉、主观意识有关的功能，如美学功能、外观功能、欣赏功能等。

(二) 基本功能和辅助功能

按重要程度分类，功能可划分为基本功能 (basic function) 和辅助功能 (supporting function)。基本功能是与对象的主要目的直接有关的功能，是对象存在的主要理由；辅助功能是为基本功能服务的功能。

(三) 必要功能和不必要功能

按使用者需求分类，功能可划分为必要功能 (necessary function) 和不必要功能 (unnecessary function)。必要功能是为满足使用者的需求而必须具备的功能；不必要功能是对象具有的与满足使用者需求无关的功能。

(四) 不足功能和过剩功能

按量化标准分类，功能可划分为不足功能 (insufficient function) 和过剩功能 (plethoric function)。不足功能是指对象尚未足量满足使用者需求的必要功能；过剩功能是对象具有的超量满足使用者需求的必要功能。

功能分析的目的是在满足用户基本使用功能的基础上，尽可能增加产品的必要功能，减少不必要的功能，弥补不足功能，削减过剩功能。

四、寿命周期成本

对象从研究开发、设计制造、用户使用直到报废为止的整个时期，称为对象的寿命周期。对象的寿命周期一般可分为自然寿命和经济寿命。价值工程一般以经济寿命来计算和确定对象的寿命周期。

(一) 产品寿命周期

产品和人的生命一样，要经历形成、成长、成熟、衰退这样的周期。产品寿命周期(product life cycle，PLC)是产品的市场寿命，即一种新产品从开始进入市场到被市场淘汰的整个过程。典型的产品寿命周期一般可以分成四个阶段，即介绍期(或引入期)、成长期、成熟期和衰退期。就建筑产品而言，其寿命周期是指从规划、勘察、设计、施工、使用、维修，直到报废为止的整个时期。

(二) 产品寿命周期成本

寿命周期成本(life cycle cost)是指从对象的研究、形成、投入使用到退出使用所需的全部费用。如图 9-1 所示，产品的寿命周期成本包括生产成本和使用成本两部分。生产成本是产品在研究开发、设计制造等过程中发生的成本；使用成本是用户在使用产品过程中所发生的费用总和，包括产品的维护、保养、管理、能耗等方面的费用。

寿命周期成本=生产成本+使用成本

$$C = C_1 + C_2 \tag{9-2}$$

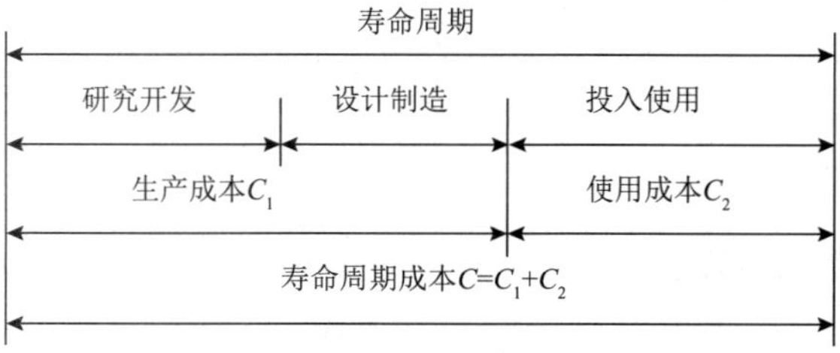

图 9-1 寿命周期与寿命周期成本的关系图

产品的寿命周期成本与产品的功能有关。一般而言，生产成本与产品的功能成正比，使用成本与产品的功能成反比。具体如图 9-2 所示。

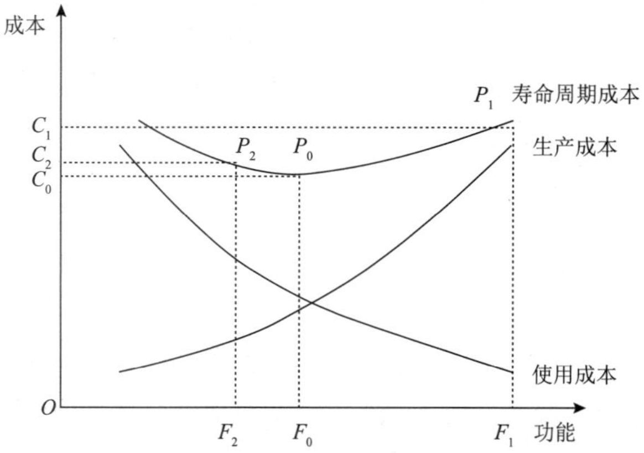

图 9-2 寿命周期成本与功能的关系图(一)

五、提高价值的途径

价值取决于功能和成本两个因素，因此提高价值的途径可归纳如下。

(1) 保持产品的必要功能不变，降低产品成本，以提高产品的价值，即

$$\frac{F\rightarrow}{C\downarrow}=V\uparrow$$

(2) 保持产品成本不变，提高产品的必要功能，以提高产品的价值，即

$$\frac{F\uparrow}{C\rightarrow}=V\uparrow$$

(3) 成本稍有增加，但必要功能增加的幅度更大，使产品价值提高，即

$$\frac{F\uparrow\uparrow}{C\uparrow}=V\uparrow$$

(4) 在不影响产品基本功能的前提下，适当降低一些辅助功能，大幅度降低产品成本，提高产品价值，即

$$\frac{F\downarrow}{C\downarrow\downarrow}=V\uparrow$$

(5) 运用高新技术，进行产品创新，既提高必要功能，又降低成本，以大幅度提高价值，即 $\frac{F\uparrow}{C\downarrow}=V\uparrow\uparrow$，这是提高产品价值的理想途径。

以上提高产品价值的途径也可用图 9-2～图 9-4 分别加以说明。

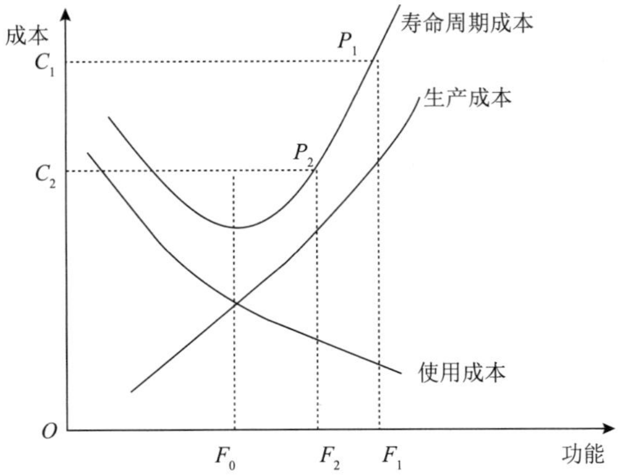

图 9-3 寿命周期成本与功能的关系图(二)

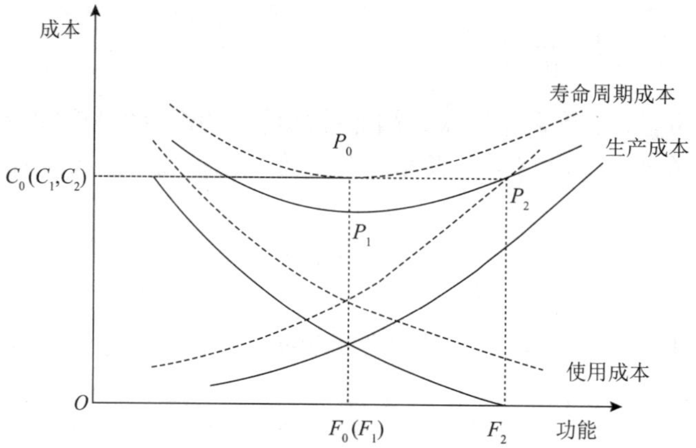

图 9-4 寿命周期成本与功能的关系图(三)

在图 9-2 中，如果某产品现在的寿命周期成本处于 P_2 点，则开展价值工程后，使寿命周期成本点由 P_2 移到 P_0，既提高了功能，又降低了成本，从而提高了产品的价值，这属于上述第 5 种提高价值的途径。在同一曲线中，如果某产品现在的寿命周期成本点处于 P_0，将产品的功能由 F_0 提高到 F_1，成本从 C_0 上升到 C_1，显然功能提高的幅度大于成本提高的幅度，从而也提高了产品的价值，这属于上述第 3 种提高价值的途径。

在图 9-3 中，当某产品目前的寿命周期成本点处于 P_1 的位置，那么适当地降低产品的辅助功能，比如从 F_1 降到 F_2，可使成本有更大幅度地下降，即从 C_1 下降到 C_2，这相当于提高产品价值的第 4 种途径。

随着高新技术在生产中的应用，实现同样功能的成本将逐渐降低，寿命周期成本曲线将发生位移。在图 9-4 中，用虚线代表移动前的曲线，实线代表移动后的曲线，生产成本曲线右移，使用成本曲线左移，使得寿命周期成本线下移。这样，就可以在保持功能不变的情况下降低成本，比如由 P_0 变为 P_1；也可以在保持成本不变的情况下提高功能，比如由 P_0 变为 P_2。这相当于提高产品价值的第 1 种和第 2 种途径。

六、价值工程的特征

(一)目标上的特征

着眼于提高价值，即以最低的寿命周期成本实现产品必要功能的创造性活动。

(二)方法上的特征

功能分析是价值工程的核心，即在开展价值工程中，以用户的功能需求为出发点。

(三)活动领域上的特征

侧重于在产品的研制与设计阶段开展工作，寻求技术上的突破。

(四)组织上的特征

价值工程是贯穿于产品整个寿命周期的系统方法，从产品研究、设计到原材料的采购、生产制造以及推销和维修，都有价值工程的工作可做，而且它涉及面广，需要许多部门和各种专业人员相互配合。因此，必须依靠组织的、集体的努力来完成。开展价值工程活动，需要组织设计、工艺、供应、加工、管理、财务、销售以至用户等各方面的人员参加，发挥集体智慧，博采众家之长，从产品生产到使用的全过程来确保功能，降低成本。

第二节 价值工程的实施步骤和方法

一、价值工程的工作程序

价值工程的一般工作程序如表 9-1 所示。由于价值工程的应用范围广泛，其活动形式也不尽相同，因此在实际应用中，可参照这个工作程序，根据对象的具体情况，应用价值工程的基本原理和思想方法，考虑具体的实施措施和方法步骤。但工作对象选择、功能分析、功能评价和方案创新与评价是工作程序的关键内容，体现了价值工程的基本原理和思想，是不可缺少的。

表 9-1 价值工程的一般工作程序

工作阶段	设计程序	工作步骤		对应问题
		基本步骤	详细步骤	
准备阶段	制订工作计划	确定目标	1. 工作对象选择	1. 这是什么?
			2. 信息搜集	
分析阶段	规定评价(功能要求事项实现程度的)标准	功能分析	3. 功能定义	2. 这是干什么用的?
			4. 功能整理	
		功能评价	5. 功能成本分析	3. 它的成本是多少?
			6. 功能评价	4. 它的价值是多少?
			7. 确定改进范围	
创新阶段	初步设计(提出各种设计方案)	制订改进方案	8. 方案创新	5. 有其他方法实现这一功能吗?
	评价各设计方案，对方案进行改进、选优		9. 概略评价	6. 新方案的成本是多少?
			10. 调整完善	
			11. 详细评价	
	书面化		12. 提出提案	7. 新方案能满足用户功能要求吗?
实施阶段	检查实施情况并评价活动成果	实施评价成果	13. 审批	8. 偏离目标了吗?
			14. 实施与检查	
			15. 成果鉴定	

二、价值工程的对象选择

价值工程的对象选择是逐步缩小研究范围、寻找目标、确定主攻方向的过程。正确选择工作对象是价值工程成功的第一步，能起到事半功倍的效果。对象选择的一般原则是：市场反馈迫切需要改进的产品；功能改进和成本降低潜力较大的产品。

对象选择的方法很多，下面着重介绍四种方法，即经验分析法、百分比法、价值指数法和 ABC 分析法。

(一) 经验分析法

经验分析法是根据有丰富实践经验的设计人员、施工人员以及企业的专业技术人员和管理人员对产品中存在问题的直接感受，经过主观判断确定价值工程对象的一种方法。

经验分析法是对象选择的定性分析方法，其优点是简便易行，考虑问题综合全面，是目前实践中采用较为普遍的方法。缺点是缺乏定量分析，在分析人员经验不足时准确程度降低，但用于初选阶段是可行的。

(二) 百分比法

百分比法是通过分析产品对两个或两个以上经济指标的影响程度(百分比)来确定价值工程对象的方法。

【例 9-1】 某光纤光缆公司旗下的多模光纤有 6 种产品，它们各自的年成本和年利润占公司年总成本与年利润总额的百分比如表 9-2 所示。公司目前急需提高利润水平，试确定可能的价值工程对象。

表 9-2 成本和利润百分比

项目	A	B	C	D	E	F	合计
产品年成本/万元	565	65	35	160	55	45	925
产品年成本占年总成本百分比	61.1%	7.0%	3.8%	17.3%	5.9%	4.9%	100%
产品年利润/万元	185	25	15	20	35	25	305
产品年利润占年利润总额百分比	60.6%	8.2%	4.9%	6.6%	11.5%	8.2%	100%
年利润百分比/年成本百分比	0.99	1.17	1.29	0.38	1.95	1.67	
排序	5	4	3	6	1	2	

解 由表 9-2 可见，产品 D 的成本占年总成本的 17.3%，而其利润仅占年利润总额的 6.6%，显然产品 D 应作为价值工程的重点分析对象。

百分比法的优点是，当企业在一定时期要提高某些经济指标且拟选对象数目不多时，该方法具有较强的针对性和有效性。缺点是不够系统和全面，有时为了更全面、更综合地选择对象，百分比法可与经验分析法结合使用。

(三) 价值指数法

根据价值的表达式$V = \dfrac{F}{C}$，在产品成本已知的基础上，将产品功能定量化，就可以计算产品价值。在应用该方法选择价值工程的对象时，应当综合考虑价值指数偏离 1 的程度和改善幅度，优先选择$V < 1$且改进幅度大的产品或零部件。

【例 9-2】 某机械制造厂生产四种型号的挖土机，各种型号挖土机的主要技术参数及相应的成本费用如表 9-3 所示。试运用价值指数法选择价值工程对象。

表 9-3 推土机主要技术参数及相应成本

项目	甲	乙	丙	丁
技术参数/(米^3/台班)	151	155	160	130
成本费用/(元/台班)	136	112	130	140
价值指数	1.11	1.38	1.23	0.93

解 价值指数计算如表 9-3 所示。由表 9-3 可见，挖土机丁应作为价值工程对象。

价值指数法一般适用于产品功能单一、可计量，产品性能和生产特点具有可比性的系列产品或零部件的价值工程对象选择。

(四) ABC 分析法

ABC 分析法是根据研究对象对某项目技术经济指标的影响程度和研究对象数量的比例大小两个因素，把所有研究对象划分成主次有别的 A、B、C 三类的方法。通过这种划分，明确关键的少数和一般的多数，准确地选择价值工程对象。

研究对象类别划分的参考值如表 9-4 和图 9-5 所示。

表 9-4 A、B、C 类别划分参考值

类别	数量占总数百分比	成本占总成本百分比
A 类	10%左右	70%左右
B 类	20%左右	20%左右
C 类	70%左右	10%左右

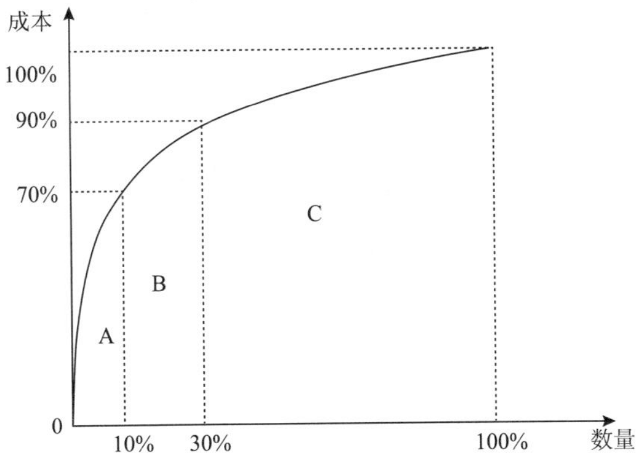

图 9-5 ABC 分析曲线图

【例 9-3】 某新能源汽车制造过程包含 10 个关键部件，各部件的成本及新能源汽车总成本见表 9-5，试采用 ABC 分析法确定该新能源汽车制造中可能作为价值工程研究对象的部件。

表 9-5 某新能源汽车制造部件的 ABC 分类

部件名称	成本/元	累计部件数/个	累计部件数百分比	累计成本/元	累计成本百分比	分类
1. 电池组	120 000	1	10%	120 000	40%	A
2. 电动机	80 000	2	20%	200 000	67%	
3. 车身结构	30 000	3	30%	230 000	77%	B
4. 驱动系统	25 000	4	40%	255 000	86%	
5. 车载信息系统	20 000	5	50%	275 000	92%	
6. 内饰	10 000	6	60%	285 000	96%	C
7. 轮胎	5 000	7	70%	290 000	97%	
8. 照明系统	3 000	8	80%	293 000	98%	
9. 音响系统	2 000	9	90%	295 000	99%	
10. 其他小型电子配件	1 000	10	100%	296 000	100%	
总成本/元	296 000					

解 新能源汽车制造部件的 ABC 分类见表 9-5 所列。其中，电池组和电动机为 A 类工程，应考虑作为价值工程分析的对象。

A 类部件电池组和电动机，这两部分是新能源汽车中最关键的部分，不仅成本高，而且对车辆的性能和续航能力有决定性影响。因此，它们被归为 A 类，需要重点关注和优化。

B 类部件车身结构和驱动系统等，这些部件在成本和性能上也很重要，但相比于 A 类部件，它们的成本贡献略低，因此归为 B 类。

C 类部件内饰、轮胎、照明系统等，虽然对车辆的舒适性和外观有一定影响，但成本贡献较小，因此为 C 类部件，可以采取较为宽松的管理措施。

通过这种分类，新能源汽车制造商可以更有效地管理资源，优先投资对产品性能和成本影响最大的部件。这种方法有助于提高整体制造效率和产品竞争力。

ABC 分析法的优点是抓住重点，突出主要矛盾，在对复杂产品的零部件作对象选择时常用它进行主次分类，以便略去“一般的多数”，抓住“关键的少数”，卓有成效地开展工作。

三、功能分析与评价

（一）功能分析

功能分析是为完整描述各功能及其相互关系而对各功能进行定性和定量的系统分

析过程。通过功能分析，可以回答产品"这是干什么用的"的问题，从而准确掌握用户的功能要求。

功能系统图是表示对象功能得以实现的功能逻辑关系图。功能系统图中包括总功能、上位功能、下位功能、同位功能、末位功能，以及由上述功能组成的功能区域。

功能系统图中，两个功能直接相连时，如果一个功能是另一个功能的目的，并且另一个功能是这个功能的手段，则把作为目的功能称为上位功能，作为手段的功能称为下位功能，上位功能和下位功能通常具有相对性。如图 9-6 中，F_1 相对 F_{11} 和 F_{12} 来说是上位功能，相对于 F_0 来说是下位功能。同位功能是指功能系统图中，与同一上位功能相连的若干下位功能，如图 9-6 所示，F_{11} 与 F_{12} 就是同位功能。总功能是指功能系统图中，仅为上位功能的功能，如图 9-6 中的 F_0。末位功能指功能系统图中，仅为下位功能的功能，如图 9-6 中的 F_{11}、F_{12}、F_{21}、F_{22} 等。功能区域是功能系统图中，任何一个功能及其各级下位功能的组合。

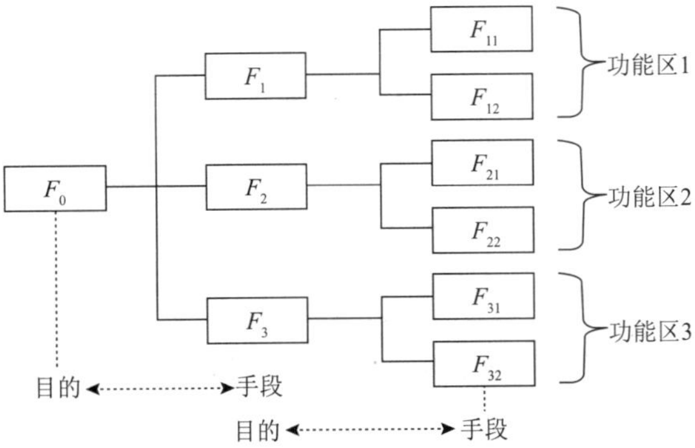

图 9-6 功能系统图基本模式

以微型手电筒为例，在对其功能进行定义的基础上，通过功能分析和功能整理，得到微型手电筒的功能系统图如图 9-7 所示。

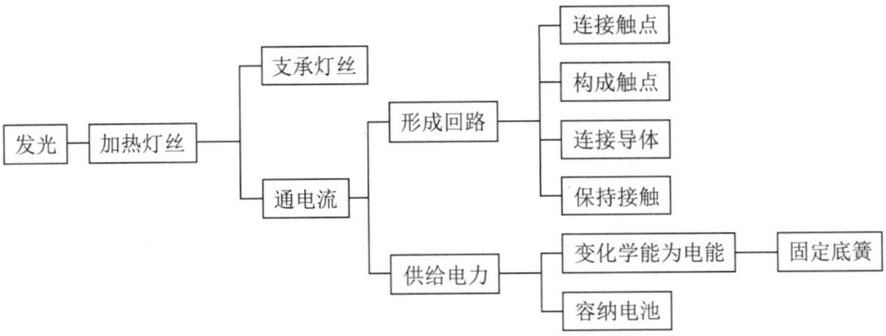

图 9-7 微型手电筒功能系统图

(二) 功能评价

功能评价就是对组成对象的零部件在功能系统中的重要程度进行定量估计。

功能评价的方法有："01"评分法、直接评分法、"04"评分法、倍比法等。

1. "01"评分法(也称强制确定法)

这种方法的做法是请5～15个对产品熟悉的人员各自参加功能的评价。评价两个功能的重要性时，可以对完成该功能的相应零件进行比较，重要者得1分，不重要者得0分。"01"评分法得分总和为$n+\frac{n(n-1)}{2}$，n为对比的零件数量。例如，某个产品有五个零件，总分应为15分，某一评价人员采用"01"评分法确定功能评价系数的过程见表9-6。

表9-6 "01"评分法功能评价系数表

零件功能	一对一比较结果					得分	功能评价系数
	A	B	C	D	E		
A	×	1	0	1	1	3+1	0.27
B	0	×	0	1	1	2+1	0.20
C	1	1	×	1	1	4+1	0.33
D	0	0	0	×	0	0+1	0.07
E	0	0	0	1	×	1+1	0.13
合计						15	1

如果有10个评价人员参加评定，将10个人的功能评价系数进行汇总，可得到平均功能评价系数，见表9-7。

表9-7 平均功能评价系数计算表

零件功能	1	2	3	4	5	6	7	8	9	10	平均功能评价系数
A	0.27	0.30	0.20	0.20	0.27	0.27	0.10	0.20	0.27	0.20	0.23
B	0.20	0.20	0.20	0.20	0.27	0.20	0.20	0.20	0.20	0.20	0.21
C	0.33	0.30	0.40	0.33	0.27	0.33	0.40	0.27	0.33	0.40	0.34
D	0.07	0.10	0.10	0.07	0.06	0.07	0.10	0.07	0.13	0.10	0.09
E	0.13	0.10	0.10	0.20	0.13	0.13	0.20	0.26	0.07	0.10	0.14
合计	1	1	1	1	1	1	1	1	1	1	1

2. 直接评分法

直接评分法是请5～15个熟悉对象的人员给对象各零件的功能直接打分，评价时规定总分标准，每个参评人员给对象各零件功能的评分之和必须等于总分。例如，对表9-7中的评价人员规定总分标准为10分，则功能评价系数计算如表9-8所示。

表 9-8 直接评分法功能评价系数计算表

零件功能	1	2	3	4	5	6	7	8	9	10	各零件得分	功能评价系数
A	3	3	2	2	3	3	1	2	3	2	24	0.24
B	2	2	2	2	3	2	2	2	2	2	21	0.21
C	4	3	4	4	3	4	4	3	4	4	37	0.37
D	0	1	1	0	0	0	1	0	1	1	5	0.05
E	1	1	1	2	1	1	2	3	0	1	13	0.13
合计	10	10	10	10	10	10	10	10	10	10	100	1

3. “04”评分法

“04”评分法是对“01”评分法的改进，它更能反映功能之间的真实差别。采用“04”评分法对评价对象进行一一比较时，分为四种情况。

(1) 非常重要的功能得 4 分，很不重要的功能得 0 分。

(2) 比较重要的功能得 3 分，不太重要的功能得 1 分。

(3) 两个功能重要程度相同时各得 2 分。

(4) 自身对比不得分。

“04”评分法得分总和为 $2n(n-1)$，n 为对比的零件数量。例如，某个产品有 5 个零件，总分应为 40 分，某一评价人员采用“04”评分法确定功能评价系数的过程见表 9-9。

表 9-9 “04”评分法功能评价系数表

零件功能	一对一比较结果					得分	功能评价系数
	A	B	C	D	E		
A	×	3	1	4	4	12	0.300
B	1	×	3	1	4	9	0.225
C	3	1	×	3	0	7	0.175
D	0	3	1	×	3	7	0.175
E	0	0	4	1	×	5	0.125
合计						40	1

4. 倍比法

这种方法是利用评价对象之间的相关性进行比较来定出功能评价系数，其具体步骤如下。

(1) 根据各评价对象的功能重要性程度，按上高下低原则排序。

(2) 从上至下按倍数比较相邻两个评价对象，如表 9-10 中，F_1 是 F_2 的 2 倍。

表 9-10 倍比法计算功能重要性系数表

评价对象	相对比值	得分	功能评价系数
F_1	$F_1/F_2=2.0$	9.0	0.51
F_2	$F_2/F_3=1.5$	4.5	0.26

续表

评价对象	相对比值	得分	功能评价系数
F_3	F_3/F_4=3.0	3.0	0.17
F_4		1.0	0.06
合计		17.5	1

(3)令最后一个评价对象得分为1.0，按上述各对象之间的相对比值计算其他对象的得分。

(4)计算各评价对象的功能评价系数。

四、功能改进目标的确定

确定功能改进目标的方法有价值系数法和最合适区域法。

(一)价值系数法

当对产品的各功能进行评价之后，得出每一个零件的功能评价系数，同样对各功能的现实成本分析之后，可求得每一个零件的成本系数，进而可求得价值系数。

$$\text{成本系数} = \frac{\text{现实成本}}{\text{总成本}} \tag{9-3}$$

$$\text{价值系数} = \frac{\text{功能评价系数}}{\text{成本系数}} \tag{9-4}$$

【例 9-4】 某产品有4项功能，其功能评价系数已通过表9-10的倍比法确定，其现实成本如表9-11所示，试确定该产品的功能改进目标。

表 9-11 价值系数计算表

功能①	功能评价系数②	现实成本③	成本系数④=③/1129	价值系数⑤=②/④	功能改进目标⑥
F_1	0.51	562	0.498	1.02	
F_2	0.26	298	0.264	0.98	
F_3	0.17	153	0.136	1.25	
F_4	0.06	116	0.103	0.58	√
合计	1	1129			

解 该产品的成本系数、价值系数、功能改进目标优先次序如表9-11所示。

(二)最合适区域法

以成本系数为横坐标，功能评价系数为纵坐标，见图9-8，则与横轴成45°的一条直线为理想价值线(V=1)。围绕该线有一朝向原点并由两条双曲线包围的喇叭形区域，叫作最合适区域。凡落在这个区域的价值系数点，其功能与成本是适应的，可不作为重点改善目标。$V>1$ 的点将落在喇叭形区域的左上方，$V<1$ 的点将落在喇叭形区域的右下方，均属于功能改进的目标。

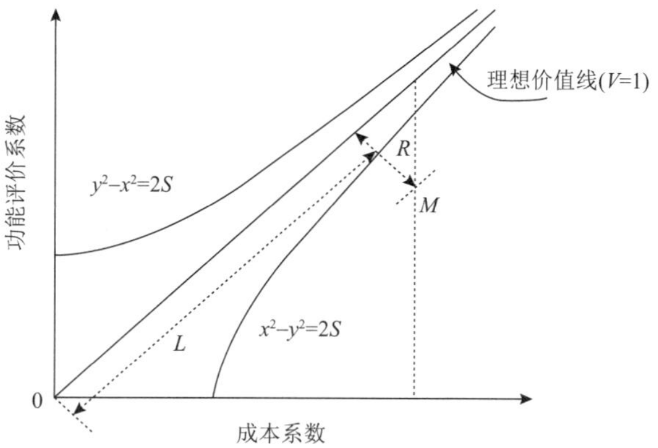

图 9-8 最合适区域图

喇叭形区域是这样确定的：设有一任意价值系数点 M，其坐标为 (x, y)，由图 9-8 可看出，M 离原点越远即 L 越大，意味着其功能及成本系数的绝对量大，改进的余地大，故应作为重点改进对象；反之若 M 离原点近，说明对全局影响小属于次要的改进对象。同时，M 点距离理想价值线的垂直距离 R 越大，表示与理想价值线的偏离度越大，改进的余地也越大，应作为重点改进的目标。因此，可用 $L\times R$ 综合反映 M 点的这两个因素。

令 $S=L\times R$ 为一个定值，则喇叭形区域的边界线为：$x^2-y^2=2S$，$y^2-x^2=2S$，式中 S 的取值大小决定了最合适区域的宽窄。因为 L 与 R 的乘积等于定值 S，显然 L 越大 R 越小，L 越小 R 越大，故图形呈喇叭状。

五、方案创新与评价

(一) 方案创新

为了提高产品的功能和降低成本，需要寻求最佳的替代方案。寻求或构思这种为满足已明确或潜在功能需求而开发新构想或新方案的活动过程就是方案的创新过程。价值工程活动取得成功的关键，就在于能否在正确的功能分析和评价的基础上，提出能可靠地实现必要功能的新方案。方案的创新通常可选用下列方法。

1. 头脑风暴法

头脑风暴(brain storming，BS)法是以开小组会议方式进行。具体做法是事先通知议题，开会时要求应邀参加会议的各方面专业人员在会上自由思考，提出不同的方案，多多益善。但不评价别人的方案，并且希望与会者在别人建议方案的基础上进行改进，提出新的方案。

2. 模糊目标法

这种方法是美国人戈登在 20 世纪 60 年代提出来的，所以也称戈登法(Godon method)。其特点是与会人员会前不知道议题，在开会讨论时也只是抽象地讨论，不接触具体的实质性问题，以免束缚与会人员的思想。待讨论到一定程度以后才把中心议题指出来，以作进一步研究。

3. 专家函询法

这种方法不采用开会的形式，而是由主管人员或部门把已构思的方案以信函的方式分发给有关的专业人员，征询他们的意见，然后将意见汇总，统计和整理之后再分发下去，希望再次补充修改，如此反复若干次，把原来比较分散的意见作集中处理，作为新的代替方案。

方案创新的方法很多，总的原则是要充分发挥有关人员的聪明智慧，集思广益，多提方案，从而为方案创新提供条件。

(二)方案评价和选择

方案评价是在方案创新的基础上对新构思方案的技术、经济和社会效果等方面进行评估，以便选择最佳方案。方案评价分为概略评价和详细评价两个阶段。

1. 概略评价

概略评价是对已创新出来的方案从技术、经济和社会三个方面进行初步研究，其目的是从众多的方案中进行粗略的筛选，减少详细评价的工作量，使精力集中于优秀方案的评价。

2. 详细评价

方案的详细评价，就是对概略评价所筛选出的比较抽象的方案进行调查和收集信息资料，使其在材料、结构、功能等方面进一步具体化，然后作最后的审查和评价。

在详细评价阶段，对产品或服务的成本究竟是多少，能否可靠地实现必要的功能，都必须得到准确的解答。总之，要证明方案在技术和经济方面是可行的，而且价值必须得到真正的提高。

方案经过评价，淘汰了不能满足要求的方案后，就可从保留的方案中选择技术上先进、经济上合理和社会上有利的最优方案。方案评价和选优的方法可参照第三章的内容。

第三节 价值工程在方案评选中的应用

【例9-5】 某城市高新技术开发区软件园电子大楼工程吊顶工程量为18 000平方米，根据软件生产工艺的要求，车间的吊顶要具有防静电、防眩光、防火、隔热、吸音五种基本功能以及样式新颖、表面平整、易于清理三种辅助功能。工程技术人员采用价值工程选择生产车间的吊顶材料，取得了较好的经济效果。以下是他们的分析过程。

一、情报收集

工程人员首先对吊顶材料进行广泛调查，收集各种吊顶材料的技术性能资料和有关经济资料。

二、功能分析与评价

技术人员对软件生产车间吊顶的功能进行了系统分析，绘出了功能系统图，如图 9-9 所示。

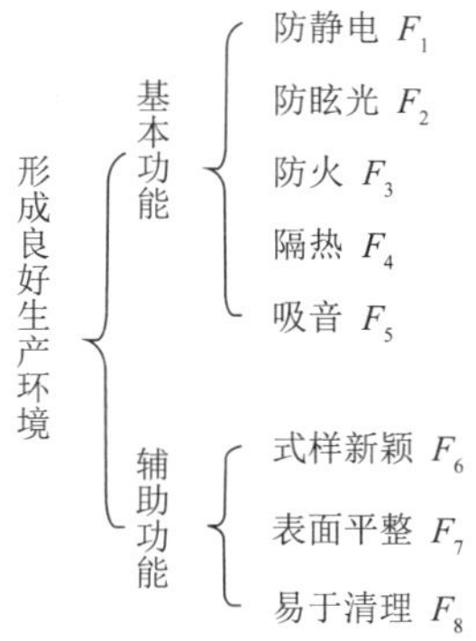

图 9-9　某软件生产车间吊顶功能系统图

根据功能系统图，技术人员组织使用单位、设计单位、施工单位共同确定各种功能权重。使用单位、设计单位、施工单位评价的权重分别设定为 50%、40%和 10%，各单位对功能权重的打分采用 10 分制，各种功能权重如表 9-12 所示。

表 9-12　吊顶功能重要程度系数

功能	使用单位评价（50%）		设计单位评价（40%）		施工单位评价（10%）		功能权重 $\frac{0.5F_{使用}+0.4F_{设计}+0.1F_{施工}}{10}$
	$F_{使用}$	$F_{使用}\times 0.5$	$F_{设计}$	$F_{设计}\times 0.4$	$F_{施工}$	$F_{施工}\times 0.1$	
F_1	4.12	2.060	4.26	1.704	3.18	0.318	0.408
F_2	1.04	0.520	1.35	0.540	1.55	0.155	0.122
F_3	0.82	0.410	1.28	0.512	1.33	0.133	0.106
F_4	0.91	0.455	0.55	0.220	1.06	0.106	0.078
F_5	1.10	0.550	0.64	0.256	1.08	0.108	0.091
F_6	0.98	0.490	1.12	0.448	1.04	0.104	0.104
F_7	0.64	0.320	0.48	0.192	0.53	0.053	0.056
F_8	0.39	0.195	0.32	0.128	0.23	0.023	0.035
合计	10	5	10	4	10	1	1

根据车间工艺对吊顶功能的要求，吊顶材料考虑铝合金加腈棉板、膨胀珍珠岩板和 PVC（polyvinyl choride，聚氯乙烯）板三个方案。三个方案的单方造价、工程造价、年维护费等见表 9-13。基准折现率为 10%，吊顶寿命为 10 年。各方案成本系数计算如表 9-13 所示。

表 9-13 各方案成本系数计算表

项目	铝合金加腈棉板	膨胀珍珠岩板	PVC 板
单方造价/(元/米²)	112.53	26.00	20.00
工程造价/万元	202.54	46.80	36.00
年维护费/元	35 067	23 400	36 000
折现系数	6.144 6	6.144 6	6.144 6
维护费现值/万元	3.506 7×6.144 6=21.55	2.340 0×6.144 6=14.38	3.600 0×6.144 6=22.12
总成本现值/万元	224.09	61.18	58.12
成本系数	224.09/(224.09+61.18+58.12)=0.653	61.18/(224.09+61.18+58.12)=0.178	58.12/(224.09+61.18+58.12)=0.169

对三个方案采用 10 分制进行功能评价。各分值乘以功能权重得到功能加权分，对功能加权分的和进行指数处理后可得各方案的功能评价系数。计算过程见表 9-14。

表 9-14 各方案功能评价系数计算表

功能	功能权重	铝合金加腈棉板		膨胀珍珠岩板		PVC 板	
		分值	加权分值	分值	加权分值	分值	加权分值
防静电 F_1	0.408	8	3.264	9	3.672	5	2.040
防眩光 F_2	0.122	7	0.854	9	1.098	8	0.976
防火 F_3	0.106	5	0.530	9	0.954	6	0.636
隔热 F_4	0.078	8	0.624	6	0.468	4	0.312
吸音 F_5	0.091	8	0.728	10	0.910	5	0.455
式样新颖 F_6	0.104	10	1.040	9	0.936	8	0.832
表面平整 F_7	0.056	10	0.560	9	0.504	8	0.448
易于清理 F_8	0.035	9	0.315	8	0.280	9	0.315
合计	1	65	7.915	69	8.822	53	6.014
加权分值指数化		7.915/(7.915+8.822+6.014)		8.822/(7.915+8.822+6.014)		6.014/(7.915+8.822+6.014)	
功能评价系数		0.348		0.388		0.264	

根据各方案的功能评价系数和成本系数计算其价值系数，计算结果见表 9-15。

表 9-15 各方案价值系数计算表

项目	铝合金加腈棉板	膨胀珍珠岩板	PVC 板
功能评价系数	0.348	0.388	0.264
成本系数	0.653	0.178	0.169
价值系数	0.533	2.180	1.562
最优方案		√	

第四节 案例分析

新能源汽车全面对比分析

当前，全球新一轮科技革命和产业变革蓬勃发展，汽车与能源、交通、信息通信等领域有关技术加速融合，电动化、网联化、智能化成为汽车产业的发展潮流和趋势。新能源汽车融汇新能源、新材料以及互联网、大数据、人工智能等多种变革性技术，推动汽车从单纯交通工具向移动智能终端、储能单元和数字空间转变，带动能源、交通、信息通信基础设施改造升级，促进能源消费结构优化、交通体系和城市运行智能化水平提升，对建设清洁美丽世界、构建人类命运共同体具有重要意义。近年来，世界主要汽车大国纷纷加强战略谋划、强化政策支持，跨国汽车企业加大研发投入、完善产业布局，新能源汽车已成为全球汽车产业转型发展的主要方向和促进世界经济持续增长的重要引擎。

汽车产品形态、交通出行模式、能源消费结构和社会运行方式正在发生深刻变革，为新能源汽车产业提供了前所未有的发展机遇。经过多年持续努力，我国新能源汽车产业技术水平显著提升、产业体系日趋完善、企业竞争力大幅增强，2015 年以来产销量、保有量连续五年居世界首位，产业进入叠加交汇、融合发展新阶段。必须抢抓战略机遇，巩固良好势头，充分发挥基础设施、信息通信等领域优势，不断提升产业核心竞争力，推动新能源汽车产业高质量可持续发展。

下列是国内两款相同价位下的新能源汽车的基本情况，通过对两者的基本数据进行了解与比较，我们能够较快地熟悉国内企业新能源汽车的发展情况。

一、基本数据

A 型车、B 型车的基本数据如表 9-16 所示。

表 9-16 基本数据

项目	A 型车	B 型车
长、宽、高/毫米	4997 × 1963 × 1455	4995 × 1910 × 1495
电池	磷酸铁锂刀片电池	磷酸铁锂刀片电池
充电平台	全域 800 伏高压平台	全域 800 伏高压平台
续航里程/公里	715	900
轴距/毫米	3000	2960
百公里加速时间/秒	5.30	5.28
对外放电功率/千瓦时	5.5	6.0
电耗/(千瓦时/100 千米)	23.3	22.2

二、空间布局

A 型车的长宽高分别为 4997 毫米 × 1963 毫米 × 1455 毫米，轴距达到了 3000 毫米，但由于它的轿跑造型，使得它的内部空间表现一般。B 型车的尺寸略小一点，长宽高分别为 4995 毫米 × 1910 毫米 × 1495 毫米，轴距 2960 毫米，虽然 B 型车的尺寸略小一点，但它是标准的车身造型，所以它内部空间的表现不错，尤其后排腿部空间，还要略强于 A 型车。

三、三电系统

对于电动汽车来说，核心就是架构平台、电池容量、电池类型等。两款车均为全域 800 伏高压平台，且两款车都使用了磷酸铁锂刀片电池技术，但通过数据对比发现 A 型车的续航里程明显逊色于 B 型车。同时，在百公里加速时间与电耗方面，B 型车均略优于 A 型车。

四、智能化配置

A 型车搭载了 A 型驾驶辅助系统，以及 1 毫米波雷达+1 激光雷达等 25 个智驾硬件。B 型车则搭载了 B 型智驾系统，包含 3 毫米波雷达+1 激光雷达在内的 27 个智驾硬件。在实际驾车过程中，两车都支持高阶智驾，但 B 型车能在不依赖高精地图情况下，在全国范围内实现高速、城市 NOA（navigate on autopilot，导航辅助自动驾驶）功能，而 A 型车的城市 NOA 功能仅能在开通覆盖的城市内使用，整体智驾表现不如 B 型车全面实用。

五、综合评价

综合来看，新能源汽车 A 型车与 B 型车，两者在智能化配置、动力性能方面表现出了高度相似性，均代表了当代新能源汽车的最新技术和最新工艺。但通过各项数据比对分析，显然，在同等价位下 B 型车的性能价格比更优。

➢思考题

1. 什么是价值工程？价值工程中的价值含义是什么？提高价值有哪些途径？
2. 什么是寿命周期和寿命周期成本？价值工程中为什么要考虑产品的寿命周期成本？
3. 什么是功能？功能如何分类？
4. 功能分析的目的是什么？功能系统图的要点是什么？
5. 什么是功能评价？常用的评价方法有哪些？
6. 什么是价值工程对象的选择？ABC 分析法的基本思路是什么？
7. 功能改进目标如何确定？最合适区域法的基本思路是什么？

参考文献

陈立文，陈敬武. 2021. 技术经济学概论[M]. 3 版. 北京：机械工业出版社.
傅家骥，雷家骕，程源. 2003. 技术经济学前沿问题[M]. 北京：经济科学出版社.
傅家骥，仝允桓. 1991. 工业技术经济学[M]. 2 版. 北京：清华大学出版社.
傅家骥，吴贵生. 1987. 技术经济学[M]. 北京：中国经济出版社.
国家发展改革委，建设部发布. 2006. 建设项目经济评价方法与参数[M]. 3 版. 北京：中国计划出版社.
李明哲. 2011. 投资项目经济评价问答[M]. 北京：中国计划出版社.
李平. 2019. 新中国技术经济研究 70 年[M]. 北京：中国社会科学出版社.
里格斯 J L.1989. 工程经济学[M]. 吕薇，等译. 北京：中国财政经济出版社.
列·索·勃利亚赫曼. 1983. 科学技术进步经济学[M]. 童宪刚，等译. 上海：上海科学技术文献出版社，.
刘秋华. 2022. 技术经济学[M]. 4 版. 北京：机械工业出版社.
刘晓君. 2014. 技术经济学[M]. 北京：高等教育出版社.
刘晓君，李玲燕. 2017. 技术经济学[M]. 3 版. 北京：科学出版社.
柳卸林. 1993. 技术创新经济学[M]. 北京：中国经济出版社.
沙立文 W G，威克斯 E M，勒克斯霍 J T. 2007. 工程经济学[M]. 13 版. 邵颖红，等译. 北京：清华大学出版社.
王宏伟，蔡跃洲，郑世林. 2023. 技术经济学 理论与方法[M]. 北京：经济管理出版社.
吴贵生. 2000. 技术创新管理[M]. 北京：清华大学出版社.
虞晓芬，龚建立，张化尧. 2018. 技术经济学概论[M]. 北京：高等教育出版社.
张庆芝，雷家骕. 2018. 基于科学的创新：从诺贝尔奖成果到商业产品的过程研究[M]. 北京：清华大学出版社.
钟惠波，雷家骕. 2017. 中国的自主创新：理论与案例[M]. 杭州：浙江大学出版社.
邹辉霞. 2011. 技术经济管理学[M]. 北京：清华大学出版社.
Fraser N M, Jewkes E M, Pirnia M, et al. 2006. Engineering Economics[M]. 6th ed. New York: Prentice Hall.
Gran E L, Ireson W G, Leuvenworth R S. 1982. Principles of Engineering Economy[M]. New York: John Wiley & Sons.
Lang H J, Merino D N. 1993. The Selection Process for Capital Projects[M]. New York: John Wiley & Sons.
Sullivan W G, Wicks E M, Koelling C P. 2011. Engineering Economy[M]. 15th ed. New York: Prentice Hall.
White John. 2012. A Fundamentals of Engineering Economics[M]. New York: John Wiley & Sons.

附录 I

复 利 因 子

附表 1　4%复利因子

	一次支付		等额多次支付				
N	F/P	P/F	F/A	P/A	A/F	A/P	N
1	1.0400	0.9615	1.0000	0.9615	1.0000	1.0400	1
2	1.0816	0.9246	2.0400	1.8861	0.4902	0.5302	2
3	1.1249	0.8890	3.1216	2.7751	0.3202	0.3603	3
4	1.1699	0.8548	4.2465	3.6299	0.2355	0.2755	4
5	1.2167	0.8219	5.4163	4.4518	0.1846	0.2246	5
6	1.2653	0.7903	6.6330	5.2421	0.1508	0.1908	6
7	1.3159	0.7599	7.8983	6.0021	0.1266	0.1666	7
8	1.3686	0.7307	9.2142	6.7327	0.1085	0.1485	8
9	1.4233	0.7026	10.5828	7.4353	0.0945	0.1345	9
10	1.4802	0.6756	12.0061	8.1109	0.0833	0.1233	10
11	1.5395	0.6496	13.4863	8.7605	0.0741	0.1141	11
12	1.6010	0.6246	15.0258	9.3851	0.0666	0.1066	12
13	1.6651	0.6006	16.6268	9.9856	0.0601	0.1001	13
14	1.7317	0.5775	18.2919	10.5631	0.0547	0.0947	14
15	1.8009	0.5553	20.0236	11.1184	0.0499	0.0899	15
16	1.8730	0.5339	21.8245	11.6523	0.0458	0.0858	16
17	1.9479	0.5134	23.6975	12.1657	0.0422	0.0822	17
18	2.0258	0.4936	25.6454	12.6593	0.0390	0.0790	18
19	2.1068	0.4746	27.6712	13.1339	0.0361	0.0761	19
20	2.1911	0.4564	29.7781	13.5903	0.0336	0.0736	20
21	2.2788	0.4388	31.9692	14.0292	0.0313	0.0713	21
22	2.3699	0.4220	34.2480	14.4511	0.0292	0.0692	22
23	2.4647	0.4057	36.6179	14.8568	0.0273	0.0673	23
24	2.5633	0.3901	39.0826	15.2470	0.0256	0.0656	24
25	2.6658	0.3751	41.6459	15.6221	0.0240	0.0640	25
26	2.7725	0.3607	44.3117	15.9828	0.0226	0.0626	26
27	2.8834	0.3468	47.0842	16.3296	0.0212	0.0612	27
28	2.9987	0.3335	49.9676	16.6631	0.0200	0.0600	28
29	3.1187	0.3207	52.9663	16.9837	0.0189	0.0589	29
30	3.2434	0.3083	56.0849	17.2920	0.0178	0.0578	30

续表

一次支付			等额多次支付				
N	*F/P*	*P/F*	*F/A*	*P/A*	*A/F*	*A/P*	*N*
35	3.9461	0.2534	73.6522	18.6646	0.0136	0.0536	35
40	4.8010	0.2083	95.0255	19.7928	0.0105	0.0505	40
45	5.8412	0.1712	121.029	20.7200	0.0083	0.0483	45
50	7.1067	0.1407	152.667	21.4822	0.0066	0.0466	50
55	8.6464	0.1157	191.159	22.1086	0.0052	0.0452	55
60	10.5196	0.0951	237.991	22.6235	0.0042	0.0442	60
65	12.7987	0.0781	294.968	23.0467	0.0034	0.0434	65
70	15.5716	0.0642	364.290	23.3945	0.0027	0.0427	70
75	18.9452	0.0528	448.631	23.6804	0.0022	0.0422	75
80	23.0498	0.0434	551.245	23.9154	0.0018	0.0418	80
85	28.0436	0.0357	676.090	24.1085	0.0015	0.0415	85
90	34.1193	0.0293	827.98	24.2673	0.0012	0.0412	90
95	41.5113	0.0241	1012.78	24.3978	0.0010	0.0410	95
100	50.5049	0.0198	1237.62	24.5050	0.0008	0.0408	100
∞				25.0000		0.0400	∞

附表 2　5%复利因子

	一次支付		等额多次支付				
N	F/P	P/F	F/A	P/A	A/F	A/P	N
1	1.0500	0.9524	1.0000	0.9524	1.0000	1.0500	1
2	1.1025	0.9070	2.0500	1.8594	0.4878	0.5378	2
3	1.1576	0.8636	3.1525	2.7232	0.3172	0.3672	3
4	1.2155	0.8227	4.3103	3.5460	0.2320	0.2820	4
5	1.2763	0.7835	5.5256	4.3295	0.1810	0.2310	5
6	1.3401	0.7462	6.8019	5.0757	0.1470	0.1970	6
7	1.4071	0.7107	8.1420	5.7864	0.1228	0.1728	7
8	1.4775	0.6768	9.5491	6.4632	0.1047	0.1547	8
9	1.5513	0.6446	11.0266	7.1078	0.0907	0.1407	9
10	1.6289	0.6139	12.5779	7.7217	0.0795	0.1295	10
11	1.7103	0.5847	14.2068	8.3064	0.0704	0.1204	11
12	1.7959	0.5568	15.9171	8.8633	0.0628	0.1128	12
13	1.8856	0.5303	17.7130	9.3936	0.0565	0.1065	13
14	1.9799	0.5051	19.5986	9.8986	0.0510	0.1010	14
15	2.0789	0.4810	21.5786	10.3797	0.0463	0.0963	15
16	2.1829	0.4581	23.6575	10.8378	0.0423	0.0923	16
17	2.2920	0.4363	25.8404	11.2741	0.0387	0.0887	17
18	2.4066	0.4155	28.1324	11.6896	0.0355	0.0855	18
19	2.5269	0.3957	30.5390	12.0853	0.0327	0.0827	19
20	2.6533	0.3769	33.0659	12.4622	0.0302	0.0802	20
21	2.7860	0.3589	35.7192	12.8212	0.0280	0.0780	21
22	2.9253	0.3418	38.5052	13.1630	0.0260	0.0760	22
23	3.0715	0.3256	41.4305	13.4886	0.0241	0.0741	23
24	3.2251	0.3101	44.5020	13.7986	0.0225	0.0725	24
25	3.3864	0.2953	47.7271	14.0939	0.0210	0.0710	25
26	3.5557	0.2812	51.1134	14.3752	0.0196	0.0696	26
27	3.7335	0.2678	54.6691	14.6430	0.0183	0.0683	27
28	3.9201	0.2551	58.4026	14.8981	0.0171	0.0671	28
29	4.1161	0.2429	62.3227	15.1411	0.0160	0.0660	29
30	4.3219	0.2314	66.4388	15.3725	0.0151	0.0651	30
35	5.5160	0.1813	90.3203	16.3742	0.0111	0.0611	35
40	7.0400	0.1420	120.800	17.1591	0.0083	0.0583	40
45	8.9850	0.1113	159.700	17.7741	0.0063	0.0563	45
50	11.4674	0.0872	209.348	18.2559	0.0048	0.0548	50
55	14.6356	0.0683	272.713	18.6335	0.0037	0.0537	55
60	18.6792	0.0535	353.584	18.9293	0.0028	0.0528	60
65	23.8399	0.0419	456.798	19.1611	0.0022	0.0522	65
70	30.4264	0.0329	588.528	19.3427	0.0017	0.0517	70
75	38.8327	0.0258	756.653	19.4850	0.0013	0.0513	75
80	49.5614	0.0202	971.228	19.5965	0.0010	0.0510	80
85	63.2543	0.0158	1245.09	19.6838	0.0008	0.0508	85
90	80.7303	0.0124	1594.61	19.7523	0.0006	0.0506	90
95	103.035	0.0097	2040.69	19.8059	0.0005	0.0505	95
100	131.501	0.0076	2610.02	19.8479	0.0004	0.0504	100
∞				20.0000		0.5000	∞

附表 3 6%复利因子

	一次支付		等额多次支付				
N	*F/P*	*P/F*	*F/A*	*P/A*	*A/F*	*A/P*	*N*
1	1.0600	0.9434	1.0000	0.9434	1.0000	1.0600	1
2	1.1236	0.8900	2.0600	1.8334	0.4854	0.5454	2
3	1.1910	0.8396	3.1836	2.6730	0.3141	0.3741	3
4	1.2625	0.7921	4.3746	3.4651	0.2286	0.2886	4
5	1.3382	0.7473	5.6371	4.2124	0.1774	0.2374	5
6	1.4185	0.7050	6.9753	4.9173	0.1434	0.2034	6
7	1.5036	0.6651	8.3938	5.5824	0.1191	0.1791	7
8	1.5938	0.6274	9.8975	6.2098	0.1010	0.1610	8
9	1.6895	0.5919	11.4913	6.8017	0.0870	0.1470	9
10	1.7908	0.5584	13.1808	7.3601	0.0759	0.1359	10
11	1.8983	0.5268	14.9716	7.8869	0.0668	0.1268	11
12	2.0122	0.4970	16.8699	8.3838	0.0593	0.1193	12
13	2.1329	0.4688	18.8821	8.8527	0.0530	0.1130	13
14	2.2609	0.4423	21.0151	9.2950	0.0476	0.1076	14
15	2.3966	0.4173	23.2760	9.7122	0.0430	0.1030	15
16	2.5404	0.3936	25.6725	10.1059	0.0390	0.0990	16
17	2.6928	0.3714	28.2129	10.4773	0.0354	0.0954	17
18	2.8543	0.3503	30.9056	10.8276	0.0324	0.0924	18
19	3.0256	0.3305	33.7600	11.1581	0.0296	0.0896	19
20	3.2071	0.3118	36.7856	11.4699	0.0272	0.0872	20
21	3.3996	0.2942	39.9927	11.7641	0.0250	0.0850	21
22	3.6035	0.2775	43.3923	12.0416	0.0230	0.0830	22
23	3.8197	0.2618	46.9958	12.3034	0.0213	0.0813	23
24	4.0489	0.2470	50.8155	12.5504	0.0197	0.0797	24
25	4.2919	0.2330	54.8645	12.7834	0.0182	0.0782	25
26	4.5494	0.2198	59.1563	13.0032	0.0169	0.0769	26
27	4.8223	0.2074	63.7057	13.2105	0.0157	0.0757	27
28	5.1117	0.1956	68.5281	13.4062	0.0146	0.0746	28
29	5.4184	0.1846	73.6397	13.5907	0.0136	0.736	29
30	5.7435	0.1741	79.0581	13.7648	0.0126	0.726	30
35	7.6861	0.1301	111.435	14.4982	0.0090	0.0690	35
40	10.2857	0.0972	154.762	15.0463	0.0065	0.0665	40
45	13.7646	0.0727	212.743	15.4558	0.0047	0.0647	45
50	18.4201	0.0543	290.336	15.7619	0.0034	0.0634	50
55	24.6503	0.0406	394.172	15.9905	0.0025	0.0625	55
60	32.9876	0.0303	533.128	16.1614	0.0019	0.0619	60
65	44.1449	0.0227	719.082	16.2891	0.0014	0.0614	65
70	59.0758	0.0169	967.931	16.3845	0.0010	0.0610	70
75	79.0568	0.0126	1300.95	16.4558	0.0008	0.0608	75
80	105.796	0.0095	1746.60	16.5091	0.0006	0.0606	80

续表

一次支付			等额多次支付				
N	*F*/*P*	*P*/*F*	*F*/*A*	*P*/*A*	*A*/*F*	*A*/*P*	*N*
85	141.579	0.0071	2342.98	16.5489	0.0004	0.0604	85
90	189.464	0.0053	3141.07	16.5787	0.0003	0.0603	90
95	253.546	0.0039	4209.10	16.6009	0.0002	0.0602	95
100	339.301	0.0029	5638.36	16.6175	0.0002	0.0602	100
∞				18.1820		0.0600	∞

附表 4 8%复利因子

	一次支付		等额多次支付				
N	F/P	P/F	F/A	P/A	A/F	A/P	N
1	1.080 0	0.925 9	1.000 0	0.925 9	1.000 0	1.080 0	1
2	1.166 4	0.857 3	2.080 0	1.783 3	0.480 8	0.560 8	2
3	1.259 7	0.793 8	3.246 4	2.577 1	0.308 0	0.388 0	3
4	1.360 5	0.735 0	4.506 1	3.312 1	0.221 9	0.301 9	4
5	1.469 3	0.680 6	5.866 6	3.992 7	0.170 5	0.250 5	5
6	1.586 9	0.630 2	7.335 9	4.622 9	0.136 3	0.216 3	6
7	1.713 8	0.583 5	8.922 8	5.206 4	0.112 1	0.192 1	7
8	1.850 9	0.540 3	10.636 6	5.746 6	0.094 0	0.174 0	8
9	1.999 0	0.500 2	12.487 6	6.246 9	0.080 1	0.160 1	9
10	2.158 9	0.463 2	14.486 6	6.710 1	0.069 0	0.149 0	10
11	2.331 6	0.428 9	16.645 5	7.139 0	0.060 1	0.140 1	11
12	2.518 2	0.397 1	18.977 1	7.536 1	0.052 7	0.132 7	12
13	2.719 6	0.367 7	21.495 3	7.903 8	0.046 5	0.1265	13
14	2.937 2	0.340 5	24.214 9	8.244 2	0.041 3	0.121 3	14
15	3.172 2	0.315 2	27.152 1	8.559 5	0.036 8	0.116 8	15
16	3.426 9	0.291 9	30.324 3	8.851 4	0.033 0	0.113 0	16
17	3.700 0	0.270 3	33.750 2	9.121 6	0.029 6	0.109 6	17
18	3.996 0	0.250 2	37.450 2	9.371 9	0.026 7	0.106 7	18
19	4.315 7	0.211 7	41.446 3	9.603 6	0.024 1	0.104 1	19
20	4.661 0	0.214 5	45.762 0	9.818 1	0.021 9	0.101 9	20
21	5.033 8	0.198 7	50.422 9	10.016 8	0.019 8	0.099 8	21
22	5.436 5	0.183 9	55.456 7	10.200 7	0.018 0	0.098 0	22
23	5.871 5	0.170 3	60.893 3	10.371 1	0.016 4	0.096 4	23
24	6.341 2	0.157 7	66.764 7	10.528 8	0.015 0	0.095 0	24
25	6.848 5	0.146 0	73.105 9	10.674 8	0.013 7	0.093 7	25
26	7.396 4	0.135 2	79.954 4	10.810 0	0.012 5	0.092 5	26
27	7.988 1	0.125 2	87.350 7	10.935 2	0.011 4	0.091 4	27
28	8.627 1	0.115 9	95.338 8	11.051 1	0.010 5	0.090 5	28
29	9.317 3	0.107 3	103.966	11.158 4	0.009 6	0.089 6	29
30	10.062 7	0.099 4	113.283	11.257 8	0.008 8	0.088 8	30
35	14.785 3	0.067 6	172.317	11.654 6	0.005 8	0.085 8	35
40	21.724 5	0.046 0	259.056	11.924 6	0.003 9	0.083 9	40
45	31.920 4	0.031 3	386.506	12.108 4	0.002 6	0.082 6	45
50	46.901 6	0.021 3	573.770	12.233 5	0.001 7	0.081 7	50
55	68.913 8	0.014 5	848.923	12.318 6	0.001 2	0.081 2	55
60	101.257	0.009 9	1 253.21	12.376 6	0.000 8	0.080 8	60
65	148.780	0.006 7	1 847.25	12.416 0	0.000 5	0.080 5	65
70	218.606	0.004 6	2 720.08	12.442 8	0.000 4	0.080 4	70
75	321.204	0.003 1	4 002.55	12.461 1	0.000 2	0.080 2	75
80	471.955	0.002 1	5 886.93	12.473 5	0.000 2	0.080 2	80
85	693.456	0.001 4	8 655.71	12.482 0	0.000 1	0.080 1	85
90	1 018.92	0.001 0	12 723.9	12.487 7	α	0.080 1	90
95	1 497.12	0.000 7	18 071.5	12.491 7	α	0.080 1	95
100	2 199.76	0.000 5	27 484.5	12.494 3	α	0.080 0	100
∞				12.500 0		0.080 0	∞

注：$\alpha < 0.0001$

附表 5 10%复利因子

	一次支付		等额多次支付				
N	*F*/*P*	*P*/*F*	*F*/*A*	*P*/*A*	*A*/*F*	*A*/*P*	*N*
1	1.100 0	0.909 1	1.000 0	0.909 1	1.000 0	1.100 0	1
2	1.210 0	0.826 4	2.100 0	1.735 5	0.476 2	0.576 2	2
3	1.331 0	0.751 3	3.310 0	2.486 9	0.302 1	0.402 1	3
4	1.464 1	0.683 0	4.641 0	3.169 9	0.215 5	0.315 5	4
5	1.610 5	0.620 9	6.105 1	3.790 8	0.163 8	0.263 8	5
6	1.771 6	0.564 5	7.715 6	4.355 3	0.129 6	0.229 6	6
7	1.948 7	0.513 2	9.487 2	4.868 4	0.105 4	0.205 4	7
8	2.143 6	0.466 5	11.435 9	5.334 9	0.087 4	0.187 4	8
9	2.357 9	0.424 1	13.579 5	5.759 0	0.073 6	0.173 6	9
10	2.593 7	0.385 5	15.937 4	6.144 6	0.062 7	0.162 7	10
11	2.853 1	0.350 5	18.531 2	6.495 1	0.054 0	0.154 0	11
12	3.138 4	0.318 6	21.384 3	6.813 7	0.046 8	0.146 8	12
13	3.452 3	0.289 7	24.522 7	7.103 4	0.040 8	0.140 8	13
14	3.797 5	0.263 3	27.975 0	7.366 7	0.035 7	0.135 7	14
15	4.177 2	0.239 4	31.772 5	7.606 1	0.031 5	0.131 5	15
16	4.595 0	0.217 6	35.949 7	7.823 7	0.027 8	0.127 8	16
17	5.054 5	0.197 8	40.544 7	8.021 6	0.024 7	0.124 7	17
18	5.559 9	0.179 9	45.599 2	8.201 4	0.021 9	0.121 9	18
19	6.115 9	0.163 5	51.159 1	8.364 9	0.019 5	0.119 5	19
20	6.727 5	0.148 6	57.275 0	8.513 6	0.017 5	0.117 5	20
21	7.400 2	0.135 1	64.002 5	8.648 7	0.015 6	0.115 6	21
22	8.140 3	0.122 8	71.402 7	8.771 5	0.014 0	0.114 0	22
23	8.954 3	0.111 7	79.543 0	8.883 2	0.012 6	0.112 6	23
24	9.849 4	0.101 5	88.497 3	8.984 7	0.011 3	0.111 3	24
25	10.834 7	0.092 3	98.347 0	9.077 0	0.010 2	0.110 2	25
26	11.918 2	0.083 9	109.182	9.160 9	0.009 2	0.109 2	26
27	13.110 0	0.076 3	121.100	9.237 2	0.008 3	0.108 3	27
28	14.421 0	0.069 3	134.210	9.306 6	0.007 5	0.107 5	28
29	15.863 1	0.063 0	148.631	9.369 6	0.006 7	0.106 7	29
30	17.449 4	0.057 3	164.494	9.426 9	0.006 1	0.106 1	30
35	28.102 4	0.035 6	271.024	9.644 2	0.003 7	0.103 7	35
40	45.259 2	0.022 1	442.592	9.779 1	0.002 3	0.103 3	40
45	72.890 4	0.013 7	718.905	9.862 8	0.001 4	0.102 4	45
50	117.391	0.008 5	1 163.91	9.914 8	0.000 9	0.101 9	50
55	189.059	0.005 3	1 880.59	9.947 1	0.000 5	0.100 5	55
60	304.481	0.003 3	3 034.81	9.967 2	0.000 3	0.100 3	60
65	490.370	0.002 0	4 893.71	9.979 6	0.000 2	0.100 2	65
70	789.746	0.001 3	7 887.47	9.987 3	0.000 1	0.100 1	70
75	1 271.89	0.000 8	12 708.9	9.992 1	α	0.100 1	75
80	2 048.40	0.000 5	20 474.0	9.995 1	α	0.000 0	80

续表

一次支付			等额多次支付				
N	F/P	P/F	F/A	P/A	A/F	A/P	N
85	3 298.97	0.000 3	32 979.7	9.997 0	α	0.100 0	85
90	5 313.02	0.000 2	53 120.2	9.998 1	α	0.100 0	90
95	8 556.67	0.000 1	85 556.7	9.998 8	α	0.100 0	95
100	13 780.6	α	137 796.0	9.999 3	α	0.100 0	100
∞				10.000 0		0.100 0	∞

注：$\alpha < 0.0001$

附表 6 12%复利因子

N	一次支付 F/P	一次支付 P/F	等额多次支付 F/A	等额多次支付 P/A	等额多次支付 A/F	等额多次支付 A/P	N
1	1.120 0	0.892 9	1.000 0	0.892 9	1.000 0	1.120 0	1
2	1.254 4	0.797 2	2.120 0	1.690 1	0.471 7	0.591 7	2
3	1.404 9	0.711 8	3.374 4	2.401 8	0.296 3	0.416 3	3
4	1.573 5	0.635 5	4.779 3	3.037 3	0.209 2	0.329 2	4
5	1.762 3	0.567 4	6.352 8	3.604 8	0.157 4	0.277 4	5
6	1.973 8	0.506 6	8.115 2	4.111 4	0.123 2	0.243 2	6
7	2.210 7	0.452 3	10.089 0	4.563 8	0.099 1	0.219 1	7
8	2.476 0	0.403 9	12.299 7	4.967 6	0.081 3	0.201 3	8
9	2.773 1	0.360 6	14.775 7	5.328 2	0.067 7	0.187 7	9
10	3.105 8	0.322 0	17.548 7	5.650 2	0.057 0	0.177 0	10
11	3.478 5	0.287 5	20.654 6	5.937 7	0.048 4	0.168 4	11
12	3.896 0	0.256 7	24.133 1	6.194 4	0.041 4	0.161 4	12
13	4.363 5	0.229 2	28.029 1	6.423 5	0.035 7	0.155 7	13
14	4.887 1	0.204 6	32.392 6	6.628 2	0.030 9	0.150 9	14
15	5.473 6	0.182 7	37.279 7	6.810 9	0.026 8	0.146 8	15
16	6.130 4	0.163 1	42.753 3	6.974 0	0.023 4	0.143 4	16
17	6.866 0	0.145 6	48.883 7	7.119 6	0.020 5	0.140 5	17
18	7.690 0	0.130 0	55.749 7	7.249 7	0.017 9	0.137 9	18
19	8.612 8	0.116 1	63.439 7	7.365 8	0.015 8	0.135 8	19
20	9.646 3	0.103 7	72.052 4	7.469 4	0.013 9	0.133 9	20
21	10.803 8	0.092 6	81.498 7	7.562 0	0.012 2	0.132 2	21
22	12.100 3	0.082 6	92.502 6	7.644 6	0.010 8	0.130 8	22
23	13.552 3	0.073 8	104.603	7.718 4	0.009 6	0.129 6	23
24	15.178 6	0.065 9	118.155	7.784 3	0.008 5	0.128 5	24
25	17.000 1	0.058 8	133.334	7.843 1	0.007 5	0.127 5	25
26	19.040 1	0.052 5	150.334	7.895 7	0.006 7	0.126 7	26
27	21.324 9	0.046 9	169.374	7.942 6	0.005 9	0.125 9	27
28	23.883 9	0.041 9	190.699	7.984 4	0.005 2	0.125 2	28
29	26.749 9	0.037 4	214.583	8.021 8	0.004 7	0.124 7	29
30	29.959 9	0.033 4	241.333	8.055 2	0.004 1	0.124 1	30
35	52.799 6	0.018 9	431.663	8.175 5	0.002 3	0.122 3	35
40	93.050 9	0.010 7	767.091	8.243 8	0.001 3	0.121 3	40
45	163.988	0.006 1	1 358.23	8.282 5	0.000 7	0.120 7	45
50	289.002	0.003 5	2 400.02	8.304 5	0.000 4	0.120 4	50
55	509.320	0.002 0	4 236.00	8.317 0	0.000 2	0.120 2	55
60	897.596	0.001 1	7 471.63	8.324 0	0.000 1	0.120 1	60
65	1 581.87	0.000 6	13 173.9	8.328 1	α	0.120 1	65
70	2 787.80	0.000 4	23 223.3	8.330 3	α	0.120 0	70
75	4 913.05	0.000 2	40 933.8	8.331 6	α	0.120 0	75
80	8 658.47	0.000 1	72 145.6	8.332 4	α	0.120 0	80
∞				8.333 0		0.120 0	∞

注：$\alpha < 0.0001$

附表 7 15%复利因子

	一次支付		等额多次支付				
N	*F*/*P*	*P*/*F*	*F*/*A*	*P*/*A*	*A*/*F*	*A*/*P*	*N*
1	1.150 0	0.869 6	1.000 0	0.869 6	1.000 0	1.150 0	1
2	1.322 5	0.756 1	2.150 0	1.625 7	0.465 1	0.615 1	2
3	1.520 9	0.657 5	3.472 5	2.283 2	0.288 0	0.438 0	3
4	1.749 0	0.571 8	4.993 4	2.855 0	0.200 3	0.350 3	4
5	2.011 4	0.497 2	6.742 4	3.352 2	0.148 3	0.298 3	5
6	2.313 1	0.432 3	8.753 7	3.784 5	0.114 2	0.264 2	6
7	2.660 0	0.375 9	11.066 8	4.160 4	0.090 4	0.240 4	7
8	3.057 9	0.326 9	13.726 8	4.487 3	0.072 9	0.222 9	8
9	3.517 9	0.284 3	16.785 8	4.771 6	0.059 6	0.209 6	9
10	4.045 6	0.247 2	20.303 7	5.018 8	0.049 3	0.199 3	10
11	4.652 4	0.214 9	24.349 3	5.233 7	0.041 1	0.191 1	11
12	5.350 2	0.186 9	29.001 7	5.420 6	0.034 5	0.184 5	12
13	6.152 8	0.162 5	34.351 9	5.583 1	0.029 1	0.179 1	13
14	7.075 7	0.141 3	40.504 7	5.724 5	0.024 7	0.174 7	14
15	8.137 1	0.122 9	47.580 4	5.847 4	0.021 0	0.171 0	15
16	9.357 6	0.106 9	55.717 5	5.954 2	0.017 9	0.167 9	16
17	10.761 3	0.092 9	65.075 1	6.007 2	0.015 4	0.165 4	17
18	12.375 5	0.080 8	75.836 3	6.128 0	0.013 2	0.163 2	18
19	14.231 8	0.070 3	88.211 8	6.198 2	0.011 3	0.161 3	19
20	16.366 5	0.061 1	102.444	6.259 3	0.009 8	0.159 8	20
21	18.821 5	0.053 1	118.810	6.312 5	0.008 4	0.158 4	21
22	21.644 7	0.046 2	137.632	6.358 7	0.007 3	0.157 3	22
23	24.891 5	0.040 2	159.276	6.398 8	0.006 3	0.156 3	23
24	28.625 2	0.034 9	184.168	6.433 8	0.005 4	0.155 4	24
25	32.918 9	0.030 4	212.793	6.464 1	0.004 7	0.154 7	25
26	37.856 8	0.026 4	245.712	6.490 6	0.004 1	0.154 1	26
27	43.535 3	0.023 0	283.569	6.513 5	0.003 5	0.153 5	27
28	50.065 6	0.020 0	327.104	6.533 5	0.003 1	0.153 1	28
29	57.575 4	0.017 4	377.170	6.550 9	0.002 7	0.152 7	29
30	66.211 8	0.015 1	434.745	6.566 0	0.002 3	0.152 3	30
35	133.176	0.007 5	881.170	6.616 6	0.001 1	0.151 1	35
40	267.863	0.003 7	1 779.09	6.641 8	0.000 6	0.150 6	40
45	538.769	0.001 9	3 585.13	6.654 3	0.000 3	0.150 3	45
50	1 083.66	0.000 9	7 212.71	6.660 5	0.000 1	0.150 1	50
55	2 179.62	0.000 5	14 524.1	6.663 6	α	0.150 1	55
60	4 384.00	0.000 2	29 220.0	6.665 1	α	0.150 0	60
65	8 817.78	0.000 1	58 778.5	6.665 9	α	0.150 0	65
70	17 735.7	α	118 231.0	6.666 3	α	0.150 0	70
75	35 672.8	α	237 812.0	6.666 5	α	0.150 0	75
80	71 750.8	α	478 332.0	6.666 6	α	0.150 0	80
∞				6.667 0		0.150 0	∞

注：$\alpha < 0.0001$

附表 8　20%复利因子

	一次支付		等额多次支付				
N	*F*/*P*	*P*/*F*	*F*/*A*	*P*/*A*	*A*/*F*	*A*/*P*	*N*
1	1.200 0	0.833 3	1.000 0	0.833 3	1.000 0	1.200 0	1
2	1.440 0	0.694 4	2.200 0	1.527 8	0.454 5	0.654 5	2
3	1.728 0	0.578 7	3.640 0	2.106 5	0.274 7	0.474 7	3
4	2.073 6	0.482 3	5.368 0	2.588 7	0.186 3	0.386 3	4
5	2.488 3	0.401 9	7.441 6	2.990 6	0.134 4	0.334 4	5
6	2.986 0	0.334 9	9.929 9	3.325 5	0.100 7	0.300 7	6
7	3.583 2	0.279 1	12.915 9	3.604 6	0.077 4	0.277 4	7
8	4.299 8	0.232 6	16.499 1	3.837 2	0.060 6	0.260 6	8
9	5.159 8	0.193 8	20.798 9	4.031 0	0.048 1	0.248 1	9
10	6.191 7	0.161 5	25.958 7	4.192 5	0.038 5	0.238 5	10
11	7.430 1	0.134 6	32.150 4	4.327 1	0.031 1	0.231 1	11
12	8.916 1	0.112 2	39.580 5	4.439 2	0.025 3	0.225 3	12
13	10.699 3	0.093 5	48.496 6	4.532 7	0.020 6	0.220 6	13
14	12.839 2	0.077 9	59.195 9	4.610 6	0.016 9	0.216 9	14
15	15.407 0	0.064 9	72.035 1	4.675 5	0.013 9	0.213 9	15
16	18.488 4	0.054 1	87.442 1	4.729 6	0.011 4	0.211 4	16
17	22.186 1	0.045 1	105.931	4.774 6	0.009 4	0.209 4	17
18	26.623 3	0.037 6	128.117	4.812 2	0.007 8	0.207 8	18
19	31.948 0	0.031 3	154.740	4.843 5	0.006 5	0.206 5	19
20	38.337 6	0.026 1	186.688	4.869 6	0.005 4	0.205 4	20
21	46.005 1	0.021 7	225.026	4.891 3	0.004 4	0.204 4	21
22	55.206 1	0.018 1	271.031	4.909 4	0.003 7	0.203 7	22
23	66.247 4	0.015 1	326.237	4.924 5	0.003 1	0.203 1	23
24	79.496 8	0.012 6	392.484	4.937 1	0.002 5	0.202 5	24
25	95.396 2	0.010 5	471.981	4.947 6	0.002 1	0.202 1	25
26	114.475	0.008 7	567.377	4.956 3	0.001 8	0.201 8	26
27	137.371	0.007 3	681.853	4.963 6	0.001 5	0.201 5	27
28	164.845	0.006 1	819.233	4.969 7	0.001 2	0.2012	28
29	197.814	0.005 1	984.068	4.974 7	0.001 0	0.201 0	29
30	237.376	0.004 2	1 181.88	4.978 9	0.000 8	0.200 8	30
35	590.668	0.001 7	2 948.34	4.991 5	0.000 3	0.200 3	35
40	1 469.77	0.000 7	7 343.85	4.996 6	0.000 1	0.200 1	40
45	3 657.26	0.000 3	18 281.30	4.998 6	α	0.200 1	45
50	9 100.43	0.000 1	45 497.20	4.999 5	α	0.200 0	50
55	22 644.80	α	113 219.00	4.999 8	α	0.200 0	55
60	56 347.5	α	281 732.0	4.999 9	α	0.200 0	60
∞				5.000 0		0.200 0	∞

注：$\alpha < 0.0001$

附表 9　25%复利因子

	一次支付		等额多次支付				
N	F/P	P/F	F/A	P/A	A/F	A/P	N
1	1.250 0	0.800 0	1.000 0	0.800 0	1.000 0	1.250 0	1
2	1.562 5	0.640 0	2.250 0	1.440 0	0.444 4	0.694 4	2
3	1.953 1	0.512 0	3.812 5	1.952 0	0.262 3	0.512 3	3
4	2.441 4	0.409 6	5.765 6	2.361 6	0.173 4	0.423 4	4
5	3.051 8	0.327 7	8.207 0	2.689 3	0.121 8	0.371 8	5
6	3.814 7	0.262 1	11.258 8	2.951 4	0.088 8	0.338 8	6
7	4.768 4	0.209 7	15.073 5	3.161 1	0.066 3	0.316 3	7
8	5.960 5	0.167 8	19.841 9	3.328 9	0.050 4	0.300 4	8
9	7.450 6	0.134 2	25.802 3	3.463 1	0.038 8	0.288 8	9
10	9.313 2	0.107 4	33.252 9	3.570 5	0.031 0	0.280 1	10
11	11.641 5	0.085 9	42.566 1	3.656 4	0.023 5	0.273 5	11
12	14.551 9	0.068 7	54.207 7	3.725 1	0.018 4	0.268 4	12
13	18.189 9	0.055 0	68.759 6	3.780 1	0.014 5	0.264 5	13
14	22.737 4	0.044 0	86.949 5	3.824 1	0.011 5	0.261 5	14
15	28.421 7	0.035 2	109.687	3.859 3	0.009 1	0.259 1	15
16	35.527 1	0.028 1	138.109	3.887 4	0.007 2	0.257 2	16
17	44.408 9	0.022 5	173.636	3.909 9	0.005 8	0.255 8	17
18	55.511 2	0.018 0	218.045	3.927 9	0.004 6	0.254 6	18
19	69.388 9	0.014 4	273.556	3.942 4	0.003 7	0.253 7	19
20	86.736 2	0.011 5	342.945	3.953 9	0.002 9	0.252 9	20
21	108.420	0.009 2	429.681	3.963 1	0.002 3	0.352 3	21
22	135.525	0.007 4	538.101	3.970 5	0.001 9	0.251 9	22
23	169.407	0.005 9	673.626	3.976 4	0.001 5	0.251 5	23
24	211.758	0.004 7	843.033	3.981 1	0.001 2	0.251 2	24
25	264.698	0.003 8	1 054.79	3.984 9	0.000 9	0.250 9	25
26	330.872	0.003 0	1 319.49	3.987 9	0.000 8	0.250 8	26
27	413.590	0.002 4	1 650.36	3.990 3	0.000 6	0.250 6	27
28	516.988	0.001 9	2 063.95	3.992 3	0.000 5	0.250 5	28
29	646.235	0.001 5	2580.94	3.993 8	0.000 4	0.250 4	29
30	807.794	0.001 2	3 227.17	3.995 0	0.000 3	0.250 3	30
35	2 465.19	0.000 4	9 856.76	3.998 4	0.000 1	0.250 1	35
40	7 523.16	0.000 1	30 088.70	3.999 5	α	0.250 0	40
45	22 958.90	α	91 831.50	3.999 8	α	0.250 0	45
50	70 064.90	α	280 256.00	3.999 9	α	0.250 0	50
∞				4.000 0		0.250 0	∞

注：$\alpha < 0.0001$

附表 10　30%复利因子

一次支付			等额多次支付				
N	*F*/*P*	*P*/*F*	*F*/*A*	*P*/*A*	*A*/*F*	*A*/*P*	*N*
1	1.300 0	0.769 2	1.000	0.769	1.000 0	1.300 0	1
2	1.690 0	0.591 7	2.300	1.361	0.434 8	0.734 8	2
3	2.197 0	0.455 2	3.990	1.816	0.250 6	0.550 6	3
4	2.856 1	0.350 1	6.187	2.166	0.161 6	0.461 6	4
5	3.712 9	0.269 3	9.043	2.436	0.110 6	0.410 6	5
6	4.826 8	0.207 2	12.756	2.643	0.078 4	0.378 4	6
7	6.274 9	0.159 4	17.583	2.802	0.056 9	0.356 9	7
8	8.157 3	0.122 6	23.858	2.925	0.041 9	0.341 9	8
9	10.604	0.094 3	32.015	3.019	0.031 2	0.331 2	9
10	13.786	0.072 5	42.619	3.092	0.023 5	0.323 5	10
11	17.922	0.055 8	56.405	3.147	0.017 7	0.317 7	11
12	23.298	0.042 9	74.327	3.190	0.013 5	0.313 5	12
13	30.287	0.033 0	97.625	3.223	0.010 2	0.310 2	13
14	39.374	0.025 4	127.91	3.249	0.007 8	0.307 8	14
15	51.186	0.019 5	167.29	3.268	0.006 0	0.306 0	15
16	66.542	0.015 0	218.47	3.283	0.004 6	0.304 6	16
17	86.504	0.011 6	285.01	3.295	0.003 5	0.303 5	17
18	112.46	0.008 9	371.52	3.304	0.002 7	0.302 7	18
19	146.19	0.006 8	483.97	3.311	0.002 1	0.302 1	19
20	190.05	0.005 3	630.16	3.316	0.001 6	0.301 6	20
21	247.06	0.004 0	820.21	3.320	0.001 2	0.301 2	21
22	321.18	0.003 1	1 067.3	3.323	0.000 9	0.300 9	22
23	417.54	0.002 4	1 388.5	3.325	0.000 7	0.300 7	23
24	542.80	0.001 8	1 806.0	3.327	0.000 5	0.300 5	24
25	705.64	0.001 4	2 348.8	3.329	0.000 4	0.300 4	25
26	917.33	0.001 1	3 054.4	3.330	0.000 3	0.300 3	26
27	1 192.5	0.000 8	3 971.8	3.331	0.000 3	0.300 3	27
28	1 550.3	0.000 6	5 164.3	3.331	0.000 2	0.300 2	28
29	2 015.4	0.000 5	6 714.6	3.332	0.000 2	0.300 2	29
30	2 620.0	0.000 4	8 730.0	3.332	0.000 1	0.300 1	30
31	3 406.0	0.000 3	11 350	3.332	α	0.300 1	31
32	4 427.8	0.000 2	14 756	3.333	α	0.300 1	32
33	5 756.1	0.000 2	19 184	3.333	α	0.300 1	33
34	7 483.0	0.000 1	24 940	3.333	α	0.300 0	34
35	9 727.8	0.001 0	32 423	3.333	α	0.300 0	35
∞				3.333			∞

注：$\alpha < 0.0001$

附表 11 40%复利因子

	一次支付		等额多次支付				
N	F/P	P/F	F/A	P/A	A/F	A/P	N
1	1.400 0	0.713 4	1.000	0.714	1.000	1.400 0	1
2	1.960 0	0.510 2	2.400	1.224	0.416 7	0.816 7	2
3	2.744 0	0.364 4	4.360	1.589	0.229 4	0.629 4	3
4	3.841 6	0.260 3	7.104	1.849	0.140 8	0.540 8	4
5	5.378 2	0.185 9	10.946	2.035	0.091 4	0.491 4	5
6	7.529 5	0.132 8	16.324	2.168	0.016 3	0.461 3	6
7	10.541	0.094 9	23.853	2.263	0.041 9	0.441 9	7
8	14.758	0.067 8	34.395	2.331	0.029 1	0.429 1	8
9	20.661	0.048 4	49.153	2.379	0.020 3	0.420 3	9
10	28.925	0.034 6	69.814	2.414	0.014 3	0.414 3	10
11	40.496	0.024 7	98.739	2.438	0.010 1	0.410 1	11
12	56.694	0.017 6	139.23	2.456	0.007 2	0.407 2	12
13	79.371	0.012 6	195.93	2.469	0.005 1	0.405 1	13
14	111.12	0.009 0	275.30	2.478	0.003 6	0.403 6	14
15	155.57	0.006 4	386.42	2.484	0.002 6	0.402 6	15
16	217.80	0.004 6	541.99	2.489	0.001 8	0.401 9	16
17	304.91	0.003 3	759.78	2.492	0.001 3	0.401 3	17
18	426.88	0.002 3	1 064.7	2.494	0.000 9	0.400 9	18
19	597.63	0.001 7	1 491.6	2.496	0.000 7	0.400 7	19
20	836.68	0.001 2	2 089.2	2.497	0.000 5	0.400 5	20
21	1 171.4	0.000 9	2 925.9	2.498	0.000 3	0.400 3	21
22	1 639.9	0.000 6	4 097.2	2.498	0.000 2	0.400 2	22
23	2 295.9	0.000 4	5 737.1	2.499	0.000 2	0.400 2	23
24	3 214.2	0.000 3	8 033.0	2.499	0.000 1	0.400 1	24
25	4 499.9	0.000 2	11 247.0	2.499	α	0.400 1	25
26	6 299.8	0.000 2	15 747	2.500	α	0.400 1	26
27	8 819.8	0.000 1	22 047	2.500	α	0.400 0	27
28	12 348.0	0.000 1	30 867	2.500	α	0.400 0	28
29	17 287.0	0.000 1	43 214	2.500	α	0.400 0	29
30	24 201.0	α	60 501	2.500	α	0.400 0	30
∞				2.500		0.400 0	∞

注：$\alpha < 0.0001$

附表 12 50%复利因子

一次支付			等额多次支付				
N	F/P	P/F	F/A	P/A	A/F	A/P	N
1	1.500 0	0.666 7	1.000	0.667	1.000 0	1.500 0	1
2	2.250 0	0.444 4	2.500	1.111	0.400 0	0.900 0	2
3	3.375 0	0.296 3	4.750	1.407	0.210 1	0.710 5	3
4	5.062 5	0.197 5	8.125	1.605	0.123 1	0.623 1	4
5	7.593 8	0.131 7	13.188	1.737	0.075 8	0.575 8	5
6	11.391	0.087 8	20.781	1.824	0.048 1	0.548 1	6
7	17.086	0.058 5	32.172	1.883	0.031 1	0.531 1	7
8	25.629	0.039 0	49.258	1.922	0.020 3	0.520 3	8
9	38.443	0.026 0	74.887	1.948	0.013 4	0.513 4	9
10	57.665	0.017 3	113.33	1.965	0.008 8	0.508 8	10
11	86.498	0.011 6	171.00	1.977	0.005 9	0.505 9	11
12	129.75	0.007 7	257.49	1.985	0.003 9	0.503 9	12
13	194.62	0.005 1	387.24	1.990	0.002 6	0.502 6	13
14	291.93	0.003 4	591.86	1.993	0.001 7	0.501 7	14
15	437.89	0.002 3	873.79	1.995	0.001 1	0.501 1	15
16	656.84	0.001 5	1 311.7	1.997	0.000 8	0.500 8	16
17	985.26	0.001 0	1 968.5	1.998	0.000 5	0.500 5	17
18	1 477.9	0.000 7	2 953.8	1.999	0.000 3	0.500 3	18
19	2 216.8	0.000 5	4 431.7	1.999	0.000 2	0.500 2	19
20	3 325.3	0.000 3	6 648.5	1.999	0.000 2	0.500 2	20
21	4 987.9	0.000 2	9 973.8	2.000	0.000 1	0.500 1	21
22	7 481.8	0.000 1	14 962.0	2.000	α	0.500 1	22
23	11 223.0	0.000 1	22 443.0	2.000	α	0.500 0	23
24	16 834.0	0.000 1	33 666.0	2.000	α	0.500 0	24
25	25 251.0	α	50 500.0	2.000	α	0.500 0	25
∞				2.000		0.500 0	∞

注：$\alpha < 0.0001$

附录Ⅱ

定差因子

附表 13　现值定差因子（***P/G***）

N	1%	2%	3%	4%	5%	6%	*N*
2	0.958	0.958	0.941	0.924	0.906	0.890	2
3	2.895	2.841	2.772	2.702	2.634	2.569	3
4	5.773	5.612	5.437	5.267	5.101	4.945	4
5	9.566	9.233	8.887	8.554	8.235	7.934	5
6	14.271	13.672	13.074	12.506	11.966	11.458	6
7	19.860	18.895	17.952	17.066	16.230	15.449	7
8	26.324	24.868	23.478	22.180	20.968	19.840	8
9	33.626	31.559	29.609	27.801	26.124	24.576	9
10	41.764	38.945	36.305	33.881	31.649	29.601	10
11	50.721	46.984	43.530	40.377	37.496	34.869	11
12	60.479	55.657	51.245	47.248	43.621	40.335	12
13	71.018	64.932	59.416	54.454	49.984	45.961	13
14	82.314	74.783	68.010	61.961	56.550	51.711	14
15	94.374	85.183	76.996	69.735	63.284	57.553	15
16	107.154	96.109	86.343	77.744	70.156	63.457	16
17	120.662	107.535	96.023	85.958	77.136	69.399	17
18	143.865	119.436	106.009	94.350	84.200	75.355	18
19	149.754	131.792	116.274	102.893	91.323	81.304	19
20	165.320	144.577	126.794	111.564	98.484	87.228	20
21	181.546	157.772	137.544	120.341	105.663	93.111	21
22	198.407	171.354	148.504	129.202	112.841	98.939	22
23	215.903	185.305	159.651	138.128	120.004	104.699	23
24	234.009	199.604	170.965	147.101	127.135	110.379	24
25	252.717	214.231	182.428	156.103	134.223	115.971	25
26	272.011	229.169	194.020	165.121	141.253	121.466	26
27	291.875	244.401	205.725	174.138	148.217	126.858	27
28	312.309	259.908	217.525	183.142	155.105	132.140	28
29	333.280	259.674	229.407	192.120	161.907	137.307	29
30	354.790	291.684	241.355	201.061	168.617	142.357	30
31	376.822	307.921	253.354	209.955	175.228	147.284	31

续表

N	1%	2%	3%	4%	5%	6%	N
32	399.360	324.369	265.392	218.792	181.734	152.088	32
33	422.398	341.016	277.457	227.563	188.13	156.766	33
34	445.919	357.845	289.536	236.260	194.412	161.317	34
35	469.916	374.846	301.619	244.876	200.575	165.741	35
36	494.375	392.003	313.695	253.405	206.618	170.037	36
37	519.279	409.305	325.755	261.839	212.538	174.205	37
38	544.622	426.738	337.788	270.175	218.333	178.247	38
39	570.396	444.291	349.786	278.406	224.000	182.163	39
40	596.576	461.953	361.742	286.530	229.540	185.955	40
42	650.167	497.560	385.495	302.437	240.234	193.171	42
44	705.288	533.474	408.989	317.869	250.412	199.911	44
46	761.870	569.618	432.177	332.810	260.079	206.192	46
48	819.089	605.921	455.017	347.244	269.242	212.033	48
50	879.089	642.316	477.472	361.183	277.910	217.456	50
N	7%	8%	9%	10%	15%	20%	N
2	0.873	0.857	0.841	0.826	0.756	0.694	2
3	2.506	2.445	2.386	2.329	2.071	1.852	3
4	4.794	4.650	4.511	4.378	3.786	3.299	4
5	7.646	7.372	7.111	6.862	5.775	4.906	5
6	10.978	10.523	10.092	9.684	7.937	6.581	6
7	14.714	14.024	13.374	12.763	10.192	8.255	7
8	18.788	17.806	16.887	16.028	12.481	9.883	8
9	23.140	21.808	20.570	19.421	14.755	11.434	9
10	27.715	25.977	24.372	22.891	16.979	12.887	10
11	32.466	30.266	28.247	26.396	19.129	14.233	11
12	37.350	34.634	32.158	29.901	21.185	15.467	12
13	42.330	39.046	36.072	33.377	23.135	16.588	13
14	47.371	43.472	39.962	36.800	24.972	17.601	14
15	52.445	47.886	43.806	40.152	26.693	18.509	15
16	57.526	52.264	47.584	43.416	28.296	19.321	16
17	62.592	56.588	51.281	46.581	29.783	20.042	17
18	67.621	60.842	54.885	49.639	31.156	20.680	18
19	72.598	65.013	58.386	52.582	32.421	21.244	19
20	77.508	69.090	61.776	55.406	33.582	21.739	20
21	82.339	73.063	65.056	58.109	34.645	22.174	21
22	87.079	76.926	68.204	60.689	35.615	22.555	22
23	91.719	80.672	71.235	63.146	36.499	22.887	23
24	96.254	84.300	74.142	65.481	37.302	23.176	24
25	100.676	87.804	76.926	67.696	38.031	23.428	25
26	104.981	91.184	79.586	69.794	38.692	23.646	26
27	109.165	94.439	82.123	71.777	39.289	23.835	27
28	113.226	97.569	84.541	73.649	39.828	23.999	28
29	117.161	100.574	86.842	75.414	40.315	24.141	29
30	120.971	103.456	89.027	77.076	40.753	24.263	30
31	124.654	106.216	91.102	78.639	41.147	24.368	31

续表

N	7%	8%	9%	10%	15%	20%	N
32	128.211	108.857	93.068	80.108	41.501	24.459	32
33	131.643	111.382	94.931	81.485	41.818	24.537	33
34	134.950	113.792	96.693	82.777	42.103	24.604	34
35	138.135	116.092	98.358	83.987	42.359	24.661	35
36	141.198	118.284	99.931	85.119	42.587	24.711	36
37	144.144	120.371	101.416	86.178	42.792	24.753	37
38	146.972	122.358	102.815	87.167	42.974	24.789	38
39	149.688	124.247	104.134	88.091	43.137	24.820	39
40	152.292	126.042	105.376	88.952	43.283	24.847	40
42	157.180	129.365	107.643	90.505	43.529	24.889	42
44	161.660	132.355	109.645	91.851	43.723	24.920	44
46	165.758	135.038	111.410	93.016	43.878	24.942	46
48	169.498	137.443	112.962	94.022	44.000	24.958	48
50	172.905	139.593	114.325	94.889	44.096	24.970	50

N	25%	30%	35%	40%	45%	50%	N
2	0.640	0.592	0.549	0.510	0.476	0.444	2
3	1.664	1.502	1.362	1.239	1.132	1.037	3
4	2.893	2.552	2.265	2.020	1.810	1.630	4
5	4.204	3.630	3.157	2.764	2.434	2.156	5
6	5.514	4.666	3.983	3.428	2.972	2.595	6
7	6.773	5.622	4.717	3.997	3.418	2.946	7
8	7.947	6.480	5.352	4.471	3.776	3.220	8
9	9.021	7.234	5.889	4.858	4.058	3.428	9
10	9.987	7.887	6.336	5.170	4.277	3.584	10
11	10.846	8.445	6.705	5.417	4.445	3.699	11
12	11.602	8.917	7.005	5.611	4.572	3.784	12
13	12.262	9.314	7.247	5.762	4.668	3.846	13
14	12.833	9.644	7.442	5.879	4.740	3.890	14
15	13.326	9.917	7.597	5.969	4.793	3.922	15
16	13.748	10.143	7.721	6.038	4.832	3.945	16
17	14.108	10.328	7.818	6.090	4.861	3.961	17
18	14.415	10.479	7.895	6.130	4.882	3.973	18
19	14.674	10.602	7.955	6.160	4.898	3.981	19
20	14.893	10.702	8.002	6.183	4.909	3.987	20
21	15.078	10.783	8.038	6.200	4.917	3.991	21
22	15.233	10.848	8.067	6.213	4.923	3.994	22
23	15.362	10.901	8.089	6.222	4.927	3.996	23
24	15.471	10.943	8.106	6.229	4.930	3.997	24
25	15.562	10.977	8.119	6.235	4.933	3.998	25
26	15.637	11.005	8.130	6.239	4.934	3.999	26
27	15.700	11.026	8.137	6.242	4.935	3.999	27
28	15.752	11.044	8.143	6.244	4.936	3.999	28
29	15.796	11.058	8.148	6.245	4.937	4.000	29
30	15.832	11.069	8.152	6.247	4.937	4.000	30
31	15.861	11.078	8.154	6.248	4.938	4.000	31

续表

N	25%	30%	35%	40%	45%	50%	*N*
32	15.886	11.085	8.157	6.248	4.938	4.000	32
33	15.906	11.090	8.158	6.249	4.938	4.000	33
34	15.923	11.094	8.159	6.249	4.938	4.000	34
35	15.937	11.098	8.160	6.249	4.938	4.000	35
36	15.948	11.101	8.161	6.249	4.938	4.000	36
37	15.957	11.103	8.162	6.250	4.938	4.000	37
38	15.965	11.105	8.162	6.250	4.938	4.000	38
39	15.971	11.106	8.162	6.250	4.938	4.000	39
40	15.977	11.107	8.163	6.250	4.938	4.000	40
42	15.984	11.109	8.163	6.250	4.938	4.000	42
44	15.990	11.110	8.163	6.250	4.938	4.000	44
46	15.993	11.110	8.163	6.250	4.938	4.000	46
48	15.995	11.111	8.163	6.250	4.938	4.000	48
50	15.997	11.111	8.163	6.250	4.938	4.000	50

附表 14 年金定差因子（A/G）

N	0.50%	1%	2%	3%	4%	5%	6%	N
2	0.461	0.486	0.493	0.492	0.49	0.487	0.485	2
3	0.954	0.984	0.985	0.98	0.974	0.967	0.961	3
4	1.453	1.48	1.474	1.463	1.451	1.439	1.427	4
5	1.954	1.971	1.959	1.941	1.922	1.902	1.883	5
6	2.448	2.463	2.441	2.413	2.386	2.358	2.33	6
7	2.942	2.952	2.92	2.881	2.843	2.805	2.767	7
8	3.44	3.44	2.395	3.345	3.294	3.244	3.195	8
9	3.931	3.926	3.867	3.803	3.739	3.675	3.613	9
10	4.425	4.41	4.336	4.256	4.177	4.099	4.022	10
11	4.916	4.893	4.801	4.705	4.609	4.514	4.421	11
12	5.405	5.374	5.263	5.148	5.034	4.922	4.811	12
13	5.894	5.853	5.722	5.587	5.453	5.321	5.192	13
14	6.385	6.331	6.177	6.021	5.866	5.713	5.563	14
15	6.873	6.807	6.63	6.45	6.272	6.097	5.926	15
16	7.36	7.281	7.079	6.874	6.672	6.473	9.279	16
17	7.846	7.754	7.524	7.293	7.066	6.842	6.624	17
18	8.331	8.225	7.967	7.708	7.453	7.203	6.96	18
19	8.816	8.694	8.406	8.118	7.834	7.557	7.287	19
20	9.3	9.162	8.842	8.523	8.209	7.903	7.605	20
22	10.266	10.092	9.704	9.318	8.941	8.573	8.216	22
24	11.228	11.016	10.553	10.095	9.648	9.214	8.795	24
25	11.707	11.476	10.973	10.476	9.992	9.523	9.072	25
26	12.186	11.934	11.39	10.853	10.331	9.826	9.341	26
28	13.141	12.844	12.213	11.593	10.991	10.411	9.857	28
30	14.092	12.748	13.024	12.314	11.627	10.969	10.342	30
32	15.041	14.646	13.822	13.017	12.241	11.5	10.799	32
34	15.986	15.537	14.607	13.702	12.832	12.006	11.227	34
35	16.458	15.98	14.995	14.037	13.12	12.25	11.432	35
36	16.928	16.421	15.38	14.369	13.402	12.487	11.63	36
38	17.867	17.299	16.14	15.018	13.95	12.944	12.006	38
40	18.802	18.17	16.887	15.65	14.476	13.377	12.359	40
45	21.126	20.32	18.702	17.155	15.705	14.364	13.141	45
50	23.429	22.429	20.441	18.557	16.812	15.223	13.796	50
55	25.711	24.498	22.105	19.86	17.807	15.966	14.341	55
60	27.973	26.526	23.695	21.067	18.697	16.606	14.791	60
65	30.214	28.515	25.214	22.184	19.491	17.154	15.16	65
70	32.435	30.463	26.662	23.214	20.196	17.621	15.461	70
75	34.635	32.372	28.042	24.163	20.821	18.017	15.706	75
80	36.814	34.242	29.356	25.035	21.372	18.352	15.903	80

续表

N	0.50%	1%	2%	3%	4%	5%	6%	N
85	38.973	36.073	30.605	25.835	21.857	18.635	15.062	85
90	41.112	37.866	31.792	26.566	22.283	18.871	16.189	90
95	43.23	39.62	32.918	27.235	22.655	19.069	16.29	95
100	45.328	41.336	33.985	27.844	22.98	19.234	16.371	100
N	7%	8%	9%	10%	12%	15%	18%	N
2	0.483	0.481	0.478	0.476	0.472	0.465	0.459	2
3	0.955	0.949	0.943	0.936	0.925	0.907	0.89	3
4	1.415	1.404	1.392	1.381	1.359	1.326	1.295	4
5	1.865	1.846	1.828	1.81	1.775	1.723	1.673	5
6	2.303	2.276	2.25	2.224	2.172	2.097	2.025	6
7	2.73	2.694	2.657	2.022	2.551	2.45	2.353	7
8	3.146	3.099	3.015	3.004	2.913	2.781	2.656	8
9	3.552	3.491	3.431	3.372	3.257	3.092	2.936	9
10	3.946	3.798	3.798	3.725	3.585	3.838	3.194	10
11	4.33	4.239	4.151	4.064	3.895	3.655	3.43	11
12	4.702	4.596	4.491	4.388	4.19	3.908	3.647	12
13	5.065	4.94	4.818	4.669	4.468	4.144	3.845	13
14	5.417	5.273	5.133	5.995	4.732	4.362	4.025	14
15	5.758	5.594	5.435	5.279	4.98	4.565	4.189	15
16	6.09	5.905	5.724	5.549	5.215	4.572	4.337	16
17	6.411	6.204	6.002	5.807	5.435	4.925	4.471	17
18	6.722	6.492	6.269	6.053	5.643	5.084	4.592	18
19	7.024	6.77	6.524	6.286	5.838	5.231	4.7	19
20	7.316	7.037	6.767	6.508	6.02	5.365	4.798	20
22	7.872	7.541	7.223	6.919	6.351	5.601	4.963	21
24	8.392	8.007	7.638	7.288	6.641	5.798	5.095	24
25	8.639	8.225	7.832	7.458	6.771	5.883	5.15	25
26	8.877	8.435	8.016	7.619	6.892	5.961	5.199	26
28	9.329	8.829	8.357	7.914	7.11	6.096	5.281	28
30	9.749	9.19	8.666	8.176	7.297	6.207	5.345	30
32	10.138	9.52	8.944	8.409	7.459	6.297	5.394	32
34	10.499	9.821	9.193	8.615	7.596	6.371	5.433	34
35	10.669	9.961	9.308	8.709	7.658	6.402	5.449	35
36	10.832	10.095	9.417	8.799	7.714	6.43	5.462	36
38	11.14	10.344	9.617	8.956	7.814	6.478	5.485	38
40	11.423	10.57	9.796	9.096	7.899	6.517	5.502	40
45	12.036	11.045	10.16	9.374	8.057	6.583	5.529	45
50	12.529	11.411	10.429	9.57	8.16	6.62	5.543	50
55	12.921	11.69	10.626	9.708	8.225	6.641	5.549	55
60	13.232	11.902	10.768	9.802	8.266	6.653	5.553	60

续表

N	7%	8%	9%	10%	12%	15%	18%	N
65	13.476	12.06	10.87	9.867	8.292	6.659	5.554	65
70	13.666	12.178	10.943	9.911	8.308	6.663	5.555	70
75	13.814	12.266	10.994	9.941	8.318	6.665	5.555	75
80	13.927	12.33	11.03	9.961	8.324	6.666	5.555	80
85	14.015	12.377	11.055	9.974	8.328	6.666	5.555	85
90	14.081	12.412	11.073	9.983	8.33	6.666	5.556	90
95	14.132	12.437	11.085	9.989	8.331	6.667	5.556	95
100	14.17	12.455	11.093	9.993	8.332	6.667	5.556	100
N	20%	25%	30%	35%	40%	45%	50%	N
2	0.455	0.444	0.435	0.426	0.417	0.408	0.4	2
3	0.879	0.852	0.827	0.803	0.78	0.758	0.737	3
4	1.274	1.225	1.178	1.134	1.092	1.053	1.015	4
5	1.641	1.563	1.49	1.422	1.358	1.298	1.242	5
6	1.979	1.868	1.765	1.67	1.581	1.499	1.423	6
7	2.29	2.142	2	1.881	1.766	1.661	1.565	7
8	2.576	2.387	2.216	2.06	1.919	1.791	1.675	8
9	2.836	2.605	2.396	2.209	2.042	1.893	1.76	9
10	3.074	2.797	2.551	2.334	2.142	1.973	1.824	10
11	3.289	2.966	2.683	2.436	2.221	2.034	1.871	11
12	3.484	3.115	2.795	2.52	2.285	2.082	1.907	12
13	3.66	3.244	2.889	2.589	2.334	2.118	1.933	13
14	3.817	3.356	2.968	2.644	2.373	2.145	1.952	14
15	3.959	3.453	2.034	2.689	2.403	2.165	1.966	15
16	4.085	3.537	3.089	2.725	2.426	2.18	1.976	16
17	4.198	3.608	3.135	2.753	2.444	2.191	1.983	17
18	4.298	3.67	3.172	2.776	2.458	2.2	1.988	18
19	4.386	3.722	3.202	2.793	2.468	2.206	1.991	19
20	4.464	3.767	3.228	2.008	2.476	2.21	1.994	20
22	4.594	3.836	3.265	2.827	2.487	2.216	1.997	22
24	4.694	3.886	3.289	2.839	2.493	2.219	1.999	24
25	4.735	3.905	3.298	2.843	2.494	2.22	1.999	25
26	4.771	3.921	3.305	2.847	2.496	2.221	1.999	26
28	4.829	3.946	3.315	2.851	2.498	2.221	2	28
30	4.873	3.963	3.322	2.853	2.499	2.222	2	30
32	4.906	3.975	3.326	2.855	2.49	2.222	2	32
34	4.931	3.983	3.329	2.856	2.5	2.222	2	34
35	4.941	3.986	3.33	2.856	2.5	2.222	2	35
36	4.949	3.988	3.33	2.856	2.5	2.222	2	36
38	4.963	3.992	3.332	2.857	2.5	2.222	2	38

续表

N	20%	25%	30%	35%	40%	45%	50%	N
40	4.973	3.995	3.332	2.857	2.5	2.222	2	40
45	4.988	3.998	3.333	2.857	2.5	2.222	2	45
50	4.995	3.999	3.333	2.857	2.5	2.222	2	50
55	4.998	4	3.333	2.857	2.5	2.222	2	55
60	4.999	4	3.333	2.857	2.5	2.222	2	60
65	5	4	3.333	2.857	2.5	2.222	2	65
70	5	4	3.333	2.857	2.5	2.222	2	70
75	5	4	3.333	2.857	2.5	2.222	2	75
80	5	4	3.333	2.857	2.5	2.222	2	80
85	5	4	3.333	2.857	2.5	2.222	2	85
90	5	4	3.333	2.857	2.5	2.222	2	90
95	5	4	3.333	2.857	2.5	2.222	2	95
100	5	4	3.333	2.857	2.5	2.222	2	100

附录Ⅲ

标准正态分布表

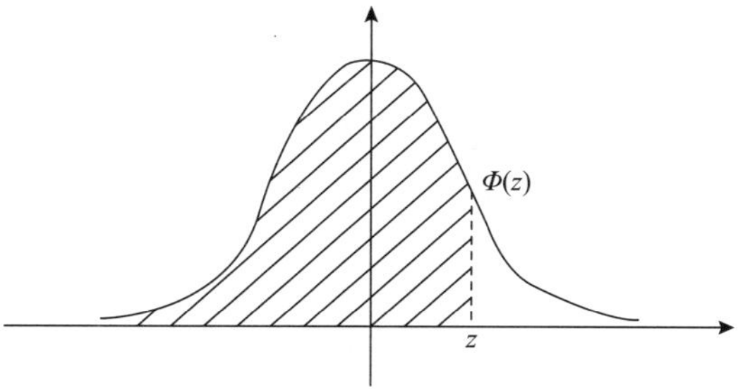

附图　标准正态分布图

附表 15　标准正态分布表

Z	0	1	2	3	4	5	6	7	8	9
−3.0	0.0013	0.0010	0.0007	0.0005	0.0003	0.0002	0.0002	0.0001	0.0001	0.0000
−2.9	0.0019	0.0018	0.0017	0.0017	0.0016	0.0016	0.0015	0.0015	0.0014	0.0014
−2.8	0.0026	0.0025	0.0024	0.0023	0.0023	0.0022	0.0021	0.0021	0.0020	0.0019
−2.7	0.0035	0.0034	0.0033	0.0032	0.0031	0.0030	0.0029	0.0028	0.0027	0.0026
−2.6	0.0047	0.0045	0.0044	0.0043	0.0041	0.0040	0.0039	0.0038	0.0037	0.0036
−2.5	0.0062	0.006	0.0059	0.0057	0.0055	0.0054	0.0052	0.0051	0.0049	0.0048
−2.4	0.0082	0.0080	0.0078	0.0075	0.0073	0.0071	0.0069	0.0068	0.0066	0.0064
−2.3	0.0107	0.0104	0.0102	0.0099	0.0096	0.0094	0.0091	0.0089	0.0087	0.0084
−2.2	0.0139	0.0136	0.0132	0.0129	0.0126	0.0122	0.0119	0.0116	0.0113	0.0110
−2.1	0.0179	0.0174	0.0170	0.0166	0.0162	0.0158	0.0154	0.0150	0.0146	0.0143
−2	0.0228	0.0222	0.0217	0.0212	0.0207	0.0202	0.0197	0.0192	0.0188	0.0183
−1.9	0.0287	0.0281	0.0274	0.0268	0.0262	0.0256	0.0250	0.0244	0.0238	0.0233
−1.8	0.0359	0.0352	0.0344	0.0336	0.0329	0.0322	0.0314	0.0307	0.0300	0.0294
−1.7	0.0446	0.0436	0.0427	0.0418	0.0409	0.0401	0.0392	0.0384	0.0375	0.0367

续表

Z	0	1	2	3	4	5	6	7	8	9
−1.6	0.0548	0.0537	0.0526	0.0516	0.0505	0.0495	0.0485	0.0475	0.0465	0.0455
−1.5	0.0668	0.0655	0.0643	0.0630	0.0618	0.0606	0.0594	0.0582	0.0570	0.0559
−1.4	0.0808	0.0793	0.0778	0.0764	0.0749	0.0735	0.0722	0.0708	0.0694	0.0681
−1.3	0.0968	0.0951	0.0934	0.0913	0.0901	0.0885	0.0869	0.0853	0.0838	0.0823
−1.2	0.1151	0.1131	0.1112	0.1093	0.1075	0.1056	0.1038	0.1020	0.1003	0.0985
−1.1	0.1357	0.1335	0.1314	0.1292	0.1271	0.1251	0.1230	0.1210	0.1190	0.1170
−1.0	0.1587	0.1562	0.1539	0.1515	0.1492	0.1469	0.1446	0.1423	0.1401	0.1379
−0.9	0.1841	0.1814	0.1788	0.1762	0.1736	0.1711	0.1685	0.166	0.1635	0.1611
−0.8	0.2119	0.2090	0.2061	0.2033	0.2005	0.1977	0.1949	0.1922	0.1894	0.1867
−0.7	0.2420	0.2389	0.2358	0.2327	0.2297	0.2266	0.2236	0.2206	0.2177	0.2148
−0.6	0.2743	0.2709	0.2676	0.2643	0.2611	0.2578	0.2546	0.2514	0.2483	0.2451
−0.5	0.3085	0.3050	0.3015	0.2981	0.2946	0.2912	0.2877	0.2843	0.2810	0.2776
−0.4	0.3446	0.3409	0.3372	0.3336	0.3300	0.3264	0.3228	0.3192	0.3150	0.3121
−0.3	0.3821	0.3783	0.3745	0.3707	0.3669	0.3632	0.3594	0.3557	0.3520	0.3483
−0.2	0.4207	0.4168	0.4129	0.4090	0.4052	0.4013	0.3974	0.3930	0.3897	0.3859
−0.1	0.4602	0.4562	0.4522	0.4483	0.4443	0.4404	0.4364	0.4325	0.4286	0.4247
0	0.5000	0.4960	0.4920	0.4880	0.4840	0.4801	0.4761	0.4721	0.4681	0.4641
0	0.5000	0.5040	0.5080	0.5120	0.5160	0.5199	0.5239	0.5279	0.5319	0.5359
0.1	0.5398	0.5438	0.5478	0.5517	0.5557	0.5596	0.5636	0.5675	0.5714	0.5753
0.2	0.5793	0.5832	0.5871	0.5910	0.5948	0.5987	0.6026	0.6064	0.6103	0.6141
0.3	0.6179	0.6217	0.6255	0.6293	0.6331	0.6368	0.6406	0.6443	0.648	0.6517
0.4	0.6554	0.6591	0.6628	0.6664	0.6700	0.6736	0.6772	0.6808	0.6844	0.6879
0.5	0.6915	0.6950	0.6985	0.7019	0.7054	0.7088	0.7123	0.5157	0.7190	0.7224
0.6	0.7257	0.7291	0.7324	0.7357	0.7389	0.7422	0.7454	0.7486	0.7517	0.7549
0.7	0.7580	0.7611	0.7642	0.7673	0.7703	0.7734	0.7764	0.7794	0.7823	0.7852
0.8	0.7881	0.7910	0.7939	0.7967	0.7995	0.8023	0.8051	0.8078	0.8106	0.8133
0.9	0.8159	0.8160	0.8212	0.8238	0.8264	0.8289	0.8315	0.8340	0.8365	0.8389
1.0	0.8413	0.8438	0.8461	0.8485	0.8508	0.8531	0.8554	0.8577	0.8599	0.8621
1.1	0.8643	0.8665	0.8686	0.8708	0.8729	0.8749	0.8770	0.8790	0.8810	0.883
1.2	0.8849	0.8869	0.8888	0.8907	0.8925	0.8944	0.8962	0.8980	0.8997	0.9015
1.3	0.9032	0.9049	0.9066	0.9082	0.9099	0.9115	0.9131	0.9147	0.9162	0.9177
1.4	0.9192	0.9207	0.9222	0.9236	0.9251	0.9265	0.9278	0.9292	0.9306	0.9319
1.5	0.9332	0.9345	0.9357	0.9370	0.9382	0.9394	0.9406	0.9418	0.943	0.9441
1.6	0.9452	0.9463	0.9472	0.9484	0.9495	0.9505	0.9515	0.9525	0.9535	0.9545
1.7	0.9554	0.9564	0.9573	0.9582	0.9591	0.9599	0.9608	0.9616	0.9625	0.9633
1.8	0.9641	0.9648	0.9656	0.9664	0.9671	0.9678	0.9686	0.9693	0.9700	0.9606
1.9	0.9713	0.9719	0.9726	0.9732	0.9738	0.9744	0.9750	0.9756	0.9762	0.9767

续表

Z	0	1	2	3	4	5	6	7	8	9
2.0	0.9772	0.9778	0.9783	0.9788	0.9793	0.9798	0.9803	0.9808	0.9812	0.9817
2.1	0.9821	0.9826	0.9830	0.9834	0.9838	0.9842	0.9846	0.9850	0.9854	0.9857
2.2	0.9861	0.9864	0.9868	0.9871	0.9874	0.9878	0.9881	0.9884	0.9887	0.9890
2.3	0.9893	0.9896	0.9898	0.9901	0.9904	0.9906	0.9909	0.9911	0.9913	0.9916
2.4	0.9918	0.9920	0.9922	0.9925	0.9927	0.9929	0.9931	0.9932	0.9934	0.9936
2.5	0.9938	0.9940	0.9941	0.9943	0.9945	0.9946	0.9948	0.9949	0.9951	0.9952
2.6	0.9953	0.9955	0.9956	0.9957	0.9959	0.9960	0.9961	0.9962	0.9963	0.9964
2.7	0.9965	0.9966	0.9967	0.9968	0.9969	0.9970	0.9971	0.9972	0.9973	0.9974
2.8	0.9974	0.9975	0.9976	0.9977	0.9977	0.9978	0.9979	0.9979	0.9980	0.9981
2.9	0.9981	0.9982	0.9982	0.9983	0.9984	0.9984	0.9985	0.9985	0.9986	0.9986
3.0	0.9987	0.9990	0.9993	0.9995	0.9997	0.9998	0.9998	0.9999	0.9999	0.1000

附录Ⅳ

随机数表

附表 16　随机数表

48 867	33 971	29 678	13 151	56 644	49 193	93 469	43 252	14 006	47 173
32 267	69 746	113	51 336	36 551	56 310	85 793	53 453	9 744	64 346
27 345	3 196	33 877	35 032	98 054	48 358	21 788	98 862	67 491	42 221
55 753	5 256	51 557	90 419	40 716	64 589	90 398	37 070	78 318	2 918
93 124	50 675	4 507	44 001	6 365	77 897	84 566	99 600	67 985	49 133
98 658	86 583	97 433	10 733	80 495	62 709	61 357	66 903	76 730	79 355
68 216	94 830	41 248	50 712	46 878	87 317	80 545	31 484	3 195	14 755
17 901	30 815	78 360	78 260	67 866	42 304	7 293	61 290	61 301	4 815
88 124	21 868	14 942	25 893	72 695	56 231	18 918	72 534	86 737	77 792
83 464	36 749	22 336	50 443	83 576	19 238	91 730	37 507	22 717	94 719
91 310	99 003	25 704	55 581	729	22 024	61 319	66 162	20 933	67 713
32 729	38 352	91 256	77 744	75 080	1 492	90 984	63 090	53 087	41 301
7 751	66 724	3 290	56 386	6 070	67 105	64 219	48 192	70 478	84 722
55 228	64 156	90 480	97 774	8 055	4 435	26 999	42 039	16 589	6 757
89 013	51 781	81 116	24 383	95 569	94 247	44 437	36 293	29 967	16 088
51 828	81 819	81 038	89 146	39 192	89 470	76 331	56 420	14 527	34 828
59 783	85 454	93 327	6 078	64 924	7 271	77 563	92 710	42 183	12 380
80 267	47 103	90 556	16 128	41 490	7 996	78 454	47 929	81 586	67 024
92 919	44 210	61 607	93 001	26 314	26 965	26 714	43 793	94 937	28 439
77 019	77 417	19 466	14 967	75 521	49 967	74 065	9 746	27 881	1 070
66 225	61 832	6 242	40 093	48 000	76 849	29 929	18 988	10 888	40 344
98 534	12 777	84 601	56 336	34	85 939	32 438	9 549	1 855	40 550
63 175	70 789	51 345	43 723	6 995	11 186	38 615	56 646	54 320	39 632
92 362	73 011	9 115	78 303	38 901	58 107	95 366	17 226	74 626	78 208
61 831	44 794	65 079	97 130	94 289	73 502	4 857	68 855	47 045	6 309
42 502	1 646	88 493	48 207	1 283	16 474	8 864	68 322	92 454	19 287
89 733	86 230	4 903	55 015	11 811	98 185	32 014	84 716	80 926	14 509

续表

1 336	86 633	26 015	66 768	24 846	321	73 118	15 802	13 549	41 335
72 623	56 083	65 799	88 934	87 274	19 417	84 897	90 877	76 472	52 145
74 004	68 388	4 090	35 239	49 379	4 456	7 642	68 642	1 026	43 810
9 388	54 633	27 684	47 117	67 583	42 496	20 703	68 579	65 883	10 729
51 771	92 019	39 791	60 400	8 585	60 680	28 841	9 921	520	73 135
69 796	30 304	79 836	20 631	10 743	246	24 979	35 707	75 283	39 211
98 417	33 403	63 448	90 462	91 645	24 919	73 609	26 663	9 380	30 515
56 150	18 324	43 011	2 660	86 574	86 097	49 399	21 249	90 380	94 375
76 199	75 692	9 063	72 999	94 672	69 128	39 046	15 379	98 450	9 159
74 978	98 693	21 433	34 676	97 603	48 534	59 205	66 265	3 561	83 075
85 769	92 530	4 407	53 725	96 963	19 395	16 193	51 018	70 333	12 094
63 819	65 669	38 960	74 631	39 650	39 419	93 707	61 365	46 302	26 134
18 892	43 143	19 619	43 200	49 613	54 904	73 502	19 519	11 667	53 294
32 855	17 190	61 587	80 411	22 827	38 852	51 951	47 785	34 952	93 574
29 435	96 277	53 583	92 804	6 027	19 736	54 918	66 396	96 547	351
36 211	67 263	82 064	41 624	49 826	17 566	2 476	79 368	28 831	2 805
73 514	176	41 638	1 420	31 850	41 380	11 643	6 787	9 011	88 924
90 895	93 099	27 850	29 423	98 693	71 762	39 928	35 268	59 359	20 674
69 719	90 656	62 186	50 435	77 015	29 661	94 698	56 057	4 388	33 381
94 982	81 453	87 162	28 248	37 921	21 143	62 673	81 224	38 972	92 988
84 136	4 221	72 790	4 719	34 914	95 609	88 695	60 180	58 790	12 802
58 515	80 581	88 442	65 727	72 121	40 481	6 001	13 159	55 324	93 595
20 681	59 164	75 797	8 928	68 381	12 616	97 487	84 803	92 457	88 847

附录V

随机正态偏差表

附表 17　随机正态偏差表

1.102	−0.944	0.401	0.226	1.396	−1.030	−1.723	−0.368	2.170	0.393
0.148	1.100	0.492	−1.210	−0.998	0.573	0.893	−0.855	−2.209	−0.267
2.372	1.353	−0.900	−0.554	−0.343	0.470	−1.033	−1.026	2.172	0.195
−0.145	0.466	0.854	−0.282	−1.504	0.431	−0.060	0.952	−0.343	0.735
0.140	0.732	0.604	−0.016	−0.266	1.372	−0.925	−1.594	−2.004	1.925
1.419	−1.853	−0.347	0.155	−1.078	0.623	−0.024	0.498	0.466	0.049
0.069	−0.411	−0.661	−0.037	0.703	0.532	−0.177	0.395	−0.278	0.240
0.797	0.488	−1.070	−0.721	−1.412	−0.976	−1.953	−0.206	1.848	0.632
−0.393	−0.351	0.222	0.557	−1.094	1.403	0.173	−0.113	0.806	0.939
−0.874	−1.336	0.523	0.848	0.304	−2.202	−1.279	0.501	0.396	0.859
0.125	−1.170	−0.192	1.387	2.291	−0.959	0.090	1.031	0.180	−1.389
−1.091	−0.649	−0.514	−0.232	−1.198	0.822	0.240	0.951	−1.736	0.270
2.304	0.481	−0.987	−1.222	0.549	−1.056	0.277	−0.919	0.148	1.517
−0.961	2.057	−0.546	−0.896	0.165	−0.343	0.696	0.628	−0.929	−0.965
−0.783	0.854	−0.139	1.087	0.515	−0.876	−0.448	0.485	0.589	−0.804
0.487	0.557	0.327	1.280	−1.731	−0.339	0.295	−0.724	0.720	0.331
−0.299	0.979	−0.924	−0.649	0.574	1.407	−0.292	−0.775	−0.511	0.026
1.831	−0.937	−1.321	−1.734	1.677	−1.393	−1.187	−0.079	−0.181	−0.884
0.243	0.466	−1.33	1.078	−1.102	1.123	−0.421	−0.674	−2.951	−0.743
−2.181	−1.854	−1.059	−0.478	−1.119	0.272	−0.800	0.841	−0.061	2.261
0.154	−0.333	1.011	−1.565	1.261	0.776	1.130	1.552	−0.563	0.558
−1.065	1.610	0.463	0.062	−0.086	0.021	1.633	1.788	0.480	2.824
1.083	−0.76	−0.012	0.183	0.155	0.676	−1.315	0.067	0.213	2.380
0.615	−0.594	−0.028	−0.506	−0.054	3.173	0.817	0.210	1.699	1.950
0.178	−0.500	1.100	1.613	1.048	2.323	−0.174	−0.033	2.220	−0.661

续表

−0.507	−1.273	0.596	0.690	−1.724	−1.689	0.163	−0.199	−0.450	0.244
0.362	−0.588	−1.386	0.072	0.778	−0.591	0.365	0.465	2.472	1.049
0.775	1.546	0.217	−1.012	0.778	0.246	1.055	1.071	0.447	−0.585
0.818	0.561	−1.024	2.105	−0.868	0.060	−0.385	1.089	0.017	−0.873
0.014	0.240	−0.632	−0.225	−0.844	0.448	1.651	1.423	0.425	0.252
−1.236	−1.045	−1.628	0.687	0.983	−0.84	−1.835	−1.864	1.327	−0.408
−0.567	−1.161	0.010	−0.853	0.111	1.145	1.015	0.056	0.141	1.471
0.278	−1.783	0.170	−0.358	0.705	−0.054	1.098	0.707	−0.585	−0.305
−0.959	−0.497	0.688	−0.268	−1.431	−0.791	−0.727	0.958	0.237	0.092
1.249	0.037	0.497	0.579	−0.227	0.860	0.349	2.355	2.184	−1.744
−0.915	−0.164	−1.166	1.529	0.008	0.636	−1.080	−0.688	2.444	−1.316
0.132	2.809	−1.918	−1.083	−0.642	−0.179	0.339	0.637	0.063	−0.079
−0.156	−1.664	1.140	0.295	1.086	−2.546	−0.002	−0.672	0.205	−0.039
0.538	−1.143	−0.39	0.165	−0.160	0.457	−1.307	0.273	−0.670	−0.988
0.027	−0.057	0.742	−0.149	−0.801	1.702	−0.346	−0.053	0.892	−1.181
0.023	0.423	1.051	−0.831	−0.325	−0.795	−1.129	−0.287	0.172	−0.793
−0.196	−1.457	1.060	0.557	−0.190	−0.891	−0.768	0.282	−1.432	−0.447
0.133	0.577	−0.332	−1.932	0.220	0.189	−1.521	0.896	−0.781	−0.899
0.020	−0.217	−0.856	0.605	0.072	0.520	1.222	−0.181	−0.266	−1.222
1.405	1.065	1.350	1.353	−26289	−1.003	0.375	1.621	−1.126	0.937
0.178	−1.237	−0.520	−0.603	−0.615	−0.358	0.605	−0.407	−1.579	−1.811
−1.438	0.104	−1.821	−0.390	−0.630	1.294	1.470	0.991	−0.355	−1.285
1.768	−0.175	−0.450	0.915	−0.221	−0.019	1.864	0.038	0.058	1.212
0.099	1.076	2.348	−1.550	0.458	0.147	−1.223	0.994	−1.657	1.264
0.951	0.252	−1.261	−0.963	0.221	0.036	−0.395	−0.252	1.379	1.885